I0896030

THÉOPHRASTE

LES SIGNES DU TEMPS

LES VENTS

COLLECTION DES UNIVERSITÉS DE FRANCE
publiée sous le patronage de l'ASSOCIATION GUILLAUME BUDÉ

THÉOPHRASTE

LES SIGNES DU TEMPS

LES VENTS

TEXTE ÉTABLI ET TRADUIT
PAR
SUZANNE AMIGUES
Professeur émérite à l'Université Paul Valéry de Montpellier

Deuxième tirage

PARIS
LES BELLES LETTRES
2023

Conformément aux statuts de l'Association Guillaume Budé, ce volume a été soumis à l'approbation de la commission technique, qui a chargé M. Alain Blanc d'en faire la révision et d'en surveiller la correction en collaboration avec Mme Suzanne Amigues.

Tous droits de traduction, de reproduction et d'adaptation réservés pour tous les pays.

© 2023. Société d'édition Les Belles Lettres
95 boulevard Raspail, 75006 Paris
www.lesbelleslettres.com

Premier tirage 2019

ISBN : 978-2-251-00633-8
ISSN : 0184-7155

NOTICE

La liste des œuvres de Théophraste établie au début du IIIe siècle de notre ère par Diogène Laërce pour ses *Vies et doctrines des philosophes illustres*, à partir des inventaires de la bibliothèque d'Alexandrie, se trouve reproduite, avec apparat critique et commentaire, dans l'article de Michael G. Sollenberger, « Diogenes Laertius 5 36-57 The *Vita Theophrasti* », *in* W.W. Fortenbaugh *et al.*, *Theophrastus of Eresus, On His Life and Work,* New Brunswick – Oxford, 1985, p. 1-62. Le titre des deux traités de Théophraste réunis dans la présente édition y figure en grec : respectivement (p. 18, n°95) Περὶ ἀνέμων α´ et (p. 27, n°168) Περὶ σημείων α´, soit pour nous "*Les vents,* 1 livre", et "*Les signes du temps*, 1 livre", autrement dit, suivant un usage commode, *De ventis* et *De signis*. Ces deux ouvrages étant parvenus jusqu'à nous, il suffit d'en lire quelques pages pour que leurs différences deviennent évidentes ; il a même paru si difficile d'y voir l'œuvre d'un seul auteur que certains éditeurs se sont refusés à tenir *Les signes du temps* pour authentique. Ainsi la table des matières du volume II de l'Aldine *princeps* (1497), qui contient (f° 261^r^-267^r^) le texte du *De signis*, énumère de la manière suivante, après *Theophrasti de igne, liber unus*, les autres ouvrages réunis dans ce volume :

Eiusdem de ventis, liber unus
De signis aquarum & uentorum, incerti auctoris
Theophrasti de lapidibus, liber unus.

Il ressort de la mention *incerti auctoris* que dès le XVe siècle l'attribution du *De signis* à Théophraste n'était pas admise sans réserve. Sa présentation ne faisait pas non plus l'unanimité, puisqu'il figure en quatre livres distincts dans certaines éditions postérieures[1].

Afin d'émettre une opinion acceptable sur la date de chacun des deux ouvrages que leur contenu incite à étudier conjointement, il est nécessaire de rapporter ce qui en est dit dans l'édition la plus récente dont nous avons connaissance, à savoir, dans l'ordre chronologique :

— Victor Coutant & Val L. Eichenlaub, *Theophrastus. De ventis*, 1975, University of Notre Dame Press, Indiana, USA, edited with Introduction, Translation and Commentary.

— David Sider & Carl Wolfram Brunschön, *Theophrastus of Eresus. On Weather Signs*, 2007, Leiden & Boston (Brill).

1. Cf. la table des matières de l'éd. Heinsius (1613) qui, à la suite de *De lapidibus. Daniele Furlano interprete*, enregistre séparément chacun des quatre chapitres de l'actuel *De signis* sous les titres : *De signis pluuiarum . Eod. interpr., De signis ventorum. Eod. interpr., De signis tempestatis. Eod. interpr., De signis serenitatis. Eod. interpr.* On en retiendra que c'est D. Furlanus le véritable auteur de l'éd. Heinsius pour les deux traités étudiés ici. Il faut toutefois noter dans cette édition la division du *De signis* en deux parties, l'une qui occupe les p. 416-422, intitulée "*Theophrasti libelli De signis pluuiarum, ventorum, tempestatum, ac serenitatum*, Daniele Furlano interprete", et inclut (p. 420-422) la subdivision "Theophrasti *De signis ventorum.* Daniele Furlano interprete", l'autre (p. 437-440) qui commence avec le titre "Theophrasti *De signis tempestatis*", sans indication du nom de l'interprète, de même que la quatrième et dernière partie (p. 439) "Theophrasti *De signis serenitatis*". Nous n'avons rien remarqué, ni dans le texte ni dans la pagination, qui puisse justifier l'insertion du *De igne liber*, p. 422- 437, entre les deux parties du *De signis.*

Date du *De ventis*

Selon l'usage, l'introduction de l'édition Coutant – Eichenlaub s'ouvre sur une étude du texte grec (p. X-XVII), après cette déclaration liminaire (p. X) : « Le texte du *De ventis* a été rédigé par Théophraste aux environs de 300 av. J.-C. » Suit l'exposé des bases sur lesquelles se fonde cette datation : « Dans la section 5, il est fait référence à un ouvrage sur les eaux [n. 1: dans les listes de Diogène Laërce, V, 45]. Sénèque dans les *Quaestiones Naturales*, 3, 11, 3, parle de la découverte qu'il a faite dans le *De aquis* de Théophraste d'une description du blocus des Gaules par Cassandre en 310 av. J.-C., et dans la section 5 du *De ventis,* Théophraste mentionne le *De aquis* comme un ouvrage déjà rédigé. Ainsi la datation approximative est après 310 av. J.-C. »

Notons d'abord l'absence dans les listes de Diogène Laërce d'un titre tel que *Περὶ ὑδάτων qui serait l'équivalent exact du *De aquis* de Sénèque ; celui-ci correspond en latin à l'abrégé des premiers mots du *De signis* chez Diogène, donc à **Περὶ** σημείων **ὑδάτων,** ce qui n'a rien de surprenant pour qui sait qu'à défaut de titre donné *ne varietur* à un ouvrage par son auteur, le terme utilisé pour le désigner était le plus souvent mal fixé. De fait, l'inventaire reproduit par Diogène comprend seulement deux œuvres en rapport évident avec la météorologie : Περὶ ἀνέμων α´ (5. 42, l. 95 éd. Sollenberger) = *Les vents*, et Περὶ σημείων α´ (5. 46, l. 168 éd. Sollenberger) = *Les signes du temps*. On ne peut rien dire de sûr du Περὶ πνευμάτων enregistré dans les mêmes listes (5. 45, l. 163), vu l'ambiguïté du terme πνεῦμα « souffle », du vent ou de la respiration selon le contexte, météorologique ou physiologique.

Considérant maintenant non plus l'intitulé mais le texte du *De ventis*, on y trouve (§ 5) la référence à un précédent ouvrage sur les eaux ou les pluies : περὶ μὲν ὑδάτων ἐν ἑτέροις εἴρηται διὰ πλειόνων « la question des pluies

a été traitée ailleurs plus longuement ». On remarquera la formule ἐν ἑτέροις « dans un autre ouvrage » *de deux* — et non de plusieurs, auquel cas l'auteur aurait écrit ἐν ἄλλοις. C'est une constatation importante, dans la mesure où elle confirme que les deux opuscules réunis dans le présent volume couvrent l'ensemble de la production de Théophraste sur ce sujet.

Il ne faut cependant pas se dissimuler que cette affirmation, si solide soit-elle, ne répond pas à toutes les questions qu'un lecteur attentif peut se poser sur les sources du *De ventis*, en particulier sur les points suivants :

1) Sénèque, *Questions naturelles*, III, 11, 2-5, cite Théophraste au sujet de l'apparition de l'eau sur une montagne d'Asie Mineure, à la suite d'un tremblement de terre :

> « Il arrive souvent en ce pays-ci que les rivières, qui ne retrouvent plus leur lit, refluent d'abord, puis se frayent une route pour remplacer celle qu'elles ont perdue. Ce phénomène, dit Théophraste, eut lieu au mont Coryque, où, après un tremblement de terre, on vit jaillir des sources jusqu'alors inconnues.[...] Le mont Hémus était jadis dépourvu d'eau ; mais une peuplade gauloise, assiégée par Cassandre, s'étant retranchée sur cette montagne dont elle abattit les forêts, on découvrit de l'eau en abondance. » (trad. J. Baillard, Paris, 1861 – en ligne)

Cette citation ne correspond à rien dans le texte actuel du *De ventis*, à la différence de sa suite immédiate chez Sénèque, dont voici la traduction :

> « Théophraste rapporte encore qu'aux environs d'Arcadia, ville de Crète qui n'existe plus, les lacs et les sources tarirent, parce qu'on cessa de cultiver le territoire après la destruction de la ville ; quand les cultivateurs revinrent, les eaux reparurent. Il donne pour cause de ce dessèchement le resserrement du sol, qui s'était durci, et qui, n'étant plus remué, ne pouvait plus livrer passage aux pluies. » (*idem*)

Il suffit de rapprocher cet extrait du *De ventis,* § 13, pour constater qu'il s'agit ici et là d'un même fait

rapporté avec plus ou moins de détails et d'interprétation personnelle.

La difficulté vient de ce que les Anciens citaient librement, sans référence précise à la provenance de leurs renseignements. Dans ces conditions, il est exclu de vérifier point par point l'exactitude d'une citation en la confrontant avec la tradition directe, quand celle-ci a transmis le texte jusqu'à nous.

2) À voir les très nombreuses références à des *Problems* dans le *Commentary* (p. 65-90), de l'édition Coutant – Eichenlaub du *De ventis*, on est amené à s'interroger sur le rapport entre ces collections de problèmes (Προβλήματα) transmises sous le nom d'Aristote et actuellement reconnues en grande partie apocryphes, et d'autre part les phénomènes climatiques avec lesquels elles sont mises en relation. Remarquons d'abord, p. XVII de cette dernière édition, sous le titre *Related Ancient Texts*, l'avertissement qui serait en français le suivant : « À noter que le traité sur les signes du temps est postérieur à Théophraste, mais renferme des matériaux provenant de son œuvre ; les *Problèmes* sont une compilation postérieure à Aristote et renferment des matériaux provenant de maintes sources. Ceux qui se rapportent aux vents proviennent essentiellement du *De ventis*, mais pas tous, et dans certains cas l'inverse est vrai. » L'accent est ainsi mis avec raison sur l'intérêt inégal des *Problèmes*, qui par conséquent ne méritent pas de retenir longuement l'attention.

Pour avoir un aperçu du travail de Théophraste sur les matériaux bruts à sa disposition, on peut se reporter à la mise en parallèle sous forme de tableau comparatif dans notre édition des *Recherches sur les plantes*, t. V (CUF 2006), p. 174, des caractères attribués à l'aristoloche à feuilles rondes (*Aristolochia rotunda* L.) dans deux descriptions de la même espèce qui donnent l'occasion unique de voir comment l'auteur a intégré une simple fiche de renseignements (IX, 20, 4) à un exposé structuré

(IX, 13, 3). Il en ressort clairement, à l'avantage de ce dernier, l'élimination de détails oiseux, ainsi qu'un plus grand développement des points essentiels. Il est donc tout à fait plausible que les *Problèmes* aristotéliciens soient l'œuvre collective d'informateurs plus ou moins compétents, réunis autour d'Aristote, puis de Théophraste, et de leurs collaborateurs. La version disparate parvenue jusqu'à nous sous ce titre ne justifie certainement pas les très nombreuses références qui lui sont faites dans le *Commentary* de l'éd. Coutant – Eichenlaub, qui signale toutefois, dans l'avertissement cité plus haut, l'impossibilité où nous sommes de décider dans chaque cas, avec des arguments convaincants, de l'antériorité, la simultanéité ou la postérité des dires de Théophraste par rapport à ces éléments de comparaison.

Dans ce contexte, on retiendra donc l'authenticité reconnue par l'auteur lui-même d'un ouvrage antérieur au *De ventis* ayant trait à la météorologie — ce qui n'empêche pas qu'y soient traités conjointement d'autres sujets en rapport — et cet ouvrage peut-il être celui que nous appelons *Les signes du temps* ?

Date du *De signis*

De même que le *De ventis*, l'opuscule qui lui est ici associé est, à défaut de titre antique, traditionnellement désigné par les premiers mots de son texte : « Les signes de pluie, de vent, de tempête et de beau temps », autrement dit *De signis*, abrégé du titre latin passé dans notre usage.

Des caractères internes permettent d'y reconnaître l'exposé visé au tout début du *De ventis*, où il est dit « La nature des vents (Ἡ τῶν ἀνέμων φύσις), à partir de quoi, comment et pour quelles raisons ils se forment, ce sont des questions étudiées *précédemment* », avant de préciser (§ 5) que « la question des pluies a été traitée *ailleurs* plus longuement ». Il en ressort que ces références désignent

nécessairement un ouvrage du même auteur indissociable de son étude des faits météorologiques : seul le *De signis* peut répondre à cette définition. À défaut d'une preuve explicite qui serait irréfutable, il est nécessaire de réunir des indices de nature à en tenir lieu, de prendre parti sur l'authenticité contestée du *De signis*, et, s'il y a lieu, de proposer pour sa rédaction une date compatible avec les données précédentes.

1) Le préambule du *De signis* (§ 1) est un modèle de modestie, voire d'humilité, de la part de son auteur ; qu'on en juge par la traduction que voici : « Les signes de pluie, de vent, de tempête et de beau temps, nous les avons décrits comme suit, *dans la mesure où c'était à notre portée*, soit que nous les ayons nous-même préalablement observés, *soit que nous ayons fait des emprunts à d'autres qui ne sont pas sans réputation*. Ainsi donc, pour ce qui est du coucher et du lever des astres, *il faut emprunter aux spécialistes d'astronomie*. »

Quand on lit ces lignes, viennent immédiatement à l'esprit les précautions oratoires dont use Démosthène au début de la *Première Philippique* prononcée en 351 par un orateur né en 384/383 et encore peu connu dans le monde politique : « Si l'on discutait aujourd'hui sur un sujet nouveau, Athéniens, j'aurais attendu en silence que la plupart de vos orateurs ordinaires eussent donné leur avis ; et pour peu qu'une de leurs propositions m'eût paru bonne, je me serais abstenu de parler. [...] J'ose espérer qu'on m'excusera de prendre le premier la parole ; car si les autres précédemment vous avaient conseillé ce qu'il fallait, vous n'auriez plus à en délibérer maintenant » (trad. M. Croiset, CUF 1924).

Abstraction faite du ton polémique de Démosthène qui, naturellement, ne se retrouve pas en contexte différent chez Théophraste, la même réserve s'observe dans ces deux prologues : l'orateur n'avait guère plus de 30 ans à la date de sa harangue (351), le naturaliste, né vers 371, atteignait à peine la quarantaine dans les années 333-330,

quand il consigna ses remarques sur les signes du temps, pendant que son maître Aristote, à un tout autre niveau, analysait et interprétait ses observations des phénomènes célestes dans les *Météorologiques*[2].

Reste à déterminer dans l'œuvre naturaliste de Théophraste les positions respectives du *De signis* et du *De ventis*, leur ordre de succession étant formellement établi par l'auteur lui-même quand il mentionne (*De ventis*, § 5) un ouvrage où « la question des pluies a été traitée [...] plus longuement » — référence évidente au *De signis*, § 10 – 26, explicitement encadré par les formules qui se répondent Ὕδατος μὲν οὖν σημεῖα τὰ τοιαῦτα δοκεῖ εἶναι et Ὕδατα μὲν οὖν ταῦτα λέγεται σημεῖα.

À la lumière des faits étudiés, nous admettrons comme dates approximatives 333-330 pour le *De signis*, après 310 pour le *De ventis*, chacun des deux ouvrages étant susceptible d'avoir reçu des modifications ultérieures d'étendue variable.

L'originalité du *De signis*

Les réticences qui se sont manifestées dans plusieurs éditions successives pour admettre le *De signis* au nombre des œuvres authentiques de Théophraste ont souvent paru convaincantes.

Son plan général est tout à fait classique, on dirait même volontiers « scolaire » : Introduction présentant avec sobriété et précision les points à traiter – 1re partie : Les signes de pluie – 2e partie : Les signes de vent, etc. ; aucune fantaisie non plus dans la transition d'une partie à l'autre : par exemple, l'articulation des deux premières sections de l'exposé se fait au début du § 26 en ces

2. P. Louis, éditeur des *Météorologiques* (CUF 1982), termine un examen approfondi de tous les indices chronologiques relevés dans cet ouvrage par la conclusion suivante (p. XIX) : « La rédaction des *Météorologiques* doit se situer [...] dans les premières années du Lycée, c'est-à-dire aux environs de 334. C'est la date que nous retiendrons. »

termes : Ὕδατος μὲν οὖν ταῦτα λέγεται σημεῖα. Ἀνέμων δὲ τάδε « Voilà donc ce qui passe pour des signes de pluie. Et voici les signes des vents » ; de même à la charnière des paragraphes 37 et 38 : Πνευμάτων μὲν οὖν σημεῖα ταῦτα. Χειμῶνος δὲ τάδε « Voilà donc les signes des vents. Et voici ceux de la tempête » ; etc. Toutefois le recours systématique à des formules traditionnelles n'a pas de quoi surprendre et pourrait même passer pour une absence de personnalité de la part de l'auteur. Il faut chercher ailleurs la raison pour laquelle, notamment dans l'Aldine, l'attribution du *De signis* à Théophraste a pu susciter les réserves que traduit la mention *incerti auctoris*[3].

Une influence orientale

1) sur le fond

On sait qu'à la mort de Platon (348-347), Aristote et son jeune disciple Théophraste quittèrent Athènes pour aller s'installer à Assos en Troade, sur l'invitation du « tyran » local, probablement possesseur d'une riche bibliothèque de textes grecs et orientaux, desservie par du personnel bilingue. Ce fut pour Théophraste une occasion inespérée de s'initier à la connaissance des astres et des phénomènes célestes, alors beaucoup plus avancée en Mésopotamie que dans le monde méditerranéen. On dispose, pour étayer cette suggestion, du témoignage de Proclus (412-486 *p.C.*) que sa date tardive ne suffit pas à révoquer en doute. C'est un fait reconnu : l'édition Sider-Brunschön y renvoie, p. 139, pour un rapprochement avec le *De signis*, 46, mais par la simple mention « Theophrastos fr. 194 FHSG » au sujet de la phrase où il est dit « Si l'astre d'Hermès [= Mercure] est visible en hiver, il annonce du froid, en été, de la forte chaleur ». L'intérêt du commentaire de Proclus exige une citation

3. Cf. *supra*, p. VIII.

plus large de son ouvrage *In Platonis Timaeum*, 40 c-d. Voici en traduction personnelle le passage à retenir : « Théophraste dit très étonnante pour son époque la théorie des Chaldéens à ce sujet, qui annonce, entre autres choses, en particulier la vie et la mort de chaque individu, et non seulement les faits d'intérêt général, tels que tempêtes et beaux jours — en ajoutant que l'astre d'Hermès apparu en hiver est un signe de froid, et en été qu'il envoie à tout le monde de fortes chaleurs. C'est ainsi, dit cet auteur dans son ouvrage *Les signes*, qu'on prévoit à partir des phénomènes célestes les événements tant de la vie privée que de la vie publique. »[4] Ce qu'il faut avant tout retenir de cette citation, c'est l'attribution sans réserve à Théophraste de conceptions cosmologiques d'origine chaldéenne.

On peut même aller plus loin en décelant dans le *De signis*, outre ces parentés de fond, des similitudes de forme rappelant des modes d'expression orientaux dont on a par ailleurs connaissance.

2) sur la forme

Une simple lecture de la traduction du *De signis* dans une langue moderne fait apparaître une monotonie exceptionnelle pour la formulation des faits décrits, souvent réductible au schéma suivant : « si (ἐάν + subjonctif éventuel) se produit le phénomène A, c'est le signe du phénomène B / cela annonce le phénomène B (σημεῖον

4. Texte de Proclus dans W.W. Fortenbaugh & *al.*, *Theophrastus of Eresus. Sources for his Life, Writings, Thought & Influence*, Brill, 1992, t. I, p. 362-364 : θαυμασιωτάτην δὲ εἶναί φησιν ὁ Θεόφραστος ἐν τοῖς κατ' αὐτὸν χρόνοις τὴν τῶν Χαλδαίων περὶ ταῦτα θεωρίαν, τά τε ἄλλα προλέγουσαν καὶ τοὺς βίους ἑκάστων καὶ τοὺς θανάτους, καὶ οὐ τὰ κοινὰ μόνον, οἷον χειμῶνας καὶ εὐδίας, ὥσπερ καὶ τὸν ἀστέρα τοῦ Ἑρμοῦ χειμῶνος μὲν ἐκφανῆ γενόμενον ψύχη σημαίνειν, καύματα δὲ θέρους εἰς ἑκάστους ἀναπέμπειν· πάντα δ' οὖν αὐτοὺς καὶ τὰ ἴδια καὶ τὰ κοινὰ προγινώσκειν ἀπὸ τῶν οὐρανίων ἐν τῇ Περὶ σημείων βίβλῳ φησὶν ἐκεῖνος.

[ἐστι] / σημαίνει, *vel sim.*) ». Cette structure d'une période conditionnelle n'a rien d'anormal en grec ; c'est ici sa répétition à longueur de page qui ne peut manquer de retenir l'attention.

Or une telle combinaison entre protase et apodose coïncide de manière frappante avec celle qu'a récemment mise en évidence V. Gysemberg dans une étude des rapports entre les papyrus grecs d'extispicine et la tradition cunéiforme[5], qui, selon cet auteur, « apporte [...] un éclairage nouveau sur la question des interactions culturelles entre le monde méditerranéen et la Mésopotamie antique »[6]. Pour juger de la validité d'un tel rapprochement, il faut ne pas perdre de vue les différences de contexte et se garder de tout anachronisme, les papyrus grecs utilisés dans cette étude appartenant aux IIe-IVe siècles *p.C.*, « alors que la plus récente tablette cunéiforme qu'on puisse dater a été écrite en 70/80 de n. è. »[7]. Malgré un écart chronologique encore bien plus important par rapport à la tradition, attestée dès les plus anciens textes, que prolongent ces documents tardifs, « on décèle dans les papyrus, poursuit Gysemberg (p. 226), des principes d'interprétation comparables à ceux de la tradition cunéiforme, malgré le petit nombre de prédictions conservées dans leur intégralité dans les textes grecs [...]. Au reste, tous les rapprochements ne constituent pas des indices probants d'interactions culturelles, car certaines idées sous-jacentes ont très bien pu émerger de manière indépendante. » Si nécessaires que soient ces dernières restrictions, la mise en parallèle d'exemples pris d'une part dans le *De signis*, d'autre part dans le corpus papyrologique de tradition cunéiforme, quoique en grande partie d'époque romaine, est d'autant plus significative qu'ils

5. Victor Gysemberg, « Extispicine et palmomancie dans l'Antiquité entre Grèce et Proche-Orient », *J. Savants*, 2016, p. 223-239.
6. *Ibid.*, p. 223.
7. *Ibid.*, p. 239.

se rapportent à des sujets totalement indépendants ; seule compte la structure syntaxique dans les citations suivantes :

— ἐὰν + subjonctif éventuel dans la protase — σημαίνει dans l'apodose :

> *De signis*, 17 : **Ἐὰν** ἱέραξ ἐπὶ δένδρου καθεζόμενος καὶ εἴσω εἰσπετόμενος **φθειρίζηται**, ὕδωρ **σημαίνει** «Si un faucon qui se perche sur un arbre et vole à l'intérieur se met à s'épouiller, c'est signe de pluie ».
> *Catalogus codicum astrologorum graecorum*, vol.8/3, p.182, l.18 : **Ἐάν** τις θύων πρόβατον, χολὴν μὴ **εὕρῃ**, ἐπανάστασιν **σημαίνει** τῇ χώρᾳ ἐκείνῃ « Si quelqu'un sacrifie un mouton et n'y trouve pas de vésicule biliaire, cela signifie une insurrection pour ce pays. »[8]

— ἐὰν + subjonctif éventuel dans la protase — indicatif futur dans l'apodose :

> *De signis*, 38 : Γέρανοι **ἐὰν** πρῴι πέτωνται καὶ ἀθρόαι, πρωῒ **χειμάσει**, **ἐὰν** δὲ ὀψὲ καὶ πολὺν χρόνον, ὀψὲ **χειμάσει** « Si des grues volent de bon matin, et en grand nombre, il y aura une tempête de bon matin ; si c'est le soir et longuement, il y aura une tempête le soir. »
> *Catalogus codicum astrologorum graecorum*, vol. 4, p.173, l. 9 : **Ἐὰν** δὲ **θύωνται** τὰ κτήνη καὶ χολὴ εἰς αὐτὰ οὐχ εὑρίσκεται [*sic*], λιμὸς ἀνθρώπων **ἔσται** « S'ils sacrifient les bêtes et qu'on ne trouve pas en elles de vésicule biliaire, il y aura une famine parmi les hommes. »

On pourrait multiplier les exemples, si les précédents ne suffisaient pas à montrer l'influence dans le monde grec, et en priorité dans la frange hellénophone de l'Asie Mineure, d'une interprétation orientale des « signes » de toute nature, au sens le plus large du terme.

8. Le *Catalogus Codicum Astrologorum Graecorum* (*CCAG*) est le catalogue en 12 volumes publié à Bruxelles entre 1898 et 1953, à l'initiative de Franz Cumont et de Franz Boll. Il est considéré comme le principal recueil de textes astrologiques grecs.

Bornons-nous à remarquer la diffusion d'un tel mode d'expression en pleine époque romaine, à laquelle a pu contribuer dans une certaine mesure le succès des religions orientales sous l'Empire. Toujours est-il que le témoignage de Pline apporte une confirmation éclatante à la vitalité des prévisions météorologiques fondées sur l'observation du soleil et de la lune : ce n'est pas moins de vingt occurrences de la structure protase – apodose que l'on relève dans les quatre paragraphes que Pline (XVIII, 343-346) consacre à l'interprétation météorologique des différents aspects du soleil[9]. Suit (§ 347) celle des « présages fournis par la lune », avec cette précision révélatrice du prestige de l'Orient, Égypte comprise, dans l'observation des astres, et de celui des enseignements qu'on en tirait : *Quartam eam maxime obseruat Aegyptus* « L'Égypte observe surtout la quatrième lune ». Dès le début du *De signis* (§ 1) Théophraste mentionne explicitement la source de ses connaissances dans ce domaine : « pour ce qui est du coucher et du lever des astres, il faut emprunter aux spécialistes d'astronomie. » Malgré les progrès scientifiques accomplis depuis cette époque, pareille confiance en l'observation de la lune se retrouve chez les jardiniers amateurs de notre temps.

L'observation directe des faits rapportés

1) dans le *De signis* : l'examen des toponymes mentionnés en premier lieu montre la présence exclusive des informations dues à « quelques bons observateurs des astres » ; ainsi sont cités : « Matrikétas[10] à Méthymne,

9. Un exemple pris au hasard (§ 344) : « Si avant le lever [du soleil] les nuages s'amoncellent, ils indiqueront une violente tempête ; s'ils sont chassés du levant et vont vers le couchant, ils indiqueront le beau temps. Si des nuages cernent le soleil, moins ils laisseront de lumière, plus la tempête sera forte ; mais s'ils forment un double cercle, elle sera encore plus terrible » (trad. Le Bonniec) ; etc.

10. Inconnu par ailleurs, mais l'absence de toute précision suggère que c'était une célébrité locale. Voir le commentaire.

depuis le Lépétymnos [sommet septentrional de Lesbos], Cléostrate à Ténédos, depuis l'Ida [de Troade] » ; puis vient Phainias « étranger domicilié à Athènes », dont le nom est celui d'un compatriote de Théophraste ; si l'Attique est représentée dans la même énumération par le Lycabette (*ibid.*), ailleurs par l'Hymette, (§ 20 [*ter*] ; 24 [avec Égine] ; 43 [*bis*]), le Parnès (§ 43 [*bis*, dont une fois avec le Brilettos] ; 47 [avec mention de Phylè, sur la route d'Athènes à Thèbes], toutefois l'Eubée et le Pélion (§ 22) annoncent déjà la Grèce centrale ; enfin, l'Athos (§ 34), « l'Athos, l'Olympe » (§ 43) et « l'Olympe, l'Athos » (§ 51) illustrent la présence permanente dans l'esprit de l'auteur de la Grèce du Nord, avec même son extension au delà (§ 41 : « On dit au Pont... »).

2) dans le *De ventis*, on assiste à un élargissement considérable de l'horizon, souvent évoqué à partir d'informations indirectes ; pendant qu'en un quart de siècle, la réflexion personnelle de Théophraste s'approfondissait, des faits nouveaux lui étaient rapportés de régions de plus en plus lointaines. Quelques exemples particulièrement significatifs :

— Certains sont empruntés à des phénomènes qui, se produisant non loin d'Athènes, pouvaient être connus d'une partie du public auquel Théophraste s'adressait et s'efforçait de fournir une explication ; ainsi dans *De ventis*, § 28, au sujet de l'effet spectaculaire du heurt d'un vent contre un obstacle naturel qui l'oblige à changer de sens : « Parfois sous l'influence des vents étésiens [...] des flux d'air viennent s'opposer au vent du nord, du fait de son retournement, et il s'ensuit même que les bateaux voguent à contresens, comme en particulier aux abords du détroit qui va de Chalcis à Orôpos. »[11]

— Dans le cadre d'une enquête étendue à des régions plus éloignées de la Grèce proprement dite, s'inscrivent des faits du même ordre. On lit ainsi (*De ventis*, § 41)

11. Pour plus de détails sur ce phénomène qui se produisait dans l'Euripe, voir le commentaire, n. 59 *ad loc.*

à propos de la violence que peut acquérir le zéphyr « comme s'il coulait à travers un conduit » : « En effet les régions ouvertes au Borée et au Notos sont montagneuses, tandis que vers le couchant il n'y a ni montagne ni terre, mais l'océan Atlantique, de sorte qu'il se porte sur la terre. » À cette mention de l'extrême Occident, tout à fait exceptionnelle chez Théophraste, correspond presque diamétralement dans le *De ventis*, § 33, celle d'un point de la côte méridionale de Chypre redoutable pour les navigateurs : « À l'endroit du territoire de Kourion appelé Phaistos[12], dans un lieu exposé au vent du sud, élevé et escarpé, une vague formidable s'abat, sans qu'il y ait de vent, et les embarcations jettent l'ancre aux endroits les plus accessibles d'un secteur dépourvu de port. » En ce qui concerne les régions trop lointaines pour qu'il les ait connues directement, Théophraste s'appuie sur les rapports des membres scientifiques de l'expédition d'Alexandre ; cf. *De ventis*, § 25, au sujet de l'absence de brises « en provenance des cours d'eau de Libye » : « il n'y en a pas non plus venant de la région de Babylone, de Suse et en général des régions torrides », à mettre en parallèle avec *HP* VIII, 11, 7 : « On dit que dans la région de Babylone les grains d'orge et de froment sautent sur l'aire comme ceux que l'on grille. » L'observation directe, si possible personnelle, reste dans tous les cas préférable, mais l'analyse des faits collectés devient le but essentiel.

Les débuts d'une science nouvelle : l'écologie

Au risque de préciser inutilement l'origine d'un terme entré récemment dans notre langue et devenu rapidement usuel, rappelons que le mot « écologie », formé sur une base grecque, peut s'appliquer sans anachronisme à un savoir qui s'est constitué en Grèce dès le IVe siècle avant notre ère, notamment à l'initiative de Théophraste, parfois

12. Cf. n. 71 de notre commentaire. L'ancienne ville chypriote de Kourion, dont subsistent des vestiges importants, se trouvait sur le promontoire le plus méridional de l'île.

qualifié non sans raison de « père de l'écologie »[13]. Le texte fondateur de cette science, beaucoup plus ancienne que ne le croit l'opinion publique, tient en quelques mots de l'*Historia plantarum*, IV, 1, 1 : « Toutes les plantes sans exception deviennent plus belles et prospèrent davantage dans les milieux qui leur conviennent (ἐν τοῖς οἰκείοις τόποις) ; il est en effet pour les espèces sauvages comme pour les espèces domestiques des milieux à la convenance de chacune (ἑκάστοις οἰκεῖοι) ». C'est évidemment l'adjectif οἰκεῖος litt. « de la maison », d'où « particulier, propre à…, qui convient à… », qui a fourni le premier élément du composé moderne « écologie ».

Le principe ainsi posé est illustré déjà dans le *De causis plantarum* (V, 4, 2-6), étroitement lié à l'*Historia,* par la description du contraste dans la plaine du Strymon, en amont de Philippes, entre le climat local à l'état de nature et après extension de la superficie défrichée[14]. Ici, dans le même ordre d'idée, le § 13 du *De ventis* évoque les montagnes crétoises autrefois habitées, cultivées et productives, désormais condamnées par leur stérilité à l'absence de soins et à la désertification. Le constat d'une dégradation par l'impact humain d'un environnement plus favorable rappelle dans une certaine mesure celui que dresse Platon (*Critias*, 111 a-d) de l'évolution catastrophique de l'Attique entre le respect de ses ressources naturelles et leur exploitation inconsidérée. Mais sa réflexion tourne court en se perdant dans le rêve d'un lointain passé

13. «Father of ecology » *in* J.D. Hughes, « Theophrastus as Ecologist », *Environmental Review* 9, 1985, p. 296-306. Aujourd'hui couramment définie comme la science des rapports entre un organisme vivant et le milieu où il vit, l'écologie a été fondée en 1866 par Ernst Haeckel sur la base du mot grec οἶκος « domaine », avec son dérivé οἰκεῖος, particulièrement aptes à exprimer l'idée d'adéquation naturelle de conditions de vie à une créature d'une durée plus ou moins limitée.

14. Voir notre article « L'impact du climat sur l'environnement botanique chez Théophraste », dans *Vie et climat d'Hésiode à Montesquieu* (Cahiers de la Villa Kérylos, n° 29), Paris, 2018, p. 119-135, en part. p. 132-134, avec une carte (fig. 14, p. 133).

idéalement favorable tant à la nature qu'à l'homme. Néanmoins, l'idée reprise et développée par Théophraste était déjà dans l'air.

L'étude des phénomènes naturels : une « science aimable » ?

Pour qui connaît la définition déjà ancienne de la botanique comme une « science aimable » et accepte de l'appliquer aux travaux fondateurs de Théophraste sur la flore, la question se pose de savoir si ses ouvrages conservés qui traitent de phénomènes naturels relevant d'autres disciplines se prêtent à recevoir une telle étiquette. Des deux ouvrages réunis ici, le végétal est presque absent. C'est à peine si on peut relever dans le *De signis* quelques indications qui font intervenir une espèce sauvage : § 37 « Si la mer charrie une quantité d'aigrettes qui proviennent des chardons, le vent qu'elles annoncent sera violent » ; § 45, repris § 49 : « Quand les chênes verts ont des fruits en abondance, ils annoncent généralement un hiver rigoureux, etc. » ; § 55 « Le fruit de la scille donne le signal des cultures. Il comprend trois parties dont la première correspond à la première culture, la seconde à la seconde, la troisième à la troisième, etc. » ; les espèces cultivées sont rapidement mentionnées dans le *De ventis,* qui évoque (§ 13) l'évolution climatique de la Crète où « dans le temps les montagnes étaient habitées et portaient des récoltes, tant céréalières que fruitières », et (§ 38 et 43) l'effet du temps météorologique « sur les fruits, dont il fait périr les uns et nourrit les autres ». Ce ne sont que des mentions ou de simples points de comparaison, ce qui permet de signaler l'absence presque totale de la botanique dans ces ouvrages.

Abstraction faite de la flore, Théophraste s'inscrit dans la tradition naturaliste aristotélicienne[15] par ses

15. Représentée par la description anatomique et physiologique de tous les animaux de la faune grecque et exotique connue à l'époque,

nombreuses observations des animaux, sauvages ou domestiques, dont témoignent, à défaut des ouvrages correspondants dont seuls les titres sont conservés, les mentions qui en sont faites dans le *De signis*. Il s'agit en majorité des oiseaux, mais aussi des mammifères, parfois même des insectes commensaux de l'homme. Quelques exemples particulièrement frappants : celui des fourmis (§ 22) qui « dans un creux de terrain transportent leurs œufs de leur fourmilière dans un endroit surélevé », ce qui annonce de la pluie, « et inversement du beau temps, si elles les redescendent » ; ou encore (§ 30) celui du hérisson, qui à l'approche d'un vent soufflant en tempête, « se fait deux trous en guise de terrier, l'un vers le nord, l'autre du côté du midi ; selon celui des deux qu'il obstrue, il indique d'où vient le courant d'air, et s'il bouche les deux, c'est un indice de la violence du vent. » Quoique moins faciles à observer, les oiseaux peuvent eux aussi fournir des indices significatifs, surtout quand il s'agit d'espèces familières comme le pinson (§ 19, n. 28 et § 23, n. 39) ou le moineau (§ 28). Mais d'autres, strictement inféodées à un milieu où l'homme n'a pas sa place, sont à leur tour campées dans une attitude caractéristique qui ne peut avoir été notée que par un observateur exercé ; cf. § 16 : « Un cormoran qui se dresse sur un rocher qu'une vague submerge annonce la pluie ; en plongeant plusieurs fois et en volant tout autour, il annonce la pluie » : il faut avoir suivi des yeux cette mimique pour dessiner ainsi la silhouette de ce gros oiseau de mer qui, après avoir plongé à la poursuite du poisson, sèche ses plumes mouillées en

dans les études intitulées *Histoire des animaux, Les parties des animaux, La génération des animaux*. La part prise par Théophraste à cette œuvre monumentale ne nous est parvenue que sous la forme des titres de neuf fascicules traitant des particularités de certaines espèces, dont seuls quelques extraits ont été transmis à basse époque, tels que celui qui a fait l'objet de notre article « Le *tarandos* de Théophraste, un animal réel à l'origine d'une créature de fantaisie », *J. Savants* 2015, p. 3-24.

écartant ses ailes, perché sur un rocher côtier. Quoique particulièrement bien décrit, ce cas est loin d'être isolé dans le *De signis*, où rares sont au contraire les détails qui laissent le lecteur moderne dubitatif ou incrédule : ainsi (§ 16) le corbeau (κόραξ) est présumé apporter la pluie « si, qu'il fasse beau ou qu'il pleuve, sa voix imite *pour ainsi dire* (οἷον) les gouttes de pluie qui tombent ».

En face de nombreux exemples susceptibles d'être invoqués à l'appui de la démonstration précédente, ceux qui sont empruntés à la vie quotidienne des hommes sont au contraire exceptionnels dans l'un et l'autre des deux ouvrages. Quelques-uns concernent le mobilier domestique : *De signis*, § 30 (avec n. 15) : « Si sous un régime de vents du midi une des pièces mortaisées grince, cela signifie qu'ils tournent au nord » ; *De ventis,* § 29 (pour démontrer que des vents comprimés dans des lieux resserrés en sortent renforcés) « dans le cas des portes [...] les battants eux aussi font un appel d'air incessant et fournissent une ventilation » ; de même au § 33 la constatation suivante : « dans les pièces d'une maison dont on a fermé les portes, le courant d'air pénètre moins par les fenêtres ; car la pièce, étant remplie d'air et n'ayant pas de déperdition, ne laisse pas entrer l'air du dehors. »

De la théorie aristotélicienne à l'expérience personnelle

Entre les deux ouvrages réunis dans le présent volume existe une continuité perceptible dans l'appui pris constamment sur des faits d'expérience, même quand il s'agit, comme dans le *De ventis*, d'expliquer et de justifier un principe qui vient d'être posé en des termes plus abstraits. C'est précisément par son refus des déductions tirées du seul raisonnement que Théophraste s'est le plus nettement démarqué d'Aristote. On trouvera plus loin (n. 42 au *De ventis* § 15) un long commentaire du concept aristotélicien d'« exhalaison » (ἀναθυμίασις) et des

critiques qui peuvent lui être adressées. Malgré sa proximité intellectuelle et affective avec son maître, Théophraste a su prendre ses distances par rapport à des opinions qu'il ne partageait pas. Ainsi on se doute déjà de leurs positions différentes au sujet de l'ἀναθυμίασις en constatant la fréquence du terme (quelque 60 occurrences) dans les *Météorologiques* d'Aristote et sa rareté (2 seulement, § 15 et 23) dans le *De ventis* de son disciple — indice d'un désaccord pleinement justifié dans l'édition Coutant – Eichenlaub du *De ventis*[16] par la faiblesse de la démonstration aristotélicienne.

Plus généralement, ces différences sont celles-là mêmes qui séparent Théophraste d'Aristote, comme il ressort du jugement aussi pertinent que spirituel porté par le biologiste anglophone Armand Marie Leroi, dans *The Lagoon. How Aristotle Invented Science*[17], p. 212 : « Ici, du moins, Théophraste est plus proche des phénomènes qu'Aristote. Nous avons l'impression que l'élève était jardinier, tandis que son maître a tout juste jeté un regard par-dessus la clôture de la cour de ferme. Mais les deux scientifiques se complètent. » (traduction personnelle). On ne saurait mieux dire.

La vulgarisation du savoir dans les ouvrages de Théophraste

Comme il est facile de le noter dans le *De signis,* le but de l'ouvrage est précisément de décrypter, de manière plus ou moins convaincante, les « signes » que les divers

16. P. XXXVII-XXXIX. La distance entre Théophraste et Aristote est annoncée dès les premières lignes de l'Introduction de l'éd. Coutant – Eichenlaub (p. X), que nous traduisons comme suit : « La visée d'ensemble du *De ventis* [...] est de remplacer ou de compléter les premiers ouvrages d'Aristote, en raison de nouvelles informations réunies dans un quart de siècle ou davantage, et d'un changement de perspective opéré par Théophraste. »

17. A.M. Leroi, *The Lagoon,* New York (Viking), 2014, avec une préface de D'Arcy W. Thompson, extraite de *On Aristotle as a biologist* (1912).

acteurs de la nature envoient à qui sait les observer et les comprendre. D'où la structure syntaxique de l'exposé sous la forme, illustrée (*supra*, p. XVIII) par des exemples, d'une période conditionnelle associant protase et apodose. Font exception les § 35 à 37 (début) du chapitre II “Les signes de vent” (p. 13-14) qui présentent une « rose des vents » très simplifiée par rapport à celle des *Météorologiques* d'Aristote (363 a 25 – 364 b 13), mais pareillement assortie de l'annonce d'un schéma explicatif qui ne nous est pas parvenu. Quoique indéniable, la ressemblance entre les deux traitements du sujet a une limite dont on ne doit pas minimiser l'importance : Théophraste n'y retient que les effets sur le temps météorologique des principaux vents décrits sous tous leurs aspects par Aristote. La singularité de Théophraste consiste en la place de cette « rose » à la fin du chapitre consacré aux vents, alors qu'il peut paraître de meilleure méthode de donner une définition avant une application, mais outre que nous ignorons tout des vicissitudes susceptibles d'avoir laissé des marques au cours de la transmission du texte, peut-être faut-il reconnaître dans cet ouvrage de jeunesse les effets d'une certaine inexpérience.

Quant à la récapitulation, parfois tenue — non sans raisons — pour apocryphe, dans le tout dernier paragraphe du *De ventis* (§ 62) des noms de vents qui pouvaient ne pas être immédiatement identifiés en l'absence de précisions, elle peut s'expliquer par un souci pédagogique de clarté ; même constatation dans l'usage d'exemples concrets pour rendre plus accessible à tous les esprits une définition trop abstraite (cf. *supra*, p. 12, les références aux § 29 et 33). Ici se présente (§ 53) le cas particulier d'un toponyme étranger, présumé inconnu du lecteur ou de l'auditeur : le nom d'un vent ressenti « aux abords du golfe de Pamphylie ; de là le vent appelé Dyris[18] (leçon

18. C'est la leçon des manuscrits diversement corrigée par les éditeurs successifs.

des manuscrits diversement corrigée par les éditeurs sucessifs) d'après le fleuve Idyros souffle, violent et fort… » La documentation moderne (cf. n. 122 *ad loc.*) confirme l'existence en Lycie, dans le golfe d'Antalya, de la ville antique d'Idyros, dont le nom amputé par apocope de sa voyelle initiale, se reconnaît dans le Dyris des manuscrits. Nous avons là un exemple du soin, qu'on pourrait qualifier de « professionnel », avec lequel Théophraste s'est efforcé de transmettre des informations peu banales et, au besoin, d'en faciliter la mémorisation.

SOMMAIRE DES DEUX OUVRAGES RÉUNIS DANS CE VOLUME

I. — *LES SIGNES DU TEMPS*

Introduction (§ 1-9)

— § 1 Présentation de l'auteur comme un non-spécialiste redevable de son savoir à des personnalités compétentes.
— § 2 Les deux levers des astres, respectivement matinal et vespéral.
— § 3 Valeur relative des observations selon le lieu où elles sont faites.
— § 4 Des astronomes réputés.
— § 5-6 L'observation du soleil et de la lune, base de toutes les prévisions.
— § 6-7 Des facteurs déterminants : la saison et les divisions astrales de l'année (solstices et équinoxes).
— § 8-9 Les divisions du mois selon la visibilité de la lune, et celles du jour, de l'aube à la nuit.

1re partie (§ 10-26) : Les signes de pluie

— § 10-13 (début) : signes tirés de l'aspect du ciel (couleur et forme des nuages ; état de la lune ; qualité de la lumière au lever et au coucher du soleil, etc.).

— § 13 (fin) – 14 : signes observables dans la vie courante, par ex. sur les lampes à huile.
— § 15-19 : annonce de la pluie par le comportement des animaux, sauvages ou domestiques.
— § 20 : aspect des collines d'Athènes variable selon le temps à prévoir.
— § 21 : interprétation à donner aux coups de tonnerre et aux éclairs, à la direction des vents.
— § 22-26 : faits significatifs non classés, certains relevant du comportement animal, d'autres de la météorologie, avec cette conclusion : « l'année de vent du nord est meilleure que celle de vent du midi », et la formule de résumé (§ 26) : « voilà ce qui passe pour des signes de pluie ».

2e partie (§ 26-37) : Les signes de vent

— § 26-27 : à la formule de transition « Et voici les signes de vent » succède la description des phénomènes célestes qui affectent le ciel clair, le soleil et la lune, et annoncent tel ou tel vent.
— § 28-30 : de même le comportement des animaux sauvages ou domestiques, et l'état plus ou moins agité de la mer.
— § 31-34 : autres signes de vent tirés de l'observation du ciel, de la mer et de phénomènes météorologiques exceptionnels (éclairs, chutes de neige, gelées à glace).
— § 35-37 (début) : la rose des vents, leurs noms, leurs caractères et leurs effets.
— § 37 (fin) : détails accessoires et conclusion : « Voilà donc les signes des vents ».

3e partie (§ 38-49) : Les signes de tempête

— § 38-42 : examinés dans un ordre de proximité croissante par rapport à l'observateur : corps célestes (début du § 38 : aspect du soleil et de la lune), oiseaux terrestres et marins (fin du § 38, § 39-40), animaux

domestiques (§ 41), lampes et foyer domestique (§ 42).

— § 43 : signes de tempête fournis par l'observation des collines attiques et de l'Olympe.

— § 44 : alternance d'une saison sèche et d'une saison pluvieuse.

— § 45-49 : signes annonçant un hiver particulièrement rigoureux : abondante fructification des chênes (§ 45 et 49), repli des animaux sauvages vers les terres cultivées (§ 47), comportement d'animaux commensaux de l'homme ou apprivoisés (§ 49).

4e partie (§ 50-55) : Les signes de beau temps

— § 50-51: brève mention des signes annonçant le beau temps : ciel clair, silhouette nette des montagnes, horizons dégagés.

— § 52-53 : cris et chants des oiseaux annonciateurs de beau temps.

— § 54 : signes tirés du comportement des animaux domestiques et de la combustion d'une lampe.

— § 55 : seul indice dû à un végétal : la floraison de la scille maritime en trois parties annonçant l'abondance ou la maigreur de chacune des récoltes correspondantes.

Conclusion (§ 56-57)

Limites de validité de ces prévisions et conclusion de l'enquête : « c'est par les astres que sont donnés les signes, ainsi que par les équinoxes et les solstices, non au moment même, mais soit avant leur date, soit un peu après. »

II. — *LES VENTS*

Introduction (§ 1-5)

— § 1 Délimitation du sujet par rapport à ce qui a été déjà traité (allusion au *De signis*) ; les caractères qui différencient les vents entre eux : intensité, température, fréquence, périodicité dans l'année ou dans un plus long temps, etc.
— § 2 Le facteur écologique : étendue du territoire, exposition au vent du nord ou au vent du midi.
— § 3-5 (début) La situation géographique et son influence déterminante sur les composantes du climat : température, pluviosité (cf. *De signis*, § 5) également en rapport avec l'altitude de la zone considérée.

1ère partie (§ 5-34) : Rapports entre les vents et les lieux où ils se manifestent

1. *Les deux principaux vents : vent du nord et vent du midi*

— § 5 (fin) – 7 Les caractères qui les opposent.
— § 8-9 L'exposition de l'Égypte à ces vents ; discussion et faits tenus pour réels.
— § 10 Les saisons où chacun d'eux prédomine.
— § 11-14 Définition des vents saisonniers, en particulier des vents étésiens ; leur lien avec la prospérité et la stérilité successives de la Crète, classé parmi les « faits à examiner ».

2. *Extension de l'étude à « tous les vents »*

— § 15-17 Influence des astres, du soleil et de la lune sur les faits météorologiques. Conclusion prudente : « c'est une question à étudier ».
— § 18-20 Fiabilité relative d'une sensation de chaleur ou de froid en l'absence de vent ; cas extrême (§ 21, avec

des lacunes) des lieux étouffés, qui donnent « l'impression d'une chaleur extrême ».

— § 22-25 Absence de brise dans les pays torrides ; ici encore « question à examiner ».

3. *Phénomènes particuliers dus à des situations locales*

— § 26-27 Changement de direction d'un vent qui butte contre une montagne (par ex. l'Olympe ou l'Ossa).

— § 28 Obstacle opposé au vent du nord par les vents étésiens (ex. de l'Euripe à Chalcis).

— § 29-31 Influence de la configuration des lieux sur l'intensité des vents (ex. des régions montagneuses telles que la Thessalie et la Macédoine).

— § 32-34 En marge des vues d'ensemble, nombreuses singularités locales (tel le régime des vents à Platées) ; d'où une conclusion modeste sur l'impossibilité d'expliquer toutes les anomalies apparentes.

2e partie (§ 35-55) : La « rose des vents » ; définitions et commentaires

— § 35-36 Violence des flux d'air ; leur influence sur les vagues marines.

— § 37-42 Caractères particuliers de chaque vent en rapport avec sa nature et avec son orientation ; exemples du *kaikias* et du zéphyr, ce dernier longuement développé.

— § 43-48 Importantes différences dans les caractères et les effets d'un même vent selon les lieux ; exemples pris dans l'ensemble du monde égéen et explications correspondantes.

— § 49-50 Durée variable de chacun des principaux vents, diurnes ou nocturnes.

— § 51-55 Ordre de succession des vents régulièrement associés et collisions possibles, génératrices de tempêtes ; phénomènes locaux remarquables.

3e partie (§ 56-61) : Incidences des phénomènes météorologiques sur la vie quotidienne

— § 56-57 Force et dynamisme de l'homme diminués par les vents du midi, accrus par les vents du nord.
— § 58 Effets d'une forte humidité atmosphérique sur les fruits, le mobilier, etc. ; effets contraires du vent du nord.
— § 58-61 Problèmes du même ordre, en attente d'une solution.
— § 62 **Appendice** (d'une authenticité contestée) : noms de plusieurs vents dans des régions périphériques du monde grec.

LA TRADITION MANUSCRITE ET EDITORIALE DE CES DEUX OUVRAGES

I. — *LES SIGNES DU TEMPS*

1) Les manuscrits

Bien que des plus récentes éditions imprimées utilisées pour servir de base à la nôtre, celle du *De signis* (2007) soit largement postérieure à celle du *De ventis* (1975), rappelons que l'ordre de composition des deux traités se trouve être l'inverse : –333-330 pour le premier, après –310 pour le second[1], l'antériorité du *De signis* étant signalée par l'auteur lui-même[2]. Il est donc naturel que le *De signis* et sa transmission soient étudiés en premier lieu.

L'Introduction de l'édition Sider – Brunschön présente (p. 43-55) une étude approfondie de la tradition textuelle du *De signis*, composée de treize manuscrits grecs qui s'échelonnent de la seconde moitié du XIIIe siècle à la seconde moitié du XVIe siècle ; il y est précisé (p. 43) que tous, sauf un, ont été directement collationnés par les deux auteurs — avec un soin et une minutie dont témoigne leur apparat critique, ce qui dispense de refaire à si peu d'intervalle tout un travail fastidieux. Leurs références

1. Cf. *supra*, p. XIV.
2. Voir *De ventis*, § 5, n. 11.

à Bartholomaeus de Messina (cité *Bart.*) sont de seconde main, mais s'appuient sur une traduction littérale en latin d'un original grec non identifié, faite pour Manfred de Messine, qui régna de 1258 à 1266. À l'autre extrémité de la chaîne manuscrite se trouve le *Turin.* B.II.18, sur papier, qui fait l'objet (*ibid.*, p. 55) d'un examen particulièrement détaillé. L'étude codicologique se termine par un stemma[3] (p. 56), qui n'a de véritable utilité que pour les spécialistes.

Une remarque préalable à un examen rapide des manuscrits qui ont transmis le *De signis* et le *De ventis* : ce sont deux traditions indépendantes, à la seule exception du *Vaticanus Reg. gr.* 123 qui donne l'un et l'autre de ces opuscules ; les éditeurs s'accordent sur sa date : après 1497 pour le *De signis* (Sider – Brunschön, p. 51, avec la précision suivante : « écrit quelque temps après 1497, probablement au 16e siècle, copié sur l'Aldine »), *ca* 1500 pour le *De ventis* (Coutant – Eichenlaub, p. XIII). En ce qui concerne le *De signis*, le principal intérêt du *Vaticanus Reg. gr.* 123 tient au fait que c'est le seul qui en identifie l'auteur avec Théophraste.

Dans le reste de la tradition, ce sont les deux plus anciens témoins désignés respectivement par les sigles M et V qui méritent une attention particulière :

— *Marcianus* IV, 58, 2e moitié du XIIIe s. ; parchemin ; f° 26-33 : texte du *De signis* sous le titre περὶ σημείων ὑδάτων καὶ πνευμάτων. Il est possible que ce manuscrit ait fait partie des 238 manuscrits grecs rapportés de Constantinople en 1423 par Giovanni Aurispa qui signale la présence dans cet ensemble d'ouvrages « d'auteurs très importants », dont Aristote. De M dérivent tous les témoins plus récents (voir le stemma de Brunschön, p. 56), à l'exception de V.

3. Emprunté pour l'essentiel à l'ouvrage très technique de Harlfinger et Reinsch cité *infra*.

— *Vaticanus gr.* 2231, 1re moitié du XIVe siècle ; papier ; f° 269-274 : texte du *De signis*, avec la mention de l'auteur ἀριστοτέλους. V est un second témoin indépendant, appartenant à un ensemble datable des années 1320-1340. La version du *De signis* représentée uniquement par V omet fréquemment des passages contenus dans la tradition de M, ou inversement contient des passages omis par M. En plusieurs endroits V conserve le texte correct, à la différence de M, et c'est en général pour le *De signis* un témoin de meilleure qualité. Certains indices amènent à supposer que la tradition de V a été utilisée pour une version latine représentée par la traduction de Bartholomé, notamment des omissions qui leur sont communes.

Les autres manuscrits et l'édition Aldine appartiennent tous à la famille de M. Trois en sont des descendants directs : *Marcianus gr.* 216 (sigle S), *Parisinus gr.* 2048 (B), *Parisinus gr.* 1893 (P). Il est également établi (cf. Brunschön, p. 51) que le *Vaticanus Reg. gr.* 123 (L) a été copié « quelque temps après 1497, probablement au XVIe siècle » sur l'Aldine. On peut déduire de ce rapide examen que les plus sûrs témoins du texte du *De signis* sont M et V, éventuellement complétés à partir du texte latin de Bartholomé et par des apports isolés d'autres représentants de la tradition (énumérés plus loin dans la liste des SIGLA qui précède traditionnellement la reproduction du texte transmis).

2) *Les éditions*

Une énumération aussi complète que possible étant donnée plus loin dans les SIGLA, il s'agit ici de précisions bibliographiques qui n'auraient pas trouvé place dans cette liste.

— Aldine *princeps*, 5 vol. Venise, 1495-98 ; vol. 2 (1497), f° 261r-267r. Il est indiqué dans l'Introduction de l'éd. Sider – Brunschön (p. 50-51) que « la première

tentative pour imprimer tous les ouvrages de Théophraste avait été l'édition de Symon Grynaeus en 1541[4]. [...] Avec cette publication, Alde espérait satisfaire le besoin croissant des œuvres d'Aristote qui résultait de la création de la première chaire européenne destinée à l'étude d'Aristote à l'université de Padoue en 1497 ». Comme le volume 2 de l'Aldine fournit sans titre le texte du *De signis*, il faut se reporter à la copie qu'en donne (f° 330v–339v), le *Vaticanus Reg. gr.* 123 (sigle L) pour apprendre (S.-B., p. 51) l'attribution de l'opuscule à Théophraste : « chaque verso du *De signis* a pour en-tête θεοφράστου δ, ce qui suggère que le scribe de L considérait le *De signis* comme le quatrième ouvrage de Théophraste dans le second volume de l'Aldine » .

— Viennent ensuite dans l'ordre chronologique, que suit la Bibliographie de l'éd. Sider – Brunschön (p. 230-232), en 1541 Grynaeus (cf. ci-dessus) et en 1552, le tome VI de J.B. Camotius (Giovanni Batista Camozzi, 1515-1581), qui, visant à englober toute la production scientifique de Théophraste, ajoute au texte de l'Aldine de nombreuses erreurs.

— Plus important, l'ouvrage publié à Urbino en 1593 par Fredericus Bonaventura sous le titre *Anemologiae pars prior, id est De affectionibus, signis, causisque ventorum ex Aristotele, Theophrasto ac Ptolemaeo tractatus*, p. 35-60 (traduction latine), 223-442 (commentaire). Bien qu'il fasse figurer Théophraste dans sa table des matières, Bonaventura n'exclut pas que la part de textes qu'il lui attribue puisse être d'Aristote.

— De 1605 date la première édition qu'on peut qualifier de « moderne », intitulée *Theophrasti Eresii... pleraque, antehac Latine nunquam, nunc Graece et Latine*

4. Comme l'explique la notice de Sider – Brunschön (p. 230), c'est seulement en 1541, après la mort de Grynaeus, que fut réalisé, après plusieurs tentatives et par certains de ses collaborateurs, son projet d'édition complète des œuvres de Théophraste.

simul edita. Interpretibus, Daniele Furlano Cretensi, Adriano Turnebo...[5], Hanau /Hannover, p. 109-130.

— En 1613 paraît à Leiden / Leyde la grande édition complète de Daniel Heinsius, intitulée *Theophrasti Eresii Graece et Latine opera omnia*, qui donne à la suite de la *Theophrasti Vita* de Diogène Laërce, le texte et la traduction latine de l'*Historia plantarum* et du *De Causis plantarum* établis par Heinsius, puis le recueil intitulé *Theophrasti Eresii Opuscula Graece et Latine, emendatiora.* Suit le sommaire de cette dernière partie, composée en totalité d'*opera minora,* dont le sous-titre *Librorum fragmentorumque Theophrasti hoc volumine contentorum syllabus* est accompagné du nom de l'éditeur – traducteur, Daniel Furlanus pour la plupart de ces opuscules[6], Adrien Turnebus pour le *De igne* et le *De odoribus.* Le *De signis* y est scindé en quatre chapitres portant les titres distincts énumérés plus haut (n. 1 de l'Introduction).

— De l'édition J.G. Schneider en 5 volumes (1818-1821) ont été utilisés ici le tome I (p. 757-782) comme base de notre texte, et plus sporadiquement les suivants, en part. le tome V, (p. 259-263) pour des listes de corrections proposées ou justifiées par Schneider, y compris les conjectures dues à Adamantios Koraïs, dit Coray.

– Viennent ensuite les deux publications de F. Wimmer dont la première (Leipzig, 1862) a un vol. 3 de Fragments qui contient les textes étudiés ici, la seconde (Paris, Didot, 1866) sous le titre *Theophrasti Eresii Opera quae*

5. Turnèbe n'ayant participé à l'édition de 1613 pour aucun des deux traités étudiés ici, toute variante qui lui est attribuée à leur sujet concerne l'édition de 1605, antérieure à la répartition des tâches entre lui et Furlanus.

6. Ainsi s'explique la fréquence de l'abréviation Furl. dans l'apparat critique de l'éd. Coutant–Eichenlaub, qui va de pair avec l'absence presque totale du nom d'Heinsius (lui sont attribuées de rares leçons peut-être issues d'une relecture). À nous d'élucider par nos propres moyens cette difficulté que la liste de Coutant – Eichenlaub (p. XV) ne signale pas.

supersunt omnia, reprend le texte de la précédente, avec une traduction latine. Seule celle de 1866 a été constamment consultée, sans grand dommage pour la précédente, puisque, selon Sider – Brunschön, p. 232, « il n'y a que quelques menues différences entre les deux éditions de Wimmer ».

— Ici prend place dans l'ordre chronologique une édition signalée par Sider – Brunschön (p. 232), que nous n'avons pas vue mais qui paraît pouvoir être négligée : J.G. Wood, *Theophrastus of Eresus on Winds and on Weather Signs*, Londres, 1894. Il en est dit seulement (*ibid.*) : « Wood a fondé sa traduction sur les textes de Schneider et de Wimmer. »

— Dernier en date avant l'ouvrage de Sider – Brunschön : A. Hort, 1926, *Concerning Weather Signs* (texte et traduction anglaise, quelques notes), dans *Theophrastus. Enquiry into Plants*, part II, p. 390-433.

II. — *LES VENTS*

1) Les manuscrits

L'authenticité du *De ventis* n'ayant jamais été contestée, à notre connaissance, sa tradition pose moins de problèmes. Le nombre des manuscrits qui l'ont transmis est à peu près égal à celui des témoins du *De signis* : douze pour le premier, treize pour le second, mais copiés dans des ateliers différents et à des dates différentes ; un seul d'entre eux, le *Vaticanus gr.* 123, tardif (XVIe siècle)[7], leur est commun. La tradition du *De ventis* est mieux étayée que celle du *De signis* : huit des onze manuscrits du *De odoribus* répertoriés dans la récente édition[8] Eigler –

7. Voir *supra* p. XXXVII.

8. U. Eigler – G. Wöhrle, *Theophrast . De odoribus*. Edition, Ubersetzung, Kommentar, Stuttgart (Teubner), 1993 ; liste des manuscrits p. 9-10, précédée d'une brève description, p. 8-9.

Wöhrle, dont le plus ancien (*Vaticanus gr.* 1302, sigle P, du XIIIe–XIVe siècle), comprennent aussi le *De ventis*.

La liste suivante est celle des douze manuscrits de l'éd. Coutant – Eichenlaub, assortis, s'il y a lieu, de leur correspondance avec l'éd. Eigler – Wöhrle [en abrégé E.-W.] du *De odoribus* pour le même manuscrit. Elle peut permettre l'identification des témoins utilisables en vue d'une étude codicologique approfondie, comme celle de Walter Burnikel, *Textgeschichtliche Untersuchungen zu Neun Opuscula Theophrasts*, Wiesbaden, 1974, dont il est dit dans l'Introduction de l'éd. E.–W. du *De odoribus*, p. 8 : « Le principal résultat du travail de Burnikel, au terme de recherches fondamentales sur la totalité des manuscrits, c'est d'avoir reconnu le *Vaticanus gr.* 1302 comme "l'ancêtre de tous les manuscrits qui renferment le corpus des neuf opuscules de Théophraste". Tous les autres manuscrits parvenus jusqu'à nous qui transmettent le *De odoribus* remontent à lui, et par conséquent sont tenus pour *eliminandi.* » Il est possible d'appliquer à la tradition du *De ventis* ce qui est ici reconnu pour le *De odoribus*, puisqu'ils appartiennent au même corpus, et de nous en tenir aux leçons du *Vaticanus gr.* 1302 (sigle P, commun à l'éd. Coutant –Eichenlaub [avec stemma, p. XIV] et à celle d'Eigler –Wöhrle), si elles sont compatibles avec le sens, les variantes fournies par le reste de la tradition étant le plus souvent conjecturales.

La liste des témoins du *De ventis*, dont huit se retrouvent dans celle du *De odoribus*, tandis qu'un seul (L) donne aussi le *De signis*, est la suivante :

— D =*Vossianus gr.* Q 25, fin XVe s. [XVe s. E.-W.], Universiteitbibliothek, Leiden.
— E = *Neapolitanus gr.* III D 1, 1497, Biblioteca Nazionale, Naples.
— I = *Palatinus gr.* 162, 1442-1457 [*id.* E.-W.], Bibliotheca Vaticana, Rome.

— L = *Reginensis gr.* 123, *ca* 1500 [= *Vaticanus Reg. gr.* 123, XVIe s. S.-B.] *ibid.*[9], Bibliotheca Vaticana, Rome.

— M = *Urbinas gr.* 108, début XVe s. [XVe s. E.-W.], Bibliotheca Vaticana, Rome.

— O = *Vaticanus gr.* 1305, fin XVe s., Bibliotheca Vaticana, Rome.

— P = *Vaticanus gr.* 1302, XIIIe s. [XIIIe–XIVe s. E.-W.], Bibliotheca Vaticana, Rome.

— Q = *Ambrosianus gr.* P 80 sup., début XVe s. [XVe s. E.–W.], Bibliotheca Ambrosiana, Milan.

— R = *Marcianus gr.* 260, 1442-1459, Biblioteca Nazionale Marciana, Venice.

— U = *Parisinus gr.* 2277, fin XVe s. [XVe s. E.-W.], Bibliothèque Nationale, Paris.

— X = *Bongarsianus gr.* 402, 1480-1500 [*id.* E.-W.], Bürgerbibliothek, Bern.

— Z = *Londiniensis gr. Add.* 5113, fin XVe s. [XVe s. E.-W.], British Museum, Londres.

Le stemma de l'éd. Coutant – Eichenlaub (p. XIV) illustre si clairement la supériorité de P que Eigler et Wöhrle n'ont pas jugé utile de le reproduire au sujet du *De odoribus* : nous prenons pour le *De ventis* le même parti.

Il reste à indiquer les correspondances entre les sigles de l'éd. Schneider dans son *Auctarium lectionum variarum ad Theophrasti opera* (t. V [1821], p. 158-163) et ceux de la liste précédente, pour assurer une certaine unité à l'ensemble :

— A = *Vaticanus* 1302 → P *Vaticanus gr.* 1302 (Coutant-Eichenlaub, Eigler-Wöhrle)

9. Sider – Brunschön, *op. cit.*, p. 51 : « L was written some time after 1497, probably in the 16th century, copied from the Aldine [...] by a copyist who was obviously not Greek. »

— B = *Vaticanus* 1305 → O *Vaticanus gr.* 1305 (C.-E., E.-W.)
— C = *Palatinus* 162 → I *Palatinus gr.* 162, 1442-1457 (C.-E., E.-W.)
— D = *Urbinas* 108 → M *Urbinas gr.* 108, début XVe s. (C.-E., E.-W.)
— Q = *Parisinus regius* 2277 → U *Parisinus gr.* 2277, fin XVe s. (C.- E., E.-W.)

À cette liste, Schneider ajoute la remarque suivante[10] : « Praeterea passim comparatus fuit *Venetus Marcianus* chartaceus 260 » (→ R *Marcianus gr.* 260, 1442-1459).

Ce sont donc six des douze mss. répertoriés par Coutant–Eichenlaub, et des plus importants (en particulier le plus ancien, le *Vaticanus* 1302 [P]), qui sont à la base de l'apparat critique de Schneider.

2) Les éditions

L'inventaire des sources éditoriales du *De ventis* (C.-E., p. XV) fait apparaître de très nombreux points communs avec celles du *De signis* énumérées plus haut (p. 19-21), ce qui dispense d'y revenir ici. D'autres, importantes pour le *De signis,* disparaissent de la liste concernant le *De ventis* ; ainsi Bartholomé de Messine (cité *Bart.* maintes fois dans l'apparat critique pour sa traduction latine souvent très pertinente). Inversement, l'éd. C.-E. mentionne au moins deux titres nouveaux, qui sont dans l'ordre chronologique les suivants :

— Oporinus J., 1541, dont l'ouvrage, publié à Bâle, est défini comme « à peine plus qu'un reprint de l'Aldine »[11]. Plus explicite est la notice correspondante de Wikipédia :

10. Cf. Schneider : « significat […] recentiorem fere ubique cum priore consentientem ».

11. Il s'agit du t. II de l'Aldine (1497) où le *De ventis* précède immédiatement le *De signis*, sans aucune réserve quant à sa propre authenticité.

« Johannes Herbst, dit Johannes Oporinus ou Jean Oporin, né le 25 janvier 1507 à Bâle et mort dans la même ville le 6 juillet 1568, était un imprimeur, latiniste et humaniste suisse ». Son contact avec les textes grecs dut être favorisé quand, en 1533, « il obtint par l'entremise de Simon Grynaeus une chaire de grec à l'université de Bâle » — qu'il quitta bientôt pour fonder une imprimerie, vite lourdement endettée. Cette carrière capricieuse suffit à expliquer qu'il compte peu dans la transmission de notre texte.

— Bien plus important à cet égard, Michel de Vascosan (*ca* 1500-1576), né à Amiens et mort à Paris, quoique probablement d'origine italienne, est surtout connu comme imprimeur de l'université de Paris et imprimeur du roi pour le grec de 1560 à 1576. La liste des sources de l'éd. C.-E. mentionne son texte grec (Paris, 1551), et, avec la référence Margo Vascosani [Vasc. et plus souvent Vasc.^{mg} dans notre apparat critique] des notes manuelles[12], pour la plupart pertinentes, en marge du texte sur un exemplaire de la Bibliothèque universitaire de Leyde.

— Rappelons pour mémoire l'ouvrage (*non vidi*) de J.G. Wood édité par G. J. Symonds (cf. *supra, p.* 22) qui n'a d'original que la réunion dans le même volume des deux seuls opuscules étudiés ici ; pas de texte ; traduction, introduction et notes ; Londres, 1894.

— De même ne peuvent être que rarement utiles les notes de Saumaise *Plinianae exercitationes*, Paris, 1629, quoique l'ouvrage figure dans la liste des *Editions and Commentaries* de Coutant-Eichenlaub, p. XV.

Concernant des traités du même auteur sur des sujets en partie liés, la tradition manuscrite pourrait être, sinon identique, du moins en grande partie commune aux deux textes. Il n'en est rien, comme il ressort des listes précédentes, ce qui rend nécessaire pour chacun d'eux une

12. « d'une main inconnue » est-il précisé dans Coutant – Eichenlaub (p. XV).

énumération distincte des manuscrits qui l'ont transmis, et justifie par conséquent une double liste de *sigla*, dont chacune précède directement dans ce volume l'ensemble du texte et de la traduction auquel elle s'applique.

Comme plusieurs de mes précédents ouvrages, celui-ci a bénéficié de la relecture d'Alain Blanc, très rassurante pour qui connaît son exigence de rigueur et de précision, associée à un amical dévouement. Qu'il trouve ici l'expression renouvelée de ma profonde reconnaissance. Je ne saurais oublier ce que la présente édition doit à l'habileté de Marc Cholvy, documentaliste à l'université Paul-Valéry de Montpellier, qui a réussi à dénicher dans des rebuts d'universités américaines l'édition Coutant – Eichenlaub du *De ventis* devenue introuvable en France. Je lui dois également un tirage intégral, à partir de Google, de l'édition Heinsius (1613), qui comprend, au nombre de ses *opera minora*, le texte grec, avec traduction latine, du *De signis* et du *De ventis* établi par Furlanus. C'est bien peu de l'en remercier ; sans son aide, j'aurais dû renoncer à mener à bonne fin un travail approfondi sur des ouvrages aujourd'hui tombés dans l'oubli et devenus presque inaccessibles, malgré leur intérêt pour l'histoire des sciences.

DE SIGNIS

SIGLA

TESTIMONIA

In primis

M = *Marcianus gr.* IV.58, saec. XIII.
V = *Vaticanus gr.* 2231, saec. XIV.
Bart. = Bartholomaei uersio latina, saec. XIII.

Reliquia quae rarius citantur

S = *Marcianus gr.* 216, anno 1445.
B = *Parisinus gr.* 2048, saec. XV.
P = *Parisinus gr.* 1893, saec. XV.
A = *Ambrosianus* A 174 sup., saec. XV.
Q = *Marcianus gr.* 200, anno 1457.
N = *Marcianus gr.* 215, saec. XV.
F = *Laurentianus gr.* 57, 33, saec. XV.
H = *Harvardianus* 17, saec. XV.
C = *Ambrosianus* P 34 sup., saec. XV.
L = *Vaticanus Reg. gr.* 123, saec. XVI.
T = *Taurinensis* B.II.18, saec. XVI.

EDITIONES

Ald. = Aldina *princeps* in *Aristotelis opera*, vol. II, Venetiis, 1497, f° 261^{r} – 267^{r}, et in *Vaticanus Reg. gr.* 123, f° 330^{v}– 339^{v}.
Turn. = A. Turnebus *in Theophrasti Eresii… pleraque… Interpretibus D. Furlano, A. Turnebo…*, 1605 (uide supra, p. 20).

Furl. = D. Furlanus, *Theophrasti libelli De signis pluviarum, ventorum, tempestatum ac serenitatum*. Daniele Furlano interprete, p. 416–422 et 437-440, in D. Heinsius, *Theophrasti Eresii... opera omnia*, Lugduni Batavorum, 1613, qui nonnullas correctiones de suo addidit.

Schn. = J.G. Schneider, *Theophrasti Eresii quae supersunt omnia*, Lipsiae, t. I-IV, 1818, nonnullis corrigendis in vol. IV additis ; t. V, 1821, syllabum emendandorum et addendorum in primis vol. atque auctarium lectionum variarum continens.

Wim. = F. Wimmer, *Theophrasti Eresii opera quae supersunt omnia*, t. III, Lipsiae, 1863 (non uidi).

Wim. (scil. Wim. 1866) = Id. uersione latina addita, Parisiis (Didot).

Hort = A. Hort, *Theophrastus. Enquiry into Plants*, t. II, p. 390-433 : *Concerning Weather Signs* (text reprinted from Wimmer with english translation), Cambridge (Mass.) – London (Loeb), 1926.

Sider – Brunschön = D. Sider and C.W. Brunschön, *Theophrastus of Eresus. On Weather Signs* (Introduction, Text and Translation, Commentary, Bibliography, Indices), Leiden – Boston (Brill), 2007.

DE SIGNIS

THÉOPHRASTE

LES SIGNES DE PLUIE, DE VENT, DE TEMPÊTE ET DE BEAU TEMPS

Introduction

1 Les signes de pluie, de vent, de tempête et de beau temps*[1], nous les avons décrits comme suit, dans la mesure où c'était à notre portée[2], soit que nous les ayons nous-même préalablement observés, soit que nous ayons fait des emprunts à d'autres qui ne sont pas sans réputation[3]. Ainsi donc, pour ce qui est du coucher et du lever des astres, il faut emprunter aux spécialistes d'astronomie.

2 Il y a deux sortes de coucher, car les cas de non-visibilité sont des couchers[4] ; cela se produit quand l'astre se couche en même temps que le soleil et quand il se couche à son lever. Il y a de même deux sortes de lever, les levers matinaux , quand celui de l'astre précède celui du soleil, et les levers vespéraux, quand l'astre se lève au moment où le soleil se couche[5]. Ainsi donc, ce qu'on appelle les levers de l'Arcture[6] se produisent des deux manières : celui d'hiver est vespéral, celui d'automne matinal ; mais la plupart de ceux des autres constellations qui portent un nom sont matinaux, par exemple ceux de la Pléiade[7], d'Orion et de son Chien[8].

* Les appels de notes, numérotés à la suite dans chaque chapitre, renvoient au commentaire (p. 61-119 et 121-161).

ΘΕΟΦΡΑΣΤΟΥ

ΠΕΡΙ ΣΗΜΕΙΩΝ ΥΔΑΤΩΝ ΚΑΙ ΠΝΕΥΜΑΤΩΝ ΚΑΙ ΧΕΙΜΩΝΩΝ ΚΑΙ ΕΥΔΙΩΝ

1 Σημεῖα ὑδάτων καὶ πνευμάτων καὶ χειμώνων καὶ εὐδιῶν ὧδε ἐγράψαμεν καθ' ὅσον ἦν ἐφικτόν, ἃ μὲν αὐτοὶ προσκοπήσαντες, ἃ δὲ παρ' ἑτέρων οὐκ ἀδοκίμων λαβόντες. Τὰ μὲν οὖν ἐπὶ τοῖς ἄστροις δυομένοις καὶ ἀνατέλλουσιν ἐκ τῶν ἀστρονομικῶν δεῖ λαμβάνειν.

2 Εἰσὶ δὲ δύσεις διτταί· οἵ τε γὰρ ἀφανισμοὶ δύσεις εἰσί· τοῦτο δέ ἐστιν ὅταν ἅμα συνδύνῃ τῷ ἡλίῳ τὸ ἄστρον, καὶ ὅταν ἀνατέλλοντος δύνῃ. Ὁμοίως δὲ καὶ ἀνατολαὶ διτταί, αἱ μὲν ἑῷοι ὅταν προανατέλλῃ τοῦ ἡλίου τὸ ἄστρον, αἱ δ' ἀκρόνυχοι ὅταν ἅμα δυομένῳ ἀνατέλλῃ. Αἱ μὲν οὖν τοῦ Ἀρκτούρου λεγόμεναι ἀνατολαὶ ἀμφοτέρως συμβαίνουσιν· ἡ μὲν γὰρ τοῦ χειμῶνος ἀκρόνυχός ἐστιν, ἡ δὲ μετοπωρινὴ ἑώα. Τῶν δ' ἄλλων αἱ πλεῖσται τῶν ὀνομαζομένων ἑῷαι, οἷον Πλειάδος καὶ Ὠρίωνος καὶ Κυνός.

4-5 Σημεῖα... εὐδιῶν = titulus : uide adn. (n. 1) || 9 οἵ V Furl. : εἴ M om. Bart. || 11 ἀνατέλλοντος Schn. ex *oriente sole* Bart. : –οντι M V Furl. || 18 Κυνός V Bart. Furl. : κοινός M.

3 De tous les autres signes[9], il en est de propres à n'importe quelle région où se trouvent des montagnes élevées et des vallées profondes, et surtout à toutes les hauteurs qui descendent jusqu'à la mer[10] : quand les vents se lèvent, les nuages s'abattent sur de tels lieux, s'ils tournent dans la direction opposée, <les nuages> changent de sens en tournant eux aussi, et quand ils se chargent d'humidité, leur pesanteur fait qu'ils s'accumulent et s'immobilisent[11] dans les creux. Aussi faut-il faire attention au lieu où quelqu'un est installé[12], car il est toujours possible de trouver une personne compétente en la matière et les signes rapportés par ces gens sont les plus avérés.

4 C'est pourquoi il a existé dans certaines régions quelques bons observateurs des astres ; ainsi Matrikétas[13] à Méthymne, depuis le Lépétymnos[14], Cléostrate[15] à Ténédos, depuis l'Ida, Phainias[16] à Athènes, depuis le Lycabette, ont eu une vue d'ensemble des phénomènes solsticiaux ; et c'est un élève de ce dernier, Méton, qui a établi la périodicité de dix-neuf ans. Phainias était un étranger domicilié à Athènes, Méton était athénien, et d'autres ont pratiqué l'astronomie de cette manière[17].

5 Mais il est d'autres signes, tirés des animaux domestiques ou autres, de leur comportement et de leurs réactions[18], et surtout ceux, d'une importance capitale, qui nous viennent du soleil et de la lune (la lune étant, en quelque sorte, le soleil de la nuit[19]). C'est pourquoi les conjonctions des mois sont des périodes de mauvais temps, du fait que la lumière de la lune est absente des quatre derniers jours d'un mois aux quatre premiers jours du suivant. Par conséquent, c'est un phénomène semblable à une disparition du soleil que constitue l'éclipse

3 Τῶν δὲ λοιπῶν σημείων ἔνια μὲν ἴδια κατὰ πάσας χώρας ἐστὶν ἐν ὅσαις ὄρη ὑψηλὰ καὶ αὐλῶνές εἰσι, μάλιστα δὲ ὅσα πρὸς θάλασσαν καθήκει τῶν ὑψηλῶν· τῶν τε γὰρ πνευμάτων ἀρχομένων, τὰ νέφη προσπίπτει πρὸς τοὺς τοιούτους τόπους, καὶ μεθισταμένων εἰς τοὐναντίον ἀντιμεθίστανται καὶ ὑγρότερα γινόμενα διὰ βάρος εἰς τὰ κοῖλα συγκαθίζει. Διὸ δεῖ προσέχειν οὗ ἄν τις ἱδρυμένος ᾖ. Ἔστι γὰρ αἰεί τινα λαβεῖν τοιοῦτον γνώμονα καὶ ἔστι σαφέστατα τὰ σημεῖα τὰ ἀπὸ τούτων.

4 Διὸ καὶ ἀγαθοὶ γεγένηνται κατὰ τόπους τινὰς ἀστρονόμοι ἔνιοι, οἷον Ματρικέτας ἐν Μηθύμνῃ ἀπὸ τοῦ Λεπετύμνου, καὶ Κλεόστρατος ἐν Τενέδῳ ἀπὸ τῆς Ἴδης, καὶ Φαεινὸς Ἀθήνῃσιν ἀπὸ τοῦ Λυκαβηττοῦ τὰ περὶ τὰς τροπὰς συνεῖδε, παρ' οὗ Μέτων ἀκούσας τὸν τοῦ ἑνὸς δέοντα εἴκοσιν ἐνιαυτῶν <κύκλον> συνέταξεν. Ἦν δὲ ὁ μὲν Φαεινὸς μέτοικος Ἀθήνῃσιν, ὁ δὲ Μέτων Ἀθηναῖος, καὶ ἄλλοι δὲ τὸν τρόπον τοῦτον ἠστρολόγησαν.

5 Ἄλλα δέ ἐστι σημεῖα ἃ λαμβάνεται ἀπό τε ζῴων τῶν κατ' οἰκίαν καὶ ἑτέρων, τῶν τε τρόπων καὶ παθημάτων, μάλιστα δὲ κυριώτατα <τὰ> ἀπὸ τοῦ ἡλίου καὶ τῆς σελήνης· ἡ γὰρ σελήνη νυκτὸς οἷον ἥλιός ἐστι· διὸ καὶ αἱ σύνοδοι τῶν μηνῶν χειμέριοί εἰσιν, ὅτι ἀπολείπει τὸ φῶς τῆς σελήνης ἀπὸ τετράδος φθίνοντος μέχρι τετράδος ἱσταμένου. Ὥσπερ οὖν ἡλίου ἀπόλειψις γίνεται κατὰ τὸν ὅμοιον τρόπον καὶ τῆς σελήνης ἔκλειψις.

2 ὅσαις M Furl. : ὅσαι V P^{pc} || 6 ἀντιμεθίστανται M Bart. Furl. : –ίσταται V prop. Hort || 8 αἰεὶ codd. plerique : ἀεὶ V || 9 pr. τὰ om. M Furl. || 15 ἐνιαυτῶν <κύκλον> Hort ex Schn. : ἐνιαυτὸν M P^{ac} ἐνιαυτῶν V P^{pc} || 19 τῶν τε SB : τινῶν M Furl. κοινῶν V || τρόπων SB (sed Schn. iam proposuerat) : τόπων codd. Furl. Schn. 1818 || 20 τὰ add. Hort || 24-25 ἀπόλειψις... ἔκλειψις M V Furl. : ἔκλειψις... ἀπόλειψις coni. Böhme in dissertatione sua (Halle 1884) uide adn.

de la lune[20]. 6 Il faut donc accorder la plus grande attention aux levers de ces astres-là et à leurs couchers, à la manière dont ils les font, quand on veut faire des prévisions.

On doit donc d'abord se mettre dans l'esprit que les divisions en deux parties partagent en deux les saisons, de sorte qu'il faut à cet égard tenir compte à la fois de l'année, du mois et du jour. Ce qui divise l'année en deux parties, c'est la Pléiade[21], tant par son coucher que par son lever, car d'un coucher à un lever il y a la moitié de l'année. Il s'ensuit que sa durée totale se divise en deux[22]. 7 Les solstices et les équinoxes ont le même effet. Ainsi donc, quelles que soient les conditions atmosphériques quand se couche la Pléiade, telles elles sont d'ordinaire jusqu'au solstice, et si elles changent, c'est après le solstice ; si elles ne changent pas, elles se prolongent telles quelles jusqu'à l'équinoxe ; de même à partir de là jusqu'au lever de la Pléiade, puis de celles-ci jusqu'au solstice d'été, de là jusqu'à l'équinoxe, et de l'équinoxe jusqu'au coucher de la Pléiade.

8 Il en est de même aussi pour chaque mois[23] : ce qui le divise en deux parties[24], ce sont à la fois les jours de pleine lune et les périodes de huit jours et de quatre jours, de sorte qu'il faut regarder la nouvelle lune comme le point de départ. Un changement <de temps>[25] intervient en effet le plus souvent dans les quatre jours, sinon dans les huit jours, sinon à la pleine lune ; puis de la pleine lune à huit jours de la fin du mois, de là à quatre jours, du quatrième jour à la nouvelle lune.

9 Il en va de même aussi[26] le plus souvent des changements qui se produisent pendant le jour . L'aube, le matin, la mi-journée, l'après-midi, le coucher du soleil, et les parties de la nuit qui leur correspondent ont le même effet que celui attribué aux vents, à la tempête et au beau

6 Δεῖ οὖν προσέχειν μάλιστα ταῖς ἀνατολαῖς τούτων καὶ ταῖς δύσεσιν, ὁποίας ἂν ποιῶνται, τὸν βουλόμενον προγινώσκειν.

Πρῶτον μὲν οὖν ληπτέον ὅτι αἱ διχοτομίαι διορίζουσι τὰς ὥρας, ὥστε ἐπὶ τούτων δεῖ ἀθρεῖν καὶ ἐνιαυτὸν καὶ μῆνα καὶ ἡμέραν. Διχοτομεῖ δὲ τὸν μὲν ἐνιαυτὸν Πλειάς τε δυομένη καὶ ἀνατέλλουσα· ἀπὸ γὰρ δύσεως μέχρι ἀνατολῆς τὸ ἥμισυ τοῦ ἐνιαυτοῦ ἐστιν. Ὥστε δίχα τέμνεται ὁ πᾶς χρόνος. 7 Ὁμοίως δὲ καὶ αἱ τροπαὶ καὶ ἰσημερίαι ποιοῦσιν. Οἵα τις οὖν ἂν ᾖ κατάστασις <τοῦ ἀέρος> Πλειάδος δυομένης, οὕτως ἔχει ὡς ἐπὶ τὸ πολὺ μέχρι τροπῶν, κἂν μεταβάλλῃ, μετὰ τροπάς· ἐὰν δὲ μὴ μεταβάλλῃ, διέχει <οὕτως> ἕως ἰσημερίας, κἀκεῖθεν ὡσαύτως μέχρι Πλειάδος, καὶ ἀπὸ ταύτης μέχρι τροπῶν θερινῶν, καὶ ἐντεῦθεν μέχρι ἰσημερίας, καὶ ἀπὸ ἰσημερίας μέχρι Πλειάδος δύσεως.

8 Ὡς δ' αὔτως ἔχει καὶ περὶ τὸν μῆνα ἕκαστον· διχοτομοῦσι γὰρ αἵ τε πανσέληνοι καὶ αἱ ὀγδόαι καὶ αἱ τετράδες, ὥστε ἀπὸ νουμηνίας ὡς ἀπ' ἀρχῆς δεῖ σκοπεῖν. Μεταβάλλει γὰρ ὡς ἐπὶ τὸ πολὺ ἐν τῇ τετράδι, ἐὰν δὲ μή, ἐν τῇ ὀγδόῃ, εἰ δὲ μή, πανσελήνῳ· ἀπὸ δὲ πανσελήνου εἰς ὀγδόην φθίνοντος, καὶ ἀπὸ ταύτης εἰς τετράδα, ἀπὸ δὲ τετράδος εἰς τὴν νουμηνίαν.

9 Ὡς δ' αὔτως καὶ ἐπὶ τῆς ἡμέρας ἔχουσιν αἱ μεταβολαὶ ὡς ἐπὶ τὸ πολύ. Ἀνατολὴ γὰρ καὶ πρωῒ καὶ μεσημβρία καὶ δείλη καὶ δύσις, καὶ τὰ τῆς νυκτὸς μέρη τὰ ἀνάλογα ταὐτὸ ποιεῖ τοῖς εἰρημένοις περὶ πνευμάτων

1 ante τούτων add. ταῖς Furl. Schn. ‖ 4 διχοτομίαι M : –μαὶ V ‖ 10 οὖν ἂν V : ἂν M Furl. ἂν οὖν Schn. (V, LVII) ‖ 10-11 τοῦ ἀέρος add. Schn. ex *aeris* Bart. : om. M V ‖ 12 μεταβάλλῃ μετὰ τροπάς M : μεταβάλλειν μέλλῃ τροπῶν V Bart. ‖ 13 διέχει Schn. : δεῖ ἔχειν M V Bart. Furl. ‖ οὕτως add. Schn. ex *sic* Bart. : om. M V ‖ 14-16 καὶ — Πλειάδος om. V ‖ 27 τὰ ἀνάλογα M Bart. Furl. : ἀνάλογον V.

temps. Car avant tout, si le temps doit changer, c'est à l'intérieur de ces divisions qu'il change. Aussi faut-il globalement prêter une grande attention aux conditions du moment, mais dans le détail, à chaque catégorie de signes selon la méthode à laquelle nous avons souscrit[27] .

Les signes de pluie

I. 10 Eh bien donc, les signes de pluie sont, semble-t-il, les suivants[1] Le plus évident est sans doute celui de l'aube, quand avant le lever du soleil apparaît un signe rougeoyant[2] : il annonce <la pluie> soit pour le jour même[3], soit dans les trois jours en général. C'est ce que montrent aussi les autres signes ; car, surtout le troisième jour, sinon avant, le rougeoiement est significatif même au coucher <du soleil>, moins cependant que celui de l'aube.

11 Si[4] <le soleil> se couche en hiver ou au printemps dans un petit nuage, c'est une annonce <de pluie> d'ordinaire dans les trois jours ; s'y ajoute le cas où des raies lumineuses[5] partent du sud <du soleil>, mais si ce même phénomène se produit à partir de nord, il est atténué. Si le soleil porte à son lever[6] une marque noire et s'il émerge des nuages, c'est signe de pluie ; et si, à son lever, ses rayons s'allongent avant qu'il ait apparu, c'est un signe commun à la pluie et au vent ; si, au moment où le soleil décline, un nuage se place au-dessous du point où ses rayons viennent à se diviser, c'est signe de tempête ; et quand il est brûlant[7] à son coucher et à son lever, si le vent ne se met pas à souffler, c'est signe de pluie.

12 Mêmes signes dus aussi à la lune qui se lève dans son plein, plus faibles pour le croissant[8]. Si elle est argentée, c'est signe de beau temps ; rousse, signe de vent ; sombre, signe de pluie[9] ; sa signification est celle de son croissant au troisième jour.

καὶ χειμῶνος καὶ εὐδίας. Μάλιστα γὰρ ἐὰν μέλλῃ μεταβάλλειν, ἐν ταῖς διχοτομίαις μεταβάλλει. Καθόλου μὲν οὖν τὰς ὥρας οὕτω δεῖ παρατηρεῖν, καθ' ἕκαστα δὲ τῶν σημείων κατὰ τὸν ὑπογεγραμμένον τρόπον.

I. 10 Ὕδατος μὲν οὖν σημεῖα τὰ τοιαῦτα δοκεῖ εἶναι. Ἐναργέστατον μὲν οὖν τὸ ἑωθινόν, ὅταν πρὸ ἡλίου ἀνατολῆς φαίνηται ἐπιφοινίσσον σημεῖον· ἢ γὰρ αὐθημερινὸν ἐπισημαίνει ἢ τριῶν ἡμερῶν ὡς ἐπὶ τὸ πολύ· ἃ δηλοῖ δὲ καὶ τὰ ἄλλα σημεῖα· ἐὰν γὰρ μὴ πρότερον, τριταῖα μάλιστα σημαίνει τὸ ἐπιφοινίσσον καὶ δύνοντος, ἧττον δὲ ἢ τὸ ἑωθινοῦ.

11 Καὶ ἐὰν δύνῃ χειμῶνος ἢ ἔαρος εἰς νεφέλιον, τριῶν ἡμερῶν ὡς τὰ πολλὰ ἐπισημαίνει. Καὶ ἐὰν ῥάβδοι νοτόθεν, ταὐτὰ δὲ ταῦτα βορρᾶθεν γινόμενα ἀσθενέστερα. Καὶ ἐὰν ἀνίσχων μέλαν σημεῖον ἴσχῃ, καὶ ἐὰν ἐκ νεφελῶν ἀνέχῃ. ὑδατικόν, καὶ ἐὰν ἀκτῖνες ἀνίσχοντος ἀνατείνωσι πρὶν ἀνατεῖλαι, κοινὸν ὕδατος σημεῖον καὶ ἀνέμου· καὶ ἐὰν καταφερομένου τοῦ ἡλίου ὑφίσταται νέφος, ὑφ' οὗ ἐὰν σχίζωνται αἱ ἀκτῖνες, χειμερινὸν τὸ σημεῖον· καὶ ὅταν καυματίας δύηται καὶ ἀνατέλλῃ, ἐὰν μὴ ἄνεμος γένηται, ὕδατος τὸ σημεῖον.

12 Τὰ αὐτὰ δὲ σημαίνει καὶ σελήνη πανσελήνῳ ἀνίσχουσα, ἀσθενέστερα δὲ ὁ μείς, ἐὰν μὲν ᾖ πυρώδης, πνευματώδη σημαίνει τὸν μῆνα, ἐὰν δὲ ζοφώδης, ὑδατώδη· σημαίνει δὲ ὅτι ἂν σημαίνῃ τριταῖος ὢν ὁ μείς.

1 χειμῶνος M Furl. : –ώνων V Bart. ‖ 7-8 αὐθημερινὸν Ald. Furl. : αὐθημερὸν M Bart. αὐθημερῶν V uide adn. ‖ 8 ante δηλοῖ add. ἃ V Bart. ‖ 9 μὴ Wim. : δὴ M V Bart. Furl. ‖ 12 ἔαρος M V Bart. Furl. : ἀέρος Ald. ‖ 15 ἴσχῃ M Furl. : ἀνίσχῃ V ἀνέχῃ coni. Schn. (IV, 723) ἔχῃ Ald. cum ceteris ‖ 17 ἀνατείνωσι M Furl. : ἀποτείνωσι V Bart. uide adn. ‖ 23-25 ἐὰν μὲν ᾖ ἀργυρώδης εὐδίαν, εἰ [ἐὰν ego cum codd.] δὲ πυρώδης ἄνεμον, ἐὰν δὲ ζοφώδης ὕδωρ σημαίνει· σημαίνει δὲ SB : ἐὰν μὲν ᾖ πυρώδης, εὐδιεινὸν σημαίνει τὸν μῆνα, ἐὰν δὲ ζοφώδης, ὑδατώδη· σημαίνει δὲ Furl. ἐὰν μὲν ᾖ πυρώδης, [πνευματώδη] σημαίνει τὸν μῆνα· ἐὰν δὲ ζοφώδης, ὑδατώδη· σημαίνει δὲ Schn. 1818 et alii alia uide adn.

13 Un grand nombre d'étoiles filantes[10] est signe de pluie ou de vent et le point d'où elles filent est celui d'où vient le vent ou la pluie. Si au lever ou au coucher <du soleil> ses rayons s'élèvent en faisceau, c'est signe de tempête. Et quand au lever du soleil sa lumière présente à peu près la même couleur qu'à son déclin, c'est signe de pluie. Quand des nuages sont pareils à des flocons de laine, ils annoncent la pluie. Des bulles[11] qui montent en grand nombre à la surface des cours d'eau annoncent de la pluie en abondance. D'ordinaire, une iridescence qui apparaît autour d'une lampe ou à travers la lumière d'une lampe annonce de la pluie venant du midi. 14 Les champignons[12] eux aussi, par vent du midi, sont signe de pluie, mais également signe de vent, proportionnellement à leur nombre et à leur taille, mais s'ils sont petits, pareils à des grains de millet et brillants, <ils annoncent> de la pluie et du vent. Et quand en hiver <la lampe> refoule par intermittence la flamme, comme des bulles, c'est signe de pluie, ainsi que dans le cas où les rayons lumineux dansent sur la lampe et où cela se produit trois nuits de suite[13].

15 Des oiseaux[14] qui se baignent sans être des espèces aquatiques annoncent pluie ou tempête ; un crapaud qui se baigne et des grenouilles qui chantent fort annoncent la pluie ; que se montre le lézard qu'on appelle la salamandre[15], ou encore qu'une grenouille verte chante sur un arbre, c'est l'annonce de la pluie ; des hirondelles qui heurtent de leur ventre les eaux dormantes annoncent la pluie; quand un bœuf a léché son sabot de devant, c'est un signe de tempête ou de pluie ; et si, levant la tête vers le ciel, il se met à flairer, c'est signe de pluie[16]. 16 Un cormoran qui se dresse sur un rocher qu'une vague submerge annonce la pluie[17] ; en plongeant plusieurs fois et en volant tout autour, il annonce également la pluie. Quant

13 Ἀστέρες πολλοὶ διᾴττοντες, ὕδατος ἢ πνεύματος, καὶ ὅθεν ἂν διᾴττωσιν, ἐντεῦθεν τὸ πνεῦμα ἢ τὸ ὕδωρ. Καὶ ἐὰν ἀκτῖνες ἀθρόαι ἀνίσχωσιν ἀνιόντος ἢ δύνοντος, σημεῖον χείμωνος. Καὶ ὅταν ἀνίσχοντος τοῦ ἡλίου αἱ αὐγαὶ οἷον ἐκλείποντος χρῶμα ἴσχωσιν, ὕδατος σημεῖον. Καὶ ὅταν νεφέλαι πόκοις ἐρίων ὅμοιαι ὦσιν, ὕδωρ σημαίνει. Πομφόλυγες ἀνιστάμεναι πλείους ἐπὶ τῶν ποταμῶν, ὕδωρ σημαίνουσι πολύ. Ὡς δ᾽ ἐπὶ τὸ πολὺ ἶρις περὶ λύχνον ἢ διὰ λύχνου διαφαινομένη νότια σημαίνει ὕδατα. **14** Καὶ οἱ μύκητες ἐὰν νότια ᾖ, ὕδωρ σημαίνουσι, σημαίνουσι δὲ καὶ ἄνεμον κατὰ λόγον ὡς ἂν ἔχωσι πλήθους καὶ μεγέθους, σμικροὶ δὲ καὶ κεγχρώδεις καὶ λαμπροί, ὕδωρ καὶ ἄνεμον. Καὶ ὅταν χειμῶνος τὴν φλόγα <ὁ λύχνος> ἀπωθῇ διαλιπὼν οἷον πομφόλυγας, ὕδατος σημεῖον, καὶ ἐὰν πηδῶσιν αἱ ἀκτῖνες ἐπ᾽ αὐτόν, καὶ ἐὰν τρεῖς νύκτας ἐπιγένωνται.

15 Ὄρνιθες λουόμενοι μὴ ἐν ὕδατι βιοῦντες ὕδωρ ἢ χειμῶνας σημαίνουσι. Καὶ φρύνη λουομένη καὶ βάτραχοι μᾶλλον ᾄδοντες σημαίνουσιν ὕδωρ. Καὶ ἡ σαύρα φαινομένη, ἣν καλοῦσι σαλαμάνδραν, ἔτι δὲ καὶ χλωρὸς βάτραχος ἐπὶ δένδρου ᾄδων ὕδωρ σημαίνει. Χελιδόνες τῇ γαστρὶ τύπτουσαι τὰς λίμνας ὕδωρ σημαίνουσι. Βοῦς τὴν προσθίαν ὁπλὴν λείξας χειμῶνα ἢ ὕδωρ σημαίνει. Ἐὰν δὲ εἰς τὸν οὐρανὸν ἀνακύπτων ὀσφραίνηται, ὕδωρ σημαίνει. **16** Κορώνη ἐπὶ πέτρας κορυσσομένη ἣν κῦμα κατακλύζει ὕδωρ σημαίνει· καὶ κολυμβῶσα πολλάκις καὶ περιπετομένη ὕδωρ σημαίνει. Κόραξ

6 ὦσιν Schn. (IV, 724) : εἶσιν M V Furl. || 11-12 ὡς ἂν M V Bart. : ὡς ἐὰν P C ἢ ς ἐὰν Furl. || 14 ὁ λύχνος add. Furl. || 16 τρεῖς νύκτας C : τρεῖς νύκται P Ald. τρεῖς μύκαι M Bart. σπινθῆρες prop. Furl. χειμῶνος ὄντος μύκαι coni. SB uide adn.

au corbeau[18] qui d'ordinaire change plusieurs fois de voix, s'il est de ces sons qu'il émet précipitamment deux fois, et s'il fait entendre un bruissement en agitant ses ailes[19], il annonce la pluie ; de même si, par temps de pluie, il change plusieurs fois de voix et s'épouille sur un olivier ; et encore si, qu'il fasse beau ou qu'il pleuve, sa voix imite, pour ainsi dire, les gouttes qui tombent, c'est signe de pluie. Que des corbeaux ou des geais[20] volent haut et se comportent comme des faucons[21], ils annoncent la pluie. Si un corbeau, un jour de beau temps, au lieu de faire entendre sa voix habituelle, lance un cri perçant, c'est signe de pluie. 17 Si un faucon qui se perche sur un arbre et vole à l'intérieur se met à s'épouiller, c'est signe de pluie. L'été, quand des oiseaux qui vivent dans une île apparaissent en bandes nombreuses, ils annoncent la pluie ; s'ils sont moyennement nombreux, c'est favorable pour les chèvres et le bétail, mais s'ils sont trop nombreux, il y aura une grave sécheresse[22]. En général, les oiseaux et la volaille[23] qui s'épouillent sont annonciateurs de pluie, et aussi quand ils imitent <le bruit> de l'eau comme s'il pleuvait[24]. 18 Si un canard domestique, cherchant à se glisser sous le rebord des toits[25], s'envole en battant des ailes, il annonce la pluie ; de même aussi les geais et la volaille, qu'ils s'envolent en battant des ailes sur un étang ou sur la mer[26], à la manière d'un canard, ils annoncent la pluie. Un héron[27] qui fait entendre son cri au petit matin annonce la pluie ou le vent ; s'il le pousse en volant vers la mer, c'est signe de pluie plus que de vent, et de manière générale son cri annonce un temps venteux.

19 Et le pinson[28], dans une maison habitée, s'il se fait entendre dès l'aube, annonce la pluie ou la tempête. Quand elle jette des étincelles, la marmite pleine d'eau à ras bord en est aussi un signe, et des mille-pattes qui rampent en grand nombre vers un mur de maison annoncent un temps pluvieux. Un dauphin qui plonge près

πολλὰς μεταβάλλειν εἰωθὼς φωνάς, τούτων ἐὰν ταχὺ δὶς φθέγξηται καὶ ἐπιρροιζήσῃ καὶ τινάξῃ <τὰ πτέρα>, ὕδωρ σημαίνει· καὶ ἐὰν ὑετῶν ὄντων πολλὰς μεταβάλλῃ φωνὰς καὶ ἐὰν φθειρίζηται ἐπ᾽ ἐλαίας· καὶ ἐάν τε εὐδίας, ἐάν τε ὕδατος ὄντος μιμῆται τῇ φωνῇ οἷον σταλαγμούς, ὕδωρ σημαίνει. Ἐάν τε κόρακες, ἐάν τε κολοιοὶ ἄνω πέτωνται καὶ ἱερακίζωσιν, ὕδωρ σημαίνουσι. Καὶ ἐὰν κόραξ εὐδίας οὔσης μὴ τὴν εἰωθυῖαν φωνὴν ἴῃ καὶ ἐπιρροιβδῇ, ὕδωρ σημαίνει. **17** Ἐὰν ἱέραξ ἐπὶ δένδρου καθεζόμενος καὶ εἴσω εἰσπετόμενος φθειρίζηται, ὕδωρ σημαίνει. Καὶ θέρους ὅταν πολλοὶ ἀθρόοι φανῶσιν ὄρνιθες οἳ βιοτεύουσιν ἐν νήσῳ, ὕδωρ σημαίνουσιν· ἐὰν δὲ μέτριοι, ἀγαθὸν αἰξὶ καὶ βοτοῖς, ἐὰν δὲ πολλοὶ ὑπερβολῇ, αὐχμὸν ἰσχυρόν. Ὅλως δὲ ὄρνιθες καὶ ἀλεκτρυόνες φθειριζόμενοι ὑδατικὸν σημεῖον, καὶ ὅταν μιμῶνται ὕδωρ ὡς ὗον. **18** Καὶ ἐὰν νῆττα ἥμερος ὑπιοῦσα ὑπὸ τὰ γεῖσα ἀποπτερυγίζηται, ὕδωρ σημαίνει. Ὁμοίως δὲ καὶ κολοιοὶ καὶ ἀλεκτρυόνες, ἐάν τε ἐπὶ λίμνῃ ἢ θαλάσσῃ ἀποπτερυγίζωνται, ὡς νῆττα, ὕδωρ σημαίνει. Καὶ ἐρωδιὸς ὄρθριον φθεγγόμενος ὕδωρ ἢ πνεῦμα σημαίνει· καὶ ἐὰν ἐπὶ θάλατταν πετόμενος βοᾷ, μᾶλλον ὕδατος σημεῖον ἢ πνεύματος, καὶ ὅλως βοῶν ἀνεμῶδες.

19 Καὶ ὁ σπίνος ἐν οἰκίᾳ οἰκουμένῃ ἐὰν φθέγξηται ἕωθεν, ὕδωρ σημαίνει ἢ χειμῶνα. Καὶ χύτρα σπινθηρίζουσα πᾶσα περίπλεως ὕδατος σημεῖον· καὶ ἴουλοι πολλοὶ πρὸς τοῖχον ἕρποντες ὑδατικόν. Δελφὶς παρὰ

1 μεταβάλλειν εἰωθὼς [εἰωθὸς V] M Furl. *permutare consuetus* Bart. : μεταβάλλων ἕωθεν coni. Schn. (V, 165) uide adn. || τούτων ἐὰν M V Bart. Furl. : ταύτην ἣν Turn. || 2 τὰ πτέρα add. Schn. (V, LVII, 165) ex *concutiat alas* Bart. || 13 βοτοῖς M V Furl. : βουσί coni. Schn. (V, 166) e *bobus* Bart. uide adn. || 23 σπίνος Schn. (IV, 729) nisi iam Furl. uide adn. : πιλος sine accentu uel cum uario accentu M V Bart.

de la terre et qui émerge à chaque instant annonce la pluie ou la tempête.

20 Quant à l'Hymette[29], le plus bas des deux, qualifié de « sec », s'il a dans son creux un petit nuage, c'est signe de pluie ; de même si le « grand » Hymette, en été, a depuis le sommet et par côté des nuages blancs ; également si l'Hymette « sec » en a de blancs depuis le sommet et par côté ; en outre, si vers le solstice le vent du sud-ouest (*lips*)[30] se met à souffler, c'est signe de pluie.

21 Les coups de tonnerre d'hiver et de printemps annoncent plutôt de la pluie, à la différence de ceux d'été et d'automne, mais s'il tonne le soir, c'est l'annonce d'un temps pluvieux. Des éclairs venant de partout sont signe de pluie ou de vent, et de même s'ils se produisent le soir. Si au point du jour[31], quand souffle le vent du midi (*notos*), des éclairs partent du midi, c'est signe de pluie ou de vent. Quand le vent d'ouest (*zéphyros*) s'accompagne d'éclairs du côté du nord, il annonce soit une tempête, soit de la pluie. En été, les éclairs du soir sont un signe de pluie immédiate ou dans les trois jours, et en fin d'été des éclairs qui partent du nord sont signe de pluie.

22 Quand l'Eubée porte une ceinture en son milieu, c'est la pluie à brève échéance. Si un voile de nuages vient s'installer sur le Pélion, c'est l'annonce de pluie ou de vent venant de là. Quand s'est formé un arc-en-ciel, l'annonce se confirme, et s'il y a de nombreux arcs-en-ciel, c'est un signe de pluies très fortes, mais il en est souvent de même des rayons que darde le soleil quand ils sortent des nuages[32]. Si des fourmis[33] dans un creux de terrain transportent leurs œufs de leur fourmilière dans un endroit surélevé, elles annoncent de la pluie, et inversement du beau temps si elles les redescendent. Si viennent à se former deux faux-soleils[34], l'un au midi, l'autre au

γῆν κολυμβῶν καὶ ἀναδυόμενος πυκνά, ὕδωρ ἢ χείμωνα σημαίνει.

20 Ὑμηττος ὁ ἐλάττων, ἄνυδρος καλούμενος, ἐὰν <ἐν> τῷ κοίλῳ νεφέλιον ἔχῃ, ὕδατος σημεῖον· καὶ ἐὰν ὁ μέγας Ὑμηττος τοῦ θέρους λευκὰς ἔχῃ νεφέλας ἄνωθεν καὶ ἐκ πλαγίου, ὕδατος σημεῖον. Καὶ ἐὰν ὁ ἄνυδρος Ὑμηττος λευκὰς ἔχῃ ἄνωθεν καὶ ἐκ πλαγίου. Καὶ ἐὰν περὶ ἰσημηρίαν λὶψ πνεύσῃ, ὕδωρ σημαίνει.

21 Αἱ δὲ βρονταὶ αἱ μὲν χειμεριναὶ καὶ ἑωθιναὶ μᾶλλον ὕδωρ σημαίνουσιν· αἱ δὲ θεριναὶ καὶ μεσημβριναὶ οὔ, ἑσπεριναὶ δὲ βρονταὶ ὑδατικόν σημεῖον. Ἀστραπαὶ δὲ ἐάν γε πανταχόθεν γίνωνται, ὕδατος ἢ ἀνέμου σημεῖον, καὶ ἑσπεριναὶ ὡσαύτως. Καὶ ἐὰν ἀκρωρίας νότου πνέοντος νοτόθεν ἀστράψῃ, ὕδωρ σημαίνει ἢ ἄνεμον. Καὶ ζέφυρος ἀστράπτων [ἄνωθεν] πρὸς βορείου ἢ χειμῶνα ἢ ὕδωρ σημαίνει. Καὶ θέρους αἱ ἑσπέριαι ἀστραπαὶ ὕδωρ αὐτίκα σημαίνουσιν ἢ τριῶν ἡμερῶν. Καὶ ὀπώρας βορρᾶθεν ἀστραπαὶ ὑδατικὸν σημεῖον.

22 Ἡ Εὔβοια ὅταν διαζωσθῇ μέση, ὕδωρ διὰ ταχέων. Καὶ ἐὰν ἐπὶ τὸ Πήλιον νεφέλη προσίζῃ, ἐντεῦθεν ὕδωρ ἢ ἄνεμον σημαίνει. Ὅταν ἶρις γένηται, ἐπισημαίνει· ἐάν τε ἴριδες γένωνται, σημαίνει ὕδωρ ἐπὶ πολύ. Ἀλλὰ πολλάκις καὶ οἱ ὀξεῖς ἥλιοι, ὅταν ἐκ νεφῶν. Μύρμηκες ἐν κοίλῳ χωρίῳ ἐὰν τὰ ᾠὰ ἐκφέρωσιν ἐκ τῆς μυρμηκιᾶς ἐπὶ τὸ ὑψηλὸν χωρίον, ὕδωρ σημαίνουσι, ἐὰν δὲ καταφέρωσιν, εὐδίαν. Ἐὰν παρήλιοι δύο γένωνται, ὁ μὲν νοτόθεν,

3-7 Ὑμηττος — alt. καὶ om. V || 3 ὁ M : om. codd. cett. Ald. || 4 ἐν add. Schn. (IV, 731) ex Bart. : om. M || 10-11 καὶ μεσημβριναὶ οὔ V : μεσημβρίας καὶ M Bart. μεσημβρίαν καὶ Furl. || 13 ἀκρωρίας Schn. : –ωρείας M V Furl. uide adn. || 15 ἄνωθεν del. Furl. Schn. Hort sed non SB || 19 διαζωσθῇ Schn. (IV, 732) : –χωσθῇ M Furl. –χωρισθῇ T || 22 γένωνται M Furl. : γίν– V || 22-23 ἀλλὰ πολλάκις om. V || 23 νεφῶν V : νεφέλης M Bart. Furl. || 26 post γένωνται add. καὶ M Bart. Furl.

nord, accompagnés d'un halo, c'est signe de pluie à brève échéance ; des halos noirs[35] sont annonciateurs de pluie, et surtout ceux qui se forment l'après-midi.

23 Le Cancer comprend deux étoiles, qu'on appelle les Ânes, entre lesquelles se trouve la nébuleuse appelée la Crèche[36] ; si celle-ci s'assombrit, le temps est pluvieux. S'il n'a pas plu à l'époque de la Canicule ou à celle de l'Arcture[37], c'est généralement pluie ou vent pour l'équinoxe. Et le dicton populaire concernant les mouches[38] est véridique : quand elles piquent fort, c'est signe de pluie ; un pinson qui pépie dès l'aube annonce pluie ou tempête, mais le soir, de la pluie[39].

24 Quand, la nuit, une longue nuée blanche ceinture l'Hymette au-dessous de ses sommets, la pluie arrive en général dans quelques jours. Et si à Égine une nuée s'installe sur le Zeus des Hellènes[40], en général la pluie arrive. Si des pluies abondantes se produisent en hiver, le printemps est généralement sec ; mais si l'hiver est sec, le printemps est pluvieux. Quand se produisent de nombreuses chutes de neige, il s'ensuit une année de prospérité[41].

25 On dit parfois que si un grain dur apparaît soudain dans un charbon incandescent, il fait prévoir généralement de la grêle[42] ; mais s'agit-il d'espèces de petits grains de mil brillants, en grand nombre, s'il fait du vent, c'est du beau temps, s'il n'en fait pas, de la pluie ou du vent. Il est préférable que la pluie vienne en premier lieu du nord plutôt que du midi, à la fois pour les plantes et pour les animaux, mais il faut qu'elle soit douce et non salée quand

ὁ δὲ βορρᾶθεν, καὶ ἄλως ἅμα, ὕδωρ διὰ ταχέων σημαίνει. Καὶ ἄλως αἱ μέλαιναι ὑδατικὸν καὶ μᾶλλον αἱ δείλης.

23 Ἐν τῷ Καρκίνῳ δύο ἀστέρες εἰσίν, οἱ καλούμενοι Ὄνοι, ὧν τὸ μεταξὺ τὸ νεφέλιον ἡ Φάτνη καλουμένη. Τοῦτο ἐὰν ζοφῶδες γένηται, ὑδατικόν. Ἐὰν μὴ ἐπὶ Κυνὶ ὕσῃ ἢ ἐπὶ Ἀρκτούρῳ, ὡς ἐπὶ τὸ πολὺ πρὸς ἰσημερίαν, ὕδωρ ἢ ἄνεμος. Καὶ τὸ δημόσιον τὸ περὶ τὰς μυίας λεγόμενον ἀληθές· ὅταν γὰρ δάκνωσι σφόδρα, ὕδατος σημεῖον. Σπίνος φθεγγόμενος ἕωθεν μὲν ὕδωρ σημαίνει ἢ χειμῶνα, δείλης δὲ ὕδωρ.

24 Τῆς δὲ νυκτὸς ὅταν τὸν Ὑμηττον κάτωθεν τῶν ἄκρων νεφέλη διαζώσῃ λευκὴ καὶ μακρά, ὕδωρ γίνεται ὡς τὰ πολλὰ μετρίων ἡμερῶν. Καὶ ἐὰν ἐν Αἰγίνῃ ἐπὶ τοῦ Διὸς τοῦ Ἑλλανίου νεφέλη καθίζηται, ὡς τὰ πολλὰ ὕδωρ γίνεται. Ἐὰν ὕδατα πολλὰ γίνηται χειμερινά, τὸ ἔαρ ὡς τὰ πολλὰ γίνεται αὐχμηρόν· ἐὰν δ' αὐχμηρὸς ὁ χειμών, τὸ ἔαρ ὑδατῶδες. Ὅταν χιόνες πολλαὶ γίνωνται, ὡς τὰ πολλὰ εὐετηρία γίνεται.

25 Φασὶ δέ τινες εἰ ἐν ἄνθρακι λαμπρῷ χάλαζα ἐπιφαίνηται, χάλαζαν προσημαίνειν ὡς τὰ πολλά· ἐὰν δὲ ὥσπερ κέγχροι μικροὶ λαμπροὶ πολλοί, ἀνέμου μὲν ὄντος εὐδίαν, μὴ ἀνέμου δέ, ὕδωρ ἢ ἄνεμον. Ἔστι δ' ἄμεινον πρῶτον γίνεσθαι βόρειον ὕδωρ νοτίου καὶ τοῖς φυομένοις καὶ τοῖς ζῴοις· δεῖ δὲ γλυκὺ εἶναι καὶ μὴ

2-8 pr. καὶ — ἄνεμος om. V || 5 ἡ Φ. Furl. : οὗ Φ. M || 7 τὸ om. Furl. || ἰσημερίαν Ald. Bart. Furl. : ἡμερίαν M || 8 μυίας V Ald. : μύας M Bart. sic Furl. ut uid. uide adn. || 11 χειμῶνα M Bart. Furl. : μᾶλλον ἄνεμον V || 12-16 τῆς — γίνεται om. V || 13 νεφέλη M Furl. : νεφελῶν P C Ald. *nubes* Bart. || διαζώσῃ Furl. : διασώζῃ M *cinxerit* Bart. || 14 post Αἰγίνῃ add. καὶ C Ald. Furl. || 16 γίνεται Furl. : γίνηται M γίνωνται V || 16-17 τὸ ἔαρ post πολλὰ transp. V || l. 20-p. 10, l. 1 φασὶ — ὅλως om. V || 20 post τινες add. καὶ M Furl. || ἐν ἄνθρακι λαμπρῷ SB : ἄνθραξι λαμπροῖς Schn. (IV,734) ἐν ἄστρασι λαμπρὰ M Bart. Furl.

on la goûte. Au total, l'année de vent du nord est meilleure que celle de vent du midi, et plus saine. Et quand les moutons ou les chèvres s'accouplent en hiver, cela veut dire qu'il sera long.

Les signes de vent

II. 26 Voilà donc ce qui passe pour des signes de pluie. Et voici les signes des vents[1]. Le soleil qui est à son lever brûlant et non resplendissant[2] est le signe d'un temps venteux ; et si le soleil paraît creux[3], c'est l'annonce du vent ou de la pluie. S'il reste brûlant pendant plusieurs jours, cela signifie sécheresses et vents de longue durée. Si ses rayons se divisent les uns en direction du nord, les autres du sud, lui-même se trouvant à l'aube au milieu, c'est un signe conjoint de pluie et de vent.

27 Il y a d'autre part dans le soleil et la lune des signes, les uns, noirs, annonçant la pluie, les autres, rouges, le vent. Si la lune, par vent du nord, se trouvait verticale, les vents du nord-ouest se mettent d'ordinaire à souffler ensuite et le mois[4] continue à être hivernal. Quand la corne du croissant penche vers le bas, on a un mois de vent du nord[5] ; quand c'est à partir du bas, un mois de vent du midi ; et si jusqu'à son quatrième jour la lune est verticale, au lieu d'être nettement inclinée, et bien arrondie, d'ordinaire il fait mauvais temps jusqu'au milieu du mois. La lune est-elle sombre, elle annonce de la pluie, est-elle rousse, du vent.

ἁλμυρὸν τοῖς γευομένοις. Καὶ ὅλως τὸ ἔτος τὸ βόρειον τοῦ νοτίου κρεῖττόν ἐστι καὶ ὑγιεινότερον. Καὶ ὅταν ὀχεύωνται πρόβατα ἢ αἶγες, χειμῶνος μακροῦ σημεῖον.

II. 26 Ὕδατος μὲν οὖν ταῦτα λέγεται σημεῖα.

Ἀνέμων δὲ τάδε. Ἀνατέλλων ὁ ἥλιος καυματίας καὶ μὴ ἀποστίλβων, ἀνεμῶδες τὸ σημεῖον· καὶ ἐὰν κοῖλος φαίνηται ὁ ἥλιος, ἀνέμου ἢ ὕδατος τὸ σημεῖον. Καὶ ἐὰν ἐπὶ πολλὰς ἡμέρας καυματίας, αὐχμοὺς καὶ ἀνέμους πολυχρονίους σημαίνει. Ἐὰν αἱ ἀκτῖνες αἱ μὲν πρὸς βορρᾶν, αἱ δὲ πρὸς νότον σχίζωνται, τούτου μέσου ὄντος κατ' ὄρθρον, κοινὸν ὕδατος καὶ ἀνέμου σημεῖόν ἐστιν.

27 Ἔστι δὲ σημεῖα ἐν ἡλίῳ καὶ σελήνῃ, τὰ μὲν μέλανα ὕδατος, τὰ δ' ἐρυθρὰ πνεύματος. Ἐὰν δὲ καὶ ὁ μείς, βορείου ὄντος, ὀρθὸς εἱστήκῃ, ζέφυροι εἰώθασιν ἐπιπνεῖν καὶ ὁ μὴν χειμερινὸς διατελεῖ. Ὅταν μὲν ἡ κεραία τοῦ μηνὸς ἐπικύπτῃ, βόρειος ὁ μείς· ὅταν δ' ἡ κάτωθεν, νότιος· ἐὰν δ' ὀρθός, καὶ μὴ καλῶς ἐγκεκλιμένος μέχρι τετράδος, καὶ εὔκυκλος, εἴωθε χειμάζειν μέχρι διχομηνίας. Σημαίνει ζοφώδης μὲν ὤν, ὕδωρ, πυρώδης δέ, πνεῦμα.

1-2 τὸ ἔτος τὸ βόρειον τοῦ νοτίου κρεῖττόν ἐστι V Bart. : ἔτος βέλτιον νοτίου βόρειον M Furl. ‖ 2-3 alt. καὶ — σημεῖον om. V ‖ 3 ὀχεύωνται Wim. : –εύωσι M ὀχέωσι Ald. Furl. ‖ 5 ἀνέμων δὲ V Bart. : ἀνέμου δὲ καὶ πνευμάτων M Furl. ‖ καὶ V Bart. : κἂν M Furl. ‖ 6 ἀποστίλβων SB : ὑπο– V ἀποστίλβῃ M Furl. *scintillans* Bart. ‖ 10-11 τούτου μέσου ὄντος M V Furl. : ante μέσου addere prop. δὲ Schn. (V, 167) ex *hoc autem medio existente* Bart. ‖ 11 ὄρθρον M V Furl. : ὀρθὸν prop. Schn. (V, 167) e *rectum* Bart. ‖ 13-14 ἔστι — ὕδατος M Bart. Furl. : καθόλου δὲ τὰ ἐν ἡλίῳ καὶ σελήνῃ μέλανα σημεῖα ὕδατος σημαντικά V ‖ 14 μεὶς accentu uario M μεῖς Furl. : μὴν V uide adn. ‖ 15 ὀρθὸς V Bart. Ald. Furl. : ὀρθρὸς M ‖ εἱστήκῃ Ald. Furl. : –κει M V ‖ 19 εὔκυκλος M Bart. Furl. : εὐκόλως V ‖ 20 μὲν ὤν om. V.

28 Puffins[6] et canards tant sauvages que domestiques[7] annoncent d'une part de la pluie en plongeant, d'autre part en battant des ailes, du vent. Les foulques[8], par beau temps, font prévoir du vent dans la direction vers laquelle elles volent. Les moineaux, en hiver, annoncent par leur vacarme dès que vient le soir soit un changement de vent, soit de la pluie. Un héron[9] qui vient de la mer à tire d'aile et en criant est un signe de vent ; et de manière générale, quand il crie fort, il s'assimile au vent. 29 Un chien[10] qui se roule par terre avertit de la puissance du vent. Une invasion d'araignées[11] annonce du vent ou une tempête.

Une mer forte[12], des promontoires mugissants, un rivage qui résonne sont en rapport avec le vent. La marée descendante indique le vent du nord, la marée montante, celui du midi. En effet si la marée haute est arrivée par vent du nord, il tourne au sud ; inversement, si la marée basse s'est produite par vent du sud, il tourne au nord. En outre, le vent du nord est plus faible quand il cesse, le vent du sud, quand il se lève. Un faux-soleil[13] annonce de la pluie ou du vent venant du point où il se trouve.

30 Le quinzième jour après le solstice d'hiver[14] est en général un jour de vent du midi. Quand soufflent ceux du nord, tout se dessèche, et s'humidifie par vent du midi. Si sous un régime de vents du midi une des pièces mortaisées[15] grince, cela signifie qu'ils tournent au nord ; mais si les pieds gonflent, le changement se fait dans le sens du midi. Le même signe annonce également un ouragan[16], comme le fait aussi une démangeaison <du pied> droit[17]. Le hérisson a un comportement significatif[18] : il se fait deux trous en guise de terrier, l'un orienté vers le nord, l'autre du côté du midi ; selon celui des deux qu'il

28 Αἴθυιαι καὶ νῆτται καὶ ἄγριαι καὶ τιθασσαὶ ὕδωρ μὲν σημαίνουσι δυόμεναι, πτερυγίζουσαι δὲ ἄνεμον. Οἱ κέπφοι εὐδίας οὔσης ὅποι ἂν πέτωνται ἄνεμον προσημαίνουσι. Στρουθοὶ χειμῶνος ἀφ' ἑσπέρας θορυβοῦντες ἢ ἀνέμου μεταβολὴν σημαίνουσιν ἢ ὕδωρ ὑέτιον. Ἐρωδιὸς ἀπὸ θαλάσσης πετόμενος καὶ βοῶν πνεύματος σημεῖόν ἐστι· καὶ ὅλως βοῶν μέγα ἀνεμώδης. **29** Κύων κυλινδούμενος χαμαὶ μέγεθος ἀνέμου σημαίνει. Ἀράχνια πολλὰ φερόμενα πνεῦμα ἢ χειμῶνα σημαίνει.

Θάλασσα οἰδοῦσα καὶ ἀκταὶ βοῶσαι καὶ αἰγιαλὸς ἠχῶν ἀνεμώδης. Ἡ ἄμπωτις βόρειον πνεῦμα σημαίνει, πλημμύρα δὲ νότιον. Ἐὰν μὲν γὰρ ἐκ βορείων πλημμύρα ἥκῃ, εἰς νότιον μεταβάλλει, ἐὰν δ' ἐκ νοτίων ἄμπωτις γένηται, εἰς βόρειον μεταβάλλει. Καὶ ὁ μὲν βορέας λήγων ἐλάττων, ὁ δὲ νότος ἀρχόμενος. Παρήλιος ὁπόθεν ἂν ᾖ ὕδωρ ἢ ἄνεμον σημαίνει.

30 Ἡ πέμπτη καὶ δεκάτη ἀπὸ τροπῶν τῶν χειμερινῶν ὡς τὰ πολλὰ νότιος. Βορείων δὲ γινομένων ξηραίνει πάντα, νοτίων δὲ ὑγραίνει. Ἐὰν δὲ νοτίων ὄντων ψοφῇ <τι> τῶν κεκολλημένων, εἰς τὰ βόρεια σημαίνει τὴν μεταβολήν. Ἐὰν δὲ πόδες οἰδῶσι, νοτία ἡ μεταβολή — τὸ δὲ αὐτὸ σημεῖον καὶ ἐκνεφίου — καὶ ὀδαξῶν τὸν δεξιόν. Ἐχῖνος ὁ χερσαῖος σημαντικόν· ποιεῖται δὲ δύο ὀπὰς ὅπου ἂν οἰκῇ, τὴν μὲν πρὸς βορρᾶν, τὴν δὲ

1-7 αἴθυιαι — ἀνεμώδης om. V ‖ 8-14 ἀράχνια — μεταβάλλει : sic mihi uidentur optime dispositae eae sententiae quas codices editoresque alio modo ordinauerunt ; exempli gratia uide SB, p. 76, cum apparatu ad loc. ‖ 14 γένηται V : γίν– M Furl. ‖ 15 ὁπόθεν M Bart. Furl. : ὅθεν V ‖ 17-21 ἡ πέμπτη — τὴν μεταβολήν om. V ‖ 17 τροπῶν Schn. (IV, 738) : τριῶν M Bart. Furl. ‖ 20 τι add. Heins. ‖ βόρεια Furl. : νότια M Bart. ‖ 21 οἰδῶσι Ald. Furl.: ἱδρῶσι M Bart. ἱδρᾶσιν V ‖ 22-23 τὸ δὲ — δεξιόν om. V ‖ 23 post δεξιόν lacunam ind. Schn. ‖ 23 p. 11 – 1 p. 12 ποιεῖται — νοτόθεν om. V.

obstrue, il indique d'où vient le courant d'air, et s'il bouche les deux, c'est un indice de la violence du vent.

31 Si une montagne lance un avertissement à grand bruit[19], c'est une annonce de vent. Si en mer le calme plat s'installe tout d'un coup, c'est que[20] le vent tourne ou se renforce. Si des sommets élevés apparaissent en suspens dans l'air, ou plusieurs îles au lieu d'une[21], cela signifie que le vent tourne au sud ; aperçoit-on la terre en sombre, c'est le vent du nord, en clair, c'est le vent du midi. Les halos[22], s'ils entourent la lune, sont en rapport avec le vent plus que s'ils entourent le soleil ; dans les deux cas leur rupture fait prévoir du vent, et en particulier du vent du côté où elle se produit. Par temps nuageux[23], l'emplacement du soleil levant est celui d'où vient le vent. L'été, les nuages pommelés[24] annoncent du vent.

32 S'il fait des éclairs de tous côtés, c'est signe de pluie, et d'où que les éclairs viennent sans discontinuer, de là viennent les vents[25]. L'été, quand il y a des éclairs et des coups de tonnerre, c'est de là que les vents viennent avec violence : s'il fait des éclairs forts et violents, les vents souffleront plus vite et plus fort, mais s'ils s'atténuent et se raréfient, <les vents> s'affaibliront. En hiver et en automne, c'est le contraire : les éclairs font cesser les vents, et plus violents sont les éclairs et les coups de tonnerre, plus vite ils cessent, moins toutefois au printemps, si les signes dont je parle[26] sont les mêmes qu'en hiver. 33 Si, quand le vent souffle du nord-ouest, il fait des éclairs au nord, le vent cesse[27] ; s'il fait des éclairs au point du jour, d'ordinaire il cesse le troisième jour, tandis que pour les autres vents, c'est le cinquième, le septième

νοτόθεν· ὁποτέραν δ᾽ ἂν ἀποφράττῃ, ἐντεῦθεν πνεῦμα σημαίνει, ἐὰν δ᾽ ἀμφοτέρας, ἀνέμου μέγεθος.

31 Ἐὰν ὄρος προβοᾷ, ἄνεμον προσημαίνει. Ἐὰν ἐν θαλάττῃ ἐξαίφνης πνεύματος γαλήνη γένηται, μεταβολὴν πνεύματος ἢ ἐπίδοσιν. Ἐὰν ἄκραι μετέωροι φαίνωνται ἢ νῆσοι ἐκ μιᾶς πλείους, νοτίαν μεταβολὴν σημαίνει· γῆ δὲ μέλαινα ὑποφαινομένη, βόρειον, λευκὴ δέ, νότιον. Αἱ ἅλωνες περὶ τὴν σελήνην πνευματώδεις μᾶλλον ἢ περὶ ἥλιον· σημαίνουσι δὲ πνεῦμα ῥαγεῖσαι περὶ ἄμφω, καὶ ᾗ ἂν ῥαγῇ, ταύτῃ πνεῦμα. Ἐπινεφέλων ὅθεν ἂν ἀνατέλληται, ἐντεῦθεν ἄνεμος. Αἱ κηλάδες νεφέλαι θέρους ἄνεμον σημαίνουσι.

32 Ἐὰν ἀστραπὴ πανταχόθεν γίνηται, ὕδωρ σημαίνει, καὶ ὅθεν ἂν αἱ ἀστραπαὶ πυκναὶ γίνωνται, ἐντεῦθεν πνεύματα γίνεται. Θέρους ὅταν ἀστραπαὶ καὶ βρονταὶ γίνωνται, ἐντεῦθεν πνεύματα γίνεται ἰσχυρά· ἐὰν μὲν σφόδρα καὶ ἰσχυρὸν ἀστράπτῃ, θᾶττον καὶ σφοδρότερον πνεύσουσιν, ἐὰν δ᾽ ἠρέμα καὶ μανῶς, κατ᾽ ὀλίγον. Τοῦ δὲ χειμῶνος καὶ φθινοπώρου τοὐναντίον· παύουσι γὰρ τὰ πνεύματα αἱ ἀστραπαί· καὶ ὅσῳ ἂν ἰσχυρότεραι γίνωνται ἀστραπαὶ καὶ βρονταί, τοσούτῳ μᾶλλον παύονται· τοῦ δ᾽ ἔαρος ἧττον, ἂν ταὐτὰ σημεῖα λέγω, ὥσπερ καὶ χειμῶνος. 33 Ἐὰν νότου πνέοντος βορρᾶθεν ἀστράπτῃ, παύεται· ἐὰν <δ᾽> ἕωθεν ἀστράπτῃ, εἴωθε παύεσθαι τριταῖος, οἱ δὲ ἄλλοι πεμπταῖοι ἑβδομαῖοι ἐνναταῖοι, οἱ

1 δ᾽ ἂν om. V Bart. ‖ ἀποφράττῃ M Bart. Furl. : –φράττων V ‖ 1-2 ἐντεῦθεν πνεῦμα σημαίνει M Bart. Furl. : τὴν ἑαυτοῦ κατάδυσιν, καὶ τὰ πρὸς αὐτὴν τετραμμένα πνεύματα μηνύει V uide adn. ‖ 2 ἐὰν M Furl. : εἰ V ‖ 3 προβοᾷ M V[pc] Bart. : προσβορᾷ P[ac] πρὸς βορᾷ P[pc] C πρὸς βορρᾶ Ald. Furl. ‖ προσημαίνει M Furl. : σημαίνει V ‖ 10-11 ὅθεν ἂν Furl. Schn. Wim. : ὅταν M V Bart. ‖ 18 πνεύσουσιν M Furl. : πνέουσιν V Bart. ‖ ἐὰν M Furl. : εἰ V ‖ 22-23 ἂν — χειμῶνος om. V ‖ 22 λέγω M Furl. Schn. Wim. : γένηται coni. SB uide adn. ‖ 23-24 ἀστράπτῃ M Furl. : –άψῃ V ‖ 24 δ᾽ add. SB ex *autem* Bart. ‖ ἕωθεν ἀστράπτῃ Schn. : ἑῷος ἀστραπαῖος M V Furl.

ou le neuvième jour, mais ceux du soir cessent rapidement. Les vents du nord cessent d'ordinaire en un nombre de jours impair, les vents du midi en un nombre de jours pair. Les vents s'installent au lever du soleil ou de la lune. Mais si le lever du soleil ou celui de la lune ne les fait pas cesser, ils se renforcent[28] ; la fin de la lune, c'est plus encore la fin du vent[29]. Les vents durent davantage et sont plus forts s'ils se lèvent de jour plutôt que de nuit.

34 Si les vents étésiens[30] ont soufflé pendant longtemps et si l'automne a été venteux, suit un hiver sans vent[31] ; dans le cas contraire, c'est aussi le contraire pour l'hiver. Par rapport à la cime d'une montagne, le point à partir duquel s'étend un nuage est celui d'où soufflera le vent ; les nuages, s'ils viennent s'installer à partir du versant opposé, le feront souffler également du versant opposé. L'Athos[32] se trouve-t-il divisé en deux à mi-hauteur, c'est le vent du midi, et en général les montagnes <ainsi> ceinturées annoncent le vent du midi, la plupart du temps. Les comètes[33], la plupart du temps, annoncent du vent, et si elles sont nombreuses, c'est aussi de la sécheresse. Habituellement, après une chute de neige, c'est le vent du midi, après une gelée à glace, le vent du nord qui se met à souffler. Des champignons sur une lampe[34] sont signe de vent ou de pluie du midi.

35 Les positions des vents sont telles qu'elles se trouvent réparties sur le schéma[35]. Ceux des vents qui s'abattent sur les autres encore en train de souffler sont surtout l'Aparctias, le Thracias et l'Argeste[36]. Quand leurs souffles, sans se forcer réciproquement à relâcher leur emprise, ont d'eux-mêmes tout à fait perdu leur fougue[37],

δὲ δειλινοὶ ταχὺ παύονται. Οἱ βορέαι παύονται ὡς ἐπὶ τὸ πολὺ ἐν περιτταῖς, οἱ δὲ νότοι ἐν ἀρτίαις. Ἄνεμοι αἴρονται ἅμ' ἡλίῳ ἀνατέλλοντι καὶ σελήνῃ. Ἐὰν <δ'> ἀνατέλλων ὁ ἥλιος καὶ σελήνη <μὴ> παύσωσιν, ἐπιτείνει τὰ πνεύματα· σελήνης δὲ ληγούσης λήγει μᾶλλον τὰ πνεύματα. Χρονιώτερα δὲ καὶ ἰσχυρότερα τὰ πνεύματα γίνεται τὰ ἡμέρας ἢ νύκτωρ ἀρχόμενα.

34 Ἐὰν ἐτησίαι πολὺν χρόνον πνεύσωσι καὶ μετόπωρον γένηται ἀνεμῶδες, ὁ χειμὼν νήνεμος γίνεται, ἐὰν δ' ἐναντίως, καὶ ὁ χειμὼν ἐναντίος. Πρὸς κορυφῆς ὄρους ὁπόθεν ἂν νεφέλη μηκύνηται, ταύτῃ ἄνεμος πνεύσεται· αἱ νεφέλαι ἐκ τῶν ὄπισθεν προσίζουσαι, καὶ ὄπισθεν πνευσοῦνται. Ἄθως μέσος διεζευγμένος νότιος, καὶ ὅλως τὰ ὄρη διεζωσμένα νότια, ὡς τὰ πολλά. Οἱ κομῆται ἀστέρες, ὡς τὰ πολλά, πνεύματα σημαίνουσιν, ἐὰν δὲ πολλοί, καὶ αὐχμόν. Μετὰ χιόνα νότος, μετὰ πάχνην βορέας εἴωθε πνεῖν. Μύκητες ἐπὶ λύχνου νότιον πνεῦμα ἢ ὕδωρ σημαίνουσιν.

35 Αἱ δὲ στάσεις τῶν πνευμάτων οὕτως ἔχουσιν ὡς ἐν τῷ γράμματι διώρισται. Τῶν δ' ἀνέμων ἔτι πνέουσι τοῖς ἄλλοις ἐπιπίπτουσι μάλιστα ἀπαρκτίας θρᾳκίας ἀργέτης. Ὅταν δὲ μὴ ὑπ' ἀλλήλων διαλύωνται τὰ πνεύματα, ἀλλ' αὐτὰ καταπαρανθῶσι, μεταβάλλουσιν

2 νότοι Schn. Wim. : νότιοι M V Furl. || 3 δ' add. SB ex *autem* Bart. || 4 μὴ add. Schn. uide adn. || 5-6 σελήνης — πνεύματα om. C Ald. Furl. || 5 ληγούσης λήγει SB : φθινούσης λήγει M ληγούσης ἤτοι φθινούσης, λήγει V *diminuta finiunt* uel *fiunt* Bart. || 8 ἐτησίαι M Bart. Furl. : ἐτη// V *boreae temporales* Bart. || 10 ἐναντίως M Furl. : –τίος V || 12 ἐκ M V Bart. Furl. : ἐπὶ coni. SB uide adn. || alt. ὄπισθεν M V Furl. *a posteriori* Bart. : ἐντεῦθεν coni. SB || 13 Αθως M Bart. Schn. (V, LVII, 169) : om. usque ad πολλά V proprium nomen solum om. Ald. ante lac. circa 8 litt. ; id non legit Furl. qui eo loco crucem apposuit || 17 εἴωθε Wim. : εἰώθασι M V Furl. || 20 πνέουσι V Furl. : πνεύσουσι M || 21 θρᾳκίας ego ex Chantraine, *DELG* s.v. Θρᾷξ, –ᾳκός : θρακίας SB ex M θρασκίας V Furl.

ils se transforment en leurs plus proches voisins de droite, dans le sens que suit le soleil[38]. Le Notos, au début est sec, à la fin humide, ainsi que l'Euros. L'Apéliote qui vient de l'orient équinoxial[39] est humide et amène la pluie en faibles quantités. 36 Les vents de la pluie sont par excellence le Caecias et le Lips ; apportent la grêle, l'Aparctias, le Thracias et l'Argeste ; la neige, le Mésès et l'Aparctias ou le Borée[40] : la forte chaleur, le Notos, le Zéphyr et l'Euros[41] ; les uns assaillent ceux qui s'élèvent de la mer, les autres ceux qui parcourent la terre. Ceux qui couvrent le ciel d'une épaisse couche de nuages, ce sont surtout le Caecias, et ensuite le Lips. Alors que les autres vents chassent les nuages loin d'eux, seul le Caecias en soufflant les pousse vers lui. À un ciel clair correspondent surtout le Thracias et l'Argeste, et parmi tous les autres l'Aparctias. Les vents d'orage[42] sont surtout l'Aparctias, le Thracias et l'Argeste. 37 Ils se changent en ouragans quand ils s'abattent, en soufflant, les uns sur les autres, surtout en automne, et pour le reste <de l'année> au printemps. S'accompagnent d'éclairs le Thracias, l'Argeste, l'Aparctias et le Mésès.

Si la mer charrie une quantité d'aigrettes qui proviennent des chardons, le vent qu'elles annoncent sera violent[43]. Le point d'où des étoiles filent[44] en grand nombre indique d'où vient le vent, et si elles filent de partout indifféremment, elles annoncent plusieurs vents.

Voilà donc les signes des vents.

Les signes de tempête

III. 38 Et voici ceux de la tempête[1] : le soleil qui se couche dans <un ciel> non dégagé[2] ; et même la manière

εἰς τοὺς ἐχομένους ἐπὶ δεξιά, ὥσπερ ἡ τοῦ ἡλίου ἔχει φορά. Ὁ νότος ἀρχόμενος ξηρός, τελευτῶν δὲ ὑγρός. Καὶ ὁ εὖρος. Ὁ δὲ ἀπηλιώτης ἀπὸ ἀνατολῆς ἰσημερινῆς ὑδατώδης· διὰ λεπτῶν δὲ ἄγει τὰ ὕδατα. 36 Ὑγροὶ δὲ μάλιστα ὅ τε καικίας καὶ λίψ· χαλαζώδης δ' ἀπαρκτίας καὶ θρᾳκίας καὶ ἀργέστης· νιφετώδης δὲ ὅ τε μέσης καὶ ἀπαρκτίας ἢ βορέας· καυματώδης δὲ νότος καὶ ζέφυρος καὶ εὖρος· οἱ μὲν οἷς ἂν ἐκ πελάγους προσπίπτωσιν, οἱ δὲ οἷς ἂν διὰ γῆς. Δασύνουσι δ' οὐρανὸν νέφεσι καὶ καλύπτουσι καικίας μάλιστα, εἶτα λίψ. Καὶ οἱ μὲν ἄλλοι ἄνεμοι ἀφ' ἑαυτῶν τὰ νέφη ὠθοῦσι, καικίας δὲ μόνος πνέων εἰς ἑαυτόν. Αἴθριοι δὲ μάλιστα θρᾳκίας καὶ ἀργέστης καὶ τῶν λοιπῶν ἀπαρκτίας· ἐκνεφίαι δὲ μάλιστα ὅ τε ἀπαρκτίας καὶ ὁ θρᾳκίας καὶ ὁ ἀργέστης. 37 Γίνονται δὲ ἐκνεφίαι ὅταν εἰς ἀλλήλους ἐμπίπτωσι πνέοντες μάλιστα μὲν μετοπώρου, τῶν δὲ λοιπῶν ἔαρος. Ἀστραπαῖος δὲ θρᾳκίας καὶ ἀργέστης καὶ ἀπαρκτίας καὶ μέσης.

Ἐὰν ἐν τῇ θαλάττῃ πάπποι φέρωνται πολλοὶ οἱ γινόμενοι ἀπὸ τῶν ἀκανθῶν, ἄνεμον σημαίνουσιν ἔσεσθαι μέγαν. Ὅθεν ἂν ἀστέρες διᾴττωσι πολλοί, ἄνεμον ἐντεῦθεν· ἐὰν δὲ πανταχόθεν ὁμοίως, πολλὰ πνεύματα σημαίνουσι.

Πνευμάτων μὲν οὖν σημεῖα ταῦτα.

III. 38 Χειμῶνος δὲ τάδε· ἥλιος δυόμενος εἰς μὴ καθαρόν· καὶ ὡς ἂν μερισθῇ δυόμενος, οὕτως αἱ ἡμέραι

7 ἢ βορέας huc transtulit Furl. : ante ἀπαρκτίας habent codd. del. SB ex Hort uide adn. || καυματώδης V P C Ald. Furl. : –εις M || 8-9 pr. οἱ — γῆς om. V || ἂν... ἂν Wim. : ἐὰν... ἐὰν M ἂν... ἐὰν Furl. || 11 μόνος V : –ον M Furl. || 12 εἰς M Furl. *ad se* Bart. : ἐφ' V || θρᾳκίας ego uide supra ad lin. 6 || 13 τῶν λοιπῶν om. V || 19 θαλάττῃ V : –άσσῃ M Furl. || 22 ὁμοίως M V Bart. Furl. : del. Schn. (V, LVIII, 169) sed non Wim. 1866 neque SB.

dont il s'est divisé à son coucher est celle dont s'accompliront les jours, par exemple s'il en a manqué le tiers ou la moitié ; quant au croissant de la lune[3], s'il est vertical jusqu'à son quatrième jour tout en décrivant un beau cercle, ce sera la tempête jusqu'à la moitié du mois.

Si des grues[4] volent de bon matin, et en rangs serrés[5], il y aura une tempête de bon matin ; si c'est le soir et longuement, il y aura une tempête le soir ; et si en vol elles viennent à faire demi-tour, elles annoncent une tempête. 39 Des oies qui crient plus que quand elles se disputent la nourriture[6] sont signe de tempête. Un pinson ou un moineau[7] qui gazouille dès l'aube annonce une tempête. Un roitelet[8] qui fait mine de pénétrer et de s'enfoncer dans des trous, et de même un rouge-gorge[9] annoncent une tempête. Une corneille, en croassant deux fois rapidement, puis une troisième fois, est associée à une tempête ; le sont aussi la corneille, le corbeau et le choucas[10], quand ils chantent le soir. Si un moineau est blanc[11], ou une hirondelle ou un autre sujet d'espèces qui ne sont pas habituellement blanches, ils annoncent une tempête violente, de même que s'ils sont noirs, au cas où ils apparaissent en nombre, de la pluie. 40 Des oiseaux s'enfuient-ils de la haute mer, ils annoncent une tempête, de même qu'un pinson qui se fait entendre dans une maison habitée annonce le mauvais temps. Tous les signes de pluie amènent une tempête, et s'il n'y a pas de pluie, c'est de la neige et une tempête. Un corbeau qui change plusieurs fois de voix en hiver[12] est associé à une tempête. Des choucas qui, d'un vol, arrivent du midi, ainsi que des calmars[13], sont associés à une tempête. Un phoque[14] qui dans un port laisse échapper un son, en particulier quand il tient un poulpe, annonce une tempête. En outre, les

ἐπιτελοῦνται, οἷον ἐὰν τὸ τρίτον μέρος ἀπολειφθῇ ἢ τὸ ἥμισυ· σελήνιον, ἐὰν ὀρθὸν ᾖ μέχρι τετράδος καὶ εἰ εὔκυκλον, χειμάσει μέχρι διχοτόμον.

Γέρανοι ἐὰν πρωῒ πέτωνται καὶ ἀθρόοι, πρωῒ χειμάσει, ἐὰν δὲ ὀψὲ καὶ πολὺν χρόνον, ὀψὲ χειμάσει. Καὶ ἐὰν ὑποστραφῶσι πετόμενοι, χειμῶνα σημαίνουσι. **39** Χῆνες βοῶντες μᾶλλον ἢ περὶ σῖτον μαχόμενοι χειμέριον. Σπίνος καὶ στρουθὸς σπίζων ἕωθεν χειμέριον. Ὄρχιλος ὡς εἰσιὼν καὶ εἰσδυόμενος εἰς ὀπὰς χειμῶνα σημαίνουσι καὶ ἐριθεὺς ὡσαύτως. Κορώνη ἐὰν ταχὺ δὶς κρώζῃ καὶ τρίτον, χειμερία. Καὶ κορώνη καὶ κόραξ καὶ κολοιὸς ὀψὲ ᾄδοντες χειμέριοι. Στρουθὸς ἐὰν λευκὸς ἢ χελιδὼν ἢ ἄλλο τι τῶν μὴ εἰωθότων λευκῶν, χειμῶνα μέγαν σημαίνουσιν, ὥσπερ καὶ μέλανες ἐὰν πολλοὶ φανῶσιν, ὕδωρ. **40** Καὶ ἐὰν ἐκ πελάγους ὄρνιθες φεύγωσι, χειμῶνα σημαίνουσι. Καὶ σπίνος ἐν οἰκίᾳ οἰκουμένῃ φθεγγόμενος χειμέριον. Ὅσα ὕδωρ σημαίνει, χειμῶνα ἄγει, ἐὰν μὴ ὕδωρ, χίονα καὶ χειμῶνα. Κόραξ φωνὰς πολλὰς μεταβάλλων χειμῶνος χειμέριον. Κολοιοὶ ἐκ τοῦ νότου πετόμενοι καὶ τευθίδες χειμέριαι. Φωκὴ ἐν λιμένι ἀποψοφοῦσα καὶ πολύποδα ἐχοῦσα χειμέριον. Καὶ οἱ

1 ἐὰν SB : εἰ M Bart. Furl. edd. recentiores εἴτε V || ἀπολειφθῇ M V Furl. : –λειφθείη edd. usque ad Hort qui in notis ἀποληφθείη dubit. proposuit || 2 ante σελήνιον add. τὸ Furl. quod non probauit Schn. (IV, 743) || σελήνιον... ὀρθὸν M Furl. : σελήνη... ὀρθὴ V || 2-3 εἰ εὔκυκλον M Bart. Furl. : εὔκυκλος V || 4 ἀθρόοι M Furl. : –όαι V uide adn. || 7 σῖτον codd. Ald. Furl. : σίτου SB uide adn. || 8 ὄρχιλος M V Bart. Ald. Furl. et recentiores : ὀρχίλος Ar. Arist. et alii uide adn. || 10 ἐριθεὺς Bart. Schn. : –θὺς M Furl. uide adn. || 12 στρουθὸς — 15 καὶ om. V || 18-19 μεταβάλλων M : –βάλων V || 19 χειμῶνος χειμέριον M Furl. : χειμέριον V χειμῶνος σημεῖον Schn. (V, 170) e *tempestatis signum* Bart. || 20 χειμέριαι M Furl. : –ιον V || φωκὴ M V Bart. Coraes SB (cf. in Commentary, p. 188 : *here a seal*) : φωνὴ Furl. et alii in quibus Wim. 1866 (*vox*) et Hort (*voice*) || 21 πολύποδα SB : –δον M πολυπόδες Coraes πολύπλοκον Furl. Wim. 1866 Hort || ἔχουσα Furl. Coray : ἠχοῦσα Schn. (V, LVIII, 170) Wim. 1866.

poumons de mer[15], s'ils apparaissent en grand nombre au large, sont signe d'une année de tempêtes.

Quant aux moutons[16], s'ils s'accouplent de bonne heure, ils font prévoir un hiver précoce. 41 Si en automne les moutons ou les bœufs creusent <le sol> et se couchent tous ensemble tête contre tête, l'hiver qu'ils annoncent sera rigoureux. On dit au Pont[17] qu'après le lever de l'Arcture le bétail broute plus vite face au nord. Les bœufs qui mangent plus qu'à l'ordinaire et se couchent sur le flanc droit annoncent un hiver de tempêtes ; signes de tempête également, l'âne qui entre-choque ses oreilles, les moutons et les oiseaux qui se battent pour la nourriture contrairement à leur habitude : ils se préparent d'avance. Encore un signe de tempête : les souris qui couinent et qui dansent. 42 De même un chien qui creuse avec ses pattes, une rainette[18] qui chante seule au point du jour sont signes de tempête. Des vers de terre qui apparaissent en grand nombre annoncent la tempête.

Si le feu ne veut pas prendre[19], c'est signe de tempête ; si une lampe ne veut pas s'allumer, elle annonce la tempête ; de la cendre qui s'agglomère annonce une chute de neige[20]. Une lampe qui par beau temps brûle sans à-coup annonce la tempête[21], <et si des flammèches noires vacillent, ce sont des signes de tempête>[22]. Si, quand on est en hiver, des champignons noirs se forment, c'est signe de tempête ; et si <la lampe> est toute pleine d'une sorte de grains de mil, en grand nombre, il y aura une tempête, et s'ils sont disposés en cercle autour de la lumière, par beau temps, c'est une annonce de neige.

πνεύμονες οἱ θαλάττιοι ἐὰν πολλοὶ φαίνωνται ἐν τῷ πελάγει, χειμερινοῦ ἔτους σημεῖον.

Πρόβατα ἐὰν πρωῒ ὀχεύηται, πρώϊον χειμῶνα σημαίνουσι. **41** Μετοπώρῳ ἐὰν πρόβατα ἢ βόες ὀρύττωσι καὶ κοιμῶνται ἀθρόοι πρὸς ἀλλήλους ἔχοντες τὰς κεφαλάς, τὸν χειμῶνα χειμέριον σημαίνουσιν. Ἐν δὲ τῷ Πόντῳ φασίν, ὅταν Ἀρκτοῦρος ἀνατείλῃ, θᾶττον ἐναντίους τῷ βορρᾷ νέμεσθαι. Βόες μᾶλλον ἐσθίοντες τοῦ εἰωθότος καὶ ἐπὶ τὸ δεξιὸν κατακλινόμενοι, χειμέριον· καὶ ὦτα κρούων ὄνος, χειμέριον· καὶ μαχόμενα πρόβατα καὶ ὄρνιθες περὶ σίτου παρὰ τὸ ἔθος· προπαρασκευάζονται γάρ· καὶ μῦες τρίζοντες καὶ ὀρχούμενοι, χειμέριον. **42** Καὶ κύων τοῖς ποσὶν ὀρύττων ὁμοίως καὶ ὀλολυγὼν ᾄδουσα μόνη ἀκρωρείας χειμέριον. Γῆς ἔντερα πολλὰ φαινόμενα χειμῶνα σημαίνει.

Καὶ ἐὰν πῦρ μὴ θέλῃ ἅπτεσθαι, χειμέριον· καὶ ἐὰν λύχνος ἅπτεσθαι μὴ ἐθέλῃ, χειμῶνα σημαίνει· καὶ τέφρα πηγνυμένη νιφετόν. Λύχνος εὐδίας ἡσυχαῖον καιόμενος, χειμῶνα σημαίνει· < καὶ ἐὰν μέλαιναι φλόγες αἰθύσσωσι, χειμέριαι.> Καὶ ἐάν, χειμῶνος ὄντος, μύκαι μέλαιναι ἐπιγίνωνται, χειμῶνα σημαίνει· καὶ ἐὰν ὥσπερ κέγχροις πολλοῖς κατάπλεως ᾖ, χειμερίσει· καὶ ἐὰν κύκλῳ περὶ τὸ λαμπρὸν ὦσιν, εὐδίας οὔσης, χιονικόν.

1 πνεύμονες V Ald. Furl. : πλεύ– M uide adn. || οἱ p. précédente ... οἱ M Ald. Furl. : om. V || 5 ἀλλήλους M V Furl. : ἀλλήλων reliquorum codicum plurimi Ald. || 6 σημαίνουσι(ν) V Bart. Furl.: –νει M || 6-8 ἐν — νέμεσθαι om. V uide adn. || 9 τὸ om. V || 12 τρίζοντες P C Ald. Furl. Wim. : –ξοντες M τρύζοντες V || 13 ποσὶν V Bart. Furl. : πολλοῖς M || ὀρύττων ὁμοίως V : ὀρύττουσα M Bart. Furl. || 14 ἀκρωρείας M Furl. : –ρίας Schn. (IV, 745) Wim. || 16-19 καὶ — καὶ om. V || 16 πῦρ M Furl. : πυρῶν codices plurimi Ald. || 1er ἅπτεσθαι Furl. Schn. Wim. : ἅψασθαι coni. SB || l. 18 — p. 17, l. 3 λύχνος — χειμέριον om. V || 18 εὐδίας Furl. edd. a Schn. : ὠδίας M || ἡσυχαῖον ego : –αῖος M Furl. ἡσυχῇ SB uide adn. || καιόμενος edd. ab Ald. : καίμ– M || 22 κατάπλεως M : κατάπλεων Furl.

43 La Crèche de l'Âne[23], si elle s'installe et devient sombre, annonce une tempête. Et si un brillant éclair ne se produit pas constamment à la même place, c'est signe de tempête. Au coucher des Pléiades, s'il illumine le secteur du Parnès, du Brilettos[24] et de l'Hymette, les illumine-t-il tous[25], il annonce une forte tempête ; moins forte s'il s'agit des deux <derniers>, et si c'est le Parnès seulement, du beau temps ; et si en hiver un long banc de nuages s'étend sur l'Hymette, il indique un renforcement de la tempête. Quand l'Athos[26], l'Olympe et en général les cimes des montagnes ont une couverture de nuages, c'est signe de tempête. Si, le beau temps revenu, apparaît dans l'air un petit nuage tout en longueur qui s'effiloche, la tempête n'est pas encore finie.

44 Si l'automne a été anormalement beau, le printemps suivant est froid en général[27]. Si l'hiver commence de bonne heure, il finit de bonne heure et le printemps est beau, mais si c'est le contraire, il n'y a pas de printemps. Si l'hiver est pluvieux, le printemps est sec, mais si l'hiver est sec, le printemps est beau. Si l'arrière-saison[28] est tempérée, c'est généralement la famine pour le bétail. Si le printemps et l'été sont frais, à la fois l'arrière-saison et l'automne sont étouffants et sans vent.

45 Les chênes verts ont-ils des fruits en abondance, les hivers sont très rigoureux[29]. Si sur le cime d'une montagne un nuage se dresse verticalement, il annonce une tempête, ce qui a fait dire à Archiloque[30] : « *Glaukos,*

43 Ἡ τοῦ Ὄνου Φάτνη εἰ συνίσταται καὶ ζοφερὰ γίνεται, χειμῶνα σημαίνει. Καὶ ἐὰν ἀστραπὴ λαμπρὰ μὴ ἐν τῷ αὐτῷ μένῃ, χειμέριον. Ἐπὶ Πλειάδι δυομένῃ ἐὰν λάμψῃ κατὰ Πάρνηθα καὶ Βρίληττον καὶ Ὑμηττον, ἐὰν μὲν ἅπαντα καταλάμψῃ, μέγαν χειμῶνα σημαίνει, ἐὰν δὲ τὰ δύο, ἐλάττω, ἐὰν δὲ Πάρνηθα μόνον, εὐδιεινόν· καὶ ἐὰν χειμῶνος ὄντος νεφέλη μακρὰ ἐπὶ τὸν Ὑμηττον ᾖ, χειμῶνος ἐπίτασιν σημαίνει. Ἄθως καὶ Ὄλυμπος καὶ ὅλως ὀρέων κορυφαὶ κατεχόμεναι ὑπὸ νεφελῶν, χειμέριον. Ἐὰν εὐδίας γινομένης νεφέλιον φαίνηται ἐν τῷ ἀέρι παρατεταμένον καὶ τιλλόμενον, οὕτω παύεται ὁ χειμών.

44 Ἐὰν τὸ μετόπωρον εὐδιεινὸν παρὰ τὸ εἰκὸς γένηται, τὸ ἔαρ γίνεται ψυχρὸν ὡς τὰ πολλά. Ἐὰν πρωῒ χειμάζειν ἄρξηται, πρωῒ παύεται καὶ ἔαρ καλόν, ἐὰν δὲ τοὐναντίον, καὶ ἔαρ οὐ γίνεται. Ἐὰν χειμὼν ὑέτιος, τὸ ἔαρ αὐχμηρόν, ἐὰν δ' αὐχμηρὸς ὁ χειμών, τὸ ἔαρ καλόν. Ἐὰν ἡ ὀπώρα γίνηται ἐπιεικής, τὰ πολλὰ γίνεται τοῖς προβάτοις λιμός. Ἐὰν τὸ ἔαρ καὶ τὸ θέρος ψυχρὰ γίνηται, ἥ τε ὀπώρα γίνεται καὶ τὸ μετόπωρον πνιγηρὸν καὶ οὐκ ἀνεμῶδες.

45 Οἱ πρῖνοι ἐὰν εὐκαρπῶσι, χειμῶνες πολλοὶ σφόδρα γίνονται. Ἐὰν ἐπὶ κορυφῆς ὄρους νέφος ὀρθὸν στῇ, χειμῶνα σημαίνει, ὅθεν καὶ Ἀρχίλοχος ἐποίησε·

4 κατὰ Furl. Schn. Wim. : παρὰ coni. SB om. M || Βρίληττον M Furl. Schn. Βρίληττον / *Brilettum* Wim. 1866 : Βρίλλητον SB uide adn. || 5 καταλάμψῃ Wim. : –λήψῃ M Furl. || 7 ᾖ M : ἢ P C Ald. del. Furl. || 16 οὐ γίνεται M V Bart. Furl. : ὄψιον ἔσται coni. Wim. || 18-19 ἐὰν — λιμός om. V || 18 ὀπώρα Schn. : σκωρία M Furl. *erubigo* Bart. uide adn. || 19 ἔαρ... θέρος M Bart. Furl. : θέρος... ἔαρ V || 19-20 γίνηται M Furl. : γένωνται V || 24 ὅθεν — p. 18, l. 4 χειμέριον om. V.

regarde : voici la haute mer agitée par les vagues et alentour des pics se dresse la nuée », ce qui est un signe de tempête. Si <le nuage> est de la couleur d'une membrane blanche[31], c'est un indice de tempête ; quand à des nuages immobiles viennent s'en superposer d'autres et que les premiers restent tranquilles, c'est un indice de tempête.

46 Si, en hiver, le soleil qui avait brillé à travers[32] <les nuages> s'est recouvert et l'a fait deux ou trois fois, la journée se passe dans la tempête. Si l'astre d'Hermès[33] est visible en hiver, il annonce du froid, en été, de la forte chaleur. Quand les abeilles ne s'envolent pas au loin, mais volent sur place par beau temps, elles annoncent la proximité d'une tempête[34]. Les hurlements d'un loup annoncent une tempête dans les trois jours ; quand un loup s'élance vers la zone des cultures ou même y pénètre en hiver, c'est l'annonce d'une tempête imminente[35].

47 Ce sont également des signes de fortes tempêtes et de pluies d'orage, à la fois quand se produit en automne une invasion de guêpes, et quand des oiseaux blancs[36] s'approchent des terres cultivées ; et si en général les animaux sauvages recherchent avidement les terres cultivées, ils annoncent du vent du nord et la force de la tempête. Quant au Parnès, si son versant exposé au Zéphyr et le côté de Phylè[37] sont bouchés par des nuages, sous le régime des vents du nord, le signe relève de la tempête.

48 Quand des chaleurs étouffantes sévissent violemment, d'ordinaire elles font que se produit en retour une

Γλαῦχ' ὅρα· βαθὺς γὰρ ἤδη κύμασι ταράσσεται
πόντος, ἀμφὶ δ' ἄκρας ὀρθὸν ἵσταται νέφος,

ὅ ἐστι σημεῖον χειμῶνος. Ἐὰν δ' ὁμόχρων ᾖ ὑμένι λευκῷ, χειμέριον. Ὅταν ἑστώτων νεφῶν ἕτερα ἐπιφέρηται, τὰ δ' ἠρεμῇ, χειμέρια.

46 Ὁ ἥλιος ἐὰν χειμῶνος διαλάμψας πάλιν ἀποκρυφθῇ καὶ τοῦτο ποιήσῃ δὶς ἢ τρίς, ἡμέρα χειμέριος δίεισιν. Ὁ τοῦ Ἑρμοῦ ἀστὴρ χειμῶνος μὲν φαινόμενος ψύχη σημαίνει, θέρους δὲ καῦμα. Ὅταν μέλιτται μὴ ἀποπέτωνται μακρὰν ἀλλ' αὐτοῦ ἐν τῇ εὐδίᾳ πέτωνται, χειμῶνα ἐσόμενον σημαίνουσι. Λύκος ὠρυόμενος χειμῶνα σημαίνει <διὰ> τριῶν ἡμερῶν. Λύκος ὅταν πρὸς τὰ ἔργα ὁρμᾷ ἢ εἴσω χειμῶνος ὥρᾳ, χειμῶνα σημαίνει εὐθύς.

47 Ἔστι δὲ σημεῖα χειμώνων μεγάλων καὶ ὄμβρων καὶ ὅταν γίνωνται ἐν τῷ μετοπώρῳ πολλοὶ σφῆκες, καὶ ὅταν ὄρνιθες λευκοὶ πρὸς τὰ ἐργάσιμα πλησιάζωσι, καὶ ὅλως τὰ ἄγρια θηρία ἐὰν πρὸς τὰ ἐργάσιμα σπεύδοντα, βόρειον καὶ χειμῶνος μέγεθος σημαίνει. Τῆς Πάρνηθος ἐὰν τὰ πρὸς ζέφυρον ἄνεμον καὶ τὰ πρὸς Φύλης φράττηται νέφεσι βορείων ὄντων, χειμέριον τὸ σημεῖον.

48 Ὅταν πνίγη γίνηται ἰσχυρά, ὡς τὰ πολλὰ ἀνταποδίδωσι καὶ γίνεται χειμὼν ἰσχυρός. Ἐὰν ὕδατα ἐαρινὰ

1 γλαῦχ' L T Ald. Furl. : γλαῦκ' M || 2 δ' Furl. metri causa in Archilochos, fr. 105 West : δὲ M contra metrum || ἄκρας M Schn.1818 SB : –ρα Schn. (IV 748) Wim. 1866 Hort || 3 ὅ ἐστι σημεῖον M SB *quae ostendit* Bart. : σῆμα χειμῶνος Schn. (IV 748) Wim. 1866 Hort || δ' ὁμόχρων Wim. : δ' ὁμόχρως SB ὁπόμοχρως M T ὁ πόμοχρως Ald. uide adn. || ᾖ T Furl. Schn. et alii : ἦν M || 6 ὁ ἥλιος M Furl. ut addendum habent Schn. Wim. : om. Bart. Ald. || 6-7 ἀποκρυφθῇ M edd. : –κρυβῇ V || 10 μακρὰν — πέτωνται om. V || 11 σημαίνουσι V : –νει M || 12 διὰ add. Schn. || 13 εἴσω M Bart. Furl. Schn. 1818 : εἰσίῃ coni. Schn. (V, 171) SB uide adn. || 14 σημεῖα V : – εῖον M Furl. || 15 γίνωνται V : γέν– M Furl. || 17 ἐὰν om. V || p. 18, l. 18 τῆς — p. 19, l. 2 ὁρᾶν om. V || 21 γίνηται M Furl. : γένηται μετοπώρου Schn. (V, 171) e *praefocatio fit* Bart. || ἰσχυρά, ὡς τὰ πολλὰ Schn. (V, 58, 171) Wim. 1866 : τὰ πολλὰ ἰσχυρῶς M Furl.

violente tempête. S'il y a eu des pluies de printemps abondantes, de fortes chaleurs se produisent dans les plaines et les lieux encaissés ; il faut donc voir là leur origine. Si l'automne est très beau, le printemps est généralement froid[38] ; inversement, si le printemps a été tardif et froid, l'arrière-saison est tardive et l'automne généralement étouffant.

49 Quand les chênes verts[39] ont des fruits en abondance, ils annoncent généralement un hiver rigoureux, mais parfois, dit-on, se produisent des sécheresses. De plus, si quelqu'un, ayant pris une taupe, l'a mise dans une petite jarre après en avoir enduit le fond d'argile, elle signale par les sons qu'elle émet le vent et le beau temps[40]. Et le signe populaire de tempête qu'on rapporte partout, c'est le cas où des souris[41] se battent pour un déchet[42] et l'emportent.

Les signes de beau temps

IV. 50 Et voici les signes de beau temps[1]. Un soleil qui se lève brillant, sans chaleur lourde et sans porter sur lui aucun signe, annonce du beau temps ; et de même la lune à la pleine lune. Le soleil qui se couche en hiver dans un ciel pur est un indice de beau temps, à moins que les jours précédents il ne se soit, au sortir de beaux jours, couché dans un ciel non pur : dans ce cas, c'est moins évident. Si, au cours d'une tempête, son coucher s'est produit dans une zone claire, c'est signe de beau temps. Et si, au moment où il se couche, un jour de tempête, le soleil est jaune pâle, il annonce du beau temps.

51 Quant à la lune[2], si elle est brillante à son troisième jour, c'est signe de beau temps. Et la Crèche de l'Âne[3], quand elle apparaît claire et brillante, c'est du beau temps. Un halo qui se sera formé et dissipé régulièrement annonce du beau temps. Les nuages pommelés en hiver sont signes de beau temps. L'Olympe, l'Athos et en général les montagnes qui fournissent des indices quand leurs

πολλὰ γένηται, καύματα ἰσχυρὰ ἐν τοῖς πεδινοῖς καὶ κοίλοις γίνεται. Δεῖ οὖν τὴν ἀρχὴν ὁρᾶν. Ἐὰν τὸ μετόπωρον εὐδιεινὸν γίνηται σφόδρα, ἔαρ ὡς τὰ πολλὰ γίνεται ψυχρόν· ἐὰν δὲ τὸ ἔαρ ὄψιον γένηται καὶ ψυχρόν, ἡ ὄπωρα ὀψία γίνεται καὶ μετόπωρον ὡς τὰ πολλὰ πνιγηρόν.

49 Οἱ πρῖνοι ὅταν εὐκαρπῶσι σφόδρα, ὡς μὲν τὰ πολλὰ χειμῶνα ἰσχυρὸν σημαίνουσιν, ἐνίοτε δὲ καὶ αὐχμούς φασι γίνεσθαι. Καὶ ἐάν τις σπάλακα λαβὼν ὑποπάσας ἄργιλον εἰς πιθάκνην θῇ, σημαίνει ταῖς φωναῖς αἷς ἀφίησιν ἄνεμον καὶ εὐδίαν. Καὶ τὸ πανταχοῦ δὲ λεγόμενον σημεῖον δημόσιον χειμέριον, ὅταν μῦες περὶ φορυτοῦ μάχωνται καὶ φέρωσιν.

IV. 50 Εὐδίας δὲ σημεῖα τάδε. Ἥλιος μὲν ἀνιὼν λαμπρὸς καὶ μὴ καυματίας καὶ μὴ ἔχων σημεῖον μηδὲν ἐν ἑαυτῷ, εὐδίαν σημαίνει. Ὡς δ᾿ αὔτως σελήνη πανσελήνῳ. Καὶ δυόμενος ἥλιος χειμῶνος εἰς καθαρὸν εὐδιεινός, ἐὰν μὴ ταῖς προτέραις ἡμέραις εἰς μὴ καθαρὸν δεδυκὼς ᾖ ἐξ εὐδιῶν· οὕτω δὲ ἄδηλον. Καὶ ἐὰν χειμάζοντος ἡ δύσις γένηται εἰς καθαρόν, εὐδιεινόν· καὶ ἐὰν δύνων χειμῶνος ὠχρὸς ᾖ, εὐδίαν σημαίνει.

51 Καὶ ὁ μεὶς ἐὰν τριταῖος ὢν λαμπρὸς ᾖ, εὐδιεινόν. Καὶ ἡ τοῦ Ὄνου Φάτνη, ὅτε ἂν καθαρὰ καὶ λαμπρὰ φαίνηται, εὐδιεινόν. Ἅλως δὲ ἐὰν ὁμαλῶς παγῇ καὶ μαρανθῇ, εὐδίαν σημαίνει. Αἱ κηλάδες νεφέλαι χειμῶνος εὐδιειναί. Ὄλυμπος δὲ καὶ Ἄθως καὶ ὅλως τὰ ὄρη τὰ σημαντικὰ ὅταν τὰς κορυφὰς καθαρὰς ἔχωσιν, εὐδίαν

3 ὡς τὰ πολλὰ om. V ‖ 9 σπάλακα V Furl. : σπάκα M σπάρκα Ald. σκολόπακα Furl. in notis ‖ 14 ante εὐδίας (l. 14) περὶ εὐδίας σημείων inser. P C Ald. T ‖ 15 μηδὲν M Furl. : οὐδὲν V ‖ 18-19 ἐὰν — ἄδηλον om. V ‖ 21 post δύνων add. ὁ ἥλιος V ‖ 25 εὐδίαν V Bart. Furl. : ἐν εὐδίᾳ M *in serenitate* Bart. ‖ κηλάδες Hort ex αἱ κηλάδες supra § 31: κοιλάδες M Furl. κοῖλαι V.

sommets sont clairs annoncent le beau temps. De plus, quand les nuages forment une ceinture qui atteint même la mer, c'est le beau temps. Et quand après la pluie, vers le couchant, les nuages ont une teinte cuivrée, c'est le beau temps, car ils annoncent généralement qu'il fera beau le lendemain.

52 Par temps de brouillard, il ne pleut pas ou pas beaucoup. Quand des grues volent sans se retourner, c'est signe de beau temps, car elles ne volent pas avant d'avoir vu qu'il fait clair devant elles[4]. Une chouette qui lance son cri calmement pendant une tempête fait attendre du beau temps, et quand elle chante de nuit calmement, une tempête. Une « chouette de mer »[5] qui chante pendant une tempête annonce le beau temps, pendant le beau temps, la tempête[6]. Un corbeau solitaire, qui croasse calmement[7], et au cas où, après avoir croassé trois fois, il se met à croasser plusieurs fois, est signe de beau temps. 53 En outre, une corneille qui dès le point du jour lance trois fois son croassement annonce du beau temps, et si elle chante calmement le soir, elle annonce de la tempête. Un roitelet[8] qui sort de son trou en volant, soit de murs de clôture, soit d'un local extérieur, annonce du beau temps. Et si la tempête sévissant au nord, du nord[9] vient une faible lueur blanche et si un nuage massif[10] forme une barrière au midi, c'est généralement l'annonce d'une évolution vers le beau temps. Et quand un fort vent du nord se lève et chasse de nombreux nuages, il annonce du beau temps.

54 Quand les moutons s'accouplent tard, l'indice qu'ils fournissent est celui du beau temps[11]. Un bœuf qui se couche sur son flanc gauche annonce également du beau temps, et de même un chien ; mais sur le côté droit, c'est signe de mauvais temps[12]. Des cigales nées en grand

σημαίνει. Καὶ ὅταν τὰ νέφη πρὸς τὴν θάλασσαν αὐτὴν παραζωννύῃ, εὐδιεινόν. Καὶ ὅταν ὕσαντος πρὸς δυσμὰς χαλκῶδες τὰ νέφη χρῶμα ἔχῃ. Εὐδία γὰρ ὡς τὰ πολλὰ τῇ ὑστεραίᾳ.

52 Ὅταν δὲ ὁμίχλη γένηται, ὕδωρ οὐ γίνεται ἢ ἔλαττον. Ὅταν γέρανοι πέτωνται καὶ μὴ ἀνακάμπτωσιν, εὐδίαν σημαίνει· οὐ γὰρ πέτονται πρὶν ἢ ἂν πρὸ ἑαυτῶν καθαρὰ ἴδωσι. Γλαῦξ ἡσυχαῖον φθεγγομένη ἐν χειμῶνι εὐδίαν προσημαίνει· καὶ νύκτωρ χειμῶνος ἡσυχαῖον ᾄδουσα. Θαλαττία δὲ γλαῦξ ᾄδουσα χειμῶνος μὲν εὐδίαν σημαίνει, εὐδίας δὲ χειμῶνα. Καὶ κόραξ δὲ μόνος μὲν ἡσυχαῖον κράζων, καὶ ἐὰν τρὶς κράξας μετὰ τοῦτο πολλάκις κράξῃ, εὐδιεινός. **53** Καὶ κορώνη ἕωθεν εὐθὺς ἐὰν κράξῃ τρίς, εὐδίαν σημαίνει, καὶ ἑσπέρας χειμῶνος ἡσυχαῖον ᾄδουσα. Καὶ ὄρχιλος ἐξ ὀπῆς ἐκπετόμενος καὶ ἐξ ἑρκίων καὶ ἐξ οἰκίας ἔξωθεν, εὐδίαν σημαίνει. Καὶ ἐὰν χειμῶνος βορεύοντος, βορρᾶθεν ὑπόλαμψις γένηται λευκή, νοτόθεν δὲ ἐναντία τεταγμένη ᾖ νεφέλη ὀγκώδης, ὡς ἐπὶ τὸ πολὺ εἰς εὐδίαν σημαίνει μεταβολήν. Καὶ ὅταν βορέας νεφέλας πολλὰς κινῇ ἐκπνέων μέγας, εὐδίαν σημαίνει.

54 Πρόβατα ὀψὲ ὀχευόμενα εὐδιεινὸν ἀποτελοῦσι τὸ σημεῖον. Καὶ βοῦς ἐπὶ τὸ ἀρίστερον ἰσχίον κατακλινόμενος εὐδίαν σημαίνει· καὶ κύων ὡσαύτως· ἐπὶ δεξιὸν δὲ χειμῶνα. Τέττιγες πολλοὶ γινόμενοι νοσῶδες τὸ ἔτος

1 αὐτὴν M V Bart. Furl. : αὐτὰ coni. SB || 3 εὐδία — 5-6 ἔλαττον om. V || 7-8 οὐ — ἴδωσι om. V || 7 πρὸ ἑαυτῶν SB : πετόμεναι M Furl. Schn. –μενοι Wim. || 11 μόνος V Bart. Ald. Furl. : μόνως M || 12 κράξας M V Bart. Furl. : κράξῃ Schn. (V, 172) || 13 εὐδιεινός M Furl. *serenus* Bart. : –νόν V || ἕωθεν M^{pc} V Schn. (V, 172) : ὅθεν Ald. om. Furl. || 15 ἡσυχαῖον om. V || 15-18 pr. καὶ — λευκή om. V || 17 ὑπόλαμψις M : –ληψις Ald. Furl. || λευκή del. Schn. (V, 172) || 18-19 νοτόθεν — σημαίνει om. V || 18 ἐναντία τεταγμένη Schn. (V, 58, 172) : ἐὰν πεφραγμένη M ἐ. πεφαγ– Ald. ἐ. πεφασ– Furl. *opposita* Bart.

nombre sont la marque d'une année malsaine[13]. Une lampe[14] qui brûle sans à-coups par mauvais temps annonce le beau temps. De même si elle porte au sommet des sortes de grains de mil brillants, et si une ligne brillante décrit un cercle autour de la mèche.

55 Le fruit de la scille[15] donne le signal des cultures. Il comprend trois parties dont la première correspond à la première culture, la seconde à la seconde, la troisième à la troisième, et selon celle de ces parties qui prend le meilleur tour et le plus de volume, ainsi se présentera aussi <le produit de> la culture réglée sur la partie en question.

Autres indices significatifs

56 Voici également des indices qui passent pour être signicatifs[1] tant des années entières[2] que de leurs parties. Si au commencement de l'hiver le temps est très couvert[3], avec de fortes chaleurs, et si ces dernières sont dissipées par des coups de vent sans qu'il pleuve, cela veut dire qu'à l'approche du printemps il y aura de la grêle. Et si après l'équinoxe de printemps des brouillards tombent, ils annoncent des vents plus ou moins violents jusqu'au septième mois dans un double décompte[4]. Ceux qui tombent au moment où la lune a la forme d'un croissant, ceux-là annoncent du vent pour la période en question, mais si c'est au moment où la lune présente une double courbe[5], de la pluie. Et plus les brouillards tombent sur chacun de ses deux tracés, plus ils annoncent les phénomènes indiqués. 57 Sont également significatifs les vents qui se lèvent au moment où le brouillard tombe : si les vents se manifestent depuis l'aurore ou la mi-journée, ils indiquent des pluies ; si c'est depuis le soir et s'ils viennent du nord, du vent et du froid.

σημαίνουσι. Λύχνος χειμῶνος καιόμενος ἡσυχαῖος εὐδίαν σημαίνει, καὶ ἐὰν ἐπ' ἄκρῳ οἷον κέγχρους ἔχῃ λαμπρούς· καὶ ἐὰν ἐν κύκλῳ τὴν μύξαν περιγράψῃ λαμπρὰ γραμμή.

55 Ὁ τῆς σχίνου καρπὸς σημαίνει τοὺς ἀρότους· ἔχει δὲ τρία μέρη καὶ ἔστιν ὁ πρῶτος τοῦ πρώτου ἀρότου σημεῖον, ὁ δεύτερος τοῦ δευτέρου, ὁ τρίτος τοῦ τρίτου· καὶ ὡς ἂν τούτων ἐκβαίνῃ κάλλιστα καὶ γένηται ἁδρότατος, οὕτως ἕξει καὶ ὁ κατὰ τοῦτον ἄρωτος.

56 Λέγεται δὲ καὶ τοιάδε σημεῖα ὅλων τε τῶν ἐνιαυτῶν γίνεσθαι καὶ τῶν μορίων. Ἐὰν ἀρχομένου τοῦ χειμῶνος ζόφος ᾖ καὶ καύματα γίνηται καὶ ταῦτα ἄνευ ὕδατος ὑπ' ἀνέμων διαλυθῇ, πρὸς τὸ ἔαρ σημαίνει χάλαζαν ἐσομένην. Καὶ ἐὰν μετὰ τὴν ἐαρινὴν ἰσημερίαν ὁμίχλαι πίπτωσι, πνεύματα καὶ ἀνέμους σημαίνουσιν εἰς ἕβδομον μῆνα ἀμφοτέρων ἀριθμουμένων. Ὅσαι μὲν ἅμα μηνοειδεῖ τῇ σελήνῃ πίπτουσιν, αὗται μὲν πνεύματα σημαίνουσιν εἰς ἐκεῖνον τὸν χρόνον, ὅσαι δ' ἀμφικύρτου οὔσης τῆς σελήνης ὕδατα. Καὶ ὅσῳ ἂν μᾶλλον ἐφ' ἑκατέρῳ τῷ σχήματι ὁμίχλαι πίπτωσι, μᾶλλον τὰ εἰρημένα σημαίνει. 57 Σημαίνει δὲ καὶ τὰ πνεύματα ἅμα ταῖς ὁμίχλαις ἐπιπιπτούσαις γινόμενα· καὶ ἐὰν μὲν ἀπ' ἠοῦς καὶ μεσημβρίας γίνηται τὰ πνεύματα, ὕδατα σημαίνει· ἐὰν δ' ἀφ' ἑσπέρας καὶ ἀπὸ τῆς ἄρκτου, πνεύματα καὶ ψύχη.

1 post σημαίνουσι desinit V || καιόμενος P C Ald. Furl. : καίμενος M || 2 ἄκρῳ Schn. (IV, 754) : ἄκρου M ἄκρον Ald. Furl. || 3 λαμπρούς M : –άς Ald. Furl. || περιγράψῃ M : –γράφῃ Ald. Furl. || 4 λαμπρὰ γραμμή Schn. (IV, 755) : λαμπρᾷ γραμμῇ M Furl. || 12-13 ταῦτα ἄνευ ὕδατος Schn. (II, 603) : τὰ ἄνευ ὕδατος Furl. τὰ ἀνύδατος M *quae sunt aquae* Bart.

Des météores qu'en Égypte on appelle des comètes[6] on raconte que l'apparition annonce non seulement les phénomènes précédemment indiqués, mais aussi du froid ; cependant, d'ordinaire, c'est par les astres que sont donnés les signes, ainsi que par les équinoxes et les solstices[7], non au moment même, mais soit avant leur date, soit un peu après.

Οὓς δὲ κομήτας Αἰγύπτιοι λέγουσιν οὐ μόνον τὰ προειρημένα σημαίνουσιν ὅταν φαίνωνται, ἀλλὰ καὶ ψύχη· τοῖς δὲ ἄστροις εἴωθεν ὡς ἐπὶ τὸ πολὺ σημαίνειν καὶ ταῖς ἰσημερίαις καὶ τροπαῖς, οὐκ ἐπ' αὐταῖς ἀλλ' ἢ πρὸ αὐτῶν ἢ ὕστερον μικρῷ.

3 τοῖς δὲ ἄστροις M : ἐπὶ δὲ ἄστροις Schn. Wim.

DE VENTIS

SIGLA

TESTIMONIA

D = *Vossianus gr.* Q 25, saec. XV.
E = *Neapolitanus gr.* III D I, anno 1497.
I = *Palatinus gr.* 162, 1442-1457.
L = *Reginensis gr.* 123, *ca* 1500.
M = *Urbinas gr.* 108, saec. XV.
O = *Vaticanus gr.* 1305, saec. XV, in fine.
P = *Vaticanus gr.* 1302, saec. XIII.
Q = *Ambrosianus gr.* P 80 sup., saec. XV.
R = *Marcianus gr.* 260, 1442-1459.
U = *Parisinus gr.* 2277, saec. XV.
X = *Bongarsianus gr.* 402, 1480-1500.
Z = *Londîniensis gr. Add.* 5113, saec. XV.

EDITIONES

Quae editiones *De signis* dant, *De ventis* quoque habent, exceptis Bartholomei latina traditione et nuper (1926) A. Hort qui ad *Theophrastus. Enquiry into plants*, t. II, addidit *De signis* sub titulo "On Weather Signs", sed non *De ventis*. Ex contrario necesse est magni aestimare permultas in margine correctiones auctoris ignoti sed Vascosano quodam attributas.

DE VENTIS

THÉOPHRASTE

LES VENTS

I. — 1 La nature des vents, à partir de quoi, comment et pour quelles raisons elle se forme, cela a été étudié précédemment[1] ; mais le fait que la suite logique est pour chacun d'eux ses propriétés et tout ce qui s'ensuit[2], voilà ce qu'il faut tâcher d'exposer : c'est justement à peu près ce qui les différencie les uns des autres. En effet leurs différences consistent en ceci et portent sur les points que voici : par exemple, la force, la faiblesse, le froid, le chaud, et en un mot leur appartenance à l'hiver ou à la belle saison, leur apport de pluie ou de beau temps ; s'y ajoutent leur fréquence ou leur rareté, le fait qu'ils soufflent en leur temps ou pas toujours, de manière continue et régulière ou par intermittence et irrégulièrement ; bref, ce qui se produit dans le ciel ou dans l'air et à la fois sur la terre et sur la mer parce qu'ils soufflent. Car c'est, en un mot, sur ces points et sur ce sujet que se trouvent porter les recherches ; elles englobent également ce qui a trait aux animaux et aux végétaux[3].

2 Puisqu'un territoire particulier est soumis à chacun d'eux, et cela comme par essence, de lui, en un mot,

ΘΕΟΦΡΑΣΤΟΥ

ΠΕΡΙ ΑΝΕΜΩΝ

I. — 1 Ἡ τῶν ἀνέμων φύσις, ἐκ τίνων μὲν καὶ πῶς καὶ διὰ τίνας αἰτίας γίνεται, τεθεώρηται πρότερον· ὅτι δ' ἑκάστοις αἱ δυνάμεις καὶ ὅλως τὰ παρακολουθοῦντα κατὰ λόγον ἀκολουθεῖ, πειρᾶσθαι χρὴ λέγειν, οἷσπερ σχεδὸν διαφέρουσιν ἀλλήλων. Αἱ γὰρ διαφοραὶ περὶ ταῦτα καὶ ἐν τούτοις, οἷον μέγεθος, μικρότης, ψυχρότης, θερμότης, <καὶ> ἁπλῶς τὸ χειμερινὸν ἢ εὐδιεινόν, καὶ ὑέτιον ἢ αἴθριον· ἔτι δὲ τὸ πολλάκις ἢ ὀλιγάκις, καθ' ὥραν ἢ τὸ μὴ ἀεὶ πνεῖν, καὶ συνεχεῖς καὶ ὁμαλεῖς ἢ διαλείποντας καὶ ἀνωμαλεῖς· καὶ ὅλως ἃ συμβαίνει περὶ τὸν οὐρανὸν ἢ περὶ τὸν ἀέρα καὶ τὴν γῆν καὶ τὴν θάλατταν διὰ τὴν πνοήν. Ὡς γὰρ [ἂν] ἁπλῶς εἰπεῖν, ἐν τούτοις καὶ περὶ ταῦτα τυγχάνουσιν αἱ ζητήσεις· ἐν οἷς καὶ τὰ περὶ τῶν ζῴων καὶ φυτῶν ἐμπεριλαμβάνεται.

2 Ἐπεὶ δ' ἑκάστου τόπος ἴδιος ὑπόκειται, καὶ τοῦθ' ὥσπερ τῆς οὐσίας, ἀπὸ τούτου, ὡς ἁπλῶς εἰπεῖν, καὶ

7 διαφέρουσιν Vasc.mg : –φέρει codd. Furl. || 8 post μέγεθος add. καὶ Vasc. Furl. Schn. || 9 pr. καὶ add. Schn. IV, 680, non Furl. Schn. I, 757 neque Wim. || εὐδιεινόν edd. ex Furl. : εὐδινόν P U || 10 αἴθριον Ald. Furl. Schn. : αἰθέριον codd. || 14 ἂν monente Coray del. Schn. 1821 (V, 159), quod praebent Furl. Schn. 1818 (I, 757) ex codd. || 16 ἐμπεριλαμβάνεται codd. Furl. Wim. CE : περιλαμβάνεται Vasc. Schn. uide adn. || 18 τούτου Turn. Vasc.mg : τούτων codd. Furl. || ὡς Furl. Schn. : οἷς codd.

viennent à la fois les particularités distinctives et les propriétés de chacun ; ainsi en premier lieu, le caractère de force ou de faiblesse, de froid ou de chaud, de fréquence ou de rareté[4], ainsi que la plupart des autres. Certains ont les mêmes qualités, les contraires en ont de contraires, mais les uns et les autres en bonne logique. Ainsi le vent du nord et le vent du midi[5] : tous les deux sont puissants et soufflent très longtemps, parce qu'ils propulsent une très grande masse d'air vers les régions septentrionales et méridionales de biais[6] par rapport à la trajectoire du soleil depuis le levant jusqu'au couchant : elle est reléguée là par la puissance du soleil. C'est pourquoi l'air est à la fois très dense et très chargé de nuages ; par suite d'une forte compression des deux côtés, son écoulement devient bien souvent plus important et plus continu ; d'où les grandes dimensions, la densité et l'abondance des nuages, et de tout autre phénomène de ce genre.

3 Le froid et la chaleur peuvent sembler tout à fait évidents en raison de leur répartition géographique : les régions septentrionales sont froides, les régions méridionales chaudes, et le flux d'air venant des unes et des autres pareillement. Car à la fois les abords s'en trouvent moins largement ouverts et la trajectoire n'en est pas largement ouverte[7] ; or ce qui est transporté à travers un passage étroit et avec plus de violence est plus froid ; au contraire, ce qui se trouve plus dispersé sur une grande distance est aussi plus tiède. C'est pourquoi le vent du sud

αἱ διαφοραὶ καὶ αἱ δυνάμεις αἱ καθ' ἕκαστον [εἰπεῖν]· οἷον πρῶτον ἡ τοῦ μεγέθους καὶ σμικρότητος, καὶ ψυχρότητος καὶ θερμότητος, καὶ πλήθους καὶ ὀλιγότητος, καὶ τῶν ἄλλων τῶν πλείστων. Ὑπάρχει δὲ <τοῖς μὲν> ταὐτά, τὰ δ' ἐναντία τοῖς ἐναντίοις, ἀμφότερα δ' εὐλόγως· οἷον τῷ βορέᾳ καὶ τῷ νότῳ. Μεγάλοι μὲν γὰρ ἄμφω, καὶ πλεῖστον χρόνον πνέουσι, διὰ τὸ συνωθεῖσθαι πλεῖστον ἀέρα πρὸς ἄρκτον καὶ μεσημβρίαν, πλαγίων ὄντων πρὸς τὴν τοῦ ἡλίου φορὰν τὴν ἀπ' ἀνατολῶν ἐπὶ δυσμάς· ἐξωθεῖται γὰρ ἐνταῦθα τῇ τοῦ ἡλίου δυνάμει. Διὸ καὶ πυκνότατος καὶ συννεφέστατος ὁ ἀήρ· ἀθροιζομένου δ' ἐφ' ἑκάτερα πολλοῦ, καὶ πλείων ἡ ῥύσις καὶ συνεχεστέρα γίνεται πλεονάκις· ἀφ' ὧν τά τε μεγέθη καὶ ἡ συνέχεια καὶ τὸ πλῆθος αὐτῶν καὶ ἄλλο τοιοῦτόν ἐστιν.

3 Ἡ δὲ ψυχρότης καὶ θερμότης ἐμφανέσταται δόξαιεν ἂν εἶναι διὰ τοὺς τόπους γινόμεναι· ψυχρὰ γὰρ τὰ πρὸς ἄρκτον, τὰ δὲ πρὸς μεσημβρίαν ἀλεεινά· τὸ δ' ἀφ' ἑκατέρων ῥέον ὅμοιον. Ἅμα γὰρ καὶ ἧττον ἀναπεπταμένον τὸ σύνεγγυς καὶ <μὴ> ἀναπεπταμένη <ἡ> φορά· τὸ δὲ διὰ στενοῦ καὶ σφοδροτέρως φερόμενον ψυχρότερον· τὸ δ' εἰς τὸ πόρρω διακεχυμένον μᾶλλον καὶ ἀνειμένον. Διὸ

1 αἱ καθ' ἕκαστον [εἰπεῖν] Wim. : ἕκαστον εἰπεῖν codd. καὶ ἕκαστον εἰπεῖν Furl. Schn. (I, 757-758) καὶ τὰ καθ' ἕκαστον εἰπεῖν Schn. (IV, 681) ‖ 4-5 τοῖς μὲν add. Schn. ‖ 5 ταὐτά Schn. : ταῦτα codd. Furl. ‖ 8-9 pr. πρὸς — ὄντων om. Furl. Heins. ‖ 9 πλαγίων ὄντων Schn. Wim. : πλαγίους ὄντας uel πλάγια ὄντα Turn. ‖ 10 ἐξωθεῖται Vasc.mg : –θεῖσθαι codd. Furl. ‖ 11 συννεφέστατος [συνεφ– Furl.] Furl. Schn. : συνεχέσ– M συνεφέστατα Vasc.mg ‖ 13 ἀφ' Turn. Vasc.mg : ἐφ' codd. Furl. ‖ 19 ἀναπεπταμένον Furl. Schn. : –πεπταμέναι uel ἐναναπεπταμέναι codd. Ald. Turn. ‖ 20 τὸ σύνεγγυς Furl. Schn. : τῷ σ– codd. ‖ <μὴ> ἀναπεπταμένη <ἡ> φορά Schn. Wim. CE : μὴ ἀναπεπταμένῃ φορᾷ Furl. ἐναπεπταμένῃ [uel ἀνα– cett.] φορᾷ U Ald. Vasc. ‖ 21 ψυχρότερον edd. recentiores ex Furl. : –ότερα codd. ‖ 21-22 τὸ δ' εἰς Schn. : εἴς τε τὸ codd. Furl. ‖ 22 διακεχυμένον Schn. : –κεκαυμένον codd. Furl. ‖ ἀνειμένον L Schn. : –μένου codd. cett.

est plus froid là-bas que chez nous[8], et à en croire certains rapports, il est encore plus froid que le vent du nord ; le changement produit même un effet spectaculaire, quand le lieu était auparavant bien tempéré. **4** Et c'est un phénomène pour ainsi dire général : la fréquence de la pluie ou du beau temps dans chacune de deux régions, la tendance aux perturbations ou l'absence de perturbations, leur manifestation fréquente ou continuelle, leur irrégularité ou leur régularité, et encore l'importance soit de leur commencement, soit de leur fin, sont attribuées[9] plutôt à la distance entre les lieux. En effet, d'où que chacun souffle, il y est celui du beau temps, mais là où il repousse l'air, il est celui qui amène les nuages et la pluie. C'est pourquoi le vent du nord et plus encore les vents étésiens sont porteurs de pluie pour les habitants des régions méridionales et orientales, tandis que c'est le vent du midi, pour ainsi dire, ou ceux qui soufflent de ce secteur pour les habitants des régions septentrionales. **5** Ce n'est pas en ce domaine une petite, mais une très grande influence que celle de l'altitude de la contrée[10], car l'endroit où les nuages viennent buter et s'arrêtent est aussi celui où se forme la pluie. C'est pourquoi, des lieux voisins, les uns reçoivent de la pluie par certains vents, d'autres par d'autres. Mais la question des pluies a été traitée ailleurs plus longuement[11].

Pour la même raison aussi le vent du nord est fort dès qu'il se lève, celui du midi quand il est en train de cesser[12] ; d'où le proverbe qui donne des conseils pour la pratique de la navigation[13]. En effet, le premier sévit, si l'on peut dire, tout de suite contre les habitants des régions septentrionales, le second est hors de combat au bout d'un long temps ; l'élimination des corps étrangers est plus lente, en particulier quand il s'en est accumulé une grande

καὶ ὁ νότος ἐκεῖ ψυχρότερος ἢ παρ᾽ ἡμῖν· ὡς δέ τινές φασι, καὶ μᾶλλον ἢ βορέας. Ποιεῖ δέ τι καὶ ἡ μεταβολὴ πρὸς φαντασίαν, ἀλεεινοῦ προϋπάρχοντος τοῦ τόπου. 4 Καὶ τοῦτο μὲν κοινόν, ὡς εἰπεῖν, πᾶσι· τὸ δ᾽ ὑέτιον καὶ αἴθριον ἑκατέρου καὶ τὸ κυματῶδες καὶ ἄκυμον καὶ πυκνὸν καὶ συνεχὲς καὶ ἀνωμαλὲς καὶ ὅμαλον, ἔτι δὲ τὸ μέγεθος τοῦ μὲν ἀρχομένου, τοῦ δὲ λήγοντος, πρὸς τὴν ἀπόστασιν τῶν τόπων ἀποδίδοται μᾶλλον. Ὅθεν μὲν γὰρ ἕκαστος πνεῖ, παρ᾽ ἐκείνοις αἴθριος· ὅποι δ᾽ ἀπωθεῖ τὸν ἀέρα, παρ᾽ ἐκείνοις [δ᾽] ἐπινεφὴς καὶ ὑέτιος. Διόπερ ὁ μὲν βορέας καὶ μᾶλλον οἱ ἐτησίαι τοῖς πρὸς μεσημβρίαν καὶ ἀνατολὴν οἰκοῦσιν ὑέτιοι, ὁ δὲ νότος καὶ ὡς ἁπλῶς εἰπεῖν οἱ ἐξ ἐκείνου τοῦ τόπου πνέοντες τοῖς πρὸς ἄρκτον. 5 Οὐ μικρὰ δ᾽ ἐνταῦθα ἀλλὰ μεγίστη ῥοπὴ τὸ τὰς χώρας ὕψος ἔχειν· ὅπου γὰρ ἂν προσκόψῃ τὰ νέφη καὶ λάβῃ στάσιν, ἐνταῦθα καὶ ὕδατος γένεσις. Διὸ καὶ τῶν σύνεγγυς τόπων ἄλλοι παρ᾽ ἄλλοις ὑέτιοι τῶν ἀνέμων. Ἀλλὰ περὶ μὲν ὑδάτων ἐν ἑτέροις εἴρηται διὰ πλειόνων.

Ἐκ τῆς αὐτῆς δ᾽ αἰτίας καὶ ὁ μὲν βορέας εὐθὺς ἀρχόμενος μέγας, ὁ δὲ νότος λήγων· ὅθεν καὶ ἡ παροιμία συμβουλεύει τὰ περὶ τοὺς πλοῦς. Ὁ μὲν γὰρ εὐθὺς οἷον ἐπίκειται τοῖς περὶ ἄρκτον οἰκοῦσιν, ὁ δὲ μακρὰν ἀφέστηκε· χρονιωτέρα δ᾽ ἡ τῶν ἄπωθεν ἀπορροή, καὶ ὅταν

3 ἀλεεινοῦ Furl. : ἀλλ᾽ εἰ codd. ἀλλὰ Turn. ‖ 7 ἀρχομένου Turn. Furl. Vasc.[mg] : ἐρχ– codd. ‖ 8 ἀπόστασιν edd. : ἐπι– codd. ‖ ante ἀποδίδοται add. ἀποδύνει ἢ Furl. Schn., non Wim. neque CE : ἀπολύει L Ald. Cam. ἀποδύει cett. uide adn. ‖ 9 ὅποι Wim. CE : ὅπου codd. Furl. ‖ ἀπωθεῖ Furl. : ἀπαθὲς L Z Ald. ἀπαθεῖς cett. ‖ 10 τὸν ἀέρα P Furl. : τοῦ ἀ. L τὸ ἀ. cett. ‖ δ᾽ del. Heins. Schn. ‖ 12-13 καὶ ὡς ἁπλῶς εἰπεῖν οἱ CE ex Schn. (IV, 682) ὡς addito : πως [ὡς Furl.] εἰπεῖν ἢ codd. Furl. Schn. (I, 759) ‖ 14 μικρὰ codd. plerique Furl. : μικρὰν E O Schn. ‖ μεγίστη ῥοπὴ codd. Furl. : μεγίστην ῥοπὴν Schn. ‖ 15 τὰς codd. plerique Furl. : τῆς M Schn. ‖ ἔχειν codd. Furl. : ἔχει Schn.

quantité. Les pays voisins de l'Égypte et de ces contrées-là, ont inversement le vent du sud fort quand il se lève[14] ; d'où vient précisément que l'on cite le proverbe en l'inversant[15]. **6** De la même manière, c'est plutôt le vent du sud qui rend là-bas le ciel couvert ou dégagé, continuellement et uniformément ; car tel est toujours chaque climat à proximité immédiate, alors qu'à distance, il est inégal et tiraillé en tous sens. À ces phénomènes, il faut donc attribuer les causes indiquées, lesquelles sont manifestes même dans d'autres pays plus petits et moins éloignés les uns des autres. Mais voici précisément ce qu'on peut juger illogique[16] : alors que le vent du midi apporte toujours un temps clair à son propre territoire, le vent du nord, en cas de forte tempête, s'il couvre de nuages son voisinage immédiat, fait régner au delà un temps clair. **7** La cause en est que du fait de sa force, il met en mouvement beaucoup d'air, mais commence par le geler avant de le repousser ; et une fois gelés, les nuages restent sur place à cause de leur pesanteur, mais le froid se répand à l'extérieur et bien au-delà de leur volume, et cela en demeurant actif[17]. Au contraire, le vent du midi, qui agit moins sur de la matière, et sans la geler mais en la repoussant, amène du temps clair aux environs immédiats. Il est toujours plus chargé de pluie à grande distance quand il souffle fort, et davantage quand il cesse que quand il se lève, parce qu'à son lever il repousse loin de lui un faible volume d'air, plus important quand il progresse ; à force de se condenser ainsi, il se transforme en nuage et, en ayant acquis la consistance, il devient un nuage de pluie[18]. Ajoutons qu'il se distingue en commençant par un commencement[19] plus ou moins important : peu important,

ἀθροισθῇ πλῆθος. Τοῖς γὰρ περὶ Αἴγυπτον καὶ τοὺς τόπους ἐκείνους ἀνάπαλιν ὁ νότος ἀρχόμενος μέγας· ὅθεν καὶ τὴν παροιμίαν ἐναντίως λέγουσιν. 6 Ὡσαύτως δὲ καὶ τὸ πυκνὸν καὶ ἄκυμον καὶ συνεχὲς καὶ ὁμαλὲς ἐκείνοις ὁ νότος ποιεῖ μᾶλλον· ἀεὶ γὰρ τοῖς ἐγγὺς ἕκαστος τοιοῦτος, τοῖς δὲ πόρρω καὶ ἀνωμαλὴς καὶ διεσπασμένος. Τούτων μὲν οὖν τὰς εἰρημένας αἰτίας ὑποληπτέον, αἵπερ ἐμφανεῖς καὶ κατ' ἄλλους τόπους εἰσὶν ἐλάττους καὶ ἔλαττον ἀπέχοντας ἀλλήλων. Τοῦτο δ' ἂν καὶ δόξειεν ἄλογον εἶναι· ὁ μὲν γὰρ νότος ἀεὶ τοῖς ἑαυτοῦ τόποις αἴθριος, ὁ δὲ βορέας, ὅταν ᾖ χειμὼν μέγας, ἐν μὲν τοῖς πλησίον συννεφής, ἔξω δ' αἴθριος. 7 Αἴτιον δ' ὅτι διὰ μὲν τὸ μέγεθος πολὺν ἀέρα κινεῖ, τοῦτον δὲ φθάνει ἐκπηγνὺς πρὶν ἀπῶσαι· παγέντα δὲ μένει τὰ νέφη διὰ βάρος· εἰς τὰ ἔξω <δὲ> καὶ πορρωτέρω τοῦ μεγέθους μᾶλλον ἡ ψυχρότης διαδίδοται, καὶ τοῦτο ἐργαζομένη. Ὁ δὲ νότος ἧττόν τε ἔχων ὕλην, καὶ ταύτην οὐ πηγνὺς ἀλλ' ἀπωθῶν, αἰθρίαν ἄγει τοῖς πλησίον. Ὑετιώτερος δ' ἀεὶ τοῖς πόρρω μέγας πνέων, καὶ λήγων μᾶλλον ἢ ἀρχόμενος μὲν ὀλίγον ἀέρα ἀπωθεῖται, προϊὼν δὲ πλείω· καὶ οὕτως ἀθροιζόμενος ἐκνεφοῦταί τε καὶ πυκνωθεὶς ὑδάτινος γίνεται. Ἔτι δὲ καὶ τὸ ἀπ' ἐλάττονος ἢ μείζονος ἀρχῆς ἄρχεσθαι διαφέρει· μικρᾶς μὲν

7 post διεσπασμένος add. μᾶλλον codd. nonnulli : del. Furl. Wim. CE ex Schn. ut uid. || 8 ἐμφανεῖς CE ex codd. plerisque : ἐκφ– L Ald. Furl. || τόπους Vasc.[mg] ex *locis* Turn. Furl. : τρόπους codd. || 9 δ' ἂν καὶ Vasc.[mg] Wim. CE : δ' οὖν καὶ codd. Furl. δ' οὐκ ἂν Schn. || 10 δόξειεν Vasc.[mg] Schn. CE : δόξει ἂν codd. δόξει Furl. || ἄλογον codd. : ἀνάλογον Furl. Schn. || 14 ἐκπηγνὺς Wim. CE : καὶ πήγνυσι codd. Furl. || 15 δὲ hic add. Schn. Wim. : post εἰς add. CE || 15-16 τοῦ μεγέθους codd. Schn. : τὸ μέγεθος Wim. CE uide adn. || 16-17 τοῦτο ἐργαζομένη codd. Schn. : τοῦτο ἐργάζεται Wim. CE τούτῳ ἐργάζεται Furl. || 21 οὕτως P Vasc. Furl. : οὗτος cett. || 22 ὑδάτινος codd. Furl. : ὑδάτιος Schn. CE uide adn. || ἔτι δὲ καὶ τὸ Schn. CE : τὸ δὲ codd. καὶ τὸ Furl.

c'est un temps clair ; important, c'est un temps nuageux et pluvieux[20], du fait qu'il pousse avec lui davantage d'air.

II. — 8 Quant au fait que[21] le vent du midi ne souffle pas à travers l'Égypte[22] proprement dite jusqu'au bord de la mer[23], comme on le prétend parfois, ni à la distance que l'on couvre en courant un jour et une nuit[24], tandis que pour la région au-dessus de Memphis, il est violent[25], et de même aussi pour celles qui sont à une telle distance, ce n'est pas vrai, dit-on, c'est faux ; peut-être n'est-ce pas tout à fait vrai, mais il souffle moins loin. La raison en est que l'Égypte est encaissée dans sa partie basse, ce qui lui permet de passer par-dessus ; mais sa partie haute est plus élevée. Tant il est vrai que la proximité immédiate exige la grandeur ; il faut tirer surtout des lieux la satisfaction à de telles exigences, qui précisément ont un caractère naturel. Ces vents-là restent aussi bien porteurs de nuages que de temps clair, comme il a été dit à l'instant[26]. **9** Quant au fait que le vent du nord domine de son souffle celui du midi, mais que le vent du midi ne domine pas celui du nord, il faut le rapporter à cette cause fondamentale, qu'est la répartition de chacun de deux objets selon les lieux : c'est en effet ce qui se produit chez nous et généralement chez les peuples du nord, mais pour ceux du midi, c'est l'inverse[27]. La cause en est la même dans les deux cas : le vent du nord est proche des premiers, le vent du midi des seconds, de sorte que, dès qu'ils se lèvent, ils s'y font ressentir, tandis qu'à distance il faut du temps pour les départager.

10 Comme il y a un très grand nombre, nous l'avons déjà dit[28], de vents du nord et de vents du midi, il existe pour chacune des deux catégories une sorte de classement, d'après l'époque où ils soufflent le plus, comme il est normal : pour les vents du nord, c'est à la fois l'hiver et l'été, ainsi que l'automne jusqu'à sa fin ; pour ceux du midi, c'est tout au long de l'hiver et au début du

γὰρ οὔσης, αἴθριος, μεγάλης δ', ἐπινεφὴς καὶ ὑέτιος, διὰ τὸ πλείω συνωθεῖν ἀέρα.

II.— 8 Τὸ δὲ μὴ πνεῖν κατ' αὐτὴν τὴν Αἴγυπτον <τὰ> πρὸς θάλατταν τὸν νότον, ὥς τινές φασι, μηδ' ὅσον ἡμέρας ἀπέχοντα καὶ νυκτὸς δρόμον, ἀλλὰ τὰ ὑπὲρ Μέμφιδος λαμπρόν, ὁμοίως δὲ καὶ ἃ ἂν ἀπέχῃ τοσοῦτον, οὐκ ἀληθὲς μὲν εἶναί φασιν, ἀλλὰ ψεῦδος· οὐ μὴν ἴσως γε, ἀλλ' ἔλαττον πνεῖ. Τὸ δ' αἴτιον, ὅτι κοίλη τὰ κάτω ἡ Αἰγύπτιος, ὥσθ' ὑπερπίπτειν αὐτῆς· τὰ δ' ἄνω ὑψηλοτέρα. Ἐπεὶ τό γε σύνεγγυς ἀπαιτεῖ τὸ μέγεθος· τὰ γὰρ τοιαῦτα μάλιστα ἐκ τῶν τόπων ἀποδοτέον, ἅπερ κατὰ φύσιν ἔχει. Διαμένει δ' ἐπινεφῆ καὶ αἴθρια τὰ πνεύματα ταῦτα ὁμοίως, ὥσπερ ἀρτίως ἐλέχθη. **9** Τὸ δὲ τὸν βορέαν ἐπιπνεῖν <τῷ> νότῳ, τὸν δὲ νότον μὴ τῷ βορέᾳ, πρὸς ἐκείνην τὴν αἰτίαν ἀνακτέον, τὴν μερίζουσαν ἑκάτερα κατὰ τοὺς τόπους. Παρ' ἡμῖν γὰρ τοῦτο συμβαίνει καὶ ὅλως τοῖς ὑπὸ τὴν ἄρκτον οἰκοῦσιν, τοῖς δὲ πρὸς μεσημβρίαν ἀνάπαλιν. Αἴτιον δ' ἀμφοῖν τὸ αὐτό· τοῖς μὲν γὰρ ὁ βορέας, τοῖς δ' ὁ νότος πλησίον, ὥστ' εὐθὺς ἀρχόμενοι ποιοῦσιν αἴσθησιν, εἰς δὲ τὰ πόρρω βραδέως διϊκνοῦνται.

10 Πλείστων δ' ὄντων, ὥσπερ εἴρηται, βορείων καὶ νοτίων, ἑκατέρων οἷον τάξις <ἐστί>, ἐν οἷς χρόνοις μάλιστα πνέουσι κατὰ λόγον· τοῖς μὲν βορείοις χειμῶνός τε καὶ θέρους καὶ μετοπώρου μέχρι τοῦ λήγειν, τοῖς δὲ νοτίοις κατὰ χειμῶνά τε καὶ ἀρχομένου <ἔαρος> καὶ

3 κατ' αὐτὴν Vasc.[mg] Furl. : κατὰ ταύτην codd. || 4 τὰ add. CE : τὴν add. Furl. Schn. uide adn. || πρὸς Schn. (IV, 684) : εἰς codd. Furl. Schn. (I, 760) || 6 ἂν Wim. : ἐὰν codd. Schn. || 12 κατὰ Wim. : καὶ codd. Furl. || 23 ἑκατέρων Vasc.[mg] Turn. Furl. : –τέρας codd. || ἐστὶ hic transp. CE : post λόγον habent codd. Furl. || 26 ἔαρος add. Vasc.[mg] Turn. Furl. edd. a Schn.

printemps, ainsi qu'à la fin de l'automne. En effet à la fois les trajectoires du soleil sont en accord avec l'une et l'autre des deux phases, et le changement d'orientation se produit comme si l'air était animé d'un flux et d'un reflux : ce qui a été repoussé pendant l'hiver (car les vents du nord sont en général majoritaires), et encore plus tôt, en été, par les vents étésiens[29] et ce qui s'ensuit, est au printemps restitué de nouveau à ces régions, ainsi qu'à la fin de l'automne et vers le coucher de la Pléiade[30], de manière analogue.

11 Ce dont on s'étonne dans la pensée que ce n'est pas réel — la raison pour laquelle les vents du nord sont des vents annuels, alors que ceux du midi n'en sont pas — a l'air, dans un sens, de se produire : les vents du midi printaniers, sont des sortes de vents étésiens que l'on appelle des « vents du midi blancs » ; ils soufflent avec un ciel clair et sans nuages[31], généralement, et en même temps, du fait qu'ils sont séparés par un long intervalle, ils passent inaperçus ; le vent du nord, au contraire, se forme directement chez nous. Telle est la nature des vents étésiens[32].

Mais la raison pour laquelle ils soufflent en cette saison et avec tant de force, et celle pour laquelle ils prennent fin quand finit le jour[33] et ne soufflent pas la nuit, sont à peu près indiquées parmi les causes suivantes : à savoir, d'une part, que le déplacement d'air est dû à la fonte de la neige ; quand donc le soleil a commencé à maîtriser et à dissiper la gelée, < se lèvent > les « précurseurs[34] », et ensuite, les vents étésiens. **12** On s'explique[35], d'autre part, qu'ils prennent fin au déclin du soleil et ne soufflent pas de nuit, par le fait que la neige cesse de fondre quand il se couche et que la nuit elle ne fond pas parce qu'il est couché. Néanmoins, ils soufflent parfois quand la fonte

μετοπώρου λήγοντος. Καὶ γὰρ αἵ τε τοῦ ἡλίου φοραὶ συνεργοῦσιν ἀμφοτέροις, καὶ ἡ ἀνταπόδοσις γίνεται καθάπερ παλιρροοῦντος τοῦ ἀέρος· ὃ γὰρ <ἂν> ἀπωσθῇ κατὰ χειμῶνα — πλείους γὰρ ὡς ἐπίπαν βορέαι πνέουσι — καὶ ἔτι πρότερον τοῦ θέρους ὑπὸ τῶν ἐτησίων καὶ τῶν ἐπὶ τούτοις, ἀνταποδίδοται πάλιν τοῦ ἦρος εἰς τούσδε τοὺς τόπους, καὶ λήγοντος μετοπώρου καὶ περὶ Πλειάδος δύσιν ἀνάλογον.

11 Ὅθεν καὶ τὸ θαυμαζόμενον ὡς οὐκ ὄν — διὰ τί βορέαι μὲν ἐτησίαι γίνονται, νότοι δ' οὐ γίνονται — φαίνεταί πως συμβαίνειν· οἱ γὰρ ἠρινοὶ νότοι καθάπερ ἐτησίαι τινές εἰσιν, οὓς καλοῦσι λευκονότους· αἴθριοι γὰρ καὶ ἀσυννεφεῖς ὡς ἐπίπαν· ἅμα δὲ καὶ τῷ μακρὰν <ἡμῶν> ἀπηρτῆσθαι λανθάνουσιν· ὁ δὲ βορέας εὐθὺς ἐν ἡμῖν. Ἥδε τῶν ἐτησίων φύσις.

Διὰ τί δὲ ταύτην τὴν ὥραν καὶ τοσοῦτοι πνέουσι, καὶ διὰ τί λήγουσι τῆς ἡμέρας ληγούσης, καὶ νύκτωρ οὐ πνέουσι, σχεδὸν ἐν ταύταις λέγεται ταῖς αἰτίαις· ὡς ἄρα ἡ μὲν πνοὴ γίνεται διὰ τὴν τῆς χιόνος τῆξιν. Ὅταν μὲν οὖν ὁ ἥλιος ἄρξηται κρατεῖν καὶ λύειν τὸν πάγον, οἱ πρόδρομοι, μετὰ δὲ ταῦτα οἱ ἐτησίαι. **12** Τοῦ δὲ ἅμα τῇ καταφορᾷ τοῦ ἡλίου λήγειν καὶ νύκτωρ μὴ πνεῖν αἴτιον τὸ τὴν χιόνα τηκομένην παύεσθαι δυομένου, καὶ νύκτωρ μὴ τήκεσθαι δεδυκότος. Οὐ μὴν ἀλλ' ἐνιότε πνέουσιν,

1 καὶ Schn. ex Furl. : οὔτε codd. αὗται CB || αἵ τε Furl. Schn. : αἱ CB || 3 ὃ γὰρ <ἂν> Schn. : ὅταν γὰρ Vasc.[mg] ὁ γὰρ Furl. || 10 ἐτησίαι codd. nonnulli Furl. Schn. ex Ald. : κιτήσιοι cett. || 13 ἀσυννεφεῖς codd. Furl. Wim. CB : ἀσυνεχεῖς Schn. uide adn. || τῷ μακρὰν Turn. Vasc.[mg] Schn. I : τὸ μακρὸν codd. τὸ μακρὰν Furl. || 14 ἡμῶν codd. Furl. : del. Schn. I || λανθάνουσιν Vasc.[mg] Schn. I : λαμβά– codd. Furl. || 15 Ἥδε — φύσις codd. Furl. : del. Wim. || 17 οὐ codd. plerique Furl. : del. L Ald. Schn. I || 19 τῆξιν Furl. Schn. : πῆ– codd. plerique || 20 κρατεῖν... λύειν edd. plerique ex Schn. I : λύειν... κρατεῖν codd. Furl. Wim. || 24 δεδυκότος L Ald. Furl. edd. recentiores : δεδοικ– cett.

est devenue trop importante ; et, de fait, la cause de cette irrégularité doit être interprétée comme suit : ce sont des vents tantôt forts et continus, tantôt moins puissants et intermittents, à cause des irrégularités de la fonte. Le produit est fonction du matériau. Mais on peut admettre aussi que cette irrégularité est due aux lieux pour des raisons de proximité ou d'éloignement, et à d'autres différences de ce genre. **13** Par conséquent, si c'est la vérité que rapportent entre autres les connaisseurs de la Crète[36], c'est-à-dire que de nos jours les hivers sont plus rudes et la neige tombe plus abondamment <qu'autrefois>, en donnant pour preuves que dans le temps les montagnes étaient habitées et portaient des récoltes, tant céréalières que fruitières, le pays étant couvert de plantations et soigneusement travaillé (il existe en effet des plaines d'une bonne grandeur dans les montagnes de l'Ida et dans les autres[37], dont aujourd'hui pas une seule n'est cultivée, parce qu'elles ne produisent rien ; jadis au contraire, nous l'avons déjà dit, elles étaient elles aussi colonisées ; par conséquent, l'île était densément peuplée, vu que les pluies d'orage étaient à cette époque fréquentes, sans qu'il y ait de chutes de neige, ni d'hivers rigoureux), si ce sont là des faits avérés, nous le répétons[38], il est nécessaire qu'en particulier les vents étésiens aient été plus importants. **14** S'il est vrai, d'autre part, qu'un jour ils cessèrent et qu'Aristée les rappela à lui en offrant à Zeus les sacrifices qui lui sont offerts à Céos, à en croire la légende[39], il se peut que les lieux exposés au mauvais temps n'y aient pas été aussi détrempés ni neigeux ; mais que ces phénomènes comportent un changement ordonné ou désordonné, il se peut que la cessation des vents et leur

ὅταν πλείων ἡ τῆξις γένηται· καὶ γὰρ τῆς ἀνωμαλίας αἴτιον τοῦ<το ὑπο>ληπτέον · ὁτὲ μὲν γὰρ μεγάλοι καὶ συνεχεῖς, ὁτὲ δ᾽ ἐλάττους καὶ διαλείποντες πνέουσι διὰ τὸ τὰς τήξεις ἀνωμαλεῖς γίνεσθαι. Κατὰ δὲ τὴν ὕλην ἡ φορά. Ταύτην δὲ τὴν ἀνωμαλίαν ἐνδέχεται καὶ τοῖς τόποις ἐκ τοῦ σύνεγγυς ἢ πόρρω καὶ ἄλλαις τοιαύταις διαφοραῖς συμβαίνειν. **13** Εἰ δ᾽ οὖν ἀληθὲς ὃ λέγουσιν ἄλλοι τε καὶ οἱ περὶ Κρήτην, ὡς ἄρα νῦν μείζονες οἱ χειμῶνες καὶ χιὼν πλείων πίπτει, τεκμήρια φέροντες, ὡς τότε μὲν ᾠκεῖτο τὰ ὄρη, καὶ ἔφερε καρπὸν καὶ τὸν σιτηρὸν καὶ τὸν δενδρίτην, πεφυτευμένης καὶ διειργασμένης τῆς χώρας· — ἔστι γὰρ πεδία ἐν τοῖς Ἴδης ὄρεσιν εὐμεγέθη καὶ ἐν τοῖς ἄλλοις, ὧν νῦν οὐδ᾽ ὁτιοῦν γεωργοῦσι, διὰ τὸ μὴ φέρειν· τότε δ᾽, ὥσπερ εἴρηται, καὶ ἐπῴκουν· ὅθεν καὶ ἡ νῆσος πλήρης τῶν ἀνθρώπων, ὄμβρων μὲν γενομένων κατ᾽ ἐκεῖνον τὸν χρόνον πολλῶν, χιόνων δὲ καὶ χειμώνων μὴ γινομένων. — Εἰ δ᾽ ἔστιν ἀληθῆ ταῦτα, καθάπερ λέγομεν, ἀναγκαῖον καὶ ἐτησίας εἶναι πλείους. **14** Εἰ δέ ποτ᾽ ἐξέλιπον, καὶ Ἀρισταῖος αὐτοὺς ἀνεκαλέσατο θύσας τὰς ἐν Κέῳ θυσίας τῷ Διΐ, καθάπερ μυθολογοῦσι, κάτομβρα <μὲν> ἂν εἴη τὰ ἐπιχειμέρια οὐχ ὁμοίως οὐδὲ χιονώδη. Ταῦτα δ᾽ εἴ τινα ἔχει διαλλαγὴν εἴτε τεταγμένην εἴτ᾽ ἄτακτον, εἴη ἂν καὶ τῶν πνευμάτων

1 τῆξις L Ald. Furl. Schn. : πῆ– cett. ‖ γένηται Schn. : γίνη– codd. γίνεται Furl. ‖ 2 τοῦτο ὑποληπτέον ex τοῦ<το ὑπο>ληπτέον edd. ab Schn. et recentiores : post αἴτιον circa 21 litterarum lacunam praebent codd. ‖ 6 ἐκ τοῦ Schn. I : καὶ τὸ L καὶ τῷ Furl. Schn. (II, 590) Wim. CE ‖ 7 συμβαίνειν L Ald. Furl. Schn. CE : –νει codd. plerique ‖ 10 ᾠκεῖτο Vasc.[mg] edd. ab Schn. : ὤκοιτο M ᾤκητο Furl. ‖ 10-11 σιτηρὸν Vasc.[mg] edd. : σιδη– codd. ‖ 12 Ἴδης L X_2 Z Ald. Furl. : ἴδοις M ἰδίοις X_1 cett. ἰδαίοις Schn. (V, LVII) ‖ 16 πολλῶν, χιόνων δὲ Schn. : non post πολλῶν sed ante πολλῶν χιόνων δὲ dist. Furl. πολλῶν δὲ χρόνων M[a.c.] πολλῶν χρόνων M[p.c.] codd. ceteri ‖ 19 ἐξέλιπον Schn. : –έλειπον codd. Furl. ‖ 21 μὲν codd. plerique : del. L Ald. Furl. ‖ 22 ἔχει Furl. Schn. : –ειν codd.

réorientation se soient produits aux mêmes époques. Ce qui cependant peut paraître étrange, c'est que les vents qui tournent au midi bénéficient d'une telle sorte d'assistance chaque année[40] ; en effet cet endroit-là est exceptionnellement torride. Ce phénomène est donc évident, sauf pour la moitié des récoltes[41] : les unes sont plus précoces, les autres n'en sont pas affectées. Voilà donc les faits à examiner.

III. — 15 Si l'origine de tous les vents est la même et dépend des mêmes facteurs, le soleil, du fait qu'il lui est en quelque sorte associé, devrait en être le créateur. Peut-être n'est-ce pas vrai à tous égards, mais dans la limite de l'exhalaison[42] et, pour lui, à titre de collaborateur. En réalité, le soleil a bien l'air de mettre en mouvement à son lever et d'arrêter les souffles, ce qui explique qu'ils s'amplifient et tombent maintes fois. Mais cela n'est pas tout à fait exact : c'est aux circonstances dans lesquelles cela se produit qu'il faut supposer cette cause-là. En effet, quand l'humidité aspirée est assez peu volumineuse, d'ordinaire[43] le soleil, en la maîtrisant, la dissipe et y met fin ; mais quand elle est trop importante, il contribue à la stimuler et renforce sa mobilité. **16** Parfois aussi, à son coucher, il la dissipe en la privant de son propre dynamisme qu'il lui communiquait. Cette humidité doit avoir, de toute évidence, une juste mesure qui lui permette de ne pas se dissiper complètement ni de pouvoir par ses propres moyens se mouvoir plus longtemps. Il y a d'autre part quelques milieux qui, au coucher du soleil, n'empêchent nullement <le vent> de souffler davantage, par exemple tout ce qui est sous l'emprise de la chaleur et qui est, pour ainsi dire, complètement desséché et brûlé à l'intérieur.

παῦλα καὶ μεταλλαγὴ κατὰ τοὺς αὐτοὺς χρόνους. Ἄτοπον δ᾽ ἂν δόξειεν, εἰ μὴ καὶ τοῖς πρὸς μεσημβρίαν ἐστὶ τοιαύτη τις ἐπικουρία κατὰ τὸ ἔτος· πολλῷ γὰρ ἐκπυρώτερος ὁ τόπος ἐκεῖνος. Δῆλον οὖν τοῦτο, πλὴν εἰς <τὸ> ἥμισυ τῶν καρπῶν· οἱ <μὲν γὰρ> προτεροῦσιν, οἱ δ᾽ ἀπαθεῖς εἰσι. Περὶ μὲν <οὖν> τούτων σκεπτέον.

III. — 15 Εἰ δὲ πάντων τῶν πνευμάτων ἡ αὐτὴ καὶ ὑπὸ τῶν αὐτῶν γένεσις, τῷ τι παραλαβεῖν ὁ ἥλιος ἂν ὁ ποιῶν εἴη. Τάχα δ᾽ οὐκ ἀληθές, καθόλου εἰπεῖν, ἀλλ᾽ ὡς ἡ ἀναθυμίασις, οὗτος δ᾽ ὡς συνεργῶν. Ἀλλ᾽ ὁ ἥλιος δοκεῖ καὶ κινεῖν ἀνατέλλων καὶ καταπαύειν τὰ πνεύματα· διὸ καὶ ἐπαυξάνεται καὶ πίπτει πολλάκις. Οὐ καθόλου δὲ τοῦτ᾽ ἀληθές, ἀλλ᾽ ἐφ᾽ ὧν γε συμβαίνει, ταύτην ὑποληπτέον τὴν αἰτίαν. Ὅταν μὲν γὰρ ἔλαττον ᾖ τὸ ἀνηγμένον ὑγρόν, τούτου κατακρατῶν ἐξανήλωσε καὶ κατέπαυσεν ὁ ἥλιος· ὅταν δὲ πλέον, συμπαρώρμησε, καὶ σφοδροτέραν ἐποίησε τὴν κίνησιν. **16** Ἐνιότε δὲ καὶ ἅμα τῇ δύσει κατέπαυσεν, ἀφελόμενος τὴν ἀπ᾽ αὐτοῦ κίνησιν, ἣν ἔδωκεν. Ταύτην δὲ δῆλον ὡς ἔχειν τινὰ δεῖ συμμετρίαν, ὥστε μήτε ἐξαναλίσκεσθαι, μήτ᾽ ἐξ αὑτῆς δύνασθαι κινεῖσθαι πλείω χρόνον. Ἔνια δὲ καὶ δύνοντος τοῦ ἡλίου πνεῖν οὐδὲν κωλύει μᾶλλον, οἷον ὅσα κατέχεται τῇ θερμότητι, καὶ ὥσπερ ἐξαναξηραίνεται καὶ

1-2 post ἄτοπον δ᾽ del. οὐκ Furl. ‖ 3-4 ἐκπυρώτερος codd. Furl. : ἐμπ– Schn. (II, 590) CE ‖ 4-5 εἰς <τὸ> ἥμισυ ego : post εἰς lac. 15 litt. usque ad μισῃ (*sic*) codd. Ald. ὅτι οἱ μὲν ὑστερίζουσι CE et alii alia uide adn. ‖ 5 τῶν καρπῶν edd. plerique : τὸν καρπὸν codd. Schn. ‖ μὲν γὰρ Furl. : δὲ codd. ‖ 6 οὖν add. Schn. I ‖ 7 εἰ δὲ L Ald. Furl. : αἱ δὲ cett. ‖ 8-9 ἂν ὁ ποιῶν Vasc.mg Turn. : ἄνω ποιῶν codd. ἄνω ποιοῖν Furl. ‖ 10 οὗτος Schn. I : οὕτως codd. Furl. ‖ alt. ὡς codd. : ὁ U ‖ 12 καὶ πίπτει codd. plerique : ἐμπίπτει L Ald. ‖ 15 ἐξανήλωσε Schn. I : –ήλωκε codd. Furl. ‖ 23 ἐξαναξηραίνεται D L Furl. Schn. I : ἀναξηρ– cett. Schn. (V, 160).

C'est ce qui fait précisément qu'ils n'ont pas de vent à midi ; au contraire, quand le soleil décline, ils sont plus exposés au vent.

17 La lune a elle aussi les mêmes effets[44], sauf qu'ils ne se manifestent pas pareillement, car elle agit comme un soleil peu puissant. C'est pourquoi de nuit ils sont plus étranges, et les conjonctions des mois plus marquées par le mauvais temps. Il arrive donc tantôt que les vents se lèvent quand apparaît le soleil, tantôt qu'ils se posent ; et de même à son coucher : tantôt ils cessent complètement, tantôt pour ainsi dire ils font relâche. Quant à savoir si cela peut se produire par hasard[45], comme les phénomènes en rapport avec les levers et les couchers des astres, c'est une question à étudier.

18 C'est aussi à peu près pour la même raison que se produisent surtout en pleine nuit et à mi-journée des absences de vent. Il arrive[46] en effet qu'un tel état de l'air tantôt domine, tantôt soit dominé par les <vents>, mais qu'il domine en pleine nuit, car c'est alors que le soleil est le plus éloigné, de même qu'à midi. Il se trouve dominant ou dominé, et la position d'équilibre est le calme plat. Il arrive aussi que les accalmies des vents interviennent comme attendu : ils se lèvent soit vers l'aurore, soit vers le crépuscule, et cessent dans certains cas dès l'aube, quand ils viennent à être dominés, mais sont dominés vers la mi-journée ; dans d'autres, c'est à partir du crépuscule, quand ils cessent de dominer, et cela se produit en pleine nuit.

ἐγκαίεται. Διὰ τοῦτο γὰρ καὶ ἐν μεσημβρίᾳ μάλιστα ἀπνεύματοι· παρεγκλίναντος δὲ τοῦ ἡλίου πνευματωδέστεραι.

17 Ποιεῖ δὲ καὶ ἡ σελήνη ταὐτά, πλὴν οὐχ ὁμοίως· οἷον γὰρ ἀσθενὴς ἥλιός ἐστι. Διὸ καὶ νύκτωρ δεινότερα, καὶ αἱ σύνοδοι τῶν μηνῶν χειμερινώτεραι. Συμβαίνει δ' οὖν ὁτὲ μὲν ἀνατέλλοντος τοῦ ἡλίου τὰ πνεύματα ἐπαίρεσθαι, ὁτὲ δὲ λήγειν· καὶ ἐπὶ τῆς δύσεως ὁμοίως· ὁτὲ μὲν γὰρ κατέπαυσεν, ὁτὲ δὲ ὥσπερ ἀφῆκεν. Εἰ δέ ποτε καὶ κατὰ σύμπτωμα γίνοιτο ταῦτα, καθάπερ καὶ τὰ ἐπὶ τῶν ἄστρων ἀνατολαῖς καὶ δύσεσιν, ἐπισκεπτέον.

18 [Ταὐτὸ δὲ] Καὶ ἀπὸ τῆς αὐτῆς πως αἰτίας καὶ διὰ μέσων νυκτῶν καὶ μεσημβρίας ἄπνοιαι γίνονται [καὶ] μάλιστα. Συμβαίνει γὰρ ποτὲ μὲν κρατεῖν, ποτὲ δὲ κρατεῖσθαι τὸν ἀέρα τὸν τοιοῦτον ὑπὸ τῶν <πνευμάτων>, μέσων δὲ νυκτῶν κρατεῖν· πορρωτάτω γὰρ ὁ ἥλιος τότε, <ὥσπερ καὶ> μεσημβρίας. Κρατῶν δὲ καὶ κρατούμενος ἕστηκεν, ἡ δὲ στάσις νηνεμία. Συμβαίνει δὲ καὶ τὰς καταπαύσεις γίνεσθαι τῶν πνευμάτων κατὰ λόγον· ἄρχεται <μὲν> γὰρ ἢ περὶ ἕω ἢ περὶ δυσμάς· λήγει δὲ τὰ μὲν ἕωθεν, ὅταν κρατηθῇ· κρατεῖται δὲ κατὰ μεσημβρίαν· τὰ δ' ἀπὸ δυσμῶν, ὅταν παύσηται κρατῶν· τοῦτο δὲ γίνεται μέσων νυκτῶν.

1 ἐγκαίεται codd. Furl. : ἐκκαί– Schn.(II, 590) CE || 4 ταὐτά Schn. I ex Turnebo : ταῦτα codd. Furl. || 5 δεινότεραι ante crucem Furl. : ante lac. 17 litt. codd. , ubi <αἱ πνοαὶ> add. CE et alii alia uide adn. || 12 ταὐτὸ δὲ del. CE || ἀπὸ Schn. I : ἐπὶ codd. Furl. || 13 καὶ del. Schn. || 15 post ὑπὸ τῶν edd. a Furlano lac. indicauerunt ubi πνευμάτων proposui : ὑπὸ τῶν <τοῦ ἡλίου ἀκτίνων> μέσων CE ὑπὸ τῶν ...vacat... μέσων Schn. 1818 ὑπὸ τοῦ ἡλίου· καὶ μέσων Wim. 1866 || 16 δὲ ego : μὲν codd. || 17 ante μεσημβρίας in lac. codicum nonnullorum ὥσπερ καὶ addidi : ibidem δὲ κρατεῖται add. δὲ κρατεῖται Wim. δὲ κρατεῖσθαι CE || 19 γίνεσθαι Schn. I Wim. CE : γενέσθαι codd. Furl. || 20 μὲν add. Vasc.^{mg} || ἢ περὶ ἕω ἢ Schn. ex Vasc.^{mg} : ἡ θερμή codd. || 22 τὰ δ' Schn. I : καὶ codd. Furl.

19 Si on s'étonne parfois en jugeant illogique que soient froids les souffles d'air dus au déplacement du soleil et, tout simplement, de la chaleur, ce qui ainsi paraît illogique est faux. Car ce n'est pas « tout simplement »[47] qu'il faut s'y attacher, mais comme à une cause accessoire, et il n'est pas tout à fait vrai non plus que le déplacement d'air par la chaleur est chaud et brûlant ; c'est seulement s'il intervient d'une certaine manière. En effet, si cet air est chassé de manière massive et continuelle par son dégagement même, il est chaud ; mais si c'est peu à peu et à travers quelque étroit passage, lui-même est chaud, tandis que l'air mis en mouvement par cette chaleur, quel qu'il ait pu être antérieurement, restitue tel quel celui-là même qui a été déplacé. **20** Exemple assez démonstratif[48], celui qui nous est livré par notre bouche quant à ce qu'on qualifie de chaud ou de froid, sans dire vrai ; en réalité, toujours ce qui en sort est chaud, mais il y a une différence entre l'état antérieur et son dépassement : si, quand on a ouvert la bouche, on la garde bien fermée, c'est chaud ; mais si on expulse par une étroite ouverture l'air ambiant absorbé trop vigoureusement, ce dernier chasse aussi celui qui se trouvait renfermé à l'état froid, et à la fois le souffle et l'air mis en mouvement deviennent froids. La même chose se passe aussi pour les flux d'air : la première mise en mouvement se produisant à travers un espace étroit, ce n'est pas l'air lui-même qui est froid, mais celui qui reçoit l'impulsion, quel qu'il se trouve être pour la chaleur ou le froid : <celui-ci> est-il froid, il est froid, <celui-ci> est-il chaud, il est chaud. Et c'est pour cela que l'été les flux d'air sont chauds, tandis qu'en hiver ils sont froids : tel est l'air suivant chaque saison.

19 Εἰ δέ τινες θαυμάζουσιν ὡς ἄλογον, ὅτι τὰ πνεύματα ψυχρά ἐστιν ἀπὸ τῆς τοῦ ἡλίου κινήσεως καὶ ἁπλῶς τοῦ θερμοῦ γινόμενα, ψεῦδος τὸ φαινόμενον αὐτοῖς ἄλογον· οὔτε γὰρ ἁπλῶς ἀλλ᾽ ὡς συναιτίῳ προσαπτέον, οὔτε πάντως ἡ ὑπὸ τοῦ θερμοῦ κίνησις θερμὴ καὶ πυρώδης, ἀλλ᾽ ἐὰν τρόπον τινὰ γίνηται. Ἀθρόως γὰρ ἐκπίπτουσα καὶ [ἡ] συνεχὴς αὐτῷ τῷ ἀφιέντι, θερμή· κατὰ μικρὸν δὲ καὶ διὰ στενοῦ τινος, αὐτὴ μὲν θερμή, ὁ δ᾽ ὑπὸ ταύτης κινούμενος ἀήρ, ὁποῖος ἂν ποτε τυγχάνῃ προϋπάρχων, τοιαύτην καὶ τὴν κίνησιν ἀποδίδωσιν. **20** Παράδειγμα δὲ ἱκανὸν τὸ ἐκ τῶν στομάτων ἀφιέμενον, ὅ φασιν εἶναι θερμὸν καὶ ψυχρόν, οὐκ ἀληθῆ λέγοντες· ἀλλ᾽ ἀεὶ μὲν θερμόν ἐστι <τὸ ἐξιόν>, διαφέρει δὲ τῇ προέσει καὶ ἐκπτώσει. Χανόντων μὲν γὰρ καὶ ἀθρόον ἀφιέντων, θερμόν· ἐὰν δὲ διὰ στενοῦ σφοδρότερον φερόμενον ὠθῇ τὸν πλησίον ἀέρα, κἀκεῖνος τὸν ἐχόμενον ψυχρὸν ὄντα, καὶ ἡ πνοὴ καὶ ἡ κίνησις γίνεται ψυχρά. Τὸ αὐτὸ δὲ καὶ ἐπὶ τῶν πνευμάτων συμβαίνει· διὰ στενοῦ γὰρ οὔσης τῆς πρώτης κινήσεως, αὐτὸ μὲν τὸ πρῶτον οὐ ψυχρόν· τὸ δ᾽ ὑπὸ τούτου κινούμενον, ὡς ἂν ἔχον τυγχάνῃ πρὸς θερμότητα καὶ ψυχρότητα· ψυχροῦ μὲν [γὰρ] ὄντος, ψυχρόν, θερμοῦ δέ, θερμόν. Καὶ διὰ τοῦτο θέρους μὲν θερμά, χειμῶνος δὲ ψυχρὰ πνεύματα· καθ᾽ ἑκατέραν γὰρ τὴν ὥραν τοιοῦτος ὁ ἀήρ.

6 γίνηται codd. plerique : γίνεται L Ald. Furl.|| 7 ἡ del. post Furl. edd. ab Schn. || 9 ἀήρ Furl. Schn. I et recentiores : αὐτὸ codd. || 10 προϋπάρχων Vasc.[mg] Schn. : πρόσω ὑπάρχων codd. Furl. || καὶ Furl. Schn. I : δὲ codd. || 13 τὸ ἐξιόν add. Schn. I || 14 χανόντων Schn. I : χαιν codd. Furl. || 17 ψυχρὸν ὄντα Furl. Schn. I : ψυχρῶν ὄντων codd. || 22 γὰρ del. Schn. I || 23-24 ψυχρὰ πνεύματα codd. Furl. : post ψυχρὰ add. τὰ CE ex Schn. II, 591.

21 C'est évident[49] là où, à cause de la chaleur de l'air, tout se trouve complètement calciné. Si en effet là où souffle le vent, le lieu est également torride, que ce soit un vent chaud ou froid, <on ne s'en aperçoit pas>, mais y a-t-il une différence de l'atmosphère, il se montre tel qu'il est. Sur les lieux mêmes et dans leur voisinage immédiat, son souffle est torride, alors que si on s'en éloigne, il ne l'est pas pareillement. Parfois même <l'air> venant d'ailleurs, si c'est de lieux torrides dont l'atmosphère est lourde et absolument brûlante, donne l'impression d'une chaleur extraordinaire. C'est pourquoi il arrive souvent que les voyageurs et les moissonneurs meurent victimes d'une telle atmosphère dans les plaines et dans les lieux étouffés, soit à cause de l'effet de masse que produit l'air lui-même en s'accumulant, soit à cause de la différence due à son souffle et à celui qu'il affronte.

22 Quant au fait que ce n'est pas seulement animé de son propre mouvement ni sous l'empire de la chaleur que l'air transporte cette charge[50], il ressort à l'évidence précisément des arguments suivants : si, d'une part, <il était généré> par lui-même, du fait qu'il est froid de nature et prend la forme d'une vapeur, il serait transporté vers le bas, et si c'était par la chaleur, vers le haut ; car c'est là par nature la trajectoire du feu. Mais en fait, c'est une sorte de mélange des deux composants, du fait que ni l'un

21 Φανερὸν δ' ὅπου διὰ τὴν <θερμότητα τοῦ ἀέρος> ἐκπεπυρωμένον πᾶν τετύχηκεν. Ἐὰν γὰρ ὅπου <πνεῖ τὸ> πνεῦμα καὶ ὁ τόπος <ἔμπυρος ᾖ>, <εἴτε> θερμὸν εἴτε ψυχρόν, ὅμως <δ' οὔσης> διαφορᾶς τοῦ ἀέρος. ὁποιος ἂν ᾖ, τοιοῦτος φαίνεται. Καὶ ἐν αὐτοῖς μὲν τοῖς τόποις <καὶ> τοῖς συνεχέσιν, ἔμπυρος ἡ πνοὴ γίνεται, πορρωτέρω δὲ προϊοῦσιν, οὐχ ὁμοίως. Ἐνιότε δὲ καὶ τὸ ἄλλοθεν ἐπιόν, ἐὰν ἐξ ἐμπύρων ᾖ τόπων καὶ ἐχόντων ἀέρα παχὺν καὶ διακεκαυμένον ὑπερβάλλον φαίνεται τῇ θερμότητι. Διὸ καὶ οἱ ὁδοιπόροι [μὲν] καὶ θερισταὶ πολλάκις ἀποθνῄσκουσιν ὑπὸ τῶν τοιούτων πνευμάτων ἐν τοῖς πεδίοις καὶ ἐν τοῖς πνιγηροῖς τόποις, τὰ μὲν αὐτοῦ συνεργαζομένου τοῦ συνυπάρχοντος ἀέρος, τὰ δὲ τοῦ διαφόρου διὰ τὴν πνοὴν καὶ τὴν πρόσπτωσιν.

22 Ὅτι δ' <οὔτ' αὐτὸς> ὑφ' αὑτοῦ μόνον κινούμενος ὁ ἀὴρ οὔθ' ὑπὸ τοῦ θερμοῦ κρατούμενος ταύτην φέρεται τὴν φοράν, κἀκεῖθεν δῆλον· εἰ μὲν γὰρ ὑφ' αὑτοῦ, διὰ τὸ ψυχρὸς εἶναι φύσει καὶ ἀτμιδώδης, κάτω ἂν ἐφέρετο· εἰ δ' ὑπὸ τοῦ θερμοῦ, ἄνω· τοῦ γὰρ πυρὸς κατὰ φύσιν αὕτη ἡ φορά. Νῦν δ' ὥσπερ ἐξ ἀμφοῖν μικτή, διὰ τὸ μηδ'

1 post τὴν in lac. circa 16 litt. θερμότητα τοῦ ἀέρος addidi ex θερμότητα ὁ τόπος CE uide adn. || 2 πᾶν ego : οἷον Furl. ἀέρα CE || 2-3 post ὅπου in lac. circa 14-16 litt. πνεῖ τὸ add. CE || 3 τόπος edd. : πόθος codd. Furl. || ἔμπυρος ᾖ, εἴτε in lac. add. CE ex Bonaventura uide etiam Schn. IV, 692 || 4 post ὅμως in lac. δ' οὔσης ego : hic lacunam praebent edd. etiam recentissimi CE || διαφορᾶς ego : <ἡ> διαφορὰ CE τῇ διαφορᾷ Bonaventura et alii alia || 6 καὶ add. Vasc.[mg] Schn. : om. Furl. in lac. || 9 διακεκαυμένον Schn. (V, 160) Wim. : διακείμενον codd. διακαῆ Furl. Schn.I || 10 μὲν del. Schn. || 13 συνυπάρχοντος codd. : προϋπάρχοντος Schn. IV, 692 uide adn. || 15 ὅτι Vasc.[mg] Furl. : ὅπου codd. || οὔτ' αὐτὸς add. Schn. et recentiores || ὑφ' αὑτοῦ Vasc.[mg] : ὑπ' αὐτοῦ Furl. Schn. I || μόνον Schn. I : μόνος codd. Furl. || 16 οὔθ' Schn. I : ὁ codd. Furl. || 17 ὑφ' αὑτοῦ add. Vasc.[mg] || 18 ψυχρὸς edd. : ψύχος codd. || 18-19 εἰ δ' CE ex εἰ δὲ Turn. : εἶθ' Furl. || 19 τοῦ... πυρὸς Vasc.[mg] Furl. : τὸ... πῦρ ὡς.

ni l'autre ne domine[51]. **23** Eh bien donc, en raison de ce caractère globalement commun, qui fait que quelle que soit la qualité de l'atmosphère ou de l'exhalaison suivant chaque lieu, les déplacements d'air seront eux aussi marqués par leur froideur, voici encore ce qui contribue à en donner la preuve : les émanations des eaux courantes ou stagnantes sont toutes froides, à cause de l'humidité de l'air ; il se refroidit en effet par manque d'ensoleillement joint à l'épaississement de la vapeur, encore plus prononcés en cas de proximité immédiate. Par conséquent, lorsque s'abat <cette humidité>, il arrive que ce soit comme une sorte de frisson[52] qui atteint les organismes. **24** Et c'est pour cette raison que souvent certains lieux encaissés et bien abrités des vents extérieurs sont froids sous l'influence des conditions locales[53]. On rapporte en effet que ce qui a été prélevé par le soleil reste sur place, sans que ce soit un effet de sa nature ni de son pouvoir, et produit une émanation ; de là vient que les brises provenant des eaux courantes ou stagnantes et les vents de terre en général soufflent dès l'aube, la vapeur se refroidissant en l'absence de source de chaleur. Il est en effet normal que cette brise elle-même se forme entre autres raisons à cause du beau temps ; et en cas de bruines et de pluies modérées, elle se renforce[54], car alors de la matière s'y ajoute de partout, après quoi les vents de terre se forment davantage.

25 Du Nil seul, semble-t-il, ne souffle pas de brise[55], ou très peu — parce que le pays est chaud — tant du côté d'où il vient que de celui vers lequel il coule. Les brises se forment quand l'humidité se condense. Aussi n'y a-t-il pas non plus de brises venant des cours d'eau de Libye, d'aucun d'eux où que ce soit, car absolument tous sont

ἕτερον κρατεῖν. 23 Τούτῳ μὲν οὖν καθόλου τῷ κοινῷ, ὅτι ὁποῖος ἂν ὁ ἀὴρ ἢ ἡ ἀναθυμίασις καθ' ἑκάστους ᾖ τόπους, οὕτως ἕξει καὶ τὰ πνεύματα τῇ ψυχρότητι, καὶ τάδε συμμαρτυρεῖ· ὅσα γὰρ ἀπὸ ποταμῶν ἢ λιμνῶν, πάντα ψυχρά, διὰ τὴν ὑγρότητα τοῦ ἀέρος· ἀποψύχεται μὲν γὰρ ἀπολείποντος τοῦ ἡλίου, καὶ ἅμα παχύτερος ὁ ἀτμός· καὶ ἔτι <μᾶλλον> δ' εἰ σύνεγγυς. Ὥσθ', ὅταν προσπίπτῃ, συμβαίνει καθάπερ ῥίγωσίν τινα γίνεσθαι τοῖς σώμασι. 24 Καὶ διὰ τοῦτο πολλάκις ἔγκοιλοι καὶ εὐσκεπεῖς τινες ὄντες τόποι τῶν ἔξω πνευμάτων ὑπὸ τῶν ἐγχωρίων εἰσὶ ψυχροί. Τὸ γὰρ ἀναχθὲν ὑπὸ τοῦ ἡλίου μένειν οὔτε πεφυκὸς οὔτε δυνάμενον φέρεται καὶ ποιεῖ πνοήν· ὅθεν αἵ τε ἀπὸ τῶν ποταμῶν καὶ λιμνῶν αὖραι καὶ ὅλως αἱ ἀπόγειαι πνέουσιν ἕωθεν, ἀποψυχομένης τῆς ἀτμίδος διὰ τὴν ἀπόλειψιν τοῦ θερμοῦ. Τὴν γὰρ αὖραν ταύτην αὐτὴν γίνεσθαι κατὰ λόγον ἐστὶ διά τε τἄλλα καὶ διὰ τὴν εὐδίαν· καὶ ὅταν ψεκάδια καὶ ὑετοὶ μέτριοι γίνωνται, μᾶλλον πνέουσι· προσγίνεται γὰρ ὕλη τότε πανταχοῦ, καὶ μᾶλλον αἱ ἀπόγειαι γίνονται μετὰ τοῦτο.

25 Ἀπὸ μόνου δὲ τοῦ Νείλου δοκοῦσιν οὐκ ἀποπνεῖν αὖραι ἢ ἐλάχισται, διότι θερμὸς ὁ τόπος καὶ ἐξ οὗ καὶ εἰς ὃν ῥεῖ· αἱ δ' αὖραι πυκνουμένου τοῦ ὑγροῦ εἰσι. Διὸ καὶ οὐδ' ἀπὸ τῶν ἐν Λιβύῃ ποταμῶν οὐδ' ἀφ' ἑνὸς αὖραι

1 τούτῳ... τῷ κοινῷ Schn. : τοῦτο... τὸ κοινὸν codd. Furl. || 5 ἀποψύχεται L Z Furl. : –ψύχηται codd. plerique || 7 μᾶλλον add. Schn. (V, LVII) Wim. CE || εἰ Schn. : ἡ codd. Furl. || 8 ῥίγωσίν Wim. : ῥᾶσιν codd. ῥώσιν Furl. ῥῶσίν Schn. I uide adn. || 10 εὐσκεπεῖς codd. Furl. : ἐπισκε– CE ex Schn.(IV, 693) uide adn. || 13 αὖραι Furl. Schn.I : θύραν codd. || 16 ταύτην αὐτὴν codd. Furl. Schn. : τοιαύτην CE || κατὰ λόγον Schn. (V, LVII) Wim. : κατ' ὀλίγον codd. Furl. κατ' ὀλίγον <εὔλογον> Schn. I || 17 ψεκάδια L Ald. Furl. Schn. : δὲ κάδια codd. || 18 ὕλη Schn.I Wim. CE : ὅλως codd. Ald. Furl. || 24 ἀπὸ τῶν... ποτάμων L. Ald. Furl. Schn. : τὸν... πόταμον codd. plerique || αὖραι Furl. Schn.I : αὔρας L Ald. Cam. αὖραν codd. plerique.

chauds. Ce qui est évident, c'est qu'il n'y en a pas non plus venant de la région de Babylone, de Suse[56] et en général du côté des régions torrides. Or on prétend[57] que l'air se refroidit dans des proportions extraordinaires vers le levant. C'est donc une question à examiner.

Il se peut en effet qu'il se refroidisse sans pouvoir avancer davantage, et qu'il produise de la brise parce que les régions qui le reçoivent directement sont torrides.

IV. — 26 En tout cas, c'est à partir du vent de terre ou d'une brise de ce genre que se produisent les changements d'orientation, à la suite d'une accumulation de l'air humide ; le changement d'orientation est comme une sorte d'inversion du sens d'un vent[58], de même que celle du courant dans les bras de mer[59] : quand une grande masse s'est accumulée dans le réceptacle, il se produit un changement en sens inverse. C'est ce qui se passe surtout dans les dépressions et là où soufflent les vents de terre. Chacun de ces deux phénomènes a sa raison d'être : dans les dépressions, l'air à force de se précipiter, s'accumulera, tandis que dans les lieux largement ouverts, il se dispersera. Les vents de terre sont faibles par nature, ce qui les met hors d'état de devenir violents à distance. Il arrive aussi que le retournement soit fonction à la fois du volume et de l'intensité, selon la manière dont les vents de terre souffleront ; de même cela dépend en outre des saisons, par exemple du fait qu'elles les font se lever plus tôt ou plus tard[60].

οὐδαμῶς· ἅπαντες γὰρ θερμοί. Τοῦτο δὲ δῆλον, ὅτι οὐδ᾿ ἀπὸ τῶν περὶ Βαβυλῶνα καὶ Σοῦσα καὶ ὅλως πρὸς τοὺς ἐμπύρους τόπους. Καίτοι φασί γε θαυμαστῶς καταψύχεσθαι τὸν ἀέρα πρὸς τὴν ἕω. Τοῦτο μὲν οὖν ἐπισκεπτέον.

Τάχα γὰρ ἀποψύχεται μέν, οὐ δύναται δὲ πορρωτέρω προϊέναι, καὶ ποιεῖν αὖραν, ἐμπύρων εὐθὺ τῶν ὑποδεχομένων ὄντων τόπων.

IV. — 26 Ἀπὸ γοῦν τῆς ἀπογείας καὶ τῆς τοιαύτης αὔρας καὶ αἱ τροπαὶ γίνονται, συναθροισθέντος τοῦ ὑγροῦ ἀέρος· ἡ γὰρ τροπὴ καθάπερ παλιμπνόη τίς ἐστι πνεύματος, ὥσπερ ἐν τοῖς εὐρίποις τῶν ὑγρῶν· ὅταν γὰρ ἀθροισθῇ καὶ πλῆθος λάβῃ, μεταβάλλει πάλιν εἰς τὸ ἐναντίον. Μάλιστα δ᾿ ἐν τοῖς κοίλοις ταῦτα γίνεται καὶ ὅπου πνέουσιν αἱ ἀπόγειαι. Τούτων δ᾿ ἑκάτερον εὐλόγως· ἐν μὲν γὰρ τοῖς κοίλοις ὁ ἀὴρ συναθροισθήσεται προσπίπτων, ἐν δὲ τοῖς ἀναπεπταμένοις διαχεῖται. Τῶν δ᾿ ἀπογείων πνευμάτων ἀσθενὴς ἡ φύσις, ὥστ᾿ οὐ δύνασθαι βιάζεσθαι πόρρω. Συμβαίνει δὲ καὶ ἡ ἀνταπόδοσις ἀνάλογον τοῦ τε πλήθους καὶ τοῦ μεγέθους, ὡς ἂν αἱ ἀπόγειαι πνεύσωσιν· ὁμοίως δὲ καὶ κατὰ τὰς ὥρας, οἷον τὸ ὀψιαίτερον ἢ πρωϊαίτερον ἐμβάλλειν αὐτάς.

1 οὐδαμῶς codd. Furl. : οἴδαμεν Vasc.[mg] || 6 πορρωτέρω Furl. Schn. : –τέρως codd. || 7 ἐμπύρων Schn. : εὐπ– Furl. codd. nonnulli || 8 τόπων L Z Ald. Furl. : τούτων codd. nonnulli || 9 ἀπογείας Schn. I : –γαίας codd. || 11 παλιμπνόη Z Schn. uide adn. : πάλιν πνοή Furl. πάλιν περὶ τῶν τρόπων καλουμένων πνοὴ L Ald. || 15 ὅπου Schn. I : ὅπος U ὅπως cett. || 16 συναθροισθήσεται codd. : ἀθροισθήσεται Turn. Vasc.[mg] συναθροίζεται CE || 22 πρωϊαίτερον Schn. I : προϊαί– L Z Ald. Furl. || ἐμβάλλειν Schn. I : –βαλεῖν codd. plerique Furl.

27 Il se produit aussi une sorte de brusque inflexion des vents, qui les fait s'opposer à eux-mêmes quand, ayant soufflé sur des lieux trop élevés, ils ne peuvent pas les dépasser. C'est pourquoi parfois les nuages sont transportés en sens contraire de celui des flux d'air, comme aux environs d'Aigai en Macédoine[61], quand un vent du nord s'oppose au vent du nord. La cause en est que les montagnes étant élevées (c'est le massif de l'Olympe et celui de l'Ossa[62]), quand les vents s'abattent sur elles sans les dépasser, ils sont refoulés en sens inverse. Par conséquent ils transportent en sens inverse les nuages qui se trouvaient plus bas. Ce même phénomène se produit également ailleurs.

28 Parfois aussi sous l'influence des vents étésiens eux-mêmes des flux d'air viennent s'opposer au vent du nord, du fait de son retournement, et il s'ensuit même que les bateaux voguent à contresens[63], comme en particulier aux abords du détroit qui va de Chalcis à 0rôpos ; c'est précisément ce qu'on appelle « les vents du nord à rebours ». Cela se produit à peu près au moment où ils sont le plus forts ; ils ont en effet leurs plus grandes capacités à s'étendre le plus loin possible lorsque c'est à un obstacle important qu'ils se heurtent. Mais parfois, à force de les entrechoquer, il arrive que le vent les divise de manière à se déverser çà et là, exactement comme l'eau qui coule d'une seule et même source.

29 En un mot, les lieux opèrent sur les vents des changements nombreux, entre autres leur renforcement ou leur accalmie ; de même, si <un vent> souffle à travers <un passage> étroit ou béant, car celui qui traverse le passage étroit est toujours le plus puissant des deux et le plus impétueux, à la manière d'un cours d'eau, du fait qu'il sort en force et se fraie un chemin plus resserré. Voilà aussi pourquoi, alors qu'ailleurs on manque d'air, dans les

27 Γίνεται δὲ καὶ ἀνάκλασίς τις τῶν ἀνέμων, ὥστ' ἀντιπνεῖν αὑτοῖς, ὅταν ὑψηλοτέροις τόποις προσπνεύσαντες ὑπερᾶραι μὴ δύνωνται. Διὸ ἐνιαχοῦ τὰ νέφη τοῖς πνεύμασιν ὑπεναντία φέρεται, καθάπερ καὶ περὶ Αἰγειὰς τῆς Μακεδονίας, βορέου πνέοντος πρὸς τὸν βορέαν. Αἴτιον δ' ὅτι τῶν ὀρῶν ὄντων ὑψηλῶν τῶν τε περὶ τὸν Ὄλυμπον καὶ τὴν Ὄσσαν, τὰ πνεύματα προσπίπτοντα καὶ οὐχ ὑπεραίροντα τούτων ἀνακλᾶται πρὸς τοὐναντίον. Ὥστε καὶ τὰ νέφη κατώτερα ὄντα φέρουσιν ἐναντίως. Συμβαίνει δὲ καὶ αὐτὸ τοῦτο παρ' ἄλλοις.

28 Ἐνιαχοῦ δὲ καὶ ὑπ' αὐτοὺς τοὺς ἐτησίας ἀντίπνοιαι γίνονται τῷ βορέᾳ, διὰ τὴν περίκλασιν, ὥστε καὶ ἐναντιοδρομεῖν τὰ πλοῖα· καθάπερ καὶ περὶ τὸν πόρον τὸν ἐκ Χαλκίδος εἰς Ὠρωπόν, οὓς δὴ καλοῦσι παλιμβορέας. Γίνεται δὲ τοῦτο σχεδόν, ὅταν ὦσι λαμπρότατοι· τότε γὰρ μάλιστα δύνανται ὡς πορρωτάτω διατείνειν, ὅταν πλῆθος ᾖ τὸ ἀντικόπτον. Ἐνιαχοῦ δὲ διὰ τὸ προσκόπτειν σχίζεσθαι συμβαίνει τὸν ἄνεμον, ὥστε τὸ μὲν ἐκεῖσε, τὸ δὲ δεῦρο ῥεῖν, καθάπερ καὶ τὸ ὕδωρ ὑπὸ μιᾶς πηγῆς καὶ τῆς αὐτῆς ῥέον.

29 Ἁπλῶς δὲ οἱ τόποι πολλὰς ποιοῦσι τῶν πνευμάτων μεταβολάς, ἄλλας τε καὶ τὸ σφοδρότερα καὶ ἠρεμέστερα γίνεσθαι· καθάπερ ἐὰν διὰ στενοῦ καὶ ἀχανοῦς πνέῃ· σφοδρότερον γὰρ ἀεὶ καὶ λαμπρότερον τὸ διὰ τοῦ στενοῦ, καθάπερ ὕδατος ῥεῖθρον· ἐκβιάζεται γὰρ καὶ διωθεῖ μᾶλλον ἀθρόον. Διὸ καὶ ἐν τοῖς ἄλλοις

2 αὑτοῖς Schn. I : αὐτοῖς codd. Furl. || 3 δύνωνται Schn. I : δύνανται codd. Furl. || 4 Αἰγειὰς Schn. I : Λιγγίας codd. Furl. et alii alia uide adn. || 5 τὸν codd. Furl. : del. Schn. || 9 φέρουσιν codd. Furl. : φέρονται Schn. (IV, 694) || 13 ἐναντιοδρομεῖν codd. plerique Schn. I : ἀντιδρομεῖν L Ald. ἀντιδραμεῖν Vasc.^{mg} Furl. || 14 εἰς Ὠρωπόν Schn. I : εἰς Ὀρ– L Ald. Furl. ἰσορροπον sine accentu codd. plerique || 14-15 παλιμβορέας Schn. I : παλινΒορέας (*sic*) Furl. || 22 ἄλλας Schn. I : ἄλλως codd. Furl.

passages étroits il y en a toujours un souffle ; c'est que l'air ne peut pas rester en place à cause de son volume, et son agitation crée le vent. D'où vient que dans les lieux resserrés, quand <des vents> y ont été renfermés ou s'y sont rencontrés, ils soufflent impétueusement ; et aussi dans le cas des portes : les battants eux aussi font un appel d'air incessant et fournissent une ventilation. Tous ces faits et ceux du même ordre ont une seule et même cause, celle qui a été indiquée[64].

30 Inversement[65], quelques lieux, du fait qu'ils sont encaissés et parce qu'ils sont entourés de zones plus élevées, tout en étant proches ou assez proches d'autres pour la provenance <des vents>, se trouvent en être complètement protégés[66], alors que d'autres, un peu plus loin, y sont exposés, comme il arrive en Thessalie et en Macédoine en ce qui concerne les vents étésiens : ceux-ci ne soufflent pas pour ainsi dire sur place, mais dans les îles — celles qui sont détachées au large[67] — ils sont impétueux. La cause en est qu'il s'agit de régions déprimées et abritées, alors que pour les îles rien ne fait écran au déplacement d'air. À la fois ces vents et tout vent en général sont empêchés de souffler soit par l'éloignement — ils ne peuvent pas s'étendre plus avant vu la distance — soit à cause de l'écran que forment certains <d'entre eux>, soit en troisième lieu dans le cas où quelque vent local souffle en sens contraire et les domine. **31** Quant au fait qu'il arrive qu'à leur saison les vents étésiens se lèvent et soufflent en changeant de sens du côté de la Macédoine, il faut le tenir pour un effet du hasard, car partout ces vents cessent à midi à cause du soleil, mais se lèvent à nouveau en soirée. Ce qui se produit d'autre part dans les mêmes circonstances, c'est que le changement de sens s'appliquant aux brises de terre, les vents étésiens eux aussi se lèvent à nouveau. Car il ne faut pas regarder la rupture due à l'Olympe et à l'Ossa comme la cause des

ἀπνοίας οὔσης, ἐν τοῖς στενοῖς ἀεὶ πνεῦμα· μένειν γὰρ ὁ ἀὴρ οὐ δύναται διὰ τὸ πλῆθος· ἡ δὲ τούτου κίνησις ἄνεμος. Ὅθεν καὶ ἐν τοῖς στενωποῖς, ὅταν κατακλεισθῶσι καὶ συμπέσωσι, λαμπροὶ πνέουσι· καὶ ἐν ταῖς πύλαις· καὶ αἱ θυρίδες ἕλκουσιν ἀεί, καὶ πνοὴν παρέχουσι. Πάντων γὰρ τούτων καὶ τῶν τοιούτων ἡ αὐτὴ καὶ μία τις ἡ εἰρημένη αἰτία.

30 Πάλιν δ' ἔνιοι τόποι διὰ τὴν κοιλότητα καὶ διὰ τὸ περιέχεσθαι μείζοσιν, ἐγγὺς ὄντες γε ἢ ἐγγυτέρω ἑτέρων ταῖς ἀρχαῖς, ὅλως ἄπνοοι τυγχάνουσιν· οἱ δὲ πορρωτέρω πνευματώδεις· ὥσπερ καὶ περὶ Θετταλίαν καὶ Μακεδονίαν συμβαίνει κατὰ τοὺς ἐτησίας· οὐ γὰρ πνέουσι παρ' αὐτοῖς, ὡς εἰπεῖν, ἐν δὲ ταῖς νήσοις λαμπροὶ ταῖς μακρὰν ἀπηρτημέναις. Αἴτιον δὲ τὸ τὰς χώρας κοίλας καὶ ἐπισκεπεῖς εἶναι, ταῖς δὲ νήσοις οὐδὲν ἐπίπροσθεν τῆς φορᾶς. Κωλύονται δὲ καὶ οὗτοι καὶ ὅλως πᾶς ἄνεμος πνεῖν ἢ διὰ τὴν ἀπόστασιν· — οὐ γὰρ δύνανται διατείνειν εἰς τὸ πορρωτέρω διὰ τὸ μῆκος —, ἢ δι' ἐπιπρόσθησίν τινων, ἢ τρίτον εἴ τι πνεῦμα ἐγχώριον ἀντιπνεῖ καὶ κρατεῖ. **31** Ὅτι δὲ συμβαίνει κατὰ τὴν ὥραν τοὺς ἐτησίας ἐπαίρεσθαι καὶ τὴν τροπαῖαν πνεῖν περὶ Μακεδονίαν, ὥσπερ σύμπτωμα θετέον· πανταχοῦ γὰρ τῆς μεσημβρίας ἀπολήγει τὰ πνεύματα διὰ τὸν ἥλιον, ἅμα δὲ τῇ δείλῃ πάλιν αἴρεται. Συμβαίνει δὲ κατὰ τὸν αὐτὸν καιρὸν τήν τε τροπαῖαν πρὸς ταῖς ἀπογείαις αὔραις καὶ τοὺς ἐτησίας ἐπαίρεσθαι πάλιν. Οὐ γὰρ δὴ τὴν ἀνάκλασιν τὴν ἀπὸ τοῦ Ὀλύμπου καὶ τῆς

1 ἀπνοίας L X Z Furl. : ἀπονοίας cett. || 4 συμπέσωσι Furl. Schn. I : –πεσοῦσι codd. || 8 πάλιν codd. pro parte Furl. : πόλιν codd. nonnulli πολὺν Z || 9 ὄντες Furl. : ὄντος codd. || 10 ἄπνοοι Turn. [uel ἀπνοὶ Vasc.[mg]] CE : ἀπόπνως codd. Furl. ἀποπνεύματοι Schn. uide adn. || 20 ὅτι Schn. I : ὅτε codd. Furl. || 25-27 δὴ post οὐ γὰρ codd. plerique CE : οὐ δὲ γὰρ Furl. οὐ γὰρ Schn. I || 27 alt. τὴν Vasc.[mg] Furl. : τῆς codd.

vents étésiens, à moins qu'ils n'y soient légers ou tout à fait modérés[68].

Voilà donc les événements fortuits qu'il appartient à tout le monde de chercher à élucider.

V. — 32 Mais voici une question importante qui peut paraître déplacée et saugrenue : pourquoi parmi les lieux élevés, les uns, exposés au vent, se trouvent-ils être tous non ventés, alors que les autres, bien abrités, sont ventés, et non modérément, mais fortement ? Ainsi à Platées en Béotie, tournée vers le vent du nord, le vent du nord est tempéré, celui du midi violent et hivernal, malgré l'obstacle que lui fait le Cithéron[69]. Ajoutons encore que sous le régime des vents étésiens, des vents alternatifs[70] parcourent les zones basses de l'Eubée, et qu'à Carystos ils soufflent avec une force qui leur fait atteindre une violence extraordinaire. **33** Et en outre, à l'endroit du territoire de Courion appelé Phaistos[71], dans un lieu exposé au vent du sud, élevé et escarpé, une vague formidable s'abat, sans qu'il y ait de vent, et les embarcations jettent l'ancre aux endroits les plus accessibles <d'une région> dépourvue de ports[72]. Restent à examiner également les phénomènes voisins.

La raison pour laquelle le vent n'atteint pas la terre, c'est qu'il n'entraîne pas l'atmosphère et ne crée pas un

Ὄσσης τῶν ἐτησίων αἰτιατέον, ἣν μὴ ἠρεμαῖοι ὦσιν ἢ μέτριοι παντελῶς.

Τὰ μὲν οὖν συμπτώματα πειρατέον ἅπασι διαιρεῖν.

V. — 32 Ἐκεῖνο δ' ἂν δόξειεν ἄτοπον καὶ παράλογον εἶναι· διὰ τί τῶν ὑψηλῶν τόπων τὰ μὲν προσήνεμα πάντα ἀπνεύματα τυγχάνει, τὰ δ' ἐπισκεπῆ πνευματώδη, καὶ οὐ μετρίως, ἀλλὰ σφοδρῶς ; οἷον ἐν Πλαταιαῖς τῆς Βοιωτίας, κειμέναις πρὸς τὸν βορέαν, ὁ μὲν βορέας εὐδιεινός, ὁ δὲ νότος μέγας καὶ χειμερινός, καὶ ἐπιπροσθοῦντος τοῦ Κιθαιρῶνος. Καὶ πάλιν παρὰ μὲν τὰ κοῖλα τῆς Εὐβοίας ὑπὸ τοὺς ἐτησίας τροπαῖαι παραθέουσιν, ἐν Καρύστῳ δὲ τηλικοῦτοι πνέουσιν, ὥστε ἐξαίσιον εἶναι μέγεθος. 33 Ἔτι δὲ τῆς Κουριάδος ἐν τῷ καλουμένῳ Φαι<στῷ> κειμένῳ πρὸς νότον, ὑψηλῷ καὶ ἀποτόμῳ, θαυμαστόν τι κῦμα μὲν εἰσπίπτει, πνεῦμα δ' οὐκ ἔστιν, ἀλλὰ καὶ τὰ πλοῖα προσορμίζονται τοῖς λειοτάτοις ἀλιμένων <τόπων>. Πλησία τὰ συμβαίνοντα θεωρεῖν ἐστι.

Αἴτιον δὲ τοῦ μὲν μὴ διϊκνεῖσθαι τὸ πνεῦμα πρὸς τὴν γῆν, τὸ μὴ ὑπάγειν τὸν ἀέρα, μηδὲ ῥεῖν· ὅπερ συμβαίνει

1-2 ἣν μὴ ἠρεμαῖοι ὦσιν ἢ μέτριοι παντελῶς Coray ap. Schn. V, 160 CE: ἣν μὴ ἐρίνεμοί εἰσιν οἱ μέτριοι παντελῶς Furl. ἣν μὴ ἑρμηνεύουσιν οἱ μέτριοι omisso παντελῶς Schn. (I, 770) uide adn. ‖ 6 ἐπισκεπῆ Furl. Schn. : –σκοπῆ codd. ‖ 8 κειμέναις Furl. Schn. : –μένης codd. ‖ 11 τοὺς Vasc.^{mg} Furl. Schn. : τῆς codd. ‖ τροπαῖαι Vasc.^{mg} Furl. Schn. : τρόπαιαν codd. ‖ 12 Καρύστῳ Schn. : καρίστῳ codd. Furl. ‖ 14 Φαι<στῷ> Schn. (V, LVII) Wim. : φαι//// codd. Furl. Schn. I uide adn. ‖ 16 προσορμίζονται Schn. I : –οντα codd. Furl. ‖ 16-17 λειοτάτοις CE : λειωτοῖς Furl. et alii alia uide adn. ‖ 17 ἀλιμένων L Ald. Schn. I ante lac. : ἀλειμ– codd. cett. ‖ τόπων addidi ex ὄντων τῶν τόπων Coray ap. Schn. V, 161 uide adn. ‖ ante Πλησία interpunxi ‖ πλησία edd. ex πλήσια P Furl. Schn. (IV, 697) : πλησίον Schn. (V, 161) CE.

courant ; c'est ce qui se produit à cause de sa hauteur : il se heurte à l'obstacle sans avoir le dessus[73]. Or, qu'il doive toujours évacuer l'air par le bas et ne pas le laisser stagner, est évident. En effet, dans les pièces d'une maison[74] dont on a fermé les portes, le courant d'air pénètre moins par les fenêtres ; car <la pièce>, étant remplie d'air et n'ayant pas de déperdition, ne laisse pas entrer l'air du dehors : c'est en direction du vide que se fait l'apport. Voilà pourquoi parler d'attraction n'est pas correct[75]. **34** Quant aux lieux abrités du vent du nord, et des vents en général, la raison qui les rend plus sujets à en recevoir le souffle, c'est qu'il arrive que le flux d'air, à force de s'accumuler en hauteur déborde, pour ainsi dire, et s'abatte tout à la fois[76] ; l'endroit où il exerce sa pression est celui où d'ordinaire[77] il éclate véritablement tout à la fois. Les ouragans se forment aussi dans de telles conditions ; il s'agit alors d'agrégats dus à une accumulation d'air, de sorte que quand ils crèvent, ils font comme une plaie résultant d'un coup ; leur agrégation et leur cohésion les rendent violents, comme dans le cas des typhons[78].

Ainsi donc, ce qui se produit en rapport avec les lieux, ce sont les faits que voilà et ceux du même ordre. Il y en a de nombreux et en de nombreux endroits, dont chacun donnerait matière à une recherche.

VI. — 35 Mais ceux que voici concernent tous les vents ; tels sont, par exemple, ceux qui indiquent, pour chacun d'entre eux, ce qui est à prévoir. L'atmosphère, en

διὰ τὸ ὕψος· <προσκόπτει γὰρ> οὐχ ὑπεραίρων. Ὅτι δ' ὑπεξάγειν ἀεὶ δεῖ, καὶ μὴ ἵστασθαι τὸν ἀέρα, φανερόν· ἐν γὰρ τοῖς οἰκήμασιν, οὗ τις ἂν κατακλείσῃ τὰς θύρας, ἧττον διὰ θυρίδων ἡ πνοὴ φέρεται· πλῆρες γὰρ ὄν, καὶ μὴ ὑπεξάγον, οὐκ εἰσδέχεται τὸν ἔξωθεν ἀέρα· πρὸς γὰρ τὸ κενὸν ἡ φορά. Διὸ καὶ τὸ ἕλκειν οὐ καλῶς λέγεται. **34** Τὰ δὲ πρὸς βορέαν καὶ ὅλως κατ' ἀνέμους ἐπισκεπῆ διὰ τοῦτο πνευματωδέστερα, διότι συμβαίνει συναθροιζόμενον ἐπὶ τὸ ὕψος οἷον ὑπερχεῖσθαι τὸ πνεῦμα, καὶ ἐμπίπτειν ἀθρόον· ᾗ γὰρ ἂν ἐπιβρίσῃ, ταύτῃ κατέρρηξεν ἀληθῶς ἀθρόον· Γίνονται δὲ καὶ αἱ καταιγίδες ἐν τοῖς τοιούτοις· συστροφαὶ γὰρ ἐνταῦθα καὶ ἀθροισμὸς πνεύματος. Ὥσθ' ὅταν ἐκραγῇ, καθάπερ πληγὴν ἐποίησεν· ἰσχυρὸν γὰρ τὸ ἀθρόον καὶ συνεχές, ὥσπερ καὶ ἐπὶ τῶν τυφώνων.

Ἃ μὲν οὖν διὰ τοὺς τόπους συμβαίνει, ταῦτα καὶ τοιαῦτα τυγχάνει. Πολλὰ δ' ἐστὶ καὶ πολλαχοῦ, περὶ ὧν ἑκάστου τῆς ἱστορίας λέγειν.

VI. — 35 Τὰ δὲ τοιάδε κοινὰ πάντων τῶν ἀνέμων, οἷον ὅσα σημειώδη καθ' ἕκαστον ἐν τῷ μέλλειν. Ὁ γὰρ ἀὴρ ἀχλυούμενος κατὰ πυκνότητα καὶ μανότητα, ἢ

1 προσκό<πτει γὰρ> οὐχ ὑπεραίρων CE : πρὸς κα... οὐχ ὑπεραίρων Furl. προσκόπτων γὰρ οὐχ ὑπεραιρεῖ Schn. IV et alii alia || 3 οὗ τις Schn. I : οὔτις uel οὗτις codd. εἴ τις CE || 7 βορέαν CE ex Schn.I : βορὰν codd. βορρὰν Vasc.^{mg} Furl. || κατ' ἀνέμους Wim. : κατήνεμα Furl. Schn. I || 8 πνευματωδέστερα M Furl. Schn. I : πνευματο– cett. || 10 ante ᾗ γὰρ lacunam 28 litt. praebent codd. nonnulli || ἐπιβρίσῃ P Turn. Vasc.^{mg} : ἐπικυρίσῃ codd. plerique Furl. || κατέρρηξεν Schn.(V, 57) Wim. : κατέραξεν codd. Furl. κατήρραξεν Schn. I || 11 ἀληθῶς ἀθρόον Furl. : del. Schn. (V, 161) ἀληθῶς del. CE || 12 συστροφαὶ Schn.I : –φὴ codd. Furl. || 13 ἐκραγῇ edd. ex Furl. : ἐνραγῇ L Ald. || 18 λέγειν L Ald. Furl. : λέγει codd. plerique. || 21 ἀχλυούμενος codd. Furl. : ἀλλοιούμενος CE ex Bonaventura || ἢ Furl. Schn. I : μὴ codd.

effet, selon qu'elle est brumeuse avec densité ou légèreté, qu'elle s'accompagne de chaleur ou de froid, ou de quelque autre circonstance de ce genre, révèle toujours le temps à venir, car les éléments constitutifs de l'air y sont pareillement sensibles et anticipent sur les vents au regard de notre perception. De même, quand il s'agit de la mer et des eaux, il est possible à certaines personnes de percevoir les mêmes signes, étant donné que les vagues annoncent les vents qu'elles devancent, en se soulevant et en retombant[79]. Elles sont propulsées non de manière continue, mais peu à peu ; celui-ci les propulse, c'est un autre qui les a propulsées, et à son tour celui qui les a propulsées avait été mis en mouvement par le souffle d'un autre, le premier s'étant épuisé ; puis toujours ainsi en étant propulsées, elles progressent. En présence de ce qui est mis en mouvement, on voit bien que ce qui l'y met va bientôt être là. Certes, il se peut aussi que les vagues soient en retard sur les vents et, si elles sont en retard, elles perdent leur consistance et s'affaiblissent, à force de devenir très difficiles à mouvoir et encore plus difficiles à calmer.

36 J'ajoute que les caractères de ce genre sont communs à d'assez nombreux éléments, comme les astres et la lune, entre autres, qu'il s'agisse de l'apparition et de l'évanouissement de parhélies[80], ou de leur rupture, et de tout autre accident de ce genre. Car, en premier lieu, les couches supérieures de l'atmosphère révèlent la nature des flux d'air, et encore le fait que <les vents> ont leur plus grande force sur la fin ; c'est en effet un trait commun à bien d'autres phénomènes : quand ils ont soufflé massivement, il ne leur reste plus grand chose. Eh bien donc, il y a là, comme il a été dit, en quelque sorte un caractère commun de leur essence.

VII. — 37 Il y a d'autre part les caractères particuliers de chaque vent en rapport avec la nature et la position de chacun ; il en est qui sont partagés par leur orientation

κατὰ θερμότητα καὶ ψύξιν, ἢ κατ᾽ ἄλλην τινὰ τοιαύτην διάθησιν, ἐξεδήλωσεν ἀεὶ τὴν ἐπιοῦσαν πνοήν· ὁμοιοπαθῆ γὰρ τὰ κατὰ τὸν ἀέρα, καὶ προτερεῖ τῶν ἀνέμων εἰς τὴν ἡμετέραν αἴσθησιν. Ὡσαύτως δὲ καὶ ἐπὶ τῆς θαλάττης καὶ τῶν ὑδάτων ἐστί τισι τὰ αὐτὰ σημεῖα λαβεῖν· ἐπεὶ καὶ τὰ κύματα προανιστάμενα καὶ προεκπίπτοντα σημαίνει τοὺς ἀνέμους. Προωθεῖται δὲ <οὐ> συνεχῶς, ἀλλὰ κατὰ μικρόν· τοῦτο δὲ προωθεῖ ἄλλο ὃ προέωσε· καὶ πάλιν ὃ προέωσε δι᾽ ἄλλης πνοῆς ἐκινήθη, μαρανθείσης τῆς πρώτης· εἶθ᾽ οὕτως ἀεὶ προωθούμενα προσέρχεται. Παρόντος δὲ τοῦ κινουμένου, φανετὸν ὅτι καὶ τὸ κινοῦν ἥξει. Συμβαίνει δὴ καὶ ὑστερεῖν τὰ κύματα τῶν πνευμάτων· ὕστερον δὲ διαλύονται καὶ παρακμάζουσι, διὰ τὸ δυσκινητότατον καὶ δυσκαταπαυστότερον.

36 Κοινὰ δὲ καὶ τὰ τοιαῦτα πλειόνων, οἷον ἀστέρων τε καὶ σελήνης καὶ ἄλλων, καὶ παρηλίων φάσις καὶ ἀπομάρανσις ἢ ῥῆξις, καὶ εἴ τι τοιοῦθ᾽ ἕτερον. Πρότερον γὰρ ὁ ἀὴρ ὁ ἄνω τῷ πάσχειν ἀποδηλοῖ τὴν τῶν πνευμάτων φύσιν. Ἔτι δὲ τὸ ἐπὶ τέλει μεγίστους εἶναι· καὶ γὰρ τοῦτο κοινὸν πλείοσιν· ὅταν γὰρ ἀθρόον ἐμπνεύσωσιν, μικρὸν γίγνεται τὸ λοιπόν. Τὰ μὲν οὖν τοιαῦτα, καθάπερ εἴρηται, κοινά πως τῆς οὐσίας.

VII. — 37 Ἔστι δὲ τὰ καθ᾽ ἕκαστον ἴδια κατὰ τὴν ἑκάστου φύσιν καὶ θέσιν· ὧν τὰ μὲν τοῖς τόποις μερίζεται, καθ᾽ οὓς καὶ πρὸς οὓς αἱ πνοαί, τὰ δὲ ταῖς ἀρχαῖς

3 τῶν ἀνέμων Schn. : τὸν ἄνεμον codd. Furl. ‖ 7 προωθεῖται Furl. Schn. : προωθεῖ ταῖς codd. ante lac. ‖ οὐ add. edd. ex Vasc.^{mg} ‖ 16 καὶ σελήνης καὶ ἄλλων Schn. I ex Furl. : ὁλκὸς ἅλων Vasc.^{mg} καὶ <σελήνης> καὶ ἅλων CE ἄλλων καὶ παρ᾽ ἡλίῳ codd. cum lac. 16 litt. ‖ παρηλίων Schn. : παρ᾽ ἡλίῳ codd. Furl. ‖ 17 τοιοῦθ᾽ ἕτερον edd. ex Furl. Schn. ‖ 18 ὁ ἀὴρ ὁ ἄνω τῷ Schn. : ὁ ἀὴρ ἄνω τὸ codd. Furl. ‖ 19 τὸ Schn. CE : om. Furl. ‖ μεγίστους εἶναι Schn. CE : μέγιστός ἐστι Furl. ‖ 20 τοῦτο κοινὸν Turn. Vasc.^{mg} : τούτοις κενὸν codd.

entre ceux contre lesquels et ceux vers lesquels ils soufflent, d'autres qui le sont par leurs origines, les autres par autre chose de ce genre. Ainsi donc les plus particuliers, peut-on dire, sont ceux du Caecias et ceux du Zéphyr[81]. De fait, le Caecias[2] est le seul qui amène les nuages, à la manière dont le dit le proverbe,

entraînant à sa suite comme le Caecias entraîne les nuages.

38 Le Zéphyr, qui est le plus léger des vents, souffle l'après-midi et envoie de l'air frais vers la terre, uniquement au cours de deux saisons de l'année, le printemps et l'automne. Mais il souffle parfois en vent d'hiver, d'où vient que le poète[83] l'a dit *à la redoutable haleine* ; parfois cependant il est modéré et doux, ce qui explique que Philoxène[84] en ait qualifié le souffle d'*original.* En outre, parmi les fruits, il en est qu'il achève de nourrir, d'autres qu'il détruit et fait périr complètement[85]. **39** Mais la faute en est au Caecias, pour cette raison qu'il est par nature porté par une trajectoire circulaire dont la concavité est tournée vers le ciel et n'atteint pas la terre comme le fait celle des autres parce qu'ils soufflent à partir du bas ; et en soufflant ainsi sur leur point de départ, il attire à lui les nuages ; en effet, le secteur vers lequel il souffle est aussi celui d'où sont amenés les nuages. **40** Le Zéphyr est froid parce qu'il souffle dès le soir à partir de la mer et des plaines largement ouvertes, et encore à la suite d'une tempête au printemps, sitôt que le soleil domine, et de nouveau à l'automne, quand celui-ci ne domine plus. Il est cependant moins froid que le Borée, parce que son souffle vient de l'eau qui s'évapore et non de la neige. Il n'est pas continu, parce que l'évaporation qui se produit n'est pas

ἀφ' ὧν, τὰ δὲ ἄλλοις τοιούτοις. Ἰδιώτατα δ' οὖν, ὡς εἰπεῖν, τὰ περὶ τὸν καικίαν καὶ τὰ περὶ τὸν ζέφυρόν ἐστιν. Ὁ μὲν γὰρ καικίας μόνος ἐφ' αὑτὸν ἄγει τὰ νέφη, καθάπερ καὶ ἡ παροιμία λέγει

ἕλκων ἐφ' αὑτὸν ὥστε καικίας νέφη.

38 Ὁ δὲ ζέφυρος λειότατος τῶν ἀνέμων, καὶ πνεῖ δείλης καὶ ἐπὶ τὴν γῆν, καὶ ψυχρός, τῶν ἐνιαυσίων ἐν δυοῖν μόνον ὥραις, ἐαρινῇ καὶ μετοπώρου. Πνεῖ δ' ἐνιαχοῦ μὲν χειμέριος· ὅθεν καὶ ὁ ποιητὴς δυσαῆ προσηγόρευσεν· ἐνιαχοῦ δὲ μέτριος καὶ μαλακός· διὸ καὶ Φιλόξενος ἰδίαν αὐτοῦ πεποίηκε τὴν πνοήν. <Καὶ τῶν καρπῶν> τοὺς μὲν ἐκτρέφει, τοὺς δ' ἀπολλύει καὶ διαφθείρει τελείως. 39 Αἴτιον δὲ τῷ μὲν καικίᾳ, διότι πέφυκε κυκλοτερεῖ φέρεσθαι γραμμῇ, ἧς τὸ κοῖλον πρὸς τὸν οὐρανὸν καὶ οὐκ ἐπὶ τὴν γῆν ἐστιν, ὥσπερ τῶν ἄλλων, διὰ τὸ κάτωθεν πνεῖν· πνέων δ' ἐπὶ τὴν ἀρχὴν οὕτως ἐφ' αὑτὸν ἄγει τὰ νέφη. Πρὸς ὃ γὰρ ἡ πνοή, καὶ τῶν νεφῶν ἐντεῦθεν <ἡ> φορά. 40 Ὁ δὲ ζέφυρος ψυχρὸς μὲν διὰ τὸ πνεῖν ἀφ' ἑσπέρας ἀπὸ θαλάττης καὶ πεδίων ἀναπεπταμένων, καὶ ἔτι μετὰ <τὸν> χειμῶνα τοῦ ἦρος, ἄρτι τοῦ ἡλίου κρατοῦντος, καὶ μετοπώρου πάλιν, ὅτ' οὐκέτι κρατεῖ. Τοῦ δὲ βορέου ἧττον ψυχρός, διὰ τὸ ἀφ' ὕδατος πνευματουμένου καὶ μὴ χιόνος πνεῖν. Οὐ συνεχὴς δέ, διὰ τὸ μὴ κρατεῖσθαι τὸ γινόμενον πνεῦμα· οὐ

1 ἀφ' ὧν Vasc.[mg] Schn. : ὑφ' ὧν codd. Furl. ‖ 2-3 καικίαν... καικίας Vasc.[mg] Furl. Schn. edd. recentiores : ἀπαρκτίαν... ἀπαρκτίας codd. uide adn. ‖ 3 νέφη L Ald. Furl. Schn. : νέφος cett. ‖ 7 δείλης Schn. : δεινῶς L Ald. Furl. δειλῶς cett. ‖ 8 ἐαρινῇ Schn. ex Furl. : ἐαρινὴ L Ald. ἔαρος M ἐάρειν codd. plerique ‖ 10 μέτριος... μαλακός Schn. CE : μετρίως... μαλακῶς codd. plerique Furl. ‖ post μέτριός add. ἐστι καὶ Wim. ‖ 11-12 τῶν κάρπων e coniectura add. Furl. Schn. : τοὺς καρποὺς coll. infra § 43 CE ‖ 14 ἧς L Ald. Furl. Schn. : εἰς codd. ‖ 18 ἡ add. Schn. ‖ 20 τὸν add. Furl. Schn. ‖ 22 post κρατεῖ add. ὁ ἥλιος Furl. Schn. et recentiores.

maîtrisée, car à la différence de ce qui se passe sur le sol, il ne se charge pas de la matière[86], mais il doit son instabilité au fait de s'être fixé sur de l'humide. **41** C'est ce qui fait aussi qu'il est égal à lui-même ; <il ne souffle pas à travers des montagnes, ne fait pas fondre par force, mais facilement>, comme s'il coulait à travers un conduit[87]. En effet les régions ouvertes au Borée et au Notos sont montagneuses[88], tandis que vers le couchant il n'y a ni montagne ni terre, mais l'océan Atlantique[89], de sorte qu'il se porte sur la terre. L'après-midi il souffle à travers la région ; tout est en liaison avec le soleil, qui dissipe l'humidité ou la vaporise, autrement dit, qui collabore à son installation. Quand donc il atteint son territoire, le voilà qui se met à souffler. Il cesse la nuit parce que l'impulsion du soleil lui fait défaut. **42** Il amène en outre des nuages énormes, parce que son souffle vient du large et traverse la mer, de sorte qu'il les rassemble sur une grande distance. Vent « d'hiver » et « à la redoutable haleine », à cause de ce qui en a été dit plus haut[90], il continue à souffler au-delà de l'hiver quand l'air est encore froid ; le fait est que celui d'automne n'est pas tel, à moins que ce soit pour sa violence qu'on prenne le qualificatif « d'hiver » ; en effet dans les régions limitrophes, il souffle fort, exactement comme les autres. Et peut-être faut-il prendre « d'hiver » dans ce sens, non dans son acception courante[91] — à moins, bien sûr, que ce soit aussi en

γὰρ ὥσπερ ἐν <τῇ> γῇ <ὑπομένει τὴν ὕλην>, ἀλλὰ πλανᾶται, διὰ τὸ ἐφ' ὑγροῦ βεβηκέναι. 41 Καὶ ὁμαλὸς διὰ τοῦτό ἐστιν· <οὐ γὰρ δι' ὀρέων πνεῖ, οὐδὲ βίᾳ τηκομένου, ἀλλὰ ῥᾳδίως, ὥσπερ> δι' αὐλοῦ ῥέων. Τὰ μὲν γὰρ πρὸς βορέαν καὶ νότον <ὀρεινά, τὰ> πρὸς ἑσπέραν δ' οὔτε ὄρος οὔτε γῆ ἐστιν, ἀλλὰ τὸ Ἀτλαντικὸν πέλαγος· ὥστε ἐπὶ τῆς γῆς φέρεται. Τῆς δείλης <δὲ> ἡ πνοὴ διὰ τὸν τόπον· πάντα γὰρ μετὰ τοῦ ἡλίου, διαχέοντος τὸ ὑγρὸν ἢ ἀτμίζοντος γίνεται ἢ συνεργοῦντος εἰς τὴν ἀρχήν. Ὅταν οὖν εἰς τὸν τόπον ἀφίκηται, καὶ ἡ πνοὴ <ἄρχεται>· καὶ τῆς νυκτὸς παύεται, διὰ τὸ ἐλλείπειν τὴν τοῦ ἡλίου κίνησιν. 42 Ἄγει δὲ καὶ νεφέλας μεγίστας, ὅτι ἐκ πελάγους πνεῖ καὶ κατὰ θάλατταν, ὥστε ἐκ πολλοῦ συνάγειν. Χειμέριος δὲ καὶ δυσαής, διὰ τὰ πρότερον εἰρημένα, μετὰ τὸν χειμῶνα πνεῖ, ψυχροῦ ἔτι τοῦ ἀέρος ὄντος· ἐπεὶ ὁ μετοπωρινὸς οὐ τοιοῦτος, εἰ μὴ τῷ μεγέθει λαμβάνομεν τὸ χειμέριον· ἐν γὰρ τοῖς συνεχέσι τόποις μέγας πνεῖ, καθάπερ καὶ οἱ ἄλλοι. Καὶ ληπτέον ἴσως οὕτω τὸ χειμέριον, οὐχ ὡς πᾶσιν· εἰ μὴ

1 τῇ add. Schn. || post γῇ lacunam circa 15 litt. ind. Wim. in qua ὑπομένει τὴν ὕλην add. Furl. Schn. et alii : ex *Probl.* 26, 25 ὑπομένει τὴν εἴλην CE uide adn. || 2 ὁμαλὸς Furl. Schn. I ex Bonaventura : ἐφ' ὁμαλῆς codd. ἀφ' ὁμαλῇ Schn. (V, 57) || 3-4 οὐ γὰρ — ὥσπερ : locus ab editoribus emendatus : in codd. locus desperatus uide adn. || 5 ὀρεινά, τὰ Schn. ex Furl. add. || 7 δὲ add. Furl. Schn. || 11 ἄρχεται add. Furl. uel Heins. : γίνεται add. Bonaventura || ἐλλείπειν Furl. Schn. I : ἐκλ– Schn. IV, 703 || 13 ὅτι Schn. I : ὅτ' codd. plerique ὅτε Furl. || κατὰ θάλατταν Vasc.^{mg} Schn.I : κατ' ἔλαττον uel κατὰ τὸ ἔλαττον codd. κατὰ ἔλαττον Furl. || 15 διὰ τὰ Wim. : διά τε τὰ Furl. Schn. I CE διόπερ τὰ codd. || post μετὰ add. γὰρ Wim. CE τε Furl. uel Heins. || πνεῖ Furl. Schn. I : πνεῖν codd. || 16 ὄντος Turn. Vasc.^{mg} : ῥέοντος codd. plerique Furl. || ἐπεὶ Schn. ex Turn. : ἔπειθ' codd. Furl. || 17 λαμβάνομεν Schn. Wim. : –οντες codd. Furl. λαμβάνοι τις Turn. Vasc.^{mg} || 19 ἴσως οὕτω τὸ Schn. : ἴσως δ' ὡς codd. ἴσως, ὅτι ὡς Furl. οὕτω τὸ Turn. || l. 19, p. 47 — l. 3, p. 48 εἰ μὴ — ἐπισκεπτέον Schn. CE uide adn. : idem sed ante ποιοῦνται non καὶ sed τινες habet Wim.

s'écartant de l'usage qu'on se fabrique la désignation, en appelant « vent de Thrace » le Zéphyr ; car il s'agit en ce cas d'un vent d'hiver. Mais ce sont là des faits à examiner de près[92].

43 La régularité et la douceur, quand elles sont présentes, ajoutent un certain attrait à la capacité de mouvoir et de transporter, si bien que là où <un vent> en est doué, il est en outre agréable[93]. Quant à son action sur les fruits[94], dont il fait périr les uns et nourrit les autres, c'est, à vrai dire, un phénomène général, qui affecte également les autres produits[95] : il les nourrit là où son souffle est frais en été, il les détruit là où il est chaud. Et, inversement, que ce soit en hiver ou au printemps, là où il est froid, il les détruit, là où il est chaud, il les nourrit et les sauve, en ayant un souffle à l'opposé des saisons. C'est ce qui se passe également quand il vient de la mer : il est chaud l'hiver, froid l'été[96]. Voilà pourquoi aussi le Notos est tel en quelques endroits, comme à Argos[97], et le Borée ailleurs. **44** Eh bien, l'explication simple et générale est, comme il a été dit[98], celle qui a été donnée. Quant aux particularités de chaque lieu, il faut, à partir de sa situation et des autres circonstances, les examiner attentivement et les étudier, car on découvrira à peu près dans ces causes ce qui les différencie. Par exemple, pour l'Italie, la Locride[99] et le territoire attenant se trouvent bien du Zéphyr, qui de la mer s'y précipite ; mais une autre région n'en profite pas pareillement ; quelques-unes même en éprouvent un dommage. À son tour, Gortyne en Crète[100] s'en nourrit : elle se trouve largement ouverte <au vent qui>, de la haute mer, s'abat sur elle ; au contraire, une autre est détruite, sur laquelle <le vent> se précipite à partir de la terre et de certaines montagnes. **45** Il fait périr

ἄρα καὶ παραλλάττοντες, καὶ ποιοῦνται τὴν προσηγορίαν, τὸν θρασκίαν ζέφυρον καλοῦντες· χειμέριος γὰρ οὗτος. Ἀλλὰ ταῦτα μὲν ἐπισκεπτέον.

43 Ἡ δ' ὁμαλότης καὶ λειότης, ὅταν ᾖ, ποιεῖ τινα χάριν κατὰ τὴν κίνησιν καὶ φοράν· ὥσθ' ὅπου τοιοῦτος, ἐνταῦθα καὶ ἡδύς. Ὅτι δὲ τοὺς καρποὺς τοὺς μὲν φθείρει, τοὺς δὲ τρέφει, καθόλου μὲν ἐκεῖνο ἀληθὲς εἰπεῖν, ὃ καὶ κατὰ τῶν ἄλλων κοινόν, ὅτι τρέφει μέν, ὅπου ψυχρὸς πνεῖ τοῦ θέρους, ἀπόλλυσι δέ, ὅπου θερμός. Καὶ πάλιν τοῦ χειμῶνος καὶ τοῦ ἦρος ὁμοίως, ὅπου μὲν ψυχρός, ἀπόλλυσιν, ὅπου δὲ θερμός, τρέφει καὶ σῴζει, ἐναντίαν ταῖς ὥραις τὴν πνοὴν ἔχων. Τοῦτο δ' ἐστίν, ὅταν ἐκ θαλάττης ᾖ· θερμὴ γὰρ αὕτη χειμῶνος, θέρους δὲ ψυχρά. Διὰ τοῦτο δὲ καὶ ὁ νότος ἐνιαχοῦ τοιοῦτος, ὥσπερ καὶ ἐν Ἄργει· καὶ ὁ βορέας δὲ παρ' ἄλλοις. 44 Τὸ μὲν οὖν ἁπλοῦν καὶ κοινόν, ὥσπερ ἐλέχθη, τοῦτο· τὰ δὲ καθ' ἑκάστους τόπους ἐκ τῆς θέσεως δεῖ καὶ τῶν ἄλλων τῶν συμβαινόντων ἀνασκοπεῖν καὶ θεωρεῖν· εὑρήσεις γὰρ σχεδὸν ἐν ταύταις ταῖς αἰτίαις τὴν διαφοράν. Οἷον τῆς Ἰταλίας ἡ μὲν Λοκρὶς καὶ ἡ ταύτῃ συνεχὴς εὐθηνεῖ τῷ ζεφύρῳ, διὰ τὸ ἐκ θαλάττης προσπίπτειν· ἄλλη δέ τις οὐχ ὁμοίως· ἔνιαι δὲ καὶ βλάπτονται. Καὶ πάλιν τῆς Κρήτης ἡ μὲν Γορτύνη τρέφεται· κεῖται γὰρ ἀναπεπταμένη, καὶ προσβάλλει πρὸς αὐτὴν ἐκ τοῦ πελάγους· ἑτέρα δέ τις ἀπόλλυται, πρὸς ἣν ἐκ τῆς γῆς καὶ ὀρῶν τινων προσπίπτει. 45 Φθείρει δὲ

6 post ἡδύς uerba εἰ μὴ — ἐπισκεπτέον praua iteratione codd. uide adn. || 6-7 τοὺς... τοὺς Furl. Schn. et recentiores : οὓς... οὓς codd. || 18 ἀνασκοπεῖν Schn. : ἀνακόπτειν codd. Furl. || 20 Λοκρὶς Schn. ex Turn. Vasc.^{mg} : κρίς uel κρίσις codd. plerique Κρότων / *Croton* Furl. || 23 Γορτύνη Schn. : γορτῦνα L Ald. Furl. κορτῦνα cett. || 25 ἀπόλλυται Furl. Schn. I : πόλλυται M Z πόλλυτα cett.

aussi tout ce qui se trouve dans le golfe Maliaque[101], tant les cultures annuelles que les plantations d'arbres, et de même en Thessalie au voisinage du <golfe> de Piérie[102]. Ces deux régions ont les mêmes caractères naturels et leur environnement est semblable : toutes les deux regardent vers le levant, sont environnées de montagnes élevées, l'une par l'Œta et les sommets qui s'y rattachent, l'autre par le Piéros. Le Zéphyr, en soufflant du couchant d'équinoxe[103], renvoie par réfraction[104] la chaleur solaire qui s'abat sur les montagnes directement vers la plaine, que d'ordinaire il brûle. De même dans les autres régions[105] où il se trouve que se produit un phénomène semblable ou assez voisin, et inversement à l'opposé. **46** Car en général ce qui est rapporté maintes fois est vrai, vu l'importante concordance des lieux à travers lesquels et d'où souffle le vent, à d'autres égards et en particulier tant pour la chaleur que pour le froid. Pour cette raison précisément, le Notos est froid, aussi froid que le Borée selon le proverbe[106], parce que sous l'influence de l'air encore fortement refroidi et rendu humide par l'hiver, il est nécessaire que le vent qui s'abat ait un caractère tel que celui de l'air. Le Borée, qui succède à la boue des vents du sud, dont le proverbe dit encore qu'*il fait naître l'hiver*[107], agit pour la même raison : après avoir été mouillé, l'air est froid ; de même aussi les brises qui émanent des cours d'eau, comme il a été dit précédemment[108].

καὶ τὰ ἐν τῷ Μαλιακῷ κόλπῳ πάντα καὶ τὰ ἐπέτεια καὶ τὰ τῶν δένδρων· καὶ <τὰ> τῆς Θετταλίας περὶ τὸν Πιέριον· ἀμφοτέρων δὲ τῶν τόπων ἡ αὐτὴ φύσις, καὶ τὰ περιέχοντα ὅμοια· κεῖνται μὲν γὰρ ἄμφω πρὸς ἀνατολήν, περιέχονται δ' ὄρεσιν ὑψηλοῖς, ὁ μὲν τῇ Οἴτῃ καὶ τοῖς συνεχέσιν, <ὁ δὲ τῷ Πιέρῳ>. Ὁ δὲ ζέφυρος πνέων ἀπὸ δυσμῆς ἰσημερινῆς, τὴν ὑπὸ τοῦ ἡλίου θερμότητα προσπίπτουσαν τοῖς ὄρεσιν, ἀνακλωμένην <ἀποπέμπει> εὐθὺς εἰς <τὸ> πεδίον καὶ ἀπέκαυσεν. Ὁμοίως δὲ καὶ παρὰ τοῖς ἄλλοις, οἷς τι τοιοῦτον ἢ παραπλήσιον τούτῳ συμβαῖνόν ἐστι, καὶ τοῖς ἐναντίοις ἀνάπαλιν.
46 **Ὅλως γάρ, ὃ πολλάκις λέγεται, τοῦτ' ἀληθές, ὅτι μέγα συμβάλλεται, δι' ὧν ἂν πνέῃ καὶ ὅθεν, εἴς τε τἆλλα καὶ εἰς θερμότητα καὶ εἰς ψυχρότητα. Διὰ τοῦτο γὰρ καὶ ὁ νότος ψυχρός, οὐχ ἧττον τοῦ βορέου κατὰ τὴν παροιμίαν, ὅτι διὰ τὸν ἀέρα κατεψυγμένον ἔτι καὶ ὑγρὸν ὑπὸ τοῦ χειμῶνος τοιαύτην ἀνάγκη τὴν πνοὴν προσπίπτειν, οἷος ἂν ὁ ἀὴρ ᾖ. Ὁ δὲ βορέας ὁ ἐπὶ τὸν πηλὸν τῶν νότων, ὅν φησι πάλιν ἡ παροιμία χειμῶνα ποιεῖν, διὰ τὴν αὐτὴν αἰτίαν ποιεῖ· βρεχθεὶς γὰρ ὁ ἀὴρ ψυχρός. Ὡσαύτως δὲ καὶ <αἱ> ἀπὸ τῶν ποταμῶν αὖραι, ὥσπερ ἐλέχθη πρότερον.**

1 Μαλιακῷ κόλπῳ Furl. Schn. CE : μὴ κόλπῳ codd. μαλακῷ κόλπῳ Turn. idem Wim. in textu sed latine transtulit cum Furlano « in *maliaco* sinu » || 2 τὰ add. Schn. ex Furl. || 2-3 τὸν Πιέριον ex τὸν Πιερίον Furl. : τὸν uel τὸ κιέριον codd. || 6 ὁ δὲ τῷ Πιέρῳ add. Schn. I Wim. CE || 8 post ἀνακλωμένην καὶ τὴν usque ad εὐθὺς lac. circa 17 litt. habent codd. : plures emendationes coni. edd. uide adn. || 10 οἷς τι Schn. I ex Turn. Vasc.^mg : οἷς εἴ τι Furl. αἷς εἴ τε uel αἷς εἴτε codd. || 11 τούτῳ Schn. I : τοῦτο codd. Furl. || 12 ὅτι codd. Furl. Wim. : ὅτε Schn. I || 13 ἂν πνέῃ Schn. I ex Turn. Vasc.^mg : ἀναπνέει L Ald. Furl. ἀναπνέῃ cett. || 18 ᾖ Vasc.^mg Schn. I : ἦν codd. Furl. || 18-19 τῶν νότων Vasc.^mg : τῶν ὄντων codd. om. Furl. del. Schn. I || 21 post καὶ add. αἱ CE.

VIII. — 47 Eh bien donc, la spécificité de ces phénomènes s'explique assez bien. Quant au fait que les vents soufflent en hiver et au petit matin du levant, en été et l'après-midi du couchant, voilà ce qu'on doit en tenir pour la cause : quand le soleil qui les traîne à sa suite ne le domine plus, alors, libéré, l'air se précipite, et en s'engouffrant, il laisse en même temps derrière lui[109] des nuages, d'où naissent les Zéphyrs[110] ; et tout ce qu'il aura amené dans l'hémisphère occidental devient un vent du levant ; au contraire, quand <le soleil> se couche dans la partie occidentale, il engendrera là-bas des Zéphyrs, ici un vent du levant, à partir de l'air qui l'accompagne[111]. **48** C'est pourquoi précisément si <un vent> reçoit le souffle d'un autre vent, il devient plus fort en raison de cet apport. De même que le Zéphyr souffle toujours, fût-ce à distance, pour les habitants du couchant, de même pour ceux des régions occidentales tournées vers notre levant (mais vers leur couchant), ce sont d'autres vents[112]. Voilà donc ce qui se produit d'après leur similitude chez les uns et les autres, alors que[113] leur souffle sur les sommets de chaque région s'y manifeste à la manière des pluies tout comme des autres intempéries, au hasard ; ce n'est certes pas rigoureusement exact, mais <c'est ce qui se passe> le plus souvent. D'ordinaire, de même que tout autre phénomène bien réglé, <le vent du sud> souffle précisément pendant la Canicule ; la cause en est que les zones basses[114] sont chaudes en présence du soleil, de sorte qu'il s'en dégage une abondante vapeur. Nombreux sont <les vents> qui souffleraient s'ils n'en étaient pas

VIII. — 47 Ἡ μὲν <οὖν> τούτων ἰδιότης ἔχει τινὰ λόγον. Ὅτι δὲ τὰ πνεύματα τοῦ μὲν χειμῶνος καὶ τοῦ ἑωθινοῦ ἀπὸ τῆς ἕω πνεῖ, τοῦ δὲ θέρους καὶ τῆς δείλης ἀπὸ τῆς ἑσπέρας, ἐκείνην τὴν αἰτίαν ὑποληπτέον, <ὅτι> ὅταν ὁ ἥλιος ἕλκων μηκέτι κρατῇ, τότε ἀφιέμενος ὁ ἀὴρ ῥεῖ, καὶ δυόμενος συγκαταλείπει νέφη, ἀφ' ὧν τὰ ζεφύρια· καὶ ὅσον ἂν ἐπαγάγῃ τοῖς ἐν τῷ <κάτω> ἡμισφαιρίῳ κατοικοῦσιν <ἑωθινὸν> πνεῦμα γίνεται· τοὐναντίον δέ, ὅταν δύνῃ ἐν τῷ κάτω μέρει, ζεφύρους μὲν ἐκείνοις ποιήσει, τοῖς δ' ἐνταῦθα ἑωθινὸν πνεῦμα, ἀπὸ τοῦ συνεπομένου ἀέρος αὐτῷ. 48 Διὰ τοῦτο καὶ ἐὰν λάβῃ πνέοντα ἄλλον ἄνεμον, μείζων γίνεται, διότι προσέθηκεν. Ὥσπερ <δὲ> ὁ ζέφυρος ἀεὶ καὶ πόρρω πνεῖ τοῖς ἑσπερίοις, οὕτω τοῖς κάτω πρὸς τὴν ἡμετέραν ἕω, ἐκείνων δ' ἑσπέραν, ἄλλα πνεύματα. Ταῦτα μὲν οὖν παρὰ τὴν ὁμοιότητα παρ' ἑκατέροις, ἡ δ' <ἐν> τοῖς ἄκροις ἑκάστων πνοὴ γίνεται μὲν ὥσπερ καὶ τὰ ὕδατα καὶ τὰ ἄλλα κατὰ συμβεβηκός· οὐ μήν γε κατ' ἀκρίβειαν, ἀλλ' ὡς ἐπὶ τὸ πᾶν. Εἴωθε δὲ ὥσπερ ἄλλο τι τῶν τεταγμένων καὶ ἐπὶ τῷ Κυνὶ ὁ νότος πνεῖν· αἴτιον δέ, ὅτι θερμὰ τὰ κάτω τοῦ ἡλίου <οὐ> πόρρω ὄντος, ὥστε

1 οὖν add. Schn. I ‖ 2-3 τοῦ ἑωθινοῦ Schn. ex Furl. : τὸ ἑωθινὸν codd. ‖ 4 ὅτι Schn. ex Furl. : om. codd. Wim. ‖ 5 κρατῇ Vasc.[mg] Schn. I : κρατεῖν codd. κρατεῖν <δύναται> Furl. ‖ 6 συγκαταλείπει Schn. I : οὖν καταλείπει Wim. συγκαλύπτει codd. Furl. uide adn. ‖ 7 κάτω add. Furl. Schn. I et recentiores : lac. circa 13 litt. codd. uide adn. ‖ 8 ἑωθινὸν add. edd. ‖ 9 δύνῃ Schn. I ex Furl. : δύηται codd. ‖ μέρει, ζεφύρους Vasc.[mg] Schn. : μέρει, ζεφύροις Furl. μερίζεται θέρους codd. ‖ 11 διὰ τοῦτο Schn. ex Furl. : τούτῳ codd. ‖ 12 ἄνεμον, μείζων Schn. I ex Furl. : ἄ. ὡς μὲν οὐ μείζω L Ald. ‖ 13 δὲ Furl. uel δ' add. edd. a Schn. ‖ 16 ἡ δ' ego : ἥ τε uel ἥτε codd. edd. uide adn. ‖ ἐν add. Schn. I ‖ 19 εἴωθε Schn. I : ἔωθεν codd. Furl. ‖ 19-20 τῶν τεταγμένων Schn. I ex Vasc.[mg] Furl. : τῆς –μένης codd. ‖ 20 ἐπὶ τῷ Κυνὶ ὁ νότος Schn. I Wim. CE : ἐπὶ κοινηνότε codd. ἐπὶ κοινοῖς Furl. ἐπὶ κυνὶ τὸν νότον Bonav. et alii alia ‖ 21 post τοῦ ἡλίου add. <οὐ> πόρρω ὄντος Schn. (IV, 162) : πόρρω ὄντος codd. παρόντος Furl.

empêchés par les vents étésiens, mais en fait ce sont eux qui persistent à les en empêcher.

49 Les vents du nord nocturnes tombent le troisième jour, d'où ce qui est dit en proverbe :

Jamais Borée nocturne n'a vu briller trois fois la lumière du jour [115].

C'est pourquoi les vents s'affaiblissent, à commencer par ceux qui de nuit viennent du nord. On voit bien en effet que l'air mis en mouvement n'est pas volumineux, quand ils soufflent avec pareille puissance, leur chaleur étant faible : faible, elle met en mouvement une faible quantité. Tous cessent dans un délai de trois jours, et les moins forts dès le premier des trois jours. Du fait que cela ne se produit pas spontanément, mais tout de suite après que le vent du sud nocturne a cessé, la cause est que le soleil est proche de la région exposée au vent du sud, et que les nuits y sont plus douces que les jours à l'exposition nord ; de plus, le volume d'air mis en mouvement n'est en rien moindre que pendant le jour ; au contraire, dans la mesure où les journées ont une température plus élevée, elles l'empêchent davantage de souffler en desséchant ses éléments humides. **50**[116] Mais il se peut qu'en ce cas le Borée soit dû au fait qu'ils se déversent massivement, comme ceux des vents d'orage ; ce qui est massif cesse rapidement, alors qu'un début faible est un signe d'importance. À chaque fois, en général, un vent du midi déchaîné succède à la neige et au gel ; d'où le proverbe

vent du midi fait toujours suite au gel,

γίνεται πολλὴ ἀτμίς· ἔπνεον δ᾽ ἂν πολλοὶ μὴ κωλυόμενοι τοῖς ἐτησίαις· νῦν δ᾽ οὗτοι διακωλύουσιν.

49 Οἱ δὲ νυκτερινοὶ βορέαι τριταῖοι πίπτουσιν· ὅθεν ἡ παροιμία λέγεται, ὡς

οὔποτε νυκτερινὸς βορέας τρίτον ἵκετο φέγγος·

διότι ἀσθενῆ τὰ πνεύματα γίνεται τὰ ἀπὸ τῆς ἄρκτου νύκτωρ ἀρξάμενα. Φανερὸν γάρ, ὡς <οὐ> πολὺς ὁ κινηθεὶς ἀήρ, ὅταν τηνικαῦτα πνέῃ, τῆς θερμότητος ὀλίγης οὔσης· ὀλίγον γὰρ ὀλίγη κινεῖ. Τελευτᾷ δὲ πάντα ἐν τρισίν· καὶ τὰ ἐλάχιστα δ᾽ ἐν τῇ πρώτῃ τριάδι. Ὅτι δ᾽ οὐκ αὐτὸ τοῦτο συμβαίνει καὶ ἐπὶ τοῦ νότου νυκτερινοῦ πνεύσαντος, αἴτιον, ὅτι ἐγγὺς ὁ ἥλιός ἐστι τῆς πρὸς νότον χώρας, καὶ ἀλεεινότεραι αἱ νύκτες ἐκεῖ ἢ πρὸς ἄρκτον αἱ ἡμέραι· καὶ <πολὺς> ὁ κινούμενος ἀὴρ οὐδὲν ἔλαττον ἢ μεθ᾽ ἡμέραν· ἀλλ᾽ ὅσῳ θερμότεραι αἱ ἡμέραι, κωλύουσι <μᾶλλον> πνεῖν ξηραίνουσαι τὰς ὑγρότητας. **50** Τάχα δὲ κἀκεῖνο τοῦ βορέου <αἴτιον>, ὅτι ἀθρόως ἡ ἔκχυσις ὥσπερ τῶν ἐκνεφίων· ταχεῖα δ᾽ ἡ παῦλα τῶν ἀθρόων· <ἀπ᾽> ἀσθενοῦς <δὲ> ἀρχῆς <οὐ πολὺ> τὸ μέγεθος. Ἀεὶ δ᾽ ὡς ἐπίμαν <ὁ νότος> λάβρος μετὰ χιόνα καὶ πάχνην· ὅθεν καὶ ἡ παροιμία·

φιλεῖ δὲ νότος μετὰ πάχνην·

2 ἐτησίαις L Ald. Furl. edd. recentiores : ἐησίας codd. nonnulli ‖ 5 ἵκετο Turn. Vasc.[mg] Furl. : καὶ τὸ codd. ‖ 7 οὐ add. Schn. I ex Furl. ‖ 14 πολὺς add. Furl. Schn. I ‖ 16 μᾶλλον add. Schn. I ‖ post πνεῖν add. αἱ Furl. ‖ 17 αἴτιον add. Schn. I ex Furl. ‖ 18 ἔκχυσις Schn. I ex Bonav. : ἔγχ– codd. Furl. ‖ post ἐκνεφίων usque ad ταχεῖα lac. 10 litt. praebent codd. ubi crucem posuit Furl. ‖ 19 ante ἀσθενοῦς add. ἀπ᾽ CE ex Schn. II, 595 ‖ post ἀσθενοῦς add. δὲ Furl. Schn. (*ibid.*) δ᾽ CE ‖ οὐ πολὺ Schn. (II, 595 et V, LVII) CE ‖ 20 ὁ νότος hic add. Furl. Schn. I : νότος sine articulo post πάχνην habent CE ‖ λάβρος Schn. I ex Turn. CE : λαῦρος codd. Furl. λαμπρὸς Bonav. ‖ 22 post μετὰ add. δὲ et post πάχνην add. νότος CE ex Schn. V, 57.

à savoir qu'une fois atteinte une sorte de maturation et d'épuration[117], chacun des deux tombe. Mais à la suite de leur maturation et de leur épuration, ils se changent en leur contraire, et le contraire du Borée, c'est le Notos. Pour cette raison même, c'est après la pluie, la grêle ou des intempéries de ce genre que généralement les vents tombent ; car toutes ces précipitations et celles de ce genre sont des sortes de maturation et d'épuration.

IX. — 51 Puisque selon les régions, et aussi les lieux, chacun d'eux a <des vents> porteurs de nuages ou des beaux jours[118], pour cette raison même, parmi les faits passés en proverbe, il en est d'appropriés à certains lieux, comme quand il s'agit de l'Argeste et du Lips[119]. Le Lips est un vent fort, surtout aux alentours de Cnide et de Rhodes : il est prompt à former des nuages, prompt à rendre le ciel serein ; l'Argeste est un vent qui traîne à sa suite n'importe quel nuage. Dans ces secteurs-là, le Lips fait promptement régner l'un et l'autre temps, en soufflant sur de telles bases ; et l'Argeste est prompt aussi à obscurcir le ciel. **52** Dans certains endroits, il y a comme une sorte d'ordre de succession des vents, qui les fait souffler l'un après l'autre, s'ils restent actifs un certain temps. Il se peut qu'un tel phénomène ne soit même pas globalement étrange, s'il est vrai que les conditions dans lesquelles à chaque fois les vents se trouvent par rapport aux suivants, changent de nouveau en sens contraire. Voici[120] en effet leurs deux manières de passer d'un état à l'autre : soit en se transformant, soit en s'étant mis totalement hors d'haleine : de ces évolutions[121], la première, selon leur

ὅτι πέψεώς τινος γενομένης καὶ ἀποκαθάρσεως, ἑκάτερόν τι πίπτει· μετὰ δὲ τὴν πέψιν καὶ τὴν ἀποκάθαρσιν εἰς τοὐναντίον ἡ μεταβολή· βορέᾳ δ' ἐναντίος ὁ νότος. Δι' αὐτὸ τοῦτο καὶ μετὰ τὸν ὑετὸν καὶ τὴν χάλαζαν καὶ τὰς τοιαύτας τινὰς <χειμασίας>, ὡς ἐπὶ τὸ πολύ, πίπτει τὰ πνεύματα. Πάντα γὰρ ταῦτα καὶ τὰ τοιαῦτα πέψεις καὶ ἀποκαθάρσεις τινές εἰσιν.

IX. — 51 Ἐπεὶ δὲ πρὸς τὰς χώρας ἑκάστοις καὶ τοὺς τόπους ἐπινεφῆ καὶ αἴθριαι, διὰ τοῦτο καὶ τῶν ἐν παροιμίᾳ λεγομένων πρός τινας τόπους εἰσίν, ὡς περὶ τοῦ ἀργέστου καὶ λιβός· ἰσχυρὸς δὲ μάλιστα περὶ Κνίδον καὶ Ῥόδον λὶψ ἄνεμος· ταχὺ μὲν νεφέλας, ταχὺ δ' αἴθρια ποιεῖ· ἀργέστῃ δ' ἀνέμῳ πᾶσ' ἕπεται νεφέλη. Περὶ γὰρ τοὺς τόπους τούτους ὅ τε λὶψ ἀμφότερα ταχέως ποιεῖ, πνέων ἀπὸ τοιαύτης ἀρχῆς· ὅ τ' ἀργέστης ταχὺ δασύνει τὸν οὐρανόν. **52** Ἐνιαχοῦ δὲ καθάπερ τάξις τίς ἐστι τῶν πνευμάτων, ὥστε θάτερον μετὰ θάτερον πνεῖν, ἐὰν μένῃ τινὰ χρόνον. Τάχα δὲ οὐδὲ τὸ ὅλον ἄτοπον τό γε τοιοῦτο, εἴπερ ἡ περίστασις ἀεὶ τῶν ἀνέμων εἰς τοὺς ἐφεξῆς, πάλιν μεταβάλλει εἰς τοὺς ἐναντίους. Δύο γὰρ οὗτοι τρόποι μεταλλαγῆς ἢ περιϊσταμένων ἢ ἐκπνευσάντων τελέως· ὧν ἡ μὲν κατὰ τὴν περίστασιν [εὖρος] εἰς

1 γενομένης Schn. : γιν– Furl. CE || 5 χειμασίας add. Schn. ex Furl. : ἀποκαθάρσεις add. CE || 9 post τοῦτο καὶ add. τὰ Furl. αἳ Schn. sed non Wim. neque CE || 10 εἰσιν codd. Furl. : ἔνια Wi. CE || 11 ἰσχυρὸς Furl. : αἰσχρὸν codd. || κνίδον L Ald. Furl. et recentiores : κίνδον codd. plerique || 12 post Ῥόδον add. ὢν CE || μὲν Schn. I ex Turn. : δὲ codd. Furl. || αἴθρια Schn. I : αἰθίας L Ald. αἰθρίαν Furl. αἴθριαι codd. plerique || 14-15 ὅ τε... ὅ τ' codd. Schn. Wim. : ὅ τε... ὅτ' Furl. ὅ τε... ὁ δὲ CE || 20 μεταβάλλει ego : –ειν Furl. Schn. Wim. μεταβολὴν codd. μεταβολὴ Vasc.[mg] Bonav. CE || 21 ἢ περιϊσταμένων Schn. ex Bonav. : εἴπερ ἱσταμένων codd. εἶπεν ἱσταμένων Furl. || 22 εὖρος codd. iam susp. Wim. del. CE qui post περίστασιν add. ἐστι uide adn.

rotation, consiste à passer aux suivants — c'est dans la proximité immédiate que se fait ce remplacement, au cours duquel <un vent> revient souvent à sa position initiale, quand il y a une marge d'incertitude due à la tempête —, la seconde, selon leur changement, les fait passer à leurs contraires. **53** Et en général ainsi s'opère naturellement pour tous les éléments et en particulier pour ceux-ci le changement de direction et en quelque sorte le flux contraire, comme il est normal. C'est ce qui se produit pour les vents de terre vers le moment où ils tournent ; il y a en maints endroits comme une organisation quotidienne de leur changement. Parfois ce n'est pas le vent de sens contraire qui les fait tourner, mais quelque autre souffle venant du large, comme aux abords du golfe de Pamphylie ; de là le vent appelé Dyris d'après le fleuve Idyros[122] souffle, violent et fort, mais à son souffle se superposent ceux du Notos et de l'Euros. Quand ils se contrarient, le volume des vagues s'accroît, la mer subissant la même impulsion, et de nombreuses tornades[123] s'abattent et causent la perte des embarcations. **54** Généralement en effet, là où se produit une telle collision des vents, à la fois le volume des vagues s'accroît et il se produit une tempête violente ; c'est comme quand, les vents soufflant en sens contraire les uns des autres, on dit des vents qu'ils se livrent bataille. De fait, ce qui également est normal, c'est que lorsqu'ils viennent à s'abattre les uns sur les autres alors qu'ils ne sont pas encore tout à fait à bout de souffle, ils provoquent la tempête : c'est comme si l'un des deux avait fourni du matériau à l'autre. C'est encore plus évident dans le cas du Borée : celui-ci

τοὺς ἐφεξῆς, — ἐγγυτάτω γὰρ αὕτη <ἡ> μετάβασις, ἐν ᾗ καὶ ἀναστρέφει πολλάκις ἐπὶ τὸν αὐτόν, ὅταν ὑπὸ χειμῶνος ἀοριστία τις ᾖ —, ἡ δὲ κατὰ τὴν μεταβολὴν εἰς τοὺς ἐναντίους. **53** Καὶ ὅλως οὕτω πέφυκεν ἐπὶ πάντων καὶ ἐπὶ τούτων ἡ ἀνταπόδοσις καὶ οἷον ἡ ἀντίρροια κατὰ λόγον. Ὃ καὶ περὶ τὰς ἀπογαίας ὑπάρχει πρὸς τὰς τροπαίας· αὕτη δὲ πολλαχοῦ καθάπερ ἐφήμερός ἐστι τάξις τῆς μεταβολῆς. Ἐνιαχοῦ δ' οὐ τροπαία τὸ ἀντιπνέον, ἀλλ' ἕτερόν τι πνεῦμα πελάγιον, ὥσπερ καὶ περὶ τὸν Παμφυλικὸν κόλπον· ἕωθεν μὲν γὰρ Δυρὶς καλούμενος ἀπὸ τοῦ ποταμοῦ τοῦ Ἰδύρου πνεῖ μέγας καὶ πολύς, ἐπιπνεῖ δ' αὐτῷ νότος καὶ εὖρος· ὅταν δ' ἀντικόψωσιν ἀλλήλοις, κύματός τε μέγεθος αἴρεται, συνωθουμένης τῆς θαλάττης, καὶ πρηστῆρες πολλοὶ πίπτουσιν, ὑφ' ὧν καὶ τὰ πλοῖα ἀπόλλυνται. **54** Τὸ γὰρ ὅλον ὅπου τοιαύτη σύγκρουσις γίνεται τῶν ἀνέμων, καὶ κυμάτων μέγεθος αἴρεται καὶ χειμὼν γίνεται πολύς· ὥσπερ ὅταν, ἀντιπνεόντων ἀλλήλοις, μάχεσθαι φῶσι τοὺς ἀνέμους. Ἐπεὶ κἀκεῖνο κατὰ λόγον ἐστίν, ὅταν ἐπιπέσωσιν ἀλλήλοις μήπω τελέως ἐκπεπνευκόσι, τὸν χειμῶνα ποιεῖν· οἷον γὰρ ὕλην παρέθηκε θάτερος θατέρῳ. Μᾶλλον δὲ τοῦτ' ἐμφανὲς ἐπὶ τοῦ βορέου· χειμεριώτερος

1 ante μετάβασις add. ἡ CE ex Schn. II, 597 : non habent Furl. Schn. I neque Wim. || 2 ἀναστρέφει L Ald. Furl. CE : ἀνταναστρέφει codd. plerique || τὸν αὐτὸν Schn. I e vers. Turn. : τῶν αὐτῶν codd. Furl. || 3 ἀοριστία τις ᾖ Turn. Vasc.[mg] : ὁ ἀρκτιά τις D L X Z Ald. ἀρκτιάτης codd. cett. Furl. || 4 πέφυκεν Bonav. : πέφηνεν codd. Furl. || 6 ὃ καὶ περὶ Vasc.[mg] Schn. : ὅπερ καὶ codd. Furl. ὃ περὶ Wim. CE || ὑπάρχει Furl. Schn. : –άρχειν codd. || 10 δυρὶς Furl. Schn. I Wim. : ἶρις uel λιριμὸς Bonav. Ἰδυρὶς Böker "Winde" in Pauly-Wissowa, *RE* VIII A 2 (1958), 2340, uide adn. || 20 ἐκπεπνευκόσι Turn. Furl. : ἐκπεπλευ– L Ald. ἐκπεπευ– codd. plerique || 21-22 θατέρῳ. Μᾶλλον δὲ τοῦτ' Furl. Schn. I : θατέρῳ δὲ μᾶλλον τοῦτο codd. plerique || 22 χειμεριώτερος codd. plerique edd. : χειμερινώ– L Ald.

s'apparente davantage à une tempête et d'ordinaire[124] fige aussitôt le matériau mis à sa portée. De la même façon, le Notos est celui qui détrempe et imprègne d'humidité. Dans certaines régions aussi, il passe pour responsable des chutes de neige, comme du côté du Pont et de l'Hellespont, quand le Borée est devenu si froid qu'il les fige sur place ; toutefois c'est d'ordinaire le surplus qui est congelé[125] ou se désagrège en eau. **55** Voilà, pour ainsi dire, certaines zones d'influence des vents d'hiver et leurs interférences.

Les sautes de vent se produisent au lever et au coucher d'Orion[126] parce que c'est toujours dans des changements que tout se trouve par nature le plus indéfini. Orion fait son lever au début de l'automne, son coucher au début de l'hiver, de sorte qu'aucune saison n'étant encore installée, puisque l'une est à son commencement, l'autre à sa fin, force est que les vents soient instables et indistincts, du fait que les caractères de chacun des deux appartiennent à l'un et à l'autre. Mais on dit aussi qu'il est malfaisant à la fois quand il se couche et quand il se lève, parce que la saison n'est pas bien délimitée : n'est-il pas forcé qu'elle soit perturbée et inégale ?

X. — 56 Eh bien donc, ces phénomènes et tous ceux du même genre concernent l'atmosphère et le ciel dans son ensemble, tandis que les autres sont à mettre en rapport avec nos dispositions[127]. Ainsi par vents du midi les hommes se sentent plus de lourdeur et moins de dynamisme ; la cause en est qu'on passe de peu à beaucoup

γὰρ οὗτος, καὶ εὐθὺ τὴν προσενεχθεῖσαν <ὕλην> ἔπηξεν. Ὡσαύτως δὲ καὶ ὁ νότος ἐξύγρανε καὶ ὑδατώδη ἐποίησεν. Ἐνιαχοῦ δὲ καὶ τοὺς νιφετοὺς δοκεῖ ποιεῖν, ὥσπερ καὶ περὶ τὸν Πόντον καὶ τὸν Ἑλλήσποντον, ὅταν ὁ βορέας οὕτω γένηται ψυχρός, ὥστε πήξας κατέχειν· οὐ μὴν ἀλλά γε τὸ πλεῖον διέπηξεν ἢ εἰς ὕδωρ διέλυσεν. 55 Καὶ αὗται μὲν οἷον χειμεριναί τινες ἐπίπνοιαι καὶ ἀντικόψεις.

Αἱ δ' ἐπ' Ὠρίωνος ἀνατολῇ καὶ δύσει τῶν πνευμάτων ἀκρισίαι συμβαίνουσιν, ὅτι ἐν μεταβολαῖς ἀεὶ πάντα μάλιστα πέφυκεν ἀοριστεῖν. Ὁ δ' Ὠρίων ἀνατέλλει μὲν ἐν ἀρχῇ ὀπώρας, δύνει δὲ ἐν ἀρχῇ χειμῶνος· ὥστε διὰ τὸ μήπω καθεστᾶναι μηδεμίαν ὥραν, τῆς μὲν γιγνομένης, τῆς δὲ παυομένης, ἀνάγκη καὶ τὰ πνεύματα ἀκατάστατα καὶ ἄκριτα εἶναι, διὰ τὸ ἐπαμφοτερίζειν τὰ ἐξ ἑκατέρας. Καὶ χαλεπὸς δὲ λέγεται καὶ δύνων καὶ ἀνατέλλων εἶναι, διὰ τὴν ἀοριστίαν τῆς ὥρας· ἀνάγκη γὰρ ταραχώδη καὶ ἀνωμαλῆ εἶναι.

X. — 56 Καὶ ταῦτα μὲν οὖν καὶ ὅσα ἄλλα τοιαῦτα περὶ τὸν ἀέρα καὶ τὸν ὅλον οὐρανὸν συμβαίνει· τὰ δὲ <ἀναχθήσεται> εἰς τὰς ἡμετέρας διαθέσεις. Οἷον βαρύτερον ἐν τοῖς νοτίοις ἔχουσιν <οἱ> ἄνθρωποι καὶ ἀδυνατώτερον. Αἴτιον δὲ ὅτι ἐξ <ὀλίγου> πολὺ ὑγρὸν

1-2 <ὕλην> ἔπηξεν CE ex ὕλην a Furlano addito et ἔπηξεν Vasc.mg : ἔπηξεν ὕλην Schn. I ‖ 6 πλεῖον codd. plerique edd. ab Furlano : πλοῖον DLXZ ‖ διέπηξεν Furl. Schn. Wim. : διέτηξ– CE uide adn. ‖ 10 ἀκρισίαι Bonav. : ἀκρασ– codd. Furl. ‖ ὅτι ἐν Schn. : ὅτι Furl. οὗ τ' ἐνι D L Ald. οὗ δ' ἐνίαις cett. ‖ 13 μηδεμίαν codd. Furl. Wim. : [μηδὲ] μίαν Schn. I ‖ 19 καὶ ταῦτα Schn. I ex Furl. : ἢ ταῦτα codd. ‖ 20-21 inter τὰ δὲ uel τάδε et εἰς τὰς lac. 10-20 litt. codd. in qua ἀναχθήσεται add. Bonav. ‖ 22 βαρύτερον Vasc.mg Furl. : ἕτερον codd. ‖ οἱ add. Vasc.mg ‖ 23 ὀλίγου add. Vasc.mg Furl. in lac. 7-19 litt. codd.

d'humidité <produite par une fonte totale due à la tiédeur>[128] et qu'au lieu d'un vent léger règne une humidité lourde. De plus, la vigueur et le dynamisme résident dans les articulations ; <or celles-ci sont relâchées par les vents du midi, car la viscosité se trouvant épaissie dans les articulations, elle nous empêche[129]> de nous mouvoir, et d'autre part, en étant trop fluide, <elle empêche> une forte contention[130]. Les vents du nord, au contraire, créent une sorte de juste milieu[131], qui permet à la fois vigueur et forte contention. **57** Et inversement, étant secs et dépourvus d'humidité, les vents du nord favorisent la fièvre, car ils font pénétrer de l'humidité dans le corps, ainsi qu'une chaleur étrangère, du fait qu'ils sont chauds par nature et humides[132]. Or c'est là une prédisposition fébrile. La fièvre résulte en effet de ces deux sortes d'excès. Quand soufflent des vents chargés d'humidité, l'eau refroidit l'état <du corps> ; mais de la même manière aussi, il arrive que tous les autres facteurs en rapport avec les états physiques le soient dans chacun des deux sens ; car de tels facteurs sont plus nombreux et entrent en jeu dans des situations plus nombreuses, dont l'ensemble a des causes[133] identiques ou assez voisines. **58** J'ajoute qu'aussi bien pour les fruits[134] que pour les autres produits de ce genre, il en est de même : la totalité de leurs caractères sera mise en rapport avec leur humidité et sa diffusion, leur fermeté et sa concentration, ainsi que tous les autres traits qui relèvent de chacun des deux ordres d'idées. Il en est de même pour les choses inanimées, par exemple pour les cordes qui se rompent et les grincements des objets collés, ainsi que tous les autres incidents qui se produisent quand <quelque chose> est imprégné d'humidité et se relâche, comme dans le cas du travail du fer :

γίνεται <διατηκόμενον διὰ τὴν ἀλέαν> καὶ ἀντὶ κούφου πνεύματος βαρεῖα ὑγρότης. Ἔτι δ' ἡ μὲν ἰσχὺς καὶ δύναμις ἐν τοῖς ἄρθροις ἐστί· <ταῦτα δὲ ἀνίεται ὑπὸ τῶν νοτίων· τὸ γὰρ γλίσχρον ἐν τοῖς ἄρθροις πεπηγὸς μὲν κωλύει> κινεῖσθαι ἡμᾶς, ὑγρὸν δὲ λίαν ὂν συντείνεσθαι· τὰ δὲ βόρεια ποιεῖ τινα συμμετρίαν, ὥστε καὶ ἰσχύειν καὶ συντείνεσθαι. 57 Καὶ πάλιν ξηροὶ καὶ μὴ ὑδατώδεις ὄντες <οἱ> νότοι πυρετώδεις· ὑγρότητα γὰρ ἐνιᾶσι τοῖς σώμασι καὶ θέρμην ἀλλοτρίαν ἐμποιοῦσι θερμοὶ φύσει καὶ ὑγροὶ ὄντες. Ἡ δὲ τοιαύτη διάθεσις πυρετώδης. Ὁ γὰρ πυρετὸς ἐξ ἀμφοῖν τούτοιν ὑπερβολῆς ἐστιν. Ὅταν <δὲ> ὑδάτινοι πνέωσι, τὸ ὕδωρ καταψύχει τὴν ἕξιν. Τὸν αὐτὸν δὲ τρόπον καὶ ὅσα ἄλλα τῶν σωμάτων περὶ τὰς ἕξεις καθ' ἑκάτερον συμβαίνει γίνεσθαι· πλείω γάρ ἐστι τοιαῦτα καὶ ἐν πλείοσιν, ὧν ἁπάντων αἱ αὐταὶ καὶ παραπλήσιαί τινες αἴτιαι. 58 Καὶ <ἐπὶ> τῶν καρπῶν δὴ καὶ τῶν ἄλλων τῶν τοιούτων ὁμοίως· ἅπαντα γὰρ εἰς τὴν ὑγρότητα καὶ διάχυσιν καὶ τὴν πυκνότητα καὶ σύστασιν, καὶ ὅσα ἄλλα τῆς συστοιχίας ἑκατέρας, ἀναχθήσεται. Καὶ ἐπὶ τῶν ἀψύχων δ' ὡσαύτως· οἷον αἵ τε ῥηγνύμεναι χορδαὶ καὶ οἱ ψόφοι τῶν κεκολλημένων, καὶ ὅσα ἄλλα συμβαίνει διυγραινομένων καὶ ἀνιεμένων, <οἷον> περὶ τὴν τοῦ σιδήρου κατεργασίαν· πλείω γάρ φασιν

1 διατηκόμενον διὰ τὴν ἀλέαν add. Bonav. uide adn. || 3-5 ταῦτα δὲ — κωλύει Schn. I ex Bonav. edd. recentiores : om. codd. || 6 βόρεια ποιεῖ Schn. ex Bonav. : μόρια θέλει Furl. alii alia codd. || 7 πάλιν ξηροὶ Vasc.mg Furl. : παλίξηροι codd. || 8 ὄντες <οἱ> νότοι Schn.V, LVII : ὄντες νότοι Schn. I ὄντες τόποι Vasc.mg Bonav. οἷοντες τόποι codd. || ἐνιᾶσι Schn. I : ἔνιοι codd. ἐνίησι Vasc.mg ἐνίοις Furl. || 9 post ἀλλοτρίαν add. ἔσται Bonav. quod deleuerunt edd. recentiores || 11 τούτοιν codd. plerique edd. : τούτοις codd. nonnulli Ald. || 12 δὲ add. Vasc.mg Furl. || ὑδάτινοι Schn. I recentiores edd. : –να codd. Furl. || 13-14 τὰς ἕξεις Schn. I : ταῦτα ἑξῆς codd. Furl. || 16 ἐπὶ add. Schn. (II, 598) et recentiores || δὴ codd. Furl. : δὲ Schn. I CE || 18 διάχυσιν Schn. I : διάλυσιν codd. Furl. || 22 οἷον add. Schn. ex Turn.

on prétend qu'il s'étire davantage par vent du midi que par vent du nord. La cause en est que les vents du nord assèchent et durcissent, ceux du midi humidifient et détrempent ; or tout matériau est plus inerte quand il est complètement détendu que quand il est un peu durci. Et en même temps on a aussi une force plus grande et plus de tonus par vents du nord. **59** En un mot, les faits de ce genre ont des causes presque évidentes, par exemple quand ils ont, à partir d'une origine unique, un devenir comparable[135]. Mais le problème qui se présente davantage comme un sujet d'embarras et de recherche, en relevant de chacun des deux, c'est, par exemple, la question de savoir si les vents du nord n'ont ni rudesse, ni sécheresse, ni fréquence, mais les caractères opposés — et de même pour le vent du midi[136]. Car ce qui est contraire à la logique exige une explication, alors que tout le monde est d'accord, même sans explication, sur ce qui est conforme à la logique, car on sait fort bien ajouter par soi-même ce qui manque[137].

60 Quant au fait que, tout en étant froids, les vents dessèchent, ainsi qu'à un moindre degré le soleil, qui est chaud, et surtout les vents quand ils sont les plus froids, il faut supposer que la cause en est la suivante : ils font se former une vapeur humide et la chassent, surtout les plus froids d'entre eux, alors que le soleil la laisse subsister. Pourquoi donc est-il dit[138]

Ne redoute jamais un nuage venant du continent autant que s'il vient du grand large

en hiver, et en été du continent sombre,

si ce n'est parce que l'hiver la mer est la plus chaude des deux, de sorte que si quelque nuage s'est formé, il est évident qu'il s'est formé à partir de quelque chose de violent, car il aurait été dissipé par l'atmosphère du fait

ἐξελαύνειν τοῖς νοτίοις ἢ βορείοις· αἴτιον δέ, ὅτι τὰ μὲν βόρεια ξηραίνει καὶ σκληρύνει, τὰ δὲ νότια ἀνυγραίνει καὶ διαίνει· πᾶν δὲ ἀργότερον διακεχυμένον ἢ ὑπεσκληρρυμένον· ἅμα δὲ καὶ μᾶλλον ἰσχύουσι καὶ συντονωτέρως <ἔχουσι> τοῖς βορείοις. **59** Ἁπλῶς δὲ τὰ μὲν τοιαῦτα σχεδὸν ἐμφανεῖς ἔχει τὰς αἰτίας, οἷον ἀπὸ μιᾶς ἀρχῆς ἀνάλογον ἔχοντα τὸ ἐφεξῆς· ἐκεῖνο δ᾽ ἐν ἀπορίᾳ καὶ ζητήσει μᾶλλον γίνεται, καθ᾽ ἑκάτερον ὄν, οἷον, εἰ μὴ σκληρότης μηδὲ ξηρότης μηδὲ πυκνότης τοῖς βορείοις, ἀλλὰ τὰ ἐναντία· καὶ <ἐπὶ> τοῦ νότου δ᾽ ὡσαύτως· τὸ γὰρ παράλογον αἰτίαν ἐπιζητεῖ, τὸ δ᾽ εὔλογον καὶ ἄνευ αἰτίας συγχωροῦσιν ἄνθρωποι· καὶ γὰρ αὐτοὶ δεινοὶ προσθεῖναι τὸ ἐλλιπές.

60 Ὅτι δὲ ψυχροὶ ὄντες οἱ ἄνεμοι ξηραίνουσι, καὶ θᾶττον <ἢ> ὁ ἥλιος θερμὸς ὤν, καὶ μάλιστα οἱ ψυχρότατοι <ὄντες ἄνεμοι>, ταύτην ὑποληπτέον τὴν αἰτίαν, ὅτι ἀτμίδα ποιοῦσι, καὶ ταύτην ἀπάγουσι, καὶ οἱ ψυχρότεροι μᾶλλον· ὁ δ᾽ ἥλιος καταλείπει. Διὰ τί ποτε λέγεται

Μή ποτ᾽ ἀπ᾽ ἠπείρου δείσῃς νέφος, ὡς ἀπὸ πόντου
χειμῶνος, θέρεος δὲ ἀπ᾽ ἠπείροιο μελαίνης,

ἢ διότι τοῦ μὲν χειμῶνος ἡ θάλαττα θερμοτέρα, ὥστε εἴ τι συνέστη, δῆλον ὅτι ἀπ᾽ ἀρχῆς συνέστηκεν ἰσχυρᾶς· ἐλύθη γὰρ ἂν τῷ ἀέρι, διὰ τὸ ἀλεεινὸν εἶναι τὸν τόπον.

3 διαίνει Schn. I : διανεῖ Vasc.[mg] διαχεῖ CE ex Furl. διανθεῖ codd. || 3-4 ὑπεσκληρρυμένον Schn. (V, LVII) et recentiores : –σκληρυμένον Furl. Schn. I || 4 ἰσχύουσι Furl. Schn. I : ἴσχουσιν codd. || 5 ἔχουσι add. Schn. (V, LVII) || 7 ἐν ἀπορίᾳ L P X Z Vasc.[mg] Furl. et recentiores : ἡ ἀπορία codd. cett. Ald. || 10 ἐπὶ add. Vasc.[mg] non Furl. || 11 ἐπιζητεῖ Vasc.[mg] Furl. : –εῖν codd. || 15 ἢ add. Furl. || 16 ὄντες ἄνεμοι add. Vasc.[mg] sed non Furl. neque Schn. (II, 599) Wim. CE || 21 ἠπείροιο metri causa Furl. Schn. CE : ἠπείρου codd. || 22-23 ὥστε εἴ τι Vasc.[mg] Furl. Schn. I edd. recentiores : ὡς ἐπὶ codd. nonnulli ὡς ἐπεὶ cett. || 23 συνέστη, δῆλον ὅτι add. Furl. et alii alia.

de la tiédeur de ce milieu ? L'été la mer est froide, ainsi que les souffles venant du large, alors que la terre est chaude[139], de sorte que s'il en est un qui provient de la terre, il s'est constitué sur une base plus puissante : il aurait été dissipé, s'il avait été faible[140]. **61** Quant à dire que le Notos ne souffle pas avec force en Égypte, ni de jour si l'on s'écarte de sa trajectoire, ni de nuit, c'est une erreur [141]: ceux qui font couvrir le ciel, ce seraient surtout le Borée et l'Argeste, accessoirement le Notos ; les autres, <dit-on>, dès l'aube, voilent le ciel et l'obscurcissent jusqu'à ce que le soleil se lève ; cependant il ne pleut pas, parce qu'il n'y a pas de lieu où viendraient s'arrêter les nuages ; le Noto*s*, l'Euros et tous les vents en provenance du midi commencent par venir du levant et accompagnent le soleil, alors qu'inversement le Borée et l'Argeste passent du couchant au levant.

62 En Sicile[142] on ne parle pas de Caecias, mais d'Apèliote ; il semble toutefois que selon certains avis ce ne soit pas le même, mais qu'ils soient différents, parce que l'un obscurcit le ciel, l'autre non. Quant à l'Argeste, les uns l'appellent Olympias, les autres Sciron, et en Sicile c'est le Circias ; l'Apèliote est l'Hellespontin, que les Phéniciens appellent Carbas, et qui est le Bérécynthien au Pont.

Τοῦ δὲ θέρους ἡ μὲν θάλαττα ψυχρὰ καὶ τὰ πόντια πνεύματα, ἡ δὲ γῆ θερμή· ὥστε εἴ τι ἀπὸ τῆς γῆς <φέρεται, διὰ μείζονος ἀρχῆς> συνέστη· διελύθη γὰρ ἄν, εἰ ἀσθενὲς ἦν. 61 Τὸ δὲ μὴ πνεῖν νότον λαμπρὸν ἐν Αἰγύπτῳ μηδ' ἡμέρας δρόμον ἀπέχοντι καὶ νυκτός, ψεῦδος. Δασύνειν δὲ τὸν οὐρανὸν μάλιστα βορέαν καὶ ἀργέστην, τὸν δὲ νότον παραφέρειν· τοὺς δὲ ἕωθεν ἐπινεφεῖν καὶ δασύνειν, ἄχρις ἂν ὁ ἥλιος ἀνίσχῃ· οὐχ ὕειν δέ, διὰ τὸ μὴ ἔχειν, ὅπου προσκαθίζηται τὰ νέφη. Νότον δὲ καὶ εὖρον καὶ ὅσα ἀπὸ μεσημβρίας, ἄρχεσθαι μὲν ἀπὸ ἀνατολῶν, συμπαραχωρεῖν δὲ τῷ ἡλίῳ· βορέαν δὲ καὶ ἀργέστην ἀνάπαλιν ἀπὸ δυσμῶν ἐπ' ἀνατολάς.

62 Ἐν Σικελίᾳ <δὲ> Καικίαν οὐ καλοῦσιν, ἀλλ' Ἀπηλιώτην· δοκεῖ δ' οὐχ ὁ αὐτὸς εἶναί τισιν, ἀλλὰ διαφέρειν, ὅτι ὁ μὲν δασύνει τὸν οὐρανόν, ὁ δ' οὔ. Ἀργέστην δὲ οἱ μὲν [οὖν] Ὀλυμπίαν, οἱ δὲ Σκίρωνα καλοῦσιν, οἱ <δὲ> περὶ Σικελίαν Κιρκίαν. Τὸν ἀπηλιώτην <δὲ> Ἑλλησποντίαν, Κάρβαν δὲ Φοίνικες, Βερεκυντίαν δ' <οἱ> ἐν τῷ Πόντῳ.

1 τοῦ δὲ Schn. I : τοῦτο codd. nonnulli τοῦτε codd. reliqui Ald. τοῦ τι Furl. || 2-3 φέρεται — ἀρχῆς add. Schn. || 3-4 εἰ ἀσθενὲς ἦν Schn. I Wim. : εἰ ἀσθενὴς ἦν Vasc.^{mg} Furl. CE εἰς ἀσθένειαν codd. || 4 νότον λαμπρὸν Turn. Vasc.^{mg} Furl. : νότου λαμπροῦ codd. || 7 ἐπινεφεῖν Schn. I ἐπινήφειν codd. –νίφειν Bonav. –νέφειν Furl. || 9 προσκαθίζηται Schn. I προκαθίσηται codd. plerique Furl. προκαθήσεται codd. nonnulli || 13 post Σικελίᾳ add. δὲ Vasc.^{mg} Schn. : post Καικίαν δ' (*sic*) καλοῦσιν Furl. || οὐ hic om. Furl. sicut Vasc. || 15-16 post ὁ δ' οὐ usque ad οἱ μὲν lac. ind. edd. ubi insertum est a Furlano πάρεγγυς δὲ, sed a Schn. CE Ἀργέστην δὲ || post οἱ μὲν habet οὖν Furl. quod del. Schn. CE || 16-17 ante περὶ Σικεκίαν add. <δὲ> Schn. CE sed non Furl. || 17 Κιρκίαν ex Böker scripsit CE uide adn. : δερκίαν codd. Furl. Schn. κίρκαν Vasc.^{mg} || 18 Βερεκυντίαν Schn. ex Furl. : βερει ante lac. 7-14 litt. codd. uide adn. || post Βερεκυντίαν lac. apud Furl. ubi δ' <οἱ> praebent Schn. CE.

BIBLIOGRAPHIE

AMIGUES Suzanne, *Théophraste. Recherches sur les plantes*, CUF (5 vol.), Paris, Les Belles Lettres, 1988-2006.

AMIGUES Suzanne, *Théophraste. Les causes des phénomènes végétaux*, CUF (3 vol.), Paris, Les Belles Lettres, 2012-2017.

AMIGUES Suzanne, *Théophraste. Les pierres*, CUF (1 vol.), *Paris,* Les Belles Lettres, 2018.

AMIGUES Suzanne, *Études de botanique antique. Mémoires de l'Académie des Inscriptions et Belles-Lettres* XXXV, Paris, 2002.

AMIGUES Suzanne, *Théophraste. Recherches sur les plantes. À l'origine de la botanique* (traduction française sans texte grec, 920 photos la plupart en couleurs), Paris, Belin, 2010.

AMIGUES Suzanne, *Théophraste d'Érésos*, Montpellier, Mimosa, 2013.

ARNOLD Nicholas, OVENDEN Denys, *Le guide herpéto*, 2002, adaptation française Delachaux & Niestlé, Paris, 2004.

AUJAC Germaine, « Les prévisions météorologiques en Grèce ancienne », dans *La météorologie dans l'Antiquité : entre science et croyance*, Actes du Colloque International Interdisciplinaire de Toulouse, 2-4 mai 2002, Chr. Cusset éd., Université de Saint-Étienne, 2003, p. 13-25.

BÂLON Didier, BURBAN Alice, *Grèce. Lesbos – Liste commentée des espèces observées*, p. 1-12, consultée le 18-04-2018 sur le site Didier.Balon@wanadoo.fr

BATTEGAZZORE Antonio Mario, *Teofrasto, Il fuoco. Il trattato "De igne"*, Sassari, Gallizzi, 2006.

BOUFFARTIGUE Jean, « Les prévisions météorologiques tirées de l'observation des animaux. Étude des sources antiques », dans *La météorologie*... (voir ci-dessus Aujac), p. 401-413.

CARRIERE Jean, *Stylistique grecque. L'usage de la prose attique*, Paris, Klincksieck, 1967.

CHANTRAINE Pierre, *La formation des noms en grec ancien*, Paris, 1933 (réimpression 1979).

CHANTRAINE Pierre, *Dictionnaire étymologique de la langue grecque. Histoire des mots* (*DELG*), Paris, 1980, 2e éd. 2009.

DELG, voir CHANTRAINE.

FORTENBAUGH William W. *et al.*, *Theophrastus of Eresus. Sources for his Life, Writings, Though and Influence*, Part One, Leiden, Brill, 1992

HUMBERT Jean, *Syntaxe grecque*, Paris, Klincksieck, 2e éd. 1954.

JOUANNA Jacques, « Subir et penser le climat : essai de comparaison entre Hésiode et Hippocrate », dans Actes du Colloque *Vie et climat d'Hésiode à Montesquieu* , Cahiers de la Villa "Kérylos", n° 29, J. Jouanna, Chr. Robin et M. Zink éd., Paris, De Boccard, 2018, p. 1-28.

KNOEPFLER Denis, « Trois nouvelles proxénies d'Érétrie. Contribution à la géographie historique de l' Eubée : les dèmes de Phègoè, Ptéchai et Boudion », *Rev. Ét. Anc.* 119, n° 2, 2017, p. 395-484.

LEJEUNE Michel, *Traité de phonétique grecque*², Paris, Klincksieck, 1955.

LSJ = H.G. LIDDELL, R. SCOTT, H.S. JONES, *A Greek-English Lexicon*, Oxford (Clarendon Press), 1940 ; *Supplement* ed. by E.A. BARBER, *ibid.* 1968 ; *Revised Supplement* ed. by P.G.W. GLARE, *ibid.* 1996.

COMMENTAIRE

LES SIGNES DU TEMPS

Introduction (§ 1- 9)

1. On sait combien il est difficile de choisir dans une langue moderne le meilleur titre possible pour une œuvre dépourvue en grec ancien d'un intitulé admis de tous. Nous l'avons rappelé dès l'Introduction à Théophraste, *Recherches sur les plantes* (t. I [CUF 1988], p. XVI-XVII), traité cité dans les textes postérieurs de six manières différentes : (ἡ) περὶ φυτῶν ἱστορία, περὶ φυτῶν, φυτῶν ἱστορία, (ἡ) φυτικὴ ἱστορία, περὶ φυτικῶν ἱστορίαι, (τὰ) φυτικά. Les listes de Diogène Laërce enregistrent (V, 46) un ouvrage dénommé Περὶ φυτικῶν ἱστορίων α´ ι´, et Théophraste lui-même use de la formule ἐν ταῖς ἱστορίαις pour renvoyer du *De causis* à l'*Historia*. Vu la nécessité de désigner par un titre unique l'œuvre éditée, nous avons retenu *Recherches sur les plantes*, en parallèle avec *Enquiry into Plants* de l'édition anglaise (A. Hort, Loeb 1916-1926). Le même problème se pose pour ce qu'il est commode d'appeler *Les signes du temps*, aggravé toutefois par les incertitudes, exposées dans l'Introduction du présent volume (p. XII-XVIII), sur l'identité de l'auteur. L'enquête dont l'édition Sider-Brunschön fait état dans l'apparat critique (p. 60) donne pour le libellé du titre les résultats suivants : περὶ σημείων ὑδάτων καὶ πνευμάτων dans 3 mss. ; ἀριστοτέλους : 1 ; ἀριστοτέλους φυσιουνωμονικά· περὶ σημείων ὑδάτων καὶ πνευμάτων : 1 ; περὶ σημείων ὑδάτων· τοῦ ἀριστοτέλους : 2 ; περὶ σημείων ὑδάτων καὶ πνευμάτων, χειμώνων καὶ εὐδιῶν : 1 ; *sine titulo* : 3. Le titre cité en dernier lieu appartient à un manuscrit récent, le *Taurinensis* B.II. 18, de la 2e moitié du XVIe siècle, donc postérieur à l'Aldine (1497) dont il a pu reprendre textuellement les premiers mots. De même, avec addition d'un second καὶ, les éditions actuellement usuelles, que nous suivons à notre tour — pour le texte grec, mais non pour le titre donné à la traduction mise en face, à savoir, dans l'éd. Hort, en majuscules, CONCERNING

WEATHER SIGNS et au-dessous, en minuscule italique de très petit corps, *Introductory : general principles* ; dans l'éd. Sider – Brunschön, en majuscules THEOPHRASTUS, *ON SIGNS* et en minuscules italiques *Introduction.* Une traduction française littérale du titre grec admis par nos prédécesseurs paraît de beaucoup préférable. Nous écrivons donc : THEOPHRASTE LES SIGNES DE PLUIE, DE VENT, DE TEMPETE ET DE BEAU TEMPS.

2. Réserve modeste moins attendue au début d'un ouvrage naturaliste que traditionnelle dans le préambule de plaidoyers civils ou politiques où l'orateur s'excuse de prendre la parole alors qu'il est encore jeune et inexpérimenté. Ici, ce n'est certainement pas une clause de style, mais bien le reflet d'une situation réelle. La collaboration scientifique d'Aristote et de Théophraste, nécessaire à la réalisation de leur vaste programme commun, a dû commencer dès le début de leurs travaux sur les composantes environnementales. Si l'on admet pour les *Météorologiques* une date voisine de 334, que propose P. Louis, et l'attribution des *Signes du temps* aux années 333-330 (cf. p. XIV de la présente notice), cette chronologie explique au mieux d'une part la modestie de l'élève, d'autre part la répartition de la matière entre Aristote, chargé de traiter les aspects les plus abstraits du sujet, et Théophraste, qui se défend ici de vouloir rivaliser avec les spécialistes de l'astronomie (l. 8 du texte : ἐκ τῶν ἀστρονομικῶν δεῖ λαμβάνειν).

3. La litote παρ' ἑτέρων οὐκ ἀδοκίμων doit englober non seulement « les bons observateurs des astres » cités au § 4, mais aussi tous les contemporains de Théophraste, érudits ou simples campagnards, qui ont contribué à son information. La formule a une portée très large, s'appliquant tant à l'auteur des *Météorologiques* qu'à d'autres interlocuteurs anonymes. Loin d'être une négligence de style, la répétition λαβόντες (l. 6) – λαμβάνειν (l. 8) est une véritable reconnaissance de dette intellectuelle.

4. Distinction éclairée par les précisions que donne G. Aujac, « Les prévisions météorologiques en Grèce ancienne » (cf. bibliographie), p. 17 : « pour les Grecs le lever héliaque d'une étoile est le moment où on la voit apparaître pour la première fois sur l'horizon après le coucher du soleil (lever du soir) ou juste avant son lever (lever du matin). [Suit la citation de Géminos, *Introduction aux Phénomènes*, XIII, 5, avec (§ 6) cette définition : "Les levers héliaques du matin ou du soir sont de deux sortes, les vrais et les apparents"]. Les levers vrais, quand l'étoile et le soleil se trouvent en même temps sur l'horizon, sont invisibles du fait de l'éclat du soleil ; ce sont donc les levers apparents seuls que l'on observe et que l'on prend en compte. Il en est de même pour les couchers du matin et du soir, vrais ou apparents. »

5. La présence dans les premières phrases du § 2 de quatre formes verbales préverbées : συν–δύνῃ et ἀνα–τέλλοντος, προ–ανα–τέλλῃ,

ἀνα–τέλλῃ, ainsi que du composé ἀκρό–νυχοι, illustre l'inflation des termes techniques créés par ce procédé pour exprimer de la manière la plus économique une notion essentielle au sens du composé : celle du « coucher *simultané* » d'un astre par rapport à celui du soleil (συν-δύνῃ), celle de son *lever* (ἀνατέλλοντος, ἀνατέλλῃ) – où la priorité du préverbe ressort d'autant mieux que le simple τέλλειν appartient à la langue poétique – et de *l'antériorité de son lever* (verbe surcomposé προ–ανατέλλῃ), également par rapport à celui du soleil. Même recherche de la plus grande concision dans l'emploi répété (l. 13 et 16) de ἀκρό–νυχος, litt. « en pleine nuit, à nuit close » ; cf. Aristote, *Météor.* 367 b 26 (unique occurrence de ce terme) dans l'antithèse ἀκρόνυχον μὲν... μεσονύκτιον δὲ... que P. Louis (CUF 1982) traduit « au début de la nuit... au milieu de la nuit ».

6. Ἀρκτοῦρος est le nom d'une étoile, composé de ἄρκτος « ours » et d'un 2nd terme –ορος « surveillant » qui se retrouve dans κηπουρός, οἰκουρός, « gardien d'un jardin, d'une maison », etc. ; d'où, littéralement, l'étoile « qui surveille l'Ourse », autrement dit Arcturus dans le vocabulaire de l'astronomie, l'Arcture dans la langue courante. Les spécialistes la définissent comme une étoile rouge, en fin de vie, qui est une des plus lumineuses de la constellation du Bouvier. Elle occupe une des toutes premières places dans les calendriers agricoles de l'Antiquité gréco-romaine, à commencer par *Les Travaux et les Jours* d'Hésiode, qu'on pense devoir dater de la seconde moitié du VIIIe siècle avant notre ère : v. 564-567 le lever de l'Arcture après soixante jours d'hiver (εὖτ' ἂν δ' ἑξήκοντα ...| χειμέρι' ἐκτελέσῃ Ζεὺς ἤματα) annonce le printemps et le retour des hirondelles ; inversement, sa première apparition matinale, à la mi-septembre, marque l'approche de l'automne : v. 609-611 εὖτ' ἂν... | Ἀρκτοῦρον δὲ ἴδῃ ῥοδοδάκτυλος Ἠώς, | ...τότε πάντας ἀπόδρεπεν οἴκαδε βότρυς « quand l'aurore aux doigts de rose verra Arcture, alors cueille et rapporte chez toi toutes les grappes. » À ces citations, G. Aujac ajoute (p. 19) : « L'étoile est d'ailleurs visible toute l'année en Grèce. »

7. Les trois autres étoiles ou constellations que Théophraste énumère comme les plus importantes dans les calendriers agricoles grecs ne l'étaient pas moins du temps d'Hésiode, et certainement bien plus tôt. Vient en tête la Pléiade, ainsi nommée au singulier (Πλειάδος) en tant que désignation collective des sept petites étoiles composant cette constellation (ce qui justifie aussi bien le pluriel chez Hésiode, v. 383 : Πληιάδων... ἐπιτελλομενάων « Au lever des Pléiades... »), dont le lever du matin (vers le 11 mai) ouvrait le temps de la moisson et le coucher (vers la fin d'octobre) clôturait la saison la plus favorable à la navigation. Dans un pays qui devait l'essentiel de ses ressources à l'agriculture et aux métiers de la mer, de tels repères avaient une importance vitale. Pour plus de précisions d'ordre astronomique, voir Aujac, p. 16.

8. « Dans toute l'Antiquité, le nom d'Orion est à la fois celui d'une constellation et celui d'un héros » : ainsi s'annonce dans la récente étude de J.-M. Renaud, « Le catastérisme chez Homère. Le cas d'Orion », *Gaia* 7, 2003, p. 205-214, l'ambiguïté d'un personnage dont les Grecs assimilaient l'image céleste à celle d'un chasseur armé d'une massue et accompagné de son chien, Sirius. En s'appuyant sur l'analyse approfondie des sept passages des poèmes homériques qui font référence ou allusion à la légende d'Orion, l'auteur de cet article est en mesure d'affirmer (p. 207) : « Partant d'une constellation bien connue, liée à l'apparition de l'été, avec, en Grèce, ses excès de chaleur et les inconvénients qui en résultent, la mythologie a créé un héros auquel elle a prêté toute une série d'aventures qui, comme l'été même, sont marquées par l'excès et ses conséquences. » Mais la complexité du personnage homérique s'accentue encore dans la *Nekya* de l'*Odyssée* (λ 572-575) où Ulysse raconte : « J'aperçus le monstrueux Orion. Il chassait dans les prairies d'asphodèles les bêtes sauvages qu'il avait tuées dans les montagnes solitaires, tenant dans ses mains une massue de bronze qui ne se brisait jamais. » (trad. Renaud, après citation du texte grec). « Si on se tourne vers Hésiode, poursuit (p. 210) le commentateur, le nom d'Orion apparaît quatre fois dans *Les Travaux et les Jours* et uniquement comme constellation, dont les mouvements permettent de fixer certains des travaux agricoles de l'année », à savoir le dépiquage du blé sur l'aire (v. 597-599), la vendange (v. 609-611), les premiers labours d'automne (v. 614-621). — À la différence de ses prédécesseurs qui au nom d'Orion associent celui de Sirius (ainsi Hésiode, *Travaux*, 609 : Εὖτ' ἂν δ' Ὠρίων καὶ Σείριος ἐς μέσον ἔλθῃ | οὐρανόν... « Lorsqu'Orion et Sirius arrivent au milieu du ciel... »), Théophraste fait explicitement de Sirius « le Chien » (καὶ Κυνός), rappelant ainsi le lien qui unit cet astre à Orion dont l'image évoquait pour les Anciens la silhouette d'un chasseur accompagné de son chien, et cela si banalement qu'il n'était pas nécessaire, dès l'époque d'Homère, de préciser davantage l'identité de « l'astre qui vient de l'arrière-saison » (X 26-27 ἀστέρ'...| ὅς ῥά τ' ὀπώρης εἶσι) et auquel « on donne le nom de Chien d'Orion » (X 29 ὅν τε κύν' Ὠρίωνος ἐπίκλησιν καλέουσι). À cette traduction littérale se superpose le terme de Canicule (dérivé de *canis* « chien ») qui, dans son acception courante, désigne la chaleur la plus intense de l'été. G. Aujac (p. 19) cite à ce propos l'opinion de Géminos (XVII, 26) : « On suppose généralement que cette étoile possède une force propre et cause les intenses chaleurs concomitantes à son lever héliaque. Or ce n'est pas ce qui se passe. Seulement, comme cette étoile se lève au moment le plus brûlant de l'année, on a pris ce lever comme signe d'une intensification de la chaleur. » C'est en tout cas dans la période comprise entre fin juillet et fin septembre que se situe ce que nous appelons couramment la canicule.

9. Aux phénomènes célestes (§ 2) répond (§ 3) l'ensemble des faits qui, sur terre, est à mettre en rapport avec tel ou tel type de temps.

Annoncée par le titre (ou dans la phrase liminaire qui en tient lieu), la matière de l'ouvrage sera effectivement « les signes de pluie, de vent, de tempête et de beau temps ». Ce n'est pas auprès d'érudits que Théophraste a recueilli l'essentiel de ses informations sur ce sujet, mais auprès de bons observateurs, forts de leur expérience personnelle et des connaissances pratiques transmises, de génération en génération, jusqu'à eux. On ne devra jamais oublier les conditions particulières de cette enquête dans des milieux où la naïveté de l'homme du peuple va parfois de pair avec une connaissance étonnamment fine de toutes les composantes de la nature.

10. Toute la topographie de la Grèce est résumée en quelques mots : « hautes montagnes, vallées encaissées, mer », les plaines, de peu d'étendue, étant négligeables du point de vue climatique ; au contraire, le vent est une composante importante du milieu naturel de ce pays : la Méditerranée, dont l'eau se refroidit moins vite que la terre, crée en hiver un appel d'air polaire, qui se manifeste par la violence d'un vent glacial.

11. La remarque précédente (n. 5) sur l'usage particulièrement fréquent des formes verbales préverbées se confirme au § 3 avec la présence, dans la même phrase, des trois composés et des deux surcomposés suivants : καθ–ήκει, προσ–πίπτει, μεθ–ισταμένων, ἀντι–μεθ–ίστανται, συγ–καθ–ίζει (les deux préverbes étant dans ce dernier cas, traduits séparément : les nuages « s'accumulent et s'immobilisent »). Les avantages de ce procédé permettant de réunir en un seul mot plusieurs notions distinctes étaient certainement apparus à Aristote, comme il ressort de ce qu'il dit des poissons dans *PA* 662 a 9 : il est inévitable que, vivant dans l'eau, « ils absorbent du liquide (παρ–εισ–δέχεσθαι) en même temps que leur nourriture » — verbe repris par Théophraste, *CP* IV, 2, 1 : dépouillées de leur péricarpe, certaines graines se gâtent parce qu'« en outre elles absorbent l'air » (παρ–εισ–δέχεται τὸν ἀέρα). — La structure de cette longue phrase est la suivante : un 1er génitif absolu associé par τε à un 2nd introduit par καὶ, à savoir τῶν *τε* πνευμάτων ἀρχομένων... *καὶ* μεθισταμένων + une 1ère principale composée d'un sujet neutre pluriel (τὰ νέφη) suivi d'un verbe à la 3e pers. du singulier (προσπίπτει), comme le veut la syntaxe attique classique, et dans la 2e partie de l'énoncé, sans répétition du sujet, un verbe à la 3e pers. du pluriel (ἀντιμεθίστα<u>νται</u>) ; d'où une asymétrie remarquée par les éditeurs précédents, Hort (p. 392, n. 1) et Sider-Brunschön (p. 106), qui la conservent dans leur texte tout en la signalant en note. De telles irrégularités sont fréquentes même dans les traités incontestablement authentiques de Théophraste.

12. Le commentaire de l'éd. S.-B., p. 105, souligne la nécessité de tenir compte de la place de l'observateur par rapport au lieu où se produit le phénomène et signale comme unique chez Homère le passage de l'*Iliade* (Δ 275-279) où est noté un tel effet de perspective : « Du

haut de sa guette, un chevrier voit un nuage qui s'en vient sur la mer, poussé par le Zéphyr. De loin, il lui apparaît aussi noir que la poix, cependant qu'il avance sur la mer et amène avec lui une immense tourmente. À le voir, il frémit et pousse ses ouailles à l'abri d'une grotte » (trad. Mazon). Ce sont à la fois le discernement et la position géographique de l'interprète qui garantissent la validité de ses constatations. Ainsi est assurée la transition avec le § 4 qui énumère les astronomes jugés les plus dignes de foi, en précisant le lieu d'où ils ont scruté sans obstacle la voûte céleste.

13. On verrait volontiers un argument en faveur de l'attribution du *De signis* à Théophraste, originaire d'Érésos sur la côte sud-ouest de Lesbos, dans la priorité qu'il donne à un certain Matrikétas, dont la notoriété n'est pas parvenue jusqu'à nous. Les éditeurs les plus récents (Hort, Sider – Brunschön) renoncent à toute exégèse de ce nom propre, qui, semble-t-il, n'est attesté dans aucun autre texte ni par l'épigraphie. Les seules certitudes immédiates sont les suivantes : la finale –ας est dorienne, comme par exemple dans le nom Mélantas du père de Théophraste ; on reconnaît la base *Matr–* sur laquelle sont formés de nombreux noms indo-européens de la « mère » (à partir de « l'harmonie imitative *mā* » précise le *DELG* s.v. μήτηρ) dans le 1er élément des composés grecs en μητρο– . Reste la partie médiane de Ματρικέτας, inintelligible si on coupe le mot selon la syllabation, en *Ματρι–κέτας, mais parfaitement claire dans le cas d'un composé Ματρ–ικέτας comparable à Μήτρ–ιππος. Ce dernier terme est signalé en Asie Mineure par D. Knoepfler (cf. bibliographie), p. 405, d'après D. Rousset qui le donne comme faisant partie « des noms formés sur l'élément Μητρο– et souvent usités à Colophon et sa voisine Mètropolis, en rapport avec le culte de la Mètèr ». D. Knoepfler ajoute « On peut alors se demander si la fréquence de ces noms à Samos [...] ne serait pas due, au moins pour une part, à un phénomène d'irradiation depuis ce centre du culte métrôaque qu'était la Mysie [...] en direction de la toute proche cité insulaire. » Dès lors, il ne paraît pas impossible, en mettant Ματρ–ικέτας en parallèle avec Μήτρ–ιππος, de reconnaître dans le 2nd élément –ικέτας le nom classique du « suppliant », ἱκέτης, dorien ἱκέτας (cf. Eur., *Suppl.* 280 ἱκέταν <γόον>). Ainsi compris, le nom de l'astronome de Lesbos – ou plus probablement d'un de ses ancêtres – signifierait « suppliant de la Mère » et pourrait avoir été porté n'importe où dans l'aire égéenne orientale par des dévots de la Grande Mère. – Il n'a pas échappé à la sagacité d'Alain Blanc, réviseur du présent volume, que l'analyse proposée ci-dessus est confirmée par anticipation dans Bechtel, *Die historische Personnamen*, p. 218 : « Ματρ—ικέτας Methymna, Theophr. De sign. temp. 4 ».

14. La ville de Méthymne, qui conserve presque intact son nom antique, est une des principales agglomérations de Lesbos, et la seule de quelque importance sur la côte septentrionale de l'île. La montagne

qui la domine porte, de nos jours comme à l'époque de Théophraste, le nom de Lépétymnos et s'élève à 968 m (exactement la même altitude, selon la carte 1 : 75 000 la plus récente [Freytag-Berndt, Wien] que, dans le sud-est de l'île, l'Olymbos, souvent tenu pour le point culminant). Sa situation à proximité immédiate de la mer et son isolement avaient été, sans doute très tôt, reconnus particulièrement favorables à des observations astronomiques. En l'absence de tout repère chronologique, il n'est pas possible d'attribuer une date, même approximative, aux travaux de Matrikétas, mais la mention de son nom seul laisse supposer qu'ils conservaient du temps de Théophraste assez de notoriété pour qu'il n'éprouve pas le besoin de préciser davantage.

15. À la différence de Matrikétas, Cléostrate porte un nom clair en grec, composé de κλέος (« gloire, renom ») et de στρατός (« armée »), de sorte que l'astronome auquel il est fait allusion ici a de nombreux homonymes et ne peut pas être situé avec certitude dans le temps : le commentaire de l'éd. Sider-Brunschön, p. 109, se fait l'écho du débat ouvert sur la situation de ce personnage entre la fin du VIe siècle et l'époque de Théophraste. Plus sûre est la mention de la petite île de Ténédos (auj. Bozcaada de son nom turc) plusieurs fois mentionnée chez Homère à cause de sa proximité de Troie et par les historiens en raison de sa position stratégique au voisinage du détroit des Dardanelles. La montagne la plus voisine de Ténédos est l'Ida de Troade, l'actuel Kaz Dağ, qui culmine à 1774 m et offre un très large panorama sur la mer et les abords du détroit.

16. Le personnage le plus connu sous le nom de Φαινίας ὁ Ἐρέσιος (avec les variantes Φανίας, Φαεινός) est un compatriote, contemporain et ami de Théophraste, qui a laissé le souvenir d'un polygraphe occasionnellement intéressé par les phénomènes naturels. On connaît de lui une remarque consignée dans un recueil de *Faits extraordinaires* attribué à Callimaque : « Selon Phanias, le marécage de Pyrrha [dans la forêt de pin de Lesbos, cf. Thphr. *HP* III, 9, 5] brûle quand il s'est asséché ». C'est à lui également que Théophraste adressait la lettre reproduite dans la *Vita Theophrasti* de Diogène Laërce (V, 37) où il déplorait la passivité de son auditoire. Mais ce ne peut être qu'un homonyme, probablement de la même famille insulaire étrangère à Athènes, qui observa les phénomènes solsticiaux depuis le Lycabette et eut pour élève l'astronome Méton, découvreur vers 432 *a.C.* de ce qu'on appelle aujourd'hui le « cycle métonique ». En 414, dans les *Oiseaux* (v. 992-1020) Aristophane divertit son public en ridiculisant ce personnage par le galimatias dans lequel il présente ses découvertes scientifiques ; il expose en ces termes son but et sa méthode : « … Je veux toiser l'air et vous les diviser en arpents (…) Moi donc, appliquant par en haut cette règle courbe et y insérant un compas (…) je prendrai mes dimensions avec une règle droite que j'applique, de manière que le cercle devienne carré » (trad. Van Daele, CUF 1928). Mais derrière la

plaisanterie, on devine une allusion aux savants grecs les mieux informés qui avaient remarqué – ou appris à partir des écrits cunéiformes chaldéens – qu'au bout de 19 ans, les mêmes dates de l'année correspondent presque aux mêmes phases de la lune ; cette périodicité, indiquée très correctement dans notre texte, correspond à l'actuel « cycle de Méton » ou « cycle métonique ». Peut-être avons-nous là une nouvelle trace du savoir oriental auquel Théophraste a dû s'initier à Assos (voir l'Introduction du présent volume, p. XV-XVIII).

17. L'éd. S.-B. met entre parenthèses la traduction du membre de phrase ἦν δὲ ὁ μὲν Φαεινὸς… Ἀθηναῖος, considéré (p. 111) comme « an intrusive gloss » distinguant un simple résident à Athènes (Ἀθήνησιν) d'un Athénien de souche (Ἀθηναῖος). De fait, ainsi comprise, cette distinction n'aide qu'à identifier le personnage. On remarquera plutôt, d'une part, la présence au tout début du § 4 de ἀστρονόμοι auquel fait écho le dernier mot ἠστρολόγησαν ; d'autre part, dans une formulation allusive, « d'autres ont pratiqué l'astronomie *de cette manière* », avec un démonstratif ambigu qui peut être simplement anaphorique ou péjoratif. La concurrence entre ἀστρολόγος et ses dérivés, et ἀστρονόμος et les siens, est signalée en ces termes dans le *DELG* s.v. ἀστήρ : « sur l'équivalence et la concurrence de ces deux groupes, voir Laroche, *RPh* 1946, 118-123 ». Dans notre texte, les trois personnages qualifiés d'ἀστρονόμοι, dont le lieu d'observation est précisé, sont des scientifiques « de terrain », dirait-on aujourd'hui ; d'où notre traduction de ἀγαθοὶ… ἀστρονόμοι « de bons observateurs des astres ». Méton, qu'Aristophane représente comme un songe-creux doublé d'un insupportable pédant (cf. note précédente), n'est donné ici que comme l'auteur d'une découverte importante, « la périodicité de dix-neuf ans » de phénomènes astraux non spécifiés. Aussi faut-il peut-être reconnaître dans ἄλλοι… τοῦτον τὸν τρόπον ἠστρολόγησαν une allusion moins à Méton lui-même qu'à certains de ses émules moins doués.

18. Dans le texte de Schneider (1818) il s'agit des signes ἃ λαμβάνεται ἀπό τε ζῴων καὶ τῶν κατ' οἰκίαν ἑτέρων τινῶν τόπων καὶ παθημάτων, ce qui, tel quel, est inintelligible ; d'où la correction proposée plus tard (1821) par le même éditeur (t. V, p.164) et reprise par ses successeurs, qui consiste à déplacer le 1er καὶ devant ἑτέρων. Hort (1926) comprend donc : *which are taken from domestic animals* or *from certain other quarters and happenings*. La lecture τρόπων de τόπων (« quarters » Hort), déjà suggérée par Schneider (t. IV, p. 721), est adoptée par S.-B. , qui rendent sa cohérence au texte en écrivant … ἀπό τε ζῴων **καὶ** τῶν κατ' οἰκίαν **καὶ** ἑτέρων et, après virgule, **τῶν τε τρόπων** καὶ παθημάτων — interprétation qui a l'avantage de rapporter aux animaux « domestiques ou autres … les comportements et les réactions » qui seront décrits dans les chapitres suivants en relation avec chaque type de temps météorologique.

19. La parenthèse explicative (ἡ γὰρ σελήνη νυκτός οἷον ἥλιός ἐστι) exprime en un beau raccourci poétique la comparaison plus banale d'Aristote (*GA* 777 c 25-26) : « la lune [...] est comme un second soleil plus petit ».

20. La traduction de S.-B. ne marque aucune différence entre ἀπόλειψις et ἔκλειψις : « The *loss* of the moon [...] occurs just like the *loss* of the sun ». On peut toutefois observer que ἀπο– indique l'éloignement, ἐκ– une séparation plus ou moins brutale ; le coucher du soleil (ἡλίου sans article) est en effet un phénomène quotidien dont la répétition tout au long de l'année ne retient pas spécialement l'attention ; la disparition mensuelle de la lune (τῆς σελήνης avec l'article) avait plus d'importance aux yeux des Anciens pour des raisons pratiques telles qu'en premier lieu le calendrier des travaux agricoles, mais aussi la réussite des semis, la conservation du bois abattu (par ex. *HP* V, 1, 1-4, en part. § 3 : « on recommande de le couper quand la lune est couchée, ce qui le rend, paraît-il, plus dur et moins sujet à pourrir »), etc.

21. Pour l'usage du singulier, constant dans le texte transmis (que reproduit Schneider suivi de Hort) quand il s'agit de la Pléiade, c'est-à-dire d'un groupe d'étoiles qui n'apparaissent pas isolément, voir *supra* n. 7.

22. « Les deux unités qui résultent d'une dichotomie n'ont pas besoin d'être de la même importance » fait remarquer judicieusement le commentaire de S.-B., p. 113, en s'appuyant sur Pline, XVIII, 280, qui précise : « Les Pléiades influent particulièrement sur les récoltes, puisque leur lever marque le début de l'été, leur coucher, celui de l'hiver, et qu'elles embrassent dans un délai de six mois les moissons, les vendanges et la maturité de toutes les plantes » (trad. Le Bonniec, CUF 1972).

23. La forte structure logique de ce prologue se manifeste dans la fréquence croissante des phénomènes naturels évoqués : les solstices et équinoxes qui se succèdent au cours d'une année (§ 7), les phases de la lune dans le cadre du mois (§ 8), les moments de la journée, de l'aube au coucher du soleil (§ 9). La concomitance entre les trois séries de phénomènes est soulignée par la formule Ὡς δ' αὕτως qui introduit les § 8 et 9. Loin d'être un artifice littéraire permettant de mettre de l'ordre dans des faits complexes, trop superficiellement connus de tous pour être bien interprétés, le plan annoncé ici assure une cohérence à l'ensemble du traité.

24. À la division bipartite de l'année répond en quelque sorte celle du mois : une phase de croissance où la lune est de plus en plus apparente, suivie d'une phase décroissante où elle perd de sa visibilité jusqu'à disparaître. L'observation des périodes de huit et de quatre jours à l'intérieur d'une lunaison semble plus aléatoire. Mais dans son principe même le déroulement d'un mois lunaire présente une symétrie

parfaite, avec l'inversion attendue de l'ordre des phases, entre son début (l. 19-20 ἀπὸ νουμηνίας ὥς ἀπ' ἀρχῆς δεῖ σκοπεῖν) et sa fin (l. 23 εἰς τὴν νουμηνίαν).

25. Μεταβάλλει en tête de phrase met en évidence le moment où la lune amorce son décours. La traduction de Hort reste très proche du texte : « A change most often takes place », celle de S.-B. précise entre parenthèses : « A change (in weather) occurs most often », ce qui est préférable pour la clarté du raisonnement. — Le commentaire de S.-B. (p. 114) signale avec raison la fréquence dans ce traité de la formule ὡς ἐπὶ τὸ πολὺ qui corrige prudemment ce que des affirmations trop catégoriques auraient d'excessif dans le cas où elles seraient démenties par les faits. Notre proverbe « Qui veut mentir parle du temps » s'inspire de la même précaution.

26. Tout en rappelant que le temps météorologique est étroitement lié au temps chronologique, ce paragraphe de synthèse trace une « feuille de route » pour qui veut analyser les signes du temps tels qu'ils se manifestent quotidiennement dans leur complexité. Les trois derniers facteurs considérés (date en relation avec la saison, temps météorologique, moment du jour ou de la nuit) suffisent à suggérer la difficulté de décrypter correctement un tel ensemble de signes : « si le temps doit changer, c'est à l'intérieur de ces divisions qu'il change ». Ainsi se justifie la recommandation de tenir compte à la fois du contexte général du moment où se fait l'observation et de ses particularités (Καθόλου μὲν... καθ' ἕκαστα δὲ...).

27. L'expression κατὰ τὸν ὑπογεγραμμένον τρόπον a été diversement interprétée. Hort traduit « we must follow the accepted method » en s'appuyant (p. 396, n. 1) sur l'exemple d'Aristote, *Eth. Nic.* 2. 7. 9, τὸν ὑφηγημένον τρόπον, cité sans traduction ni analyse grammaticale. Le participe parfait ὑπογεγραμμένον de notre texte renvoie nécessairement à l'accompli, donc au sommaire qui s'achève en ces termes. La traduction de S.-B. « as indicated *below* [= ci-après, plus loin] » se perd dans le vague ; il est vrai que le commentaire de cette édition qualifie (p. 116) d'« unmethodical » ce traité pourtant clairement composé.

Chapitre I (§ 10-25) Les signes de pluie

1. Au préambule vigoureusement structuré qui définit et classe les observations formant le corps du traité, succède à partir du §10 la description des faits en rapport avec le temps météorologique. Le plan adopté est celui qu'indique la première phrase de l'ouvrage — qui lui sert également de titre —, à savoir l'étude « des signes de pluie, de vent, de tempête et de beau temps ». D'où la répartition des phénomènes examinés, suivant leur plus ou moins grande complexité, et leur impact, lui aussi plus ou moins important, sur le comportement des êtres vivants habitant l'atmosphère et/ou la terre ferme. Ainsi la forte

pluie (§ 10-25), qui détrempe les sols et réduit la visibilité en mer, est l'ennemie commune du paysan et du marin ; le vent (§ 25-37) est presque aussi préjudiciable à l'agriculture en desséchant des terres peu profondes, et à la navigation en multipliant les risques de naufrage. Plus impressionnante et souvent dévastatrice, la tempête (§ 38-49) n'a pour avantage qu'une fréquence un peu moindre. Ainsi ces trois perturbations forment un ensemble savamment organisé en léger dégradé (15 §– 12 § – 11 §) à l'image de leurs conséquences pour les activités humaines. Vient en contrepartie le bref exposé des signes de beau temps (§ 50-55), avant la conclusion (§ 56-57), qui renvoie aux signes astraux en tant que source d'information plus sûre au sujet du temps à prévoir. Mettre en rapport avec des observations à la portée de tous des phénomènes qui se produisent à d'immenses distances de la terre est un exercice dont le caractère aléatoire est d'emblée noté dans σημεῖα τὰ τοιαῦτα *δοκεῖ* εἶναι.

2. Comme le signale l'éd. S.- B., p. 116, la couleur notée par le verbe ἐπιφοινίσσω (non attesté avant Aristote) se distingue du rose délicat de l'aurore homérique, ῥοδοδάκτυλος « aux doigts de rose ». C'est au rouge sombre de la pourpre (φοῖνιξ) que fait penser un ciel lourd de menaces, comme le dit explicitement notre proverbe : « rougeline du matin, pluie ou vent en chemin ».

3. Sans différence de sens, le texte transmis met en concurrence αὐθημερόν, retenu par S.-B., et αὐθημερινόν, leçon de l'Aldine et de plusieurs mss. secondaires, choisie par Hort. Le commentaire de S.-B. (p. 117) justifie la préférence de αὐθημερόν par l'usage courant de cette forme en prose et en poésie dès le ve siècle, tout en signalant sa variante conjecturale en –ινόν déjà dans Eupolis, fr. 205 K.-A. L'atticisme mitigé de Théophraste fait pencher pour cette dernière, qui du reste fait assonance, peut-être voulue, avec ἑωθινόν.

4. Dans cette description de phénomènes célestes, banals ou exceptionnels, des circonstances de leur manifestation, et de leur interprétation comme signes du temps, on assiste à un emploi récurrent de périodes conditionnelles sans équivalent dans les textes grecs conservés, surprenant, sinon lassant, pour le lecteur moderne. Comme il est dit dans notre Introduction (p. XV-XVIII), nous y verrions volontiers sur le fond et dans la forme l'influence des documents de tradition mésopotamienne relevant de l'astronomie et même de l'astrologie, dont Théophraste a pu avoir connaissance pendant son séjour à Assos.

5. À côté de son sens général de « baguette », ῥάβδος a dans le vocabulaire technique des naturalistes celui de « jeune pousse », mince et flexible comme une baguette (cf. Thphr. *HP* II, 1, 2 et n. 2). De là, dans d'autres contextes, l'application de ce terme à divers objets de même forme ; cf. par ex. Thphr. *CP* IV, 12, 6 : *ὥσπερ* ἐν τοῖς μετάλλοις ῥάβδους… « à la manière des filons dans les mines… ». C'est ici, en contexte météorologique, une raie lumineuse, comme dans la

description de ce phénomène chez Aristote (*Météor.* 377 b 28-34), qui explique pourquoi « n'ont lieu au-dessus ni au-dessous du soleil, mais sur les côtés, les parhélies aussi bien que les raies lumineuses » (... ἐκ τῶν πλαγίων καὶ ῥάβδοι καὶ παρήλιοι).

6. La phrase Καὶ ἐὰν ἀνίσχων... ἀνέμου (l. 15-18) présente une série de formes verbales à préverbe ἀνα– : ἀνίσχων (repris plus loin par le simple ἴσχῃ) ... ἀνέχῃ... ἀνίσχοντος... ἀνατείλωσι (leçon de M à laquelle S.-B. préfèrent celle de V et de Bart. ἀποτείνωσι) ... ἀνατεῖλαι. Le mouvement ascendant du soleil levant est ainsi souligné — un peu lourdement — par l'emploi récurrent du préverbe ἀνα– « vers le haut ». À noter en outre l'usage courant en pareil cas du composé ἀνίσχω ; cf. dans LSJ (qui n'a pas d'entrée distincte pour ἀνίσχω) plusieurs exemples classiques de son emploi s.v. ἀνέχω B intr. : « b - esp. in form ἀνίσχω, of the sun » : πρὸς ἥλιον ἀνίσχοντα Hdt. 3. 98, ἅμ' ἡλίῳ ἀνίσχοντι Xén. *Cyn.* 6. 13, etc. Mais on remarque surtout dans la séquence ἀκτῖνες ἀνίσχοντος ἀνατείνωσι... ἀνατεῖλαι une assonance qui paraît accréditer l'hypothèse d'un ouvrage de jeunesse (composé dans les années 333-330 ; cf. Introduction, p. XIV) encore marqué par des habitudes scolaires.

7. Καυματίας n'est attesté que dans le *De signis* par plusieurs occurrences. Le mot est signalé dans LSJ au nombre des dérivés de καῦμα,–ατος, comme adj. masc. traduit « burning hot », avec référence à « Thphr. *Sign.* 11, 26, al. » L'index de S.-B. définit (p. 249) καυματίας en ces termes : « καυματίας *burning hot* (masc. adj. always modifying the sun) [...] This word appears nowhere else in Greek literature ». Le substantif correspondant, καῦμα, usuel d'Homère à l'époque tardive, se rencontre dans le même texte (§ 46 et 48), ainsi que καυματώδης « brûlant » (§ 36) ; καυθμός « brûlure » est dans *HP* IV, 14, 11 un terme de pathologie végétale : ὃ καλοῦσί τινες καυθμόν « ce qu'on appelle parfois la brûlure ». Καυματίας est cité dans Chantraine, *Formation des noms*, p. 94- 95, parmi les noms à suffixe –ίᾱς désignant diverses sortes d'objets usuels et de phénomènes naturels : « Théophraste emploie καυματίας "brûlant" comme épithète du soleil, cf. καῦμα ».

8. Le nom qui désigne soit la lune en tant que repère chronologique, soit le mois lunaire a été fixé en attique sous la forme μήν, μηνός. On sait toutefois (cf. Lejeune, *Phonétique*, p. 112-113) que le nominatif μήν est le produit de la régularisation du paradigme en attique classique, où il s'est substitué à un plus ancien μείς (avec ει notant /e/ long fermé) conservé dans les textes archaïques (par ex. l'*Iliade*, Hésiode, Pindare...) et même sporadiquement par des auteurs plus récents ; cf. Platon, *Timée*, 39 c : Νὺξ μὲν οὖν ἡμέρα τε γέγονεν οὕτως (...), μεὶς δὲ ἐπειδὰν σελήνη (...) ἥλιον ἐπικαταλάβῃ « Ainsi naquirent la Nuit et le Jour [...] et le mois, lorsque la Lune [...] rattrape le Soleil » (trad. Rivaud) — exemple remarquable en ce qu'il associe μείς, le mois

lunaire, et σελήνη, l'astre dont la révolution fournit cette mesure de temps. Même couple de termes dans notre texte, avec toutefois un sens assez différent, établi à partir de σελήνη πανσελήνῳ ἀνίσχουσα litt. « la lune qui se lève à la pleine lune » : il ne s'agit donc ici que des phases de la lune, sans rapport avec les divisions du mois.

9. De telles prévisions météorologiques tirées de l'aspect des astres se retrouvent, avec de nombreux détails qui ne viennent pas de Théophraste, dans Pline, XVIII, 342-346 pour le soleil, 347-349 pour la lune. — Bien que le sens général de la phrase soit clair, sa structure a donné lieu à maintes altérations, dont nous ne reproduisons ici que les plus significatives et les dernières en date :

— Furlanus (*ap.* Heinsius 1613), p. 417-418 : ἐὰν μὲν ᾖ πυρώδης, εὐδιεινὸν σημαίνει τὸν μῆνα. ἐὰν δὲ ζοφώδης, ὑδατώδη. σημαίνει δὲ ὅτι ἂν σημαίνει τριταῖος ὢν ὁ μεῖς. *Si cornua ignea sint, serenum mensem significat, pluuiam si nubilosa. Praesagit autem haec luna triduo post nouilunium.*

— Schneider (1818) : ἐὰν μὲν ᾖ πυρώδης, [πνευματώδη] σημαίνει τὸν μῆνα· ἐὰν δὲ ζοφώδης, ὑδατώδη· σημαίνει δὲ ὅ τι ἂν σημαίνῃ, τριταῖος ὢν ὁ μείς, texte repris dans Wimmer (1866), sans autre changement que la suppression des crochets droits, et avec la traduction suivante : *Si enim ignea appareat ventosum mensem significat, si nubila pluviosum : quicquid vero cornua indicant, id triduo significant.*

— Sider – Brunschön (2007) : ἐὰν μὲν ᾖ ἀργυρώδης εὐδίαν, εἰ δὲ πυρώδης ἄνεμον, ἐὰν δὲ ζοφώδης ὕδωρ σημαίνει· σημαίνει δὲ ὅ τι ἂν σημαίνῃ τριταῖος ὢν ὁ μείς *And if the moon is silvery, it signals fair weather, and if fiery, wind, and if cloudy, rain. The moon indicates what it indicates on the third day.* En tenant compte des données fournies par un apparat critique copieux (voir p. 66 *ad loc.*), ces auteurs obtiennent un sens bien plus riche que celui des versions précédentes ; ils justifient leur souci de ne rien perdre du sens original, en considérant la phrase ἐὰν μὲν ᾖ — ὕδωρ σημαίνειν comme « une assez longue phrase périodique, peut-être construite hors contexte par accroissements successifs, comme le suggère le εἰ du second membre que nous ne ramenons pas à la norme ». Y compris dans ce détail, le texte de Sider – Brunschön paraît devoir être retenu.

10. Notre expression « étoile filante » traduit approximativement le grec ἀστὴρ ἀΐσσων, –ττων, le verbe devenant par préverbation δι–ᾴττω, terme technique d'astronomie, commun à Aristote et à Théophraste avec le sens littéral de « bondir à travers (l'espace) ». À date ancienne, c'est ἀστήρ sans autre précision qui désigne une étoile filante, à charge pour le contexte d'indiquer ce qui la distingue des astres proprement dits ; cf. *Iliade*, IV, 75-77, où il est dit que Zeus envoie aux hommes en guise de présage « un astre éclatant d'où

jaillissent des étincelles par milliers » (τοῦ δὲ… πολλοὶ ἀπὸ σπινθῆρες… ἵενται). Aristophane était plus proche de la réalité quand il prête à un simple serviteur (*Guêpes*, 838-839) la question suivante : « Qu'est-ce que les astres qui filent à travers <l'espace> (οἱ διατρέχοντες ἀστέρες) et accomplissent leur course en brûlant (καόμενοι θέουσι) ? » Plus sérieusement, Aristote (*Météor*. 341 b 25-35, etc.) se livre à une longue étude des « étoiles qui ont l'air de bondir à travers (l'air) » (οἱ δοκοῦντες ἀστέρες διᾴττειν). — Selon les spécialistes actuels, « l'expression "étoile filante" est trompeuse. Il ne s'agit pas d'étoiles qui filent mais de grains de poussière pénétrant dans la haute atmosphère de la terre […]. L'échauffement produit par le frottement dans l'air […] se traduit par une brillante et très brève traînée de lumière qui zèbre le ciel » (d'après le site www.futura-sciences.com consulté le 16-04-18). Quoique ces fragments de matière ne pèsent que quelques grammes, ce qu'on appelle une « pluie d'étoiles filantes » a dû être remarqué dès la plus haute antiquité.

11. Ici commence le passage qui, dans la dernière partie du § 13 et la totalité du § 14, sert de transition entre les phénomènes célestes et les comportements des animaux annonciateurs du temps. Ceux d'entre eux qui vivent à la fois sur la terre et dans l'air perçoivent des variations atmosphériques insignifiantes pour l'homme, sauf s'il est capable d'interpréter correctement de menus détails de la vie quotidienne, telle la combustion anormale d'une lampe à huile. Comme, de toute évidence, Théophraste ne peut pas avoir connu par expérience personnelle tous les faits qu'il rapporte, il n'échappe pas à la tendance populaire à la généralisation, qu'il soupçonne lui-même d'être parfois abusive ; la preuve en est donnée par la fréquence (signalée dans le commentaire de S.-B., p. 114) de la formule ὡς ἐπὶ τὸ πολύ « d'ordinaire ».

12. Le nom collectif des végétaux que nous nommons « champignons », en grec μύκης, s'est prêté de bonne heure à un emploi figuré pour désigner une excroissance sur la mèche d'une lampe à huile qui brûle mal par temps pluvieux ; cf. Aristophane, *Guêpes*, v. 262-263 : Ἔπεισι γοῦν τοῖσιν λύχνοις οὑτοιὶ μύκητες·| φιλεῖ δ', ὅταν τοῦτ' ᾖ, ποεῖν ὑετὸν μάλιστα « Ainsi, voyez ces champignons sur les lampes. D'ordinaire, quand cela se produit, c'est signe de forte pluie » (trad. Van Daele).

13. La conjecture χείμωνος ὄντος μύκαι de S.-B. (avec sa traduction « if during winter snuff builds up », à savoir « si c'est pendant l'hiver, il se forme un champignon ») ne se justifie pas, d'abord parce qu'elle est fort éloignée du texte transmis dont tous les témoins donnent τρεῖς, suivi d'un nom de forme variable (νύκτας, νύκται, μύκαι), et parce que χείμωνος ὄντος est totalement conjectural. Il paraît nécessaire de conserver τρεῖς, commun à tous les mss., étant donné le rôle important de « trois », le premier nombre impair, dans tout ce qui touche aux sciences occultes et à l'irrationnel en général (signalé même

dans Bailly s.v.). Quant au second terme, νύκτας, accusatif (d'extension temporelle) de νύξ, νυκτός, c'est la plus correcte des variantes fournies par la tradition manuscrite ; pour le sens, elle s'accorde avec l'opinion populaire suivant laquelle les champignons sortent de terre pendant les nuits de pleine lune.

14. Signalons une fois pour toutes la fréquence dans ce traité de courtes phrases asyndétiques, dans lesquelles on ne saurait dire si l'absence de particule de liaison est une négligence de l'auteur, des scribes successifs, ou bien s'il s'agit d'une économie intentionnelle destinée à reproduire la spontanéité de simples notes prises sur le vif en observant le comportement animal, sujet de la seconde partie de ce chapitre.

15. La précision apportée à ἡ σαύρα par ἣν καλοῦσι σαλαμάνδραν se justifie pour plusieurs raisons : 1) si σαύρα, nom usuel du lézard, est présumé connu du lecteur comme l'animal correspondant, il n'en est pas de même de l'espèce voisine que désigne σαλαμάνδρα ; cf. *DELG* s.v. : « pas d'étymologie », aucun des rapprochements tentés n'étant convaincant . 2) Aristote ne paraît connaître de la salamandre que sa prétendue insensibilité au feu ; l'unique mention qu'il en fait est la suivante (*HA* 552 b 15-17) : « La possibilité pour certains animaux d'être ainsi constitués qu'ils ne brûlent pas, est démontrée par l'exemple de la salamandre : car celle-ci, dit-on, marche à travers le feu et l'éteint sur son passage » (trad. P. Louis). 3) Une notice plus complète se trouve dans Théophraste, *De igne*, 60, où il est dit : « Si à pareille humidité vient encore s'ajouter par nature le froid, c'est bien, dit-on, ce qui agit conjointement pour éteindre <le feu>, comme dans le cas de la salamandre : l'animal est froid par nature, l'humidité qui s'en échappe est visqueuse et en même temps renferme une sorte d'humeur capable de se diffuser à distance. La preuve en est que les eaux deviennent toxiques, ainsi que les fruits, si elle y a été mêlée, et surtout celle d'une salamandre morte. » (trad. personnelle de l'éd. Battegazzore, 2006). 4) Du point de vue naturaliste, la salamandre commune en Grèce comme dans la majeure partie de l'Europe est la salamandre tachetée, *Salamandra salamandra*, très reconnaissable à ses taches d'un jaune vif sur fond noir. Les spécialistes (cf. Arnold & Ovenden, 2004, p. 31-32) la décrivent comme une espèce surtout nocturne et fréquemment active après une pluie, qui se déplace très lentement et compense ce manque d'agilité par le danger que fait courir à un éventuel prédateur la toxicité de l'humeur sécrétée par les glandes de son épiderme. Ses taches de couleur vive seraient une stratégie défensive destinée à dissuader les agresseurs. Théophraste a raison quand il tient pour un signe de pluie une salamandre « qui se montre » (φαινομένη), alors que d'ordinaire il est bien difficile de l'apercevoir en plein jour.

16. En passant des animaux sauvages à du bétail domestique, il est probable que l'auteur substitue à l'observation directe, au moins en

partie personnelle, des renseignements obtenus auprès des éleveurs : si la mention du bœuf qui « a léché son sabot de devant » n'est pas de simple fantaisie, ce peut être un « on-dit » de provenance indéterminable, mais l'attitude d'un animal qui, le cou tendu, flaire l'air ambiant et en perçoit l'humidité anormalement élevée, n'est pas invraisemblable : il est reconnu que même nos animaux de compagnie détectent dans l'air de nombreuses odeurs qui nous échappent. – Le commentaire de S.-B., p. 129, cite de nombreux successeurs de Théophraste qui lui sont redevables d'une telle observation : Aratos, Varron, Élien, Pline, Virgile, un auteur des *Géoponiques*, etc. Il serait plus profitable de pouvoir identifier les sources de Théophraste, qui ne sont pas toutes reconnaissables.

17. À la manière d'un artiste qui « croque » une attitude caractéristique, l'auteur nous donne à voir une silhouette qui l'a frappé : celle du « corbeau de mer » ou grand cormoran, qui apparaît dans la littérature grecque dès l'*Odyssée*, μ 418-419 [= ξ 303-304] dans le récit que le héros fait de son naufrage : « mes gens [...] flottent autour du noir croiseur, pareils à des corneilles (κορώνησι ἴκελοι) » (trad. Bérard). Le grand cormoran, connu depuis Linné sous le nom scientifique de *Phalacrocorax carbo*, se caractérise par ses dimensions (130-160 cm d'envergure, un poids de 2 à 2,5 kg), son plumage tout noir, son habitat dans les falaises côtières et son régime alimentaire à base de poisson, qu'il pêche grâce à sa capacité de rester sous l'eau pendant plus d'une minute. Les termes que l'auteur emploie ici pour évoquer la scène ont été soigneusement choisis : 1) outre l'allitération en –κ– (κορώνη... κορυσσομένη... κῦμα κατακλύζει... κολυμβῶσα) qui n'est pas sans rappeler le croassement des corvidés, on remarque le rapprochement de κορώνη (cf. *supra* la citation de l'*Odyssée*) et de κορυσσομένη, réminiscence probable de l'*Iliade*, Δ 422-424 : « Ainsi, sur la rive sonore, la houle de la mer, en vagues pressées, bondit (...) ; elle se soulève (κορύσσεται)...» (trad. Mazon) ; 2) l'indication du lieu où l'oiseau vient se reposer après avoir plongé (κολυμβῶσα) pour capturer les poissons dont il se nourrit est également pertinente : il « se dresse sur un rocher que la vague submerge », dans une attitude caractéristique de l'espèce ; cf. le site informatique www.oiseaux–birds.com consulté le 26-12-2017, au sujet des cormorans : « Après la pêche, ils se posent sur des perchoirs à découvert, les ailes et la queue largement déployées pour sécher leur plumage. Cette posture est typique des cormorans. » Il n'est pas excessif de supposer que Théophraste a pu observer directement cette espèce encore aujourd'hui recensée à Lesbos dans les marais salants de Kalloni (Bâlon & Burban, 2010 [cf. bibliographie], p. 3).

18. En français comme en grec, la mention du véritable corbeau (cf. note précédente) appelle, en quelque sorte, celle de son congénère improprement appelé « corbeau » et qui est la très commune corneille

noire, *Corvus corone*. Les variations de son cri sont bien connues des ornithologues : « en vol, les corneilles s'interpellent en lançant un croassement bas. Parfois elles lancent un son métallique, d'autres fois un matraquage de croassements devant un oiseau de proie posé » (d'après www.oiseaux.net). Un bon naturaliste tel que Théophraste ne pouvait pas manquer de les avoir remarquées, d'autant plus que les listes de ses ouvrages transmises par Diogène Laërce citent au nombre de ses traités zoologiques qui ne nous sont pas parvenus un opuscule (5. 43) intitulé Περὶ ἑτεροφωνίας ζῴων τῶν ὁμογενῶν α´ « Les changements de voix chez les animaux du même genre, 1 livre ». — Comme un vol de corneilles se manifeste à grand bruit à des moments de la journée autres que l'aube et surtout le soir, la correction en μεταβάλλων ἕωθεν de μεταβάλλειν εἰωθώς (*uel sim.*), texte transmis par les meilleurs mss.et reproduit dans l'éd. Schneider 1818, p. 786, ne s'impose pas.

19. L'interprétation de ἐπιρροιζήσῃ est rendue délicate par sa place, intentionnelle ou non, entre la notation d'une voix (ταχὺ δὶς φθέγξηται) et celle d'un mouvement (τινάξῃ <τὰ πτέρα>). À l'appui du premier rapprochement , on peut invoquer l'insistance dans la phrase suivante sur le changement de voix (πολλὰς μεταβάλλῃ φωνὰς), mais le commentaire de S.-B. (p. 130-131) cite opportunément, pour illustrer la difficulté du choix, l'association de πτέρον à ῥοῖβδος dans la description d'un combat d'oiseaux de proie chez Sophocle (*Ant.* 1004) : « ils s'entretuent : leur bruissement d'ailes (πτερῶν ῥοῖβδος) ne laisse pas de doute » (trad. Mazon). Bien que dans notre texte τὰ πτέρα soit une addition de Schneider, ce qui rend moins décisif le témoignage de Sophocle, la ressemblance mérite d'être notée. Il reste qu'en l'état actuel de la recherche, les rapports entre le groupe de ῥοῖβδος « bruit sifflant, perçant » — auquel le *DELG* s.v. rattache « ἐπι– dit d'un corbeau (Thphr.) » — et celui de ῥοῖζος traduit *ibid.* par « sifflement, bourdonnement » sont loin d'être clairs.

20. Si l'identification de κόραξ avec la corneille noire, *Corvus corone* L. 1758, improprement dite « corbeau », et celle de ἱέραξ avec le faucon sont largement admises, celle de κολοιός fait difficulté. Le terme est usuel, même dans des textes non spécialisés, ce qui amène à en classer comme suit les occurrences et les traductions qui en sont données :

1) *Iliade*, Π 582-583, (un guerrier est dit « pareil au milan rapide ») ὅς τ' ἐφόβησε *κολοιούς* τε ψῆράς τε « qui met en déroute *des geais* ou des étourneaux » (trad. Mazon) ; *ibid.* P 755-757, ὥς τε ψαρῶν νέφος ἔρχεται ἠὲ *κολοιῶν* « Telle une nuée de *geais* et d'étourneaux vole… » ; Thphr. *Caractères*, XXI (portrait du vaniteux) « Il a chez lui un *geai apprivoisé*… » (trad. Navarre) *κολοίῳ* δὲ ἔνδον *τρεφομένῳ*.

2) Aristophane, *Cav.* 1020 (parodie du style oraculaire) πολλοὶ γὰρ μίσει σφε κατακρώζουσι *κολοιοί* « Mille *choucas* haineux croassent

pour le perdre » (trad. Van Daele) ; *Guêpes*, 129, ὡσπερεὶ *κολοιός* « comme *un choucas* » ; *Ois*. 50, Κῷ *κολοιὸς* οὑτοσὶ « Le *choucas* aussi que voilà… » ; Aristote, *HA* 617 b 16-17, *Κολοιῶν* δ' εἰσὶν εἴδη τρία « Il existe trois variétés de *choucas…*» (trad. P. Louis).

Les deux espèces qui se trouvent en concurrence pour l'identification avec κολοιός sont donc le geai et le choucas, qui sont tous deux présents en Grèce (pour Lesbos en particulier, voir le relevé de Bâlon & Burban, p. 11), appartiennent l'un et l'autre à la famille des Corvidés, mais ne se ressemblent ni par l'aspect, ni par le comportement. Le premier a une livrée multicolore (dont les détails les plus caractéristiques sont des « moustaches » noires et des rémiges d'un beau bleu vif), le second est tout noir avec quelques reflets bleutés sur le cou ; le choucas peut s'approcher des habitations s'il y a repéré des reliefs de nourriture, mais « élevé par un humain, il rejoindra s'il le peut une troupe de choucas dès qu'il sera en état de voler » (d'après Wikipédia, Choucas des tours, *Coloeus monedula*, consulté le 24-05-2018) ; selon la même source (s.v. Geai des chênes, *Garrulus glandarius*), le geai est beaucoup plus hardi : c'est un pilleur de nids, en même temps qu'une « sentinelle de la forêt », dont il reproduit tous les bruits ; « il a la capacité de reproduire des chants ou des cris d'autres oiseaux et même de mammifères comme le chat ou le cheval ». Cette aptitude à faire le pitre devant des spectateurs est ce qu'a exploité *le Vaniteux* de Théophraste (cité *supra*), possesseur d'un geai apprivoisé (κολοιῷ… τρεφομένῳ) « auquel il a acheté une petite échelle et fabriqué un petit bouclier d'airain, pour que l'oiseau sautille, ainsi équipé, sur son échelle ». L'équivalence κολοιός = geai est donc ainsi bien établie, sans que soit exclue une équivalence différente dans d'autres contextes.

21. Le verbe ἱερακίζω « avoir le comportement d'un faucon » est, d'après les références de LSJ, un terme propre aux naturalistes du Lycée (Thphr. *Sign*. 16 ; Arist. *Fr*. 253). L'extrait d'Aristote, dont la référence actuelle est fr. 270 Gigon (= O. Gigon, *Aristotelis Opera*, vol. 3, Berlin, 1987), cité *in extenso* dans S.-B., p. 130, se termine par les mots κολοιοὶ δὲ ἱερακίζοντες… ὑετὸν δηλοῦσι, sans mention d'un autre oiseau dans ce membre de phrase. La mention du comportement d'un faucon s'explique par une technique de chasse qu'Aristote, originaire de Stagire en Grèce du Nord, décrit avec tous les détails d'un spectacle familier dans *HA* 620 a 33-35 : « En Thrace […] sur le marais [i.e. le cours moyen du Strymon], les hommes font la chasse aux petits oiseaux avec l'aide d'un faucon : les premiers secouent avec des gaules les roseaux et les arbres pour faire s'envoler les petits oiseaux, et les faucons se précipitent sur eux. […] Et les hommes les frappent de leurs gaules et les prennent. Puis ils donnent aux faucons une partie de la chasse. » La documentation disponible de nos jours (cf. Wikipedia, Faucon pèlerin, *Falco peregrinus*, consulté le 24-04-2018) décrit longuement les aptitudes de l'oiseau et sa technique de chasse, résumées

en ces termes : considéré comme l'oiseau le plus rapide du monde, « après avoir repéré sa proie, le faucon la surprend [...] en effectuant une attaque en piqué. [...] La proie heurtée est ainsi déstabilisée et se tue lors du choc au sol ou bien reçoit un coup de bec fatal derrière la nuque. » Dans notre texte, ἱερακίζουσι « ils se comportent comme des faucons » s'explique, semble-il, par l'altitude anormalement élevée qu'atteignent, par temps d'orage, des oiseaux qui ne sont pas de grands voiliers et d'où ils redescendent précipitamment, à la manière d'un faucon qui fond sur sa proie.

22. La leçon βοτοῖς commune aux deux principaux manuscrits, M et V, est corrigée en βουσί par Schneider (V, 166) suivi sans discussion dans l'éd. Sider-Brunschön, alors que le texte transmis est cohérent ; cf. *DELG* s.v. βόσκω : « Il existe un thème βοτο– dans le neutre βοτόν "bête d'un troupeau" [...], surtout au pluriel βοτά (*Il.*, S., etc.) opposé à θηρία (Pl. *Menex.* 237 d), dit également d'oiseaux (Ar. *Nuées* 1427) ; on peut parfois se demander s'il s'agit de gros ou de petit bétail. » Ces deux dernières références se rapportent à l'usage de la prose classique : pour L. Méridier, éd. du *Ménéxène* dans la CUF, « il faut en placer la date vers 386 » ; la Notice de l'édition Coulon – Van Daele dans la même collection commence en ces termes : « Les *Nuées* furent représentées aux Grandes Dionysies (mars) de 423 ». On lit dans l'éloge d'Athènes que le *Ménéxène* prête à Aspasie (237 d) : « au temps [...] où toute la terre produisait [...] des êtres de toute sorte, bêtes et plantes (ἔφυε ζῷα παντοδαπά, θηρία τε καὶ βοτά), la nôtre... » – traduction acceptable, certes, mais qui n'explique pas le choix de βοτά au lieu de la forme attendue βοτάνας. Van Daele est plus proche de l'interprétation correcte quand il rend en ces termes le conseil de Phidippide à son père (*Nuées*, 1427) : « Mais observe les coqs et les autres bêtes que tu sais » (Σκέψαι δὲ τοὺς ἀλεκτρυόνας καὶ τἄλλα τὰ βοτὰ ταυτί). Comme dans notre texte, à un nom d'animal spécifié (ici « les coqs », dans Thphr. « les chèvres ») est associée, sans changement de registre, une désignation collective (Thphr. καὶ βοτοῖς ; *Nuées*, τἄλλα τὰ βοτά). — Le texte commenté paraît donc s'expliquer ainsi : le lieu de la scène est une île, comme il en existe des milliers dans le monde grec, donc un espace restreint et généralement aride ; un temps pluvieux couvre le sol d'une végétation assez abondante pour nourrir du petit bétail, tel que chèvres et moutons, et une population moyennement nombreuse d'oiseaux granivores ; mais si ces derniers sont trop nombreux dès le printemps, la fructification est compromise, les plantes régressent et la terre dénudée se dessèche.

23. La traduction de ὄρνιθες καὶ ἀλεκτρύονες fait difficulté, comme le montre la diversité des interprétations proposées ; pour ne citer que les plus récentes, Hort écrit « cocks and hens » (= coqs et poules), S.-B. « birds and chickens » (= oiseaux et poulets). Selon toute vraisemblance, ὄρνις a ici comme partout le sens collectif qui lui est

reconnu dans le *DELG* s.v. « oiseau (oiseaux de proie et oiseaux domestiques) ». C'est le terme constamment employé dans *Les Oiseaux* d'Aristophane ; cf. par ex. v. 561-562, où Pisthétairos déclare à Épops (« la Huppe ») : « Quant aux hommes, je vous engage à leur envoyer un autre oiseau (ὄρνιν ἕτερον) comme héraut, pour qu'ils aient, maintenant que les oiseaux sont rois, à sacrifier dorénavant aux oiseaux (ὡς ὀρνίθων βασιλευόντων θύειν ὄρνισι τὸ λοιπόν) » (trad. Van Daele). — La spécialisation sémantique qui a fait de ἀλέκτωρ le nom du coq est étudiée dans le *DELG* s.v. ἀλέξω, 2 Thème II, sous la forme ἀλεκ– « Ἀλέκτωρ, qui est à l'origine d'un développement imprévu, est proprement un nom d'agent en –τωρ [...]. Le terme est un nom propre chez Homère. D'autre part le mot a servi, comme une sorte de sobriquet, à désigner le coq, considéré comme le défenseur, le combatif. » Mais le sens étymologique du terme est totalement effacé dans le féminin ἀλεκτορίς, ainsi que dans les dérivés ἀλεκτοριδεύς « poussin », ἀλεκτόριον « basse-cour », etc. D'où notre choix d'un terme de sens large, « volaille ».

24. Comme l'indique le commentaire de S.-B., p. 134, ὡς ὗον n'a pas de rapport syntaxique avec ὕδωρ immédiatement précédent ; c'est un accusatif absolu correspondant au verbe impersonnel ὕει « il pleut », sans différence de sens pour ὡς « comme si » par rapport à un tour personnel tel que, par exemple, Platon, *Ap.* 29 a : « on craint la mort comme si on savait (δεδίασι ὡς εἰδότες) qu'elle est le plus grand des maux ».

25. Terme d'architecture emprunté à une langue indéterminée (carien ?), γεῖσον, τὸ, désigne toute bordure en relief, un rebord de toit, une corniche, etc., même dans la langue littéraire d'époque classique ; cf. par ex. Euripide, *Phén.* 1158 : γεῖσ' ἐπάλξεων ἄπο « saillie détachée des créneaux » (trad. Méridier, CUF 1950).

26. À ce qui a été dit du geai (*supra*, n. 20) ajoutons, pour expliquer la localisation « sur un étang ou sur la mer », que tout en étant un oiseau essentiellement forestier, il peut avoir été observé à proximité immédiate de zones marines ou saumâtres telles qu'à Lesbos le golfe de Kalloni dont la rive orientale est couverte de pins jusqu'au bord de l'eau. « Espèce notée pratiquement tous les jours » à Lesbos, selon Bâlon et Burban (p. 11), le geai peut être associé sans invraisemblance à la volaille des habitations riveraines ; mais à la différence du canard, ce sont des espèces qui ne sont pas inféodées au milieu aquatique.

27. Le *DELG* confirme l'équivalence ἐρωδιός = « héron », sans proposer pour ce terme une étymologie sûre. Les observations directes des ornithologues cités *supra* permettent d'affirmer la présence à Lesbos, au voisinage de la mer (cf. l. 21 ἐπὶ θάλατταν πετόμενος) de deux espèces du genre, le héron cendré (*Ardea cinerea*) qualifié (*op. cit.*, p. 3) d'« espèce assez commune, vue un peu partout », et le héron pourpre (*Ardea purpurea*), avec cette note (p. 4) : « Observation presque quotidienne d'un ou deux ind. un peu partout ».

28. Simplement introduit par Καὶ, le § 19 fait figure de fourre-tout, réunissant sans fil conducteur autre que l'annonce de la pluie, de menus détails de la vie quotidienne dans le milieu familier à l'auteur : maison habitée, à proximité de la mer. — La précision apportée par ἐν οἰκίᾳ *οἰκουμένῃ* a pu surprendre, le pinson , *Fringulla coelebs*, n'étant pas un oiseau aussi familier que d'autres passereaux tels que le moineau ou le rouge-gorge. L'explication se trouve peut-être dans la précision suivante : « Les pinsons européens sont des oiseaux chanteurs et de ce fait les "Pinsonneux" les élèvent pour faire des concours de chants. Plusieurs expressions font référence à cette capacité de chanter : l'expression *gai* ou *joyeux comme un pinson* est très commune » (d'après https://fr.wikipedia.org/wiki/Pinson consulté le 01-05-1980) ; cf. *supra* n. 20, au sujet d'un geai élevé en captivité pour l'amusement de son propriétaire. — Il n'y a pas lieu de retenir la graphie πελλὸς donnée par Furlanus si l'on en croit l'apparat critique de Sider – Brunschön, p. 70 ; c'est en fait πέλλος (paroxyton) qu'on lit dans le texte de Furlanus *ap.* Heinsius 1613, de même que dans les index de cette édition. Il est vrai que ὁ πέλλος « le cendré » désigne dans Arist. *HA* 609 b 23 et 616 b 33 l'espèce commune de héron, mais cette proposition est ici exclue par le seul fait que nul n'imagine un héron « dans une maison habitée ».

29. Au § 20 commence la seconde partie de ce chapitre, occupée presque exclusivement par la description et l'interprétation météorologique de phénomènes observés dans le ciel d'Athènes et de ses environs. La ville étant située dans une cuvette, sauf à l'ouest où l'Attique est limitée par la mer, les curieux d'astronomie pouvaient bénéficier de la position dominante fournie par les collines d'alentour. Sans même s'élever, il suffisait de regarder l'Hymette pour fonder un pronostic sur le temps à venir. Les points culminants de ce massif qui s'étend sur quelque 16 km entre la ville et le golfe Saronique sont le « grand » Hymette (1026 m), ὁ μέγας Ὑμηττος de notre texte, et son jumeau un peu plus bas, qualifié par comparaison de « petit », avec mention de son aridité : Ὑμηττος ὁ ἐλάττων ἄνυδρος καλούμενος. C'est un document à verser au dossier ouvert par Platon, *Critias*, 111 a-d, qui décrit l'Attique primitive comme une terre féconde bordée de montagnes boisées et arrosée par de nombreux cours d'eau, devenue neuf mille ans plus tard « comme le squelette d'un corps décharné par la maladie ». Sans nier l'impact de l'activité humaine sur la dégradation du milieu naturel, on ne saurait minimiser le rôle déterminant des facteurs climatique et pédologique dans la pauvreté du couvert végétal en Méditerranée orientale.

30. Le *DELG* s.v. λείβω définit le vent nommé λίψ, gén. λιβός, comme « celui qui fait tomber des gouttes », correspondant avec le degré vocalique zéro au verbe λείβω, à vocalisme *e*, bien connu pour sa signification religieuse : « faire une libation ».

31. Malgré leur proximité immédiate, les termes au génitif ἀκρωρίας et νότου πνέοντος s'analysent différemment, les deux derniers en tant que génitif absolu banal pour une circonstance temporelle, ἀκρωρίας (seulement dans le *De signis*, ici et au § 42) se rattachant à des expressions adverbialisées telles que ἡμέρας « de jour », νυκτός « de nuit », etc. L'Index de S.-B. donne ἀκρωρεία « daybreak », de même que Hort « at early down » pour ἀκρωρίας. Ce sens étant donc bien établi, seule la forme du mot grec pose problème. LSJ distingue nettement ἀκρώρεια « mountain ridge » (corrigé dans le *Supplement* en « mountain heights ») et ἀκρωρία « daybreak » (cf. Bailly « point du jour ») dont le sens est celui qui s'impose ici. Il s'ensuit que l'éd. S.-B. reproduit la leçon ἀκρωρείας des mss. M V en lui associant la traduction de ἀκρωρίας : « at dawn ».

32. La coexistence dans la langue classique et ici même de νεφέλη (l. 20) et de νεφῶν (l. 23) rend arbitraire pour l'éditeur le choix entre ces termes synonymes ; la préférence donnée à νεφῶν (l. 23) ne se justifie que par la plus grande ancienneté du manuscrit qui fournit cette leçon.

33. Le comportement des fourmis transportant leurs œufs en lieu sec quand elles prévoient une pluie assez forte pour inonder leur fourmilière fait partie de ces preuves de la sagacité animale que Théophraste avait dû réunir dans un des sept opuscules traitant de ce sujet dont Diogène Laërce (*Vita Theophrasti*, V, 43-44) a recueilli les titres. On trouve également chez Aristote, en particulier dans *HA* IX, plusieurs anecdotes à verser au dossier de « l'intelligence des animaux » – pour reprendre le titre d'un traité de Plutarque – ce qui permet à J. Bouffartigue (cf. bibliographie), dans son étude très pertinente de la question (p. 402-403), de constater qu'au moins deux passages du livre IX (612 b 4-10 et 627 b 10-13) font douter de leur attribution à Aristote. Il suffit pour s'en convaincre de citer parallèlement le cas le plus frappant, celui du hérisson :

— Aristote, *HA* 612 b 4-10 : « À propos de la sensibilité des hérissons, il a été donné en plusieurs endroits de constater que, si les vents du nord ou du sud viennent à tourner, ceux qui vivent sous terre changent l'ouverture de leur trou, et ceux qui sont domestiqués changent de mur, si bien qu'à Byzance, à ce qu'on dit, quelqu'un s'acquit une réputation en prédisant le temps à partir des remarques qu'il faisait sur le comportement de son hérisson » (trad. P. Louis).

— Théophraste, *De signis*, 30 : « Le hérisson est un indicateur des vents : il se fait deux trous en guise de terrier, l'un orienté vers le nord, l'autre du côté sud ; selon celui des deux qu'il obstrue, il indique d'où vient le courant d'air, et s'il bouche les deux, c'est un indice de la violence du vent » (trad. personnelle).

Bien que la notice aristotélicienne soit plus détaillée, l'information des deux naturalistes a sans doute des sources communes. De même, des convergences qui ne sont certainement pas fortuites entre les

Problèmes aristotéliciens et *CP* V, 6, ont été signalées et commentées dans l'éd. du *De causis* (CUF 2017), p. 149-151.

34. « Ce nom, composé de παρὰ et de ἥλιος, désigne l'image du soleil réfléchie dans un nuage. Cette image (appelée aussi faux-soleil) est due à la réfraction des rayons du soleil dans les cristaux de glace en suspension dans l'atmosphère » (P. Louis, n. 2 à *Météor.* 371 b 19). Longue étude de ce phénomène associé à celui des « raies solaires » (ῥᾶβδοι) dans Aristote, *Météor.* 376 a 29-30 (περὶ τῶν παρηλίων καὶ ῥάβδων) – 377 b 34. À la différence de παρήλιον qui appartient en propre au vocabulaire technique de l'astronomie, ῥάβδος (paroxyton dans les dictionnaires usuels) désigne toutes sortes d'organes ou d'objets en forme de baguette : rameau, sarment, bâton, raie, ligne, etc. P. Louis explique (n. 3 à *Météor.* 371 b 19) que « ce sont des taches lumineuses oblongues, formées de bandes parallèles, qui ont les couleurs de l'arc-en-ciel » et renvoie pour un exposé détaillé à 377 a 31 et sq. — Théophraste n'entre pas dans la description détaillée de ces phénomènes, se bornant à noter leur plus curieuse manifestation (d'après https.fr.wikipedia.org/wiki/Parhélie#Description consulté le 05-05-2018) : « Le phénomène consiste essentiellement en l'apparition de deux images lumineuses [...] placées de part et d'autre du soleil, sur une ligne horizontale appelée "cercle parhélique", qui peut être ou non apparent. [...] L'ordre des couleurs est celui du spectre de la lumière [...], le rouge étant orienté vers le Soleil, les autres couleurs étant assez diffuses et parfois suivies d'une queue de lumière blanche [...] si brillante qu'elle donne l'impression de répliques du Soleil [...] Le phénomène se produit lorsque le Soleil est assez bas sur l'horizon et que l'atmosphère est chargée de cristaux de glace présents dans les nuages de haute altitude. » — Notons enfin que la source informatique consultée signale à ce propos qu'« en –300, le philosophe Théophraste publie *Des signes du temps*, premier ouvrage de prévisions météorologiques » où l'apparition de « faux-soleils » se trouve mentionnée comme signe de pluie ; sont ensuite cités des auteurs latins, dont Pline l'Ancien, *NH* II, 31 ; Cicéron, *De natura deorum*, II, 5 ; Sénèque, *Questions naturelles*, I, 11 ; etc. Témoin involontaire de ce phénomène un soir d'automne sur le Causse du Larzac, nous pouvons affirmer qu'il est impressionnant.

35. La mention de halos *noirs* peut surprendre après celle de « faux-soleils » dont la forte luminosité ne permet généralement pas de distinguer les couleurs. Mais Aristote précise (*Météor.* 373 a 25-27) : « Autour du halo, la bande qui le borde est noire (παρὰ δὲ τοῦτο *μέλαινα* ἡ ἐχομένη περιφέρεια), et elle apparaît d'autant plus foncée qu'elle contraste avec la blancheur du cercle. » Sur de telles observations repose chez Aristote (*ibid.* 372 b 15-34) la prévision du temps ; de son exposé détaillé, on retiendra au moins la distinction suivante (*ibid.* 16-22), dont Théophraste a eu nécessairement connaissance :

« lorsque l'air et la vapeur d'eau se trouvent condensés en nuage, [...] cette condensation est signe de pluie : néanmoins la dispersion et la dissipation des nuages sont des signes, dans ce dernier cas de beau temps, et dans le cas de dispersion, de vent. Si la vapeur d'eau ne se dissipe pas et ne se disperse pas, [...] elle est considérée à bon droit [...] comme un signe de pluie. »

36. Cf. l'imitation latine de ce passage dans Pline, XVIII, 353 : « Il y a dans le signe du Cancer (*in signo Cancri*) deux petites étoiles appelées les Ânons (*Aselli*) ; l'étroit espace qui les sépare est occupé par un petit nuage qu'on appelle la Crèche (*nubecula quam praesepia appellant*) ». (trad. Le Bonniec, CUF 1972, avec la n. 1, p. 314-315). Le terme de Crèche a pris une acception particulière du fait de la tradition chrétienne selon laquelle, sur le point de donner naissance à Jésus, Marie trouva refuge dans une étable de Bethléem et déposa le nouvauné dans la *mangeoire* (sens propre du mot grec φάτνη, d'étymologie difficile ; cf. *DELG* s.v.) destinée aux bestiaux. Les spécialistes tels que G. Aujac (cf. bibliographie) usent du mot « Crèche » pour désigner d'un point de vue strictement astronomique (art. cité, p. 16-17) un « amas ouvert, visible dans la constellation du Cancer, encadré de deux étoiles appelées les Ânes. » Suit en traduction la citation plus explicite d'Aratos, v. 899-908.

37. On sait que pour les Anciens, l'Arcture et la Canicule (autrement dit Sirius, le Chien d'Orion) étaient, avec la Pléiade, des repères essentiels pour l'accomplissement des travaux agricoles. Rappelons, d'après G. Aujac (p. 18-19) les dates correspondantes dans notre calendrier : pour l'Arcture, lever du soir vers le 24 février, lever du matin à la mi-septembre ; pour la Canicule, lever matinal les derniers jours de juillet. Ici, comme le note le commentaire de S.-B. (p. 146), il s'agit du lever matinal de l'Arcture en septembre (environ douze jours avant l'équinoxe d'automne) correspondant au lever matinal de la Canicule en juillet pour délimiter une période d'environ deux mois de chaleur torride et de sécheresse absolue.

38. Le genre grammatical permet déjà de distinguer entre les deux leçons transmises par la tradition manuscrite : μυίας, acc. plur. de μυία,–ας, **ἡ**, « mouche », et μῦας, acc. plur. de μῦς, μυός, **ὁ**, « souris » (masculin même pour un animal femelle ; cf. Élien **ὁ** θῆλυς μῦς). Les mœurs de l'animal confirment qu'il s'agit ici des mouches, particulièrement agressives par temps d'orage.

39. Reprise partielle de ce qui a été dit au § 19 : ὁ σπίνος... ὕδωρ σημαίνει ἢ χειμῶνα, avec une précision supplémentaire : δείλης δὲ ὕδωρ « mais le soir, de la pluie », ce qui permet de ne pas voir là une simple redite. On peut penser à une retouche apportée dès lors que l'information s'est enrichie.

40. Le commentaire de S.-B. critique (p. 147) la traduction de Hort « on the temple of Zeus Hellanios in Aegina » en faisant remarquer qu'un lieu consacré à une divinité n'est pas nécessairement un temple.

Il précise que pour Égine Pausanias (II, 30, 3) « situe la colline de Zeus Panhellénios à l'emplacement du temple, encore aujourd'hui impressionnant, d'Athéna Aphaia ». L'édification de sanctuaires avec une participation financière de plusieurs cités grecques avait eu, d'après Hérodote, II, 178, un précédent en Égypte sous Amasis (devenu roi en –569) ; l'entreprise avait bénéficié des contributions de cités ioniennes, doriennes, et même d'« une seule cité éolienne, celle de Mytilène ». Il n'est donc pas exclu que Théophraste, originaire de Lesbos, ait eu connaissance de ce précédent et y fasse allusion quand il mentionne à Égine « le Zeus des Hellènes » ; cela rejoindrait le témoignage d'Hérodote (*ibid.*) qui dit au sujet des Grecs de Naucratis : « les Éginètes [...] ont fondé un sanctuaire de Zeus ».

41. On pense à nos nombreux dictons sur les avantages d'une chute de neige à la fin de l'hiver, par exemple « Neige de février pour le pré vaut fumier », « Le froid de février remplit le grenier », etc. — Les bienfaits du froid hivernal pour la végétation sont longuement détaillés dans *CP* II, 1, 2-4, une fois posé ce principe : « pour tout arbre, domestique ou sauvage, et même en général pour toute plante, le facteur le plus favorable à sa végétation et à sa fructification, c'est la rigueur d'hivers qui viennent en leur temps et qui sont beaux [...]. Un hiver est beau s'il y a beaucoup de pluie du nord, une grande quantité de neige et au total des froids sans glace. »

42. Jeu de mots sur χάλαζα pris successivement en son sens figuré « corps dur (comme un grêlon) » et en son sens propre « grain de grêle ». La brutalité de l'épreuve qu'une chute de grêle inflige à la végétation s'exprime dans *CP* V, 8, 2-3 au moyen d'un vocabulaire spécifique : χαλαζοκοπία « dévastation par la grêle », χαλαζοκοπεῖσθαι « être frappé par la grêle ». — Dernière remarque sur la phrase finale de ce chapitre : la place de χειμῶνος entre la subordonnée temporelle ὅταν... αἶγες et la principale elliptique du verbe μακροῦ σημεῖον permet de rattacher χειμῶνος soit à la temporelle qui précède, soit à la principale qui suit, soit aux deux à la fois, avec toutefois une plus grande probabilité pour la première de ces deux analyses ; d'où notre choix de la place de la virgule après χειμῶνος, ainsi mis en relief. Dans ce paragraphe qui clôt l'exposé sur les signes de pluie sont réunies, sans ordre ni fil directeur véritablement perceptible, diverses observations ou traditions populaires plus ou moins pertinentes. Ce qui a été dit plus haut (n. 27) d'un premier ensemble de notes sur des informations pour la plupart recueillies à Lesbos, reste valable ici où la mention de l'Hymette et d'Égine désigne l'Attique comme région où Théophraste a commencé ou achevé son enquête météorologique.

Chapitre II (§ 26-37) Les signes de vent

1. Le plus ancien témoin de la tradition manuscrite (M) a une annonce plus développée de la deuxième partie du sujet : ἀνέμου δὲ

καὶ πνευμάτων... litt. (voici les signes) « du vent et des déplacements d'air ». Les versions plus récentes donnent seulement ἀνέμων δὲ, ce pluriel suffisant à indiquer qu'il s'agit de tout déplacement d'air atmosphérique, quelles qu'en soient la cause et les modalités.

2. La correction par S.-B. de ὑποστίλβων (leçon de V) en ἀποστίλβων se fonde sur la simple observation : certains jours d'été où la chaleur est torride, le soleil n'est pas rayonnant (μὴ ἀποστίλβων) mais nimbé d'une lumière diffuse.

3. Le commentaire de S.-B. signale (p. 152) l'interprétation du terme grec ἅλως dans Sénèque, *Nat. Quaest.* I, 2, 1 : *hunc Graeci halo uocant, nos dicere coronam aptissime possumus* « ce que les Grecs appellent halo, nous pouvons le nommer plus exactement couronne ». L'impression visuelle que note maladroitement Théophraste (ἐὰν *κοῖλος* φαίνηται ὁ ἥλιος) paraît s'expliquer par une certaine disproportion entre la source lumineuse elle-même et sa réfraction dans l'atmosphère chargée de vapeur d'eau qui en majore largement le volume.

4. Voir *supra* n. 8 à I, 12 sur l'emploi conjoint dans notre texte des formes concurrentes μείς et μήν pour désigner le mois lunaire, l'astre lui-même portant le nom de σελήνη ; cf. ici (II, 27) en 3 lignes de texte, pour l'astre (l. 13) ἐν ἡλίῳ καὶ σελένῃ, pour le mois lunaire (l. 14 et 17) ὁ μείς, mais (l. 16 et 17) ὁ μὴν... τοῦ μηνὸς ; dans ce contexte de calendrier s'intègre encore (l. 19-20) διχομηνία litt. « partage de la lune en deux », c'est-à-dire milieu du mois lunaire, à la jonction des phases croissante et décroissante.

5. Aux emplois courants de ἐπιπνέω, les dictionnaires usuels ajoutent le cas où le préverbe indique qu'un fait se produit *à la suite* d'un autre, avec pour unique exemple la référence à Thphr. *De ventis*, 53, où il est dit que du golfe de Pamphylie souffle un vent fort et puissant nommé *dyris* (δύρις καλούμενος... πνεῖ μέγας καὶ πολύς), avec cette précision : ἐπιπνεῖ δ' αὐτῷ νότος καὶ εὖρος « mais contre lui [LSJ "blow against"] / à sa suite [Bailly "souffler à la suite de / après"] soufflent le *notos* et l'*euros* ». Cette dernière interprétation est aussi celle que suppose pour notre texte la traduction de S.-B. : « westerlies are accustomed to follow ».

6. Les traductions les plus récentes se partagent au sujet du nom d'oiseau αἴθυια entre deux identifications, Hort optant pour *gull* « mouette, goéland », S.-B. pour *shearwater* « puffin ». Un choix raisonné repose naturellement sur l'étymologie dc αἴθυια, qui figure dans le *DELG* s.v. αἴθω « brûler » au nombre des termes qui « se rattachent tous à la notion de "brûler". Mais cette notion admet des applications diverses, d'où de grandes divergences dans les emplois qui peuvent aussi bien se rapporter à l'éclat du feu, et à la couleur noire de ce qui est brûlé, de la suie. » La même source signale « le nom d'oiseau de mer αἴθυια, peut-être le pétrel qui serait dénommé d'après sa couleur (cf. Thompson, *Greek Birds* s.v.) ». Plusieurs remarques s'imposent :

1) si l'appartenance de αἴθυια à la famille de αἴθω « brûler » est fondée, on ne voit pas comment ce nom a pu être donné à la mouette, blanche et gris très clair. Ainsi serait remise en question la traduction classique de αἴθυια par « mouette » dans Aristote, *HA* 542 b 17 et 19, où l'association de ce nom à celui du « goéland » (ὁ λάρος) paraît d'autant plus satisfaisante qu'il s'agit de deux espèces très semblables, la taille exceptée. Il serait alors difficile de justifier l'attribution à des oiseaux blancs d'un nom rappelant la cendre, encore que αἴθω se révèle parfois compatible, selon le *DELG*, avec « la notion de lumière, d'éclat ». 2) Le commentaire de S.-B. (p. 156) ouvre une nouvelle voie, moins accidentée, à partir d'un détail significatif : δυόμενοι « en plongeant », qu'il n'est pas possible de rapporter aux canards (νῆτται) car ceux-ci barbotent, s'éclaboussent, mais ne plongent pas en profondeur. La difficulté disparaît si on adopte l'équivalence proposée par S.-B. αἴθυια = *Puffinus yelkouan*, le puffin de Méditerranée, dont les ouvrages spécialisés signalent l'aptitude à poursuivre le poisson dont il se nourrit jusqu'à 40 m de profondeur. Oiseau marin par excellence, il ne rejoint la côte que pour y nicher dans une cavité naturelle. Sa présence encore actuelle (avril 2010) à Lesbos a été confirmée par les observations de Bâlon et Burban (cf. bibliographie) précisément sur la plage de Skala Eresou, la patrie de Théophraste. 3) Notons enfin à la suite de S.-B. qu'un argument de plus en faveur du puffin peut être tiré d'Aratos, v. 296, κολυμβίσιν αἰθυίῃσιν « ... plongeurs ». Vu la couleur du plumage, « gris sombre dessus, blanc dessous » (notice Wikipedia, consultée le 10-05-2018), qui rappelle donc la cendre, le seul point inexpliqué reste la finale –υια de αἴθυια qui ferait penser à un participe parfait, si αἴθω n'était pas un verbe très défectif.

7. Comme le puffin est une espèce totalement sauvage, il faut rapporter à νῆτται les deux épithètes καὶ ἄγριαι καὶ τιθασσαί, d'autant plus légitimement réunies que les races de canards domestiques sont reconnues issues de canards sauvages et devaient exister conjointement dans l'antiquité comme de nos jours. — Le qualificatif τιθασσαὶ est la leçon sans variante de toutes les éditions depuis celle d'Heinsius (1613), ainsi que des manuscrits, puisque l'apparat critique très détaillé de Sider – Brunschön n'indique rien à ce sujet. La forme à sigma géminé n'est même pas mentionnée dans l'article τιθασός « apprivoisé, domestique » du *DELG*, mais elle fait l'objet dans LSJ des précisions suivantes : « –ός, όν *tamed, domesticated* [...]. The spelling with single σ is found in the best codd. [...] and corroborated by the short quantity of the second syllable in verse ; the form τιθασσός (τιθασσεύω, etc.) is freq. in medieval codd. as of Arist. ». Ainsi par exemple on lit dans Aristote, *HA* 608 b 30-31, au sujet des animaux sauvages : πρὸς τοὺς ἀνθρώπους ἂν ἔχειν τιθασσῶς « ils vivraient dans la familiarité des hommes... » (texte de l'éd. Louis, avec dans l'apparat critique τιθασῶς P E[a]). Il paraît possible que le choix de –σσ– ait été influencé par la

fréquence de la géminée notamment dans les toponymes de la Grèce orientale, à commencer par le nom de la patrie de Théophraste , qui hésite encore de nos jours entre la graphie traditionnelle Ερεσσός et sa variante simplifiée Ερεσός, sans différence sensible dans la prononciation.

8. L'embarras des éditeurs pour l'identification des oiseaux nommés κέπφοι se traduit par le choix d'une simple translittération : « the bird called *kepphos* » (Hort), « kepphoi [sans italiques] » (S.-B.) De même pour Nicandre, *Alex.* 166, où il s'agit de l'écume marine « aliment du rapide *kepphos* » dans la traduction de J.-M. Jacques (CUF 2007), dont le long commentaire (p. 110) n'aboutit pas à une solution convaincante. Pour remplacer le nom grec en caractères latins par une véritable traduction, il faut se reporter à l'interprétation par P. Louis d'Aristote, *HA* 593 b 14-15 : ἔτι δὲ λάρος ὁ λευκὸς καὶ κέπφος « on trouve encore le goéland blanc, et la foulque » ; 620 a 13-14 : οἱ δὲ κέπφοι ἁλίσκονται τῷ ἀφρῷ· κάπτουσι γὰρ αὐτόν « Les foulques se prennent avec de l'écume, car elles l'avalent gloutonnement. » Dans les emplois figurés de ce terme chez Aristophane, l'oiseau κέπφος est un modèle de stupidité ; cf. *Paix*, 1067, où Van Daele traduit κέπφοι τρήρωνες « sots pigeons » ; *Ploutos*, 912, dans une apostrophe du Sycophante au Juste, ὦ κέπφε « ô buse », avec cette note : « Oiseau symbole de voracité et de stupidité ». Aucune identification n'est avancée, sauf dans le *DELG* qui propose de reprendre, sans discussion ni argument décisif, celle de Thompson, *Birds*, avec le pétrel. Il est plus fructueux d'examiner l'hypothèse de la foulque, d'après les occurences de κέπφος chez Aristote. On pense à deux espèces voisines d'aspect et de mœurs, la foulque macroule (*Fulica atra*) et la gallinule poule-d'eau (*Gallinula chloropus*) , toutes deux observées par les ornithologues Bâlon et Burban sur divers plans d'eau de Lesbos, et en particulier (p. 5) dans le lit de la rivière Vergias à Skala Eresou. Il faut l'œil du spécialiste pour reconnaître d'emblée la foulque à son écusson frontal et à son bec blanc très visible qui tranchent sur le plumage noir commun aux deux espèces. Mais des descriptions détaillées (sur le site internet https foulque macroule consulté le 11-05-2018) soulignent d'autres différences : « La foulque, au plumage gris anthracite, a un aspect trapu de canard, alors que la poule d'eau, à la robe brun noir […], est plus petite et plus fuselée. » Dans les citations suivantes, nous mettons en italique les caractères qui ont pu accréditer la balourdise de la foulque : « Les deux espèces peuvent être observées au gagnage à terre. Alors que *la foulque s'y déplace de façon lourdaude*, la poule d'eau y démontre de grandes facilités motrices. » […] Pour parvenir à voler « *la foulque est obligée de prendre un élan* d'une vingtaine de mètres […] *en courant sur l'eau* ».

9. Le héron cendré (*Ardea cinerea*) est connu de tous à travers la fable de La Fontaine. Théophraste a pu l'inclure dans ses observations

ornithologiques en particulier à Lesbos, où le compte rendu de Bâlon et Burbon qualifie le héron cendré d'« espèce assez commune, vue un peu partout ». La mention dans notre texte d'« un héron qui vient de la mer à tire d'aile » permet d'imaginer que, d'ordinaire silencieux et capable de rester longtemps immobile dans l'attente d'une proie, il fuit les abords d'une mer agitée pour se réfugier au calme dans une roselière ou au bord d'un cours d'eau peu profond.

10. Les quatre premières phrases du § 29 sont disposées dans un ordre différent d'une édition à l'autre. Ce sont des phrases courtes que les copistes successifs ont facilement interverties. Le § 28 étant tout entier occupé par les signes du temps tirés du comportement des oiseaux, le § 29 doit mentionner d'abord ceux qui viennent d'autres animaux, ceux-ci strictement terrestres ; d'où l'exemple du chien et celui des araignées qui doit lui succéder immédiatement, *avant que* soient décrits les aspects de la mer sous l'influence de vents différents. Cela revient en pratique à faire passer ἀράχνια — σημαίνει avant ἣ ἄμπωτις — νοτίον, de manière à réunir d'une part les signes venant des animaux, d'autre part des phénomènes physiques tels que les variations de l'état de la mer selon la direction et la force du vent. La seule des éditions consultées qui restitue au texte cette disposition logique est celle de Hort, que nous suivons sur ce point. Viennent en effet tout naturellement à la suite des signes tirés des oiseaux du milieu marin ou palustre, ceux que livre l'observation d'animaux qui cohabitent avec l'homme sur la terre ferme : le chien et les araignées. En l'absence dans notre texte de toute explication de ce comportement chez le chien, on peut supposer que le vent lui apporte des odeurs (d'autres animaux domestiques, de gibier, etc.) qui l'excitent ; dans *CP* VI, 19, 5, Théophraste explique par les conditions météorologiques la sensibilité variable du chien de chasse aux odeurs du gibier : « vents et pluies sont en effet défavorables et détruisent les odeurs. »

11. L'influence du temps sur les araignées a dû être tenue pour particulièrement remarquable, puisqu'elle notée encore à basse époque par le compilateur des *Géoponiques* dans un des chapitres intitulés « Signes précurseurs [...] ; extrait d'Aratos » : il y est dit (I, 3, 9) que « des araignées qui, en l'absence de vent, sont précipitées au sol, [...] montrent qu'il va y avoir une tempête ». Comme Aratos (*c.* 271-213 av. J.-C.) est largement tributaire de Théophraste, il est clair que dans ce domaine, l'Antiquité tout entière est redevable d'une grande partie de ses connaissances — et de ses croyances — aux naturalistes du Lycée.

12. Il ne semble pas que Théophraste se soit fait une idée juste de la cause des variations du niveau des mers, à vrai dire moins spectaculaires en Méditerranée que dans des océans d'une bien plus grande étendue. Il faut arriver à l'époque romaine pour trouver dans Pline, II, 99, un exposé détaillé, et dans l'ensemble pertinent, du phénomène des

marées : « Ce qu'elles [= les eaux] présentent de plus singulier est le flux et le reflux de la mer. La cause de ce phénomène [...] est dans le soleil et dans la lune. La mer, entre deux levers de lune, monte et redescend deux fois, toujours en vingt-quatre heures. À mesure que le ciel s'élève avec la lune, les flots se gonflent ; puis ils reviennent sur eux-mêmes lorsque, après son passage au méridien, elle descend vers le couchant » (trad. É. Littré). C'est cependant vers 350 av. J.-C., donc du vivant de Théophraste, que Pythéas de Marseille voyagea sur l'océan Atlantique bien au-delà des Colonnes d'Hercule et remarqua le phénomène de la marée, que les historiens d'Alexandre devaient observer un peu plus tard sur les côtes de l'océan Indien. Mais Théophraste a pu ne pas prêter à ces découvertes l'attention qu'elles méritaient ; en tout cas c'est seulement au vent, du nord ou du sud, qu'il attribue les changements du niveau de la mer. — L'image du « gonflement », de « l'enflure » de la mer « mugissante », difficile à conserver intégralement en traduction française, a été maintes fois reprise dans les textes anciens ; cf. par ex. Aratos, v. 909-910, οἰδαίνουσα θάλασσα... αἰγιαλοὶ βοόωντες ; *Géoponiques*, I, 11, 7, θάλασσα κυμαίνουσα καὶ ἐπὶ τοῖς αἰγιαλοῖς μεγάλα ἠχοῦσα ; Pline, XVIII, 359, *mare* (...) *intumescit inflatumque altius*... ; etc.

13. Pour le phénomène dit παρήλιον, « parhélie » dans le vocabulaire scientifique et plus couramment « faux-soleil », voir *supra* n. 34 du chapitre I.

14. cf. n. 8 à *CP* III, 23, 2 : « Le solstice d'hiver dans le calendrier de Géminos correspond au 24 décembre. La date corrigée par Einarson (Introduction à *CP*, p. LIX) est le 21 décembre. » Le quinzième jour après le solstice d'hiver se place donc à la fin de la première décade de janvier ou au tout début de la seconde. C'est généralement pour les pays riverains de la Méditerranée une époque de fortes pluies venant du sud.

15. Malgré les apparences, le substantif κόλλα et ses dérivés (dont le verbe κολλάω,–ῶ représenté ici par son participe parfait passif κεκολλημένων) ne désignent pas nécessairement la colle et les assemblages réalisés par collage. On lit en effet dans *HP* V, 6, 2, que « pour les ouvrages de charpente, c'est le pin qui se prête le mieux à *l'assemblage par mortaises* (ἐχέκολλον... μάλιστα ἡ πεύκη) : [...] on dit qu'il ne se fend pas du tout s'il a été *mortaisé* (ἐὰν κολληθῇ) ». Notre longue note *ad loc.* (t. III, p. 85-86) justifie cette traduction des dérivés de κόλλα d'après la *Note sur la charpenterie grecque* où R. Martin démontre que dans le devis de Philon pour le comble et la charpente de l'arsenal du Pirée, κολλᾶν désigne un assemblage par mortaises et non un collage au moyen de poix ou de glu. Il en est de même dans les écrits techniques de Théophraste : ici une pièce mortaisée grince en se rétractant parce qu'elle perd de sa teneur en eau, lorsqu'un vent sec succède à un autre chargé d'humidité.

16. Le terme d'ἐκνεφίας,–ου (ὁ) appartient à la série d'adjectifs en –ίας qualifiant un vent (ἄνεμος, ὁ), de même que βορέας (§ 33 οἱ βορέαι), ἀπαρκίας, θρακίας (§ 35), etc. On en relève de nombreuses occurrences dans les *Météorologiques* d'Aristote (365 a 1 et 3 ; 366 b 33 ; 369 a 19-20 ; 370 b 8, 17, 29 ; 371 a 3, 4, 10 ; 371 b 15) ; la définition en est donnée dans la note 6 (p. 86) de l'éd. P. Louis : « Ἐκνεφίας qualifie les vents violents qui accompagnent les orages ; c'est la bourrasque ou l'ouragan qui d'ordinaire prend la forme d'une tornade. » La fréquence du terme reflète celle du phénomène ; les violents orages sont une des principales manifestations estivales du climat méditerranéen.

17. Cette énumération hétéroclite de signes tirés indifféremment des objets de la vie quotidienne et de l'homme lui-même est si inattendue que certains éditeurs (Schneider, Wimmer – mais non, avant eux, Furlanus) marquent après δεξιόν une lacune que Hort (p. 410, n. 5) juge non nécessaire ; l'éd. Sider – Brunschön conserve également le texte transmis (de part et d'autre de la parenthèse τὸ δὲ αὐτὸ σημεῖον καὶ ἐκνεφίου), soit : ἐὰν δὲ πόδες ἱδρῶσι νοτία ἡ μεταβολή [...], καὶ ὀδαξῶν τὸν δεξιόν, avec la traduction *If feet sweat, the wind turns to a southerly* [...], *as too if someone feel pain in his right <foot>*, autrement dit « *si les pieds transpirent, le vent tourne au sud* [...], *de même si quelqu'un a mal au pied droit*. Le sens de ὀδαξῶν rendu par *feel pain* est très vague, surtout par comparaison avec le *DELG* s.v. ὀδάξ « "en mordant, avec les dents", d'où au moyen "avoir la sensation d'une morsure" », avec cette remarque : « chez les médecins ces mots valent souvent "gratter, se gratter", [y compris la variante ὀδαξάω Theophr., –άομαι Hp., etc.] » — Si on adopte, à la suite de Sider – Brunschön, la leçon ἱδρῶσιdes meilleurs mss. (cf. apparat critique) , il faut écarter à son profit la variante οἰδῶσι et l'idée d'enflure (*œdème* dans notre vocabulaire médical) due à la chaleur humide. Nous préférons retenir οἰδῶσι en voyant dans l'œdème des pieds un phénomène plus gênant que leur sudation, corrigée par le port, général dans l'antiquité, de chaussures à lanières.

18. Le comportement du hérisson a été signalé plus haut à propos de celui des fourmis (n. 33 au § 22) qui transportent leurs œufs pour les mettre à l'abri d'une inondation. Plus succinctement, Pline (VIII, 56 éd. Littré) dit des hérissons « ils annoncent, en se cachant dans leur retraite, que le vent va tourner du nord au midi », mais il ajoute (VIII, 58, *ibid.*) que « les écureuils prévoient aussi la tempête, et, fermant leur bauge du côté d'où le vent doit souffler, ils en ouvrent la porte du côté opposé ». Voilà qui est étonnamment proche des précautions du hérisson dans le texte de Théophraste, mais nous ignorons s'il s'agit de la même information rapportée à des animaux différents ou d'observations semblables faites indépendamment pour l'un et pour l'autre.

19. C'est une hardiesse de la part de Théophraste que l'emprunt à la poésie du verbe προβοάω, attesté dans les dictionnaires usuels par les deux mêmes références, à *Il.* M (= XII) 277 et à Sophocle, *Philoctète*, 218, où le verbe a pour sujet un nom de personne. Dans l'*Iliade*, ce sont les deux Ajax qui tentent de stimuler l'ardeur guerrière des Grecs : προβοῶντε μάχην ὤτρυνον « à grands cris ils stimulent les combattants » (trad. Mazon) ; dans *Philoctète*, v. 218, le chœur, après avoir entendu le cri (βοᾷ) du héros, analyse de plus près cette manifestation de détresse : « oui, il lance un cri lamentable » (προβοᾷ γὰρ αἴλινον). Théophraste, qui n'ignorait certainement pas ces précédents, innove en transformant le réel en image.

20. Les accusatifs μεταβολὴν... ἢ ἐπίδοσιν complètent le verbe προσημαίνει repris implicitement de la phrase précédente.

21. Nouvelle rencontre, après d'autres déjà signalées, entre les analyses savantes des phénomènes météorologiques chez Aristote et les simples mentions qu'en fait Théophraste. Il s'agit ici des mirages qui peuvent être observés l'été, en particulier sur les rivages méditerranéens, au contact de la terre surchauffée et de la mer plus fraîche. Ces deux milieux ayant des indices de réfraction différents, le rayon lumineux qui les traverse subit une déformation, comme il est expliqué sur le site informatique « mirage » de Wikipedia, consulté le 21-05-2018 : « Il s'agit d'une propagation anormale de la lumière dans une atmosphère où la température, la pression et l'humidité ne varient pas verticalement selon la normale. La déviation de ces rayons donne alors l'impression que l'objet que l'on regarde est à un endroit autre que son emplacement réel, et peut déformer l'image observée. » À noter que la plus ancienne source citée à la suite est Aristote, *Météor.* 373 b 10-13, dont voici la traduction par P. Louis (CUF 1982) : « En mer les promontoires apparaissent surélevés, et tous les objets semblent plus grands quand soufflent les vents d'est – sud-est : il en est de même pour ce qu'on aperçoit dans la brume, comme le soleil et les astres, qui sont plus gros à leur lever et à leur coucher que lorsqu'ils sont au milieu du ciel. » Vu la nature de son sujet, Théophraste pouvait évoquer le phénomène sans avoir à en proposer une explication.

22. Les halos décrits précédemment (§ 22 et n. 35) sont ceux qui se forment autour du soleil. Un phénomène semblable se produit aussi à la périphérie de la lune, comme le dit Aristote, *Météor.* 373 a 27-29 : « Les halos se forment plus souvent autour de la lune qu'autour du soleil, parce que celui-ci étant plus chaud dissipe plus rapidement les condensations de l'air. »

23. Bien qu'en règle générale le participe soit toujours exprimé dans le syntagme dit « génitif absolu » (cf. Humbert, *Syntaxe grecque*, § 224), des auteurs plus soucieux du fond que de la forme ont pu s'autoriser des ellipses de plus en plus hardies, sans préjudice pour le sens ; ainsi, avec le même adjectif ἐπινέφελος, Aristote (*Météor.* 369 b 23)

décrit sans rien sous-entendre un phénomène qui ne se produit que « lorsque le ciel est nuageux » κατὰ τὸν οὐρανὸν ὅταν ἐπινέφελον ᾖ [litt. "pour ce qui est du ciel, quand c'est nuageux"] ; Hérodote raconte (VII, 37) comme un prodige de mauvais augure pour Xerxès que le soleil devint invisible « bien qu'il n'y eût pas de nuages » οὔτ' ἐπινεφέλων ἐόντων (génitif absolu réduit au participe et à l'attribut d'un sujet non spécifié) ; notre texte fournit le cas limite, où le participe disparaît à son tour.

24. Comme il est fréquent pour des mots d'un vocabulaire quotidien qui a eu rarement accès à la langue littéraire, le nom de la « tache » est un de ces termes mal fixés dont Théophraste lui-même constate les variations ; ainsi pour les noms de plantes, dans le cas du charme (*HP* III, 10, 3) ἡ ὄστρυς... ἣν καλοῦσί τινες ὀστρύαν. S'y ajoute ici, dans un autre contexte, celui de la « tache », signe de malpropreté et marque naturelle, respectivement κηλίς,–ῖδος et κηλάς,–άδος chez Théophraste. Le premier sens se rencontre dans les *Caractères* où le répugnant (XIX, 7) se plaît à porter « un manteau tout couvert de taches » (trad. Navarre, CUF 1921) ἱμάτιον... κηλίδων μεστόν ; au second, qui est celui de αἱ κηλάδες νεφέλαι dans notre texte, se rapporte la glose d'Hésychius citée en ces termes dans le *DELG* s.v. κηλίς : νεφέλη ἄνυδρος (...) καὶ αἴξ, ἥτις κατὰ τὸ μέτωπον σημεῖον ἔχει τυλοειδές [litt. "nuage qui ne donne pas de pluie (...) ; et aussi chèvre qui porte sur le front une marque semblable à une tête de clou"] ; le mot signifierait donc quelque chose comme "tacheté". Pour préciser la forme de ces taches, on peut s'appuyer sur un parallèle dans Hdt. VII, 63 (catalogue des contingents asiatiques de l'armée de Xerxès) : Ἀσσύριοι... εἶχον... ῥόπαλα ξύλων τετυλωμένα σιδήρῳ « les Assyriens avaient des massues de bois cloutées de fer ». Il est donc probable que la glose d'Hésychius vise les taches rondes d'un pelage caprin, et Théophraste, le ciel pommelé qui a inspiré notre dicton « Ciel pommelé, femme fardée | Ne sont pas de longue durée ». Dans une acception plus scientifique, il s'agit de la formation nuageuse appelée *altocumulus* par la météorologie moderne.

25. Ainsi commence un long développement sur les vents dont certains passages traitent ce sujet en des termes très proches des analyses approfondies réunies dans l'ouvrage couramment appelé *De ventis*. Sider et Brunschön, co-auteurs de la plus récente édition du *De signis*, ne l'ignorent pas, mais attribuent de telles similitudes au plagiat d'un inconnu désigné par Th. (et non par Thphr.), en faisant remarquer (p. 227) que « cette abréviation n'est jamais utilisée en référence à l'auteur du *De signis* ». Sans revenir sur cette question traitée dans l'Introduction du présent volume (p. IX-X), bornons-nous à signaler les rapprochements sur lesquels se fonde le soupçon d'emprunt inavoué : S.-B., p. 171, à propos de *De signis*, 33, ἅμ' ἡλίῳ ἀνατέλλοντι καὶ σελήνῃ, « cf. Th. *Winds* 15 ὁ ἥλιος δοκεῖ καὶ κινεῖν — πίπτει

πολλάκις... 17 ποιεῖ δὲ καὶ ἡ σελήνη ταὐτά — διὸ καὶ νύκτωρ δεινότεραι » [soit, en traduction personnelle, *Les vents*, 15 “le soleil a bien l’air de mettre en mouvement à son lever et d’arrêter les masses d’air, ce qui explique qu’elles s’accroissent et se précipitent souvent”, et 17 “La lune a elle aussi les mêmes effets, sauf qu’ils ne se manifestent pas pareillement, car elle agit comme un soleil peu puissant. C’est pourquoi de nuit ils sont plus étranges”]. Mais il n’a jamais été reproché à un auteur de reprendre ailleurs une idée ou une formule personnelle qu’il juge toujours valable, et il ne s’interdit pas de le faire, avec ou sans une précision telle que « comme il a été déjà dit » ; cette liberté s’applique également à la reprise d’idées empruntées à autrui (cf. l’avertissement liminaire du *De signis* où l’auteur déclare qu’il doit la connaissance des signes décrits, soit à son observation personnelle, soit à « des emprunts à d’autres qui ne sont pas sans réputation »).

26. On ne voit pas pourquoi la leçon λέγω de M, seul manuscrit collationné pour ce passage dans S.-B. , est écartée par ces éditeurs qui la remplacent par γένηται ; conservée par leurs prédécesseurs, elle n’a rien d’inhabituel dans une conditionnelle éventuelle et donne un sens correct : litt. « si je parle des mêmes signes... »

27. Tout en faisant une large place à l’observation, personnelle ou empruntée à une tradition populaire dont l’origine se perd dans la nuit des temps, la fin de ce chapitre (§ 35-36) et son dernier paragraphe (37) se singularisent par un passage progressif des données issues de l’expérience directe à des connaissances plus « scientifiques » matérialisées par une « rose des vents ». L’expression ἐν τῷ γράμματι « sur le schéma » (§ 35) permet de supposer que dans l’enseignement oral, une figure portant les points cardinaux et la position de chaque vent facilitait l’exposé. À défaut de l’original, que la tradition écrite n’a pas conservé, les commentateurs de ce texte en donnent tous le tracé le plus probable (voir ici p. 179 [1-a]-180 [1-b]).

28. La période conditionnelle ἐὰν δ’ ἀνατέλλων ὁ ἥλιος καὶ σελήνη παύσωσιν, ἐπιτείνει τὰ πνεύματα ne comprend pas de négation dans le texte transmis. Le premier, Schneider a introduit la négation μὴ devant παύσωσιν, non d’emblée dans son édition de 1818 (cf. I, 792), mais dans les *Addenda* (II, 602) et avec plus d’insistance dans l’*Auctarium lectionum variarum ad Theophrasti opera* de 1821 (V, 168) où il critique la traduction latine de Guillaume de Moerbeke (*c.* 1215-1286) qui rend par *distenduntur venti* le grec παύσηται sans négation. Schneider soutient là en ces termes la correction qu’il propose : « in *Addendis*, p. 602, negationem ante παύσῃ inseri debere docui. » La position de Wimmer n’est pas claire : dans l’édition Didot (Paris, 1866) des œuvres complètes de Théophraste, il donne (p. 307, l. 17) la négation entre parenthèses et n’en tient pas compte dans sa traduction latine : ἐὰν ἀνατέλλων ὁ ἥλιος καὶ σελένη (μὴ) παύσωσιν ... *si sol et luna orientes sedarint*... L’édition S.-B. n’intègre la négation ni à son

texte ni à sa traduction, en faisant état d'une formulation parallèle dans *De ventis*, 15 : ὁ ἥλιος δοκεῖ καὶ κινεῖν ἀνατέλλων καὶ καταπαύειν τὰ πνεύματα « le soleil a bien l'air de mettre en mouvement à son lever et d'arrêter les vents » — opinion aussitôt corrigée *ibid.* : « mais cela n'est pas tout à fait exact », et suivie d'une explication plus circonstanciée : « Quand l'humidité aspirée est assez peu volumineuse, d'ordinaire le soleil, en la maîtrisant, la chasse et y met fin ; mais si elle est plus importante, il contribue à la stimuler et renforce sa mobilité. » C'est de cette double hypothèse que Théophraste retient ici la seconde partie.

29. Cette courte phrase n'a pas été traduite par Schneider (1818), ni par Hort. Schneider paraît en découvrir l'existence quand il soumet à un examen critique (t. V [1821], p. 168-169) la traduction latine de G. de Moerbeke : « Novum est membrum *luna autem diminuta fiunt magis venti*. Graece dixeris : φθινύσης δὲ τῆς σελήνης μᾶλλον γίνεται πνεύματα », c'est-à-dire « au décours de la lune, les vents se renforcent ». L'étude textuelle plus méthodique de S.-B. en conduit les auteurs à écrire σελήνης δὲ ληγούσης λήγει μᾶλλον τὰ πνεύματα, à partir des manuscrits de base : φθινούσης λήγει M et surtout ληγούσης ἤτοι φθινούσης, λήγει V, où ils considèrent avec raison ἤτοι φθινούσης comme une glose de ληγούσης intégrée au texte en cours de transmission. Ainsi est obtenu dans ληγούσης λήγει un raccourci d'expression vigoureux dont il est faut chercher à donner l'équivalent en traduction française. À noter en outre la fréquence dans ce passage des rapprochements de termes semblables ou apparentés (p. 13, l. 10-11 ἐναντίως… ἐναντίος ; p. 13, l. 12 ὄπισθεν… ὄπισθεν), de l'asyndète qui donne l'impression d'une série de faits juxtaposés plutôt que réunis par un lien logique fort, la répétition dans deux phrases qui se suivent (l. 15 et 16) de la formule ὡς τά πολλά « la plupart du temps » traduisant la prudence nécessaire vu les aléas météorologiques bien connus de tous les observateurs.

30. Les vents dits étésiens (ἐτησίαι [s.e. ἄνεμοι], dérivé de ἔτος « année ») sont des vents annuels qui soufflent du nord, en été, sur la péninsule balkanique, par périodes d'une durée variable (de deux à quatre jours, mais souvent davantage). Bienvenus sur le continent où ils apportent une certaine fraîcheur, ils pouvaient être dans l'antiquité un obstacle redoutable à la navigation ; ainsi Hérodote rapporte (VII, 168) que les Corcyréens, peu empressés pour apporter de l'aide aux autres Grecs, trouvèrent un prétexte en déclarant « qu'ils avaient été empêchés par les vents étésiens (ὑπὸ… ἐτησιέων ἀνέμων) de doubler le cap Malée ». En écrivant ἐὰν ἐτησίαι πολὺν χρόνον πνεύσωσι, Théophraste évoque par la formule vague πολὺν χρόνον la durée variable, mais souvent assez longue pour être gênante, qui caractérise ces vents.

31. Ici commence une série de constatations fondées sur l'expérience quotidienne des populations rurales, informées par une tradition

ancestrale de l'interprétation à donner des signes du temps. — La brève phrase asyndétique αἱ νεφέλαι — πευσοῦνται est intelligible sans les corrections que l'éd. S.-B. lui a apportées, pour peu qu'on admette un sens factitif pour πνευσοῦνται (« ils feront cesser ») compatible avec le sujet αἱ νεφέλαι; ce serait une expression hardie, mais cohérente. L'emploi de προσίζω (l. 12) au sujet d'un vent néfaste aux oliviers en fleur se trouve en contexte analogue dans *CP* V, 10, 3 : « un souffle d'air marin chargé de brume et de particules épaisses qui adhèrent aux fleurs (πνεῦμά τι...προσίζον ἐν τοῖς ἄνθεσιν) détruit les fleurs par sa salure. »

32. Comme tous ses contemporains, même les plus incultes, Théophraste savait que la plus haute montagne de Grèce est l'Olympe (2918 m), dont la mythologie faisait le séjour des dieux. Mais originaire de Lesbos et ayant longuement séjourné à Stagire, au pied des montagnes de la Chalcidique, il connaissait plus familièrement l'aspect du point culminant de cette région, l'Athos, qui domine de 2030 m le niveau de la mer. Aussi n'est-il pas surprenant de trouver dans le *De signis* une mention de l'Athos seul (§ 34) et deux de l'Athos et de l'Olympe (§ 43) ou de l'Olympe et de l'Athos (§ 51).

33. Les comètes, οἱ κομῆται ἀστέρες litt. « les astres chevelus », tirent leur nom grec de leur longue traînée lumineuse, que l'on sait aujourd'hui constituée de gaz et de poussière. Aristote leur consacre deux chapitres entiers des *Météorologiques* (I, 6 et 7 = 242 b 25- 245 a 10) et discute les opinions de ses prédécesseurs sur la nature de ces corps célestes : il rappelle ainsi les vues d'Anaxagore (*c.* 500-428 *a.C.*) et celles de Démocrite (460-370) mentionnés par Théophraste, respectivement dans *HP* III, 1, 4 et dans *CP* VI, 1, 2 et 6, VI, 2, 1, pour leurs positions sur d'autres sujets. Aristote leur ajoute les Pythagoriciens italiens non cités nommément, le géomètre du ve siècle Hippocrate de Chios et son disciple Eschyle qui n'est pas autrement connu. C'est dire que les phénomènes astronomiques suscitaient chez les savants grecs une vive curiosité avant même l'époque classique. Ils n'étaient pas de véritables précurseurs en ce domaine : « les premières traces écrites d'observations de comètes figurent dans des annales chinoises [...] de la dynastie Shang datant de 1059 av. J.-C. [...], mais aussi à la même époque sur des tablettes en écriture cunéiforme chaldéenne » (d'après le site informatique https.fr.wikipedia.org/wiki/Comete#Premieres_observations). Bien que Théophraste s'en tienne ici à une interprétation populaire des signes du temps, on se souvient de la curiosité que Proclus lui prête pour le savoir des Chaldéens dans ce domaine (cf. Introduction du présent volume, p. xv-xvi, « Une influence orientale »).

34. Au sujet des excroissances dites « champignons » formées par temps pluvieux sur la mèche d'une lampe à huile, voir *supra* § 14 et n. 12.

35. Les paragraphes 35, 36 et le début du § 37 se distinguent du reste de l'ouvrage à la fois pour la forme et pour le fond. Alors que

partout ailleurs dans ce bref traité σημεῖον et ses dérivés sont répétés à satiété au sujet de chaque fait rapporté, on n'en trouve pas trace dans cette énumération des vents, de leurs caractères et de leurs effets. D'autre part, la « rose des vents » évoquée dans ce texte calque, en le simplifiant, le long développement du même sujet dans les *Météorologiques* d'Aristote (363 a 25 – 364 b 13). Même la phrase d'introduction est semblable chez Aristote (« Pour la position des vents, il faut suivre l'exposé en regardant la figure ») et chez son élève (« Les positions des vents sont telles qu'elles sont réparties sur le schéma »), avec le même appui sur un croquis qui n'a pas été conservé et que chaque éditeur moderne s'est efforcé de reconstituer aussi fidèlement que possible (reproduit ici [p. 179 et 180, n. 1.a et 1.b] à partir de l'éd. Hort, 1926, p. 414), et avec le même ordre de description, « dans le sens que suit le soleil », précise Théophraste, donc de l'est à l'ouest en passant par le zénith. Malgré de telles similitudes dont on trouverait d'autres exemples dans les deux exposés ainsi rapprochés, il est évident que, pour sa part, Théophraste ne perd pas de vue le lien entre le phénomène et ses effets sur le temps météorologique : sont ainsi successivement énumérés les vents qui apportent la pluie, la neige, la forte chaleur, le ciel clair ou nuageux, les orages, les ouragans. L'orientation de l'auteur vers le concret ne se dément jamais.

36. Plusieurs noms de vents cités ici ont une finale –ίας servant, selon Chantraine, *Formation des noms,* p. 94-95, « à qualifier un être ou une chose au moyen d'une particularité caractéristique », dans les noms d'animaux, d'objets divers, etc. « Le suffixe a joué un rôle dans la langue des paysans, des marins, des artisans », ainsi que dans celle des savants qui se sont intéressés à leur vocabulaire technique. Sont cités (*ibid*., p. 94) des noms de plantes ou de produits de la terre attestés ailleurs chez Théophraste ; on relève ici les noms des vents dits Aparctias, Thracias, Caecias. Le premier d'entre eux porte un nom « parlant » : c'est le vent qui vient (ἀπο–) de l'Ourse (Ἄρκτος), c'est-à-dire des régions polaires, donc un vent du nord, par référence à la Grande Ourse qui indique la direction du nord ; de même Θρᾳκίας, vent du nord – nord-ouest, (avec son doublet obscur Θρασκίας, seul connu d'Aristote, *Météor*. 363 b 29, avec la n. 7 de l'éd. Louis ; cf. *DELG* s.v. Θρᾷξ au sujet de la coexistence de Θρᾳκίας et de Θρασκίας : « il est difficile de décider quelle est la forme originelle »). Le dernier de ce groupe, Καικίας est aussi le plus obscur ; cf. Chantraine, *Formation…*, p. 95 : « Quelques noms de vents ne comportent pas d'étymologie sûre : καικίας "vent du sud-est" est généralement rapproché du latin *caecus*, mais ce rapprochement n'est pas certain. » — L'ensemble Notos, Zéphyr et Euros est mieux connu : à l'opposé du Borée, vent du nord, se place au sud le Notos, notre vent du midi ; l'Euros est voisin du Notos ; « aussi parle-t-on souvent des vents Euronotoi [soit du sud-sud-est] », explique Aristote (363 b 22). — Restent, dans l'ordre où

Théophraste les mentionne, l'Argeste, l'Apéliote, le Lips et le Mésès. À la localisation de l'Euros, Aristote ajoute (363 b 23-25) : « Son contraire [...] est le vent [...] qu'on appelle tantôt l'Argeste, tantôt l'Olympias, tantôt encore le Sciron ». Le premier fait l'objet d'une assez longue étude dans le *DELG* s.v. ἀργός avec toute une gamme de sens allant de blanc brillant à rapide : « ἀργεστής, –οῦ "qui purifie le ciel ", épithète du vent du Sud νότος (Hom.) et du vent du Nord-Ouest, ζέφυρος (Hés., etc.) ; nom propre de ce vent avcc déplacement d'accent, Ἀργέστης (Arist., etc.) ». Sous le nom d'Olympias, ce vent est mentionné par Théophraste en ces termes dans *HP* IV, 14, 11 : « Des vents différents dans chaque contrée sont de nature à anéantir et à brûler complètement la végétation : ainsi l'Olympias à Chalcis en Eubée, quand son souffle glacial se fait sentir un peu avant le solstice ou après le solstice d'hiver. Il brûle les arbres et les laisse calcinés et desséchés comme ils ne pourraient pas l'être par le soleil » (pour un commentaire détaillé , voir n. 27 *ad loc.*, t. II, p. 299 de notre édition). Ajoutons seulement que l'orientation et les effets d'un vent varient dans de grandes proportions suivant le lieu où est placé l'observateur. Cela contribuerait, et suffirait même dans certains cas, à justifier des différences importantes dans la position d'un même vent : ainsi le *DELG* définit (voir *supra*) ἀργεστής comme épithète du vent du Sud ou du vent du Nord-Ouest, selon l'auteur considéré. — Le nom de l'Apéliote, Ἀπηλιότης, associe le préfixe ἀπο– indiquant la provenance (comme dans Ἀπαρκτίας) et le qualificatif ἡλιότης du soleil, ou mieux « du soleil » (entre guillemets) formé sur le radical d'ἥλιος au moyen d'un suffixe –της de dérivé nominal (cf. Chantraine, *Formation...*, p. 315-316) ; d'où, avec ou sans ἄνεμος, le sens de ἀπηλιότης, cité en premier comme dérivé d'ἥλιος dans le *DELG*, avec pour définition « vent du soleil, vent d'est », et référence à Hérodote, IV, 22, qui situe un peuple de Scythie, par rapport aux Boudins mieux connus, au-delà du désert, « dans une direction tournée davantage vers le vent d'Est », μᾶλλον πρὸς ἀπηλιώτην ἄνεμον. — Le nom du Lips, selon Chantraine, *ibid.* p. 2, appartient à « un groupe de noms-racines qui se trouvent pour la forme et pour le sens en rapport étroit avec le verbe » ; ainsi λίψ « vent du Sud-Ouest », usuel lui aussi à partir d'Hérodote, II, 25, se rattache à λείβω « verser goutte à goutte » ; Théophraste le cite ici (début § 36) comme un vent de la pluie, qui couvre le ciel d'une épaisse couche de nuages. — Reste le Mésès, litt. « celui du milieu », ainsi nommé à cause de sa position intermédiaire entre le Caecias et l'Aparctias (cf. Arist. *Météor.* 363 b 30-31) ; c'est un vent de nord — nord–est. — Conscient de la nécessité de récapituler cet enseignement peu assimilable dans l'abstrait, Aristote le résume comme suit (364 a 13-18) : « Les principaux vents du nord sont l'Aparctias, le Thrascias et le Mésès ; le Caecias est intermédiaire entre l'Apéliote et le Borée. Comme vents du sud, il y a celui qui vient directement du midi [= le *notos*] et le Lips. Les vents

d'est sont l'Apéliote qui vient de l'orient équinoxial et l'Euros. [ici se place un vent absent du texte de Théophraste, le Phénicias]. D'ouest sont le Zéphyr qui vient exactement de l'ouest, et le vent qu'on appelle Argeste. » Par comparaison avec le passage correspondant du *De signis*, on voit ce qui fait l'originalité de Théophraste : le rapport constant avec les effets, bien plus que l'analyse théorique des causes — encore qu'Aristote traite à son tour (364 b 17-365 a 6), et moins sommairement, les influences climatiques de ces vents, perceptibles pour tous.

37. Nouvel exemple de double préverbation après celui qui a été signalé plus haut (n. 5 à Ch. I, § 2, προανατέλλῃ) : absent des dictionnaires Bailly, LSJ et ses suppléments, le verbe κατα–παρ–ανθεῖν, auquel appartient la forme καταπαρανθῶσι, est un *hapax* dont ni la forme ni le sens ne font difficulté. On connaît le simple ἀνθεῖν « être en fleur » et son association avec le préverbe παρα– qui lui donne soit un sens banalement local « fleurir à côté de… », d'où « en plus de… » (cf. Thphr. *HP* VII, 11, 3, où il est dit : « il arrive qu'une partie de la plante fasse une floraison secondaire … παρανθεῖν »), soit une connotation négative : « perdre sa fleur, dégénérer ». Ce dernier cas est celui qui se présente ici, compliqué par la présence du premier préverbe κατα– ; il faut donc comprendre « quand <les vents> ont d'eux-mêmes complètement (κατα-) perdu leur fougue (παρ–ανθῶσι) », avec pour ἄνθος un sens figuré qui n'a rien d'exceptionnel.

38. Quand Aristote et Théophraste portaient sur un schéma qu'ils commentaient pour leurs auditeurs la position de chaque vent, ils suivaient le sens des aiguilles de nos montres, depuis l'Orient à droite jusqu'à l'Occident à gauche. Cf. Arist. *Météor*. 364 b 14-17 : « Quand les vents cessent, ils sont remplacés par ceux qui les suivent dans le sens du mouvement du Soleil, car l'impulsion la plus forte est reçue par ce qui se trouve proche de son principe. Or le principe des vents se meut de la même façon que le Soleil. »

39. Bien que l'agronomie antique ait été étroitement liée au rythme des saisons, l'adjectif ἰσημερινός est peu représenté dans les traités botaniques de Théophraste ; ainsi par ex. *CP* IV, 11, 4, au sujet des blés à cycle court, tels « les blés de l'équinoxe » … τοὺς ἰσημερινούς (πυρούς). La synonymie ἰσημερινός = « équinoxial » mérite qu'on s'y arrête : étymologiquement, notre terme d'« équinoxe » provient du latin *aequus* (égal) et *nox*, *noctis* (nuit), et désigne le moment de l'année où la nuit a la même durée que le jour ; le grec retient, quant à lui, l'égale durée (ἴσος) du jour (ἡμέρα) et de la nuit. — L'explication cosmographique du terme est la suivante, d'après Wikipedia, *Équinoxe*, consulté le 06-07-2018 : « pendant environ une moitié de l'année, l'hémisphère nord [de la terre] est orienté vers le Soleil, tandis que son orientation est au profit de l'hémisphère sud pendant l'autre moitié. Lors d'un équinoxe, les deux hémisphères sont orientés également par rapport au Soleil et celui-ci est situé exactement au zénith de

l'équateur ; […] le jour et la nuit divisent exactement les deux hémisphères. » Dans la mesure où ces phénomènes étaient accessibles aux Anciens, ils sont décrits et interprétés par Aristote (*Météor*. 363 b 11-364 b 27) ; Théophraste s'en tient à leurs manifestations perceptibles pour tous.

40. Hort, suivi de S.-B., écarte de son texte ἢ βορέας comme une glose intempestive de ἀπαρκτίας, alors que βορέας figure chez Aristote dans l'énumération des vents du nord : 364 a 15 ὁ δὲ καικίας κοινὸς ἀπηλιώτου καὶ βορέου « le Caecias est intermédiaire entre l'Apéliote et le Borée », avec (n. 6) cette précision de P. Louis : « entre le vent d'est et le vent du nord » ; 364 b 25-26, où il est dit que le Caecias « participe de Borée et de l'Euros » (διὰ τὸ κοινὸς εἶναι βορέου καὶ εὔρου). Présumé connu de tous comme le vent violent et souvent glacial, attiré des pays nordiques par la Méditerranée plus chaude, le *notos* ne pouvait faire l'objet que d'une mention discrète, qui par là-même a pu paraître apocryphe.

41. Καυματώδης δὲ νότος καὶ ζέφυρος καὶ εὖρος est une reprise littérale d'Aristote, 364 b 23-24, déjà signalée par S.-B., p. 179. Mais si, comme tout porte à le croire, Aristote et son élève ont mis en commun leurs informations et leurs réflexions sur les phénomènes naturels dès leur installation à Athènes, soit entre 335 et 330, de tels recoupements, même totalement involontaires, étaient inévitables.

42. Pour le sens et les équivalents français de ἐκνεφίας, voir supra n. 17 à § 30 (τὸ δὲ αὐτὸ σημεῖον καὶ ἐκνεφίου).

43. La parenthèse météorologique se referme avec le retour à l'interprétation de menus détails de la vie quotidienne présumés susceptibles d'annoncer le temps qu'il fera. D'où le retour (l. 19-21) au schéma phraséologique signalé dès l'Introduction (p. XVIII du présent volume) :

ἐάν + subjonctif éventuel [ἐὰν… φέρωνται] — σημαίνουσι+ infinitif futur [ἔσεσθαι].

44. Le composé διᾴττω, formé de δια– « à travers » et de ᾄττω / ᾄσσω / αἴσσω « s'élancer », est bien attesté chez Hérodote et chez les Tragiques, mais n'entre dans le vocabulaire scientifique qu'avec une attestation incertaine chez Aristote (*Météor*. 344 a 32) où le ms. F ajoute τοῦ διαΐσσοντος à la phrase qui se termine par διαδρομῆς. — La conclusion du chapitre en résume de manière toute scolaire et le plus brièvement possible la teneur : « Voilà donc les signes des vents. »

Chapitre III (§ 38- 49) Les signes de tempête

1. Sans indication fournie par le contexte, le grec n'a pas le moyen de différencier les trois principaux sens de χειμών,–ῶνος, « froid, hiver, tempête » (cf. *DELG* s.v. χεῖμα) ; ici, venant après la pluie et le vent, il s'agit de la tempête, correspondant à la dégradation maximale des conditions météorologiques. — Ce chapitre se présente avec un

plan semblable à celui des précédents dans la mesure où la prévision du temps se fonde en premier lieu sur l'observation des astres : pour les signes de pluie, la couleur du ciel à l'aube (§ 10), l'aspect du soleil (§ 11) et de la lune (§ 13) ; pour ceux de vent, la forme et la couleur du soleil et de la lune (§ 26-27). Les indices fournis par le comportement des oiseaux, dont la sensibilité particulière aux variations du temps s'explique naturellement par leur habitat, sont présentés ensuite dans le même ordre (§ 15, 28, et ici § 38-40), avec plus ou moins de détails selon l'étendue des informations, et plus souvent, des observations, de l'auteur.

2. Phrase très elliptique, dans le style de simples notes en vue d'un exposé oral : pas de mot de liaison, pas de verbe à un mode personnel, une formule resserrée à l'extrême : εἰς μὴ καθαρόν litt. « vers du non-limpide », ce qui paraît indiquer, vu le contexte, que le soleil couchant s'enfonce dans une zone non uniformément nuageuse ; S.-B. traduit « The sun setting into haze [= de la brume] », mais la suite de la phrase évoque le voile *d'une partie* du soleil, non de sa totalité.

3. En face de ἡ σελήνη, « la lune » sans spécification de forme, le diminutif τὸ σελήνιον désigne « la petite lune », c'est-à-dire la partie brillante de l'astre visible de notre planète, que nous appelons « le croissant de lune ». Ce sens apparaît plus ou moins clairement dans les dictionnaires usuels : Bailly « petite lune » par extens. « lune » ; LSJ (avec référence à notre texte) « the outline of the moon » ; *DELG* s.v. σελήνη : σελήνιον « "phases de la lune", Arist., Thphr., etc. ». Les traductions proposent « the horns of the moon » (Hort 1926), avec cette remarque (p. 418, n. 2) : « it is possible, more or less, to see the whole circle » ; S.-B. (2007) « less than full ». Il y a du vrai dans chacune de ces suggestions, mais la solution la plus économique consiste à traduire « le croissant de la lune », expression courante intelligible pour tous. — Les prévisions météorologiques fondées sur l'aspect de la lune ont joui d'un grand prestige à l'époque gréco-romaine, si l'on en juge par la longue citation de Varron (dont l'original ne nous est pas parvenu) dans Pline, XVIII, 348-349. — Toutefois, ce parallélisme approximatif n'aide pas à résoudre la difficulté qui tient dans le texte grec à la structure de l'énoncé hypothétique ἐὰν ὀρθὸν ᾖ μέχρι τετράδος καὶ εἰ εὔκυκλον. Il est clair que les deux parties qui le composent ne sont pas sur le même plan, la première (ἐὰν… ᾖ) formulant une éventualité, la seconde (réduite à εἰ, sans verbe exprimé), une hypothèse supposée réalisée. D'où la nécessité de marquer leur décalage par une virgule après τετράδος et dans la traduction suivante : « s'il arrive que [le croissant de la lune] soit vertical jusqu'à son quatrième jour, et s'il décrit… (d'où "tout en décrivant") un beau cercle… » — cela dans son tracé externe bien distinct pour tout observateur grâce à sa luminosité, même dans sa partie non éclairée, qui se devine, l'ensemble formant le cercle qu'indique εὔκυκλον.

4. La grue (*Grus grus* L. 1758) ne figure pas actuellement au nombre des oiseaux de Grèce ; elle ne peut y être observée qu'au moment de sa migration entre l'Europe septentrionale où elle passe l'été et ses lieux d'hivernage en Afrique du Nord, ainsi qu'au centre de la France depuis le réchauffement climatique. C'est un oiseau puissant, capable de migrer sur 2500 km de distance, en formant des vols remarquables par leur forme en V (c'est « le triangle des grues » du poète) qui ne passent pas inaperçus, du fait du cri (un "grou" sonore) que l'animal pousse en vol et « qui s'entend jusqu'à quatre kilomètres » (d'après la notice « Grue cendrée » de Wikipedia, consultée le 28-07-2018). Les Anciens ont donc facilement repéré ces passages saisonniers qui ont trouvé place dans leur calendrier agricole, déjà chez Hésiode (*Trav.* 448-451) : « Faites attention au moment où vous entendrez la voix de la grue (εὖτ' ἂν *γεράνου* φωνὴν ἐπακούσῃς) lancer du haut des nuages son appel de chaque année. Elle apporte le signal des semailles et annonce la venue de l'hiver pluvieux. » (trad. Mazon, CUF 1947). — Ici commence une longue série, assez lassante pour le lecteur moderne, de périodes conditionnelles du type défini dans notre Introduction (p. XVI-XVIII). À noter le caractère péremptoire des déductions (ἐὰν πρωῒ πέτωνται…, πρωῒ χειμάσει, ἐὰν δὲ ὀψὲ… ὀψὲ χειμάσει) à la portée de tout observateur, même inculte, mais expérimenté dans ce domaine.

5. Les conditions du choix entre la leçon traditionnelle ἀθρόοι et sa variante ἀθρόαι, adoptée dans l'éd. S.-B., sont les suivantes : il n'y a pas d'option incontestable, vu l'attestation des deux formes pour le féminin de cet adjectif, malgré la plus grande fréquence de la désinence –α. Les dictionnaires usuels signalent d'autre part l'appartenance aux deux genres du nom γέρανος, avec lequel s'accorde ici l'adjectif ἀθρόος : Bailly « ὁ γέρ.TH. *Sign.* 3, 1 » ; LSJ « γέρανος, ἡ, also ὁ, Thphr. *Sign.* 38 » ; *DELG* s.v. « γέρανος : f. (rarement m.) ». Du reste, l'emploi du féminin en –ος pour ἀθρόος se retrouve dans Aristote, *PA* 675 b 22, sans même être signalé comme exceptionnel par l'éditeur (P. Louis, CUF 1957) : il y est dit que l'évacuation des déchets est réglée de manière que leur expulsion ne se fasse pas tout d'un coup : ὅπως… μὴ ἀθρόος ᾖ ἡ ἔξοδος τοῦ περιττώματος.

6. La correction par S.-B. en σίτου de σῖτον, leçon des mss., de l'Aldine et des éditions jusqu'à celle de Hort comprise, ne s'impose pas, vu l'attestation de περί + acc. de l'objet qui est l'enjeu de la compétition.

7. L'éd. S.-B. place καὶ στρουθὸς entre crochets comme une glose parasite, en expliquant (p. 185) que καὶ manque dans plusieurs mss. et que le groupe athétisé ne figure pas dans l'imitation d'Aratos – arguments insuffisants [cf. apparat critique : « καὶ στρουθὸς (M V *Bart.*) *seclusimus* »] pour condamner le texte transmis. — Plus importante est la structure du long passage (fin § 38 – début § 42) qui traite des signes

du temps fournis par le comportement des animaux, à la suite d'une double annonce due à l'observation de deux groupes antithétiques : les grues, irréductiblement sauvages, et les oies, totalement domestiquées. Ainsi les oiseaux constituent une transition naturelle entre les mondes cosmique et terrestre. Eux-mêmes se divisent en deux groupes, selon qu'ils sont familiers de l'homme (pinson, moineau, etc.) ou sauvages et parfois révélés surtout par leurs cris (les corvidés). S'y ajoute un troisième ensemble qui réunit brièvement des animaux marins doués d'un comportement significatif (calmar, phoque, etc.). Dernière catégorie, celle-ci constituée par les animaux les plus étroitement liés à l'homme : bétail d'élevage (moutons et bœufs), commensaux indésirables (souris) ou familiers (chien). L'exposé s'articule donc suivant un plan rigoureux, peut-être dicté par un souci pédagogique qui ne se dément qu'en fin d'exposé (§ 42), où le chat-huant côtoie le ver de terre dans un désordre que suffit à expliquer la difficulté matérielle pour les Anciens de modifier un texte déjà rédigé.

8. La traduction de σπίνος par « pinson » ayant été commentée dès sa première occurrence (n. 27 à § 19) ainsi que le sens usuel de « moineaux » donné à στρουθοί dans les mêmes conditions (§ 28), il n'y a pas lieu d'y revenir ici. — Le terme d'ὄρχιλος appartenait à la langue bien avant son emploi par Théophraste. Pour rester dans un contexte naturaliste, l'oiseau est décrit très correctement par Aristote (*HA* 592 b 23-25) sous le nom de τύραννος « maître absolu, seigneur », d'où chez nous « roitelet », que lui a valu la petite houppe de plumes qui surmonte sa tête ; ce ne pourrait être que par dérision une allusion à sa prestance, le roitelet (*Regulus regulus* L. 1758) étant, avec son poids de 5 à 7 grammes « l'un des deux plus petits oiseaux d'Europe »(www. oiseaux.net/oiseaux/roitelet.huppe.html). Voici ce qu'en dit Aristote : « Le roitelet huppé [...] est un peu plus gros qu'un criquet, il possède une huppe d'un rouge vif, et, par ailleurs, c'est un gracieux petit oiseau, bien proportionné » (trad. P. Louis), Le nom que Théophraste lui donne ici n'est pas ignoré d'Aristote, qui l'emploie plus loin (609 b 12) où il déclare : « la sittelle et le roitelet (τροχίλος) sont les ennemis de l'aigle » ; de même aussi dans *HA* 615 a 17 : « Le roitelet (Ὁ δὲ τροχίλος) demeure dans des fourrés et des trous ». Encore commun de nos jours dans toute l'Europe et l'Asie non tropicale, ainsi qu'en Afrique du Nord, c'est un minuscule oiseau d'autant plus difficile à observer qu'il est toujours en mouvement. Il était néanmoins connu de tous en Grèce antique, sans quoi le public n'aurait pas compris les plaisanteries d'Aristophane : dans les *Guêpes* (422 av. J.-C.), le principal personnage s'exclame (v. 1513) « Quelle nuée de roitelets (τῶν ὀρχίλων) s'est abattue ! », allusion que l'éd. Van Daele (CUF 1924) explique en note comme suit : « Le mot ὀρχίλος s'applique au *roitelet* et signifie étymologiquement *danseur*. Allusion plaisante à la profession des personnages en question et à leur petitesse. » Plus hardie est la reprise de ce

nom dans les *Oiseaux* en 414, où il s'agit de sacrifier au « roitelet qui est l'oiseau roi (βασιλεύς ἐστ' ὀρχίλος ὄρνις), à qui, avant Zeus même, on est tenu d'égorger un moucheron à testicules (σέρφον ἐνόρχην σφαγιάζειν) » (trad. Van Daele [CUF 1928] des v. 568-569) avec la note suivante : « Le nom grec du roitelet est ὀρχίλος, mot semblable à ὄρχις *testicule* (d'où ici ἐνόρχην). Le poète établit une analogie plaisante entre le roi des dieux, grand coureur de femmes, et l'oiseau roi. » — Dernière remarque : la tradition manuscrite de notre texte accentue ce nom d'un proparoxyton, (ὄρχιλος) conservé par les éditeurs jusqu'à S.-B. inclus, ces derniers écrivant toutefois ὀρχίλος dans l'intitulé de leur commentaire (p. 185) : un choix cohérent serait préférable.

9. On ne présente pas le rouge-gorge, connu de tous pour sa familiarité et sa présence en hiver dans le moindre jardin de ville, à travers l'Europe entière et l'Asie septentrionale et moyenne. La plupart de ses appellations, jusqu'à son nom scientifique, *Erithacus rubecula* L., sont dues à la couleur orange de son plastron. Le grec ancien ne fait pas exception, avec tout un jeu de variantes révélateur de la popularité de l'animal. L'éd. S.-B. reproduit (p. 186) cette scholie à Aristophane, *Guêpes*, 927 : ἔστι δὲ ὄρνεον ὑπὸ μέν τινων καλούμενον ἐριθεύς, ὑπὸ δὲ ἑτέρων ἐρίθυλος, ὑπὸ δὲ πλειόνων ἐρίθακος. Dans notre texte, c'est ἐριθεύς qui a été très tôt rétabli à partir d'une leçon mutilée, mais la variante aristotélicienne est ἐρίθακος (*HA* 592 b 22). À basse époque, les *Géoponiques* (15, 1, 22) citent ὁ ἐρίθακος parmi les oiseaux dont le plumage change de couleur l'été (sans doute s'agit-il d'oisillons dont l'ensemble de la livrée est brun car « il faudra attendre la mue post-juvénile pour voir apparaître les premières plumes orangées » (www.oiseaux.net/oiseaux/rougegorge.familier.html).

10. Cf. supra § 16, avec les notes.

11. Les Anciens interprétaient comme l'annonce d'un hiver particulièrement rigoureux l'apparition d'un individu blanc dans une population aviaire normalement noire ; cf. Aristote, fr. 270.21 (cité dans S.-B., p. 186) : « quand apparaissent des oiseaux en grand nombre et de couleur blanche, ils nous apprennent que l'hiver sera rigoureux ». En réalité, les sujets à plumage blanc et yeux rouges qui peuvent se montrer à n'importe époque de l'année, présentent « une anomalie génétique qui affecte la pigmentation et se caractérise par un déficit de production de mélanine. [...] Elle touche les mammifères, y compris les êtres humains, les oiseaux, les poissons, les amphibiens et les reptiles, qui sont dits **albinos** » (extrait de https.fr.wikipedia.org). Ignorant la véritable cause de ce phénomène, les Anciens voyaient dans cette absence de couleurs, les signes avant-coureurs d'une grave perturbation météorologique.

12. Les changements de voix du corbeau ont été longuement décrits et interprétés au § 16 ; voir n. 18 du chapitre I.

13. Hort s'étonne (p. 420, n.1) de la mention de τευθίδες au sens usuel de « calmar » (« The word is perhaps corrupt and conceals the

name of a bird ») seul attesté pour ce terme dans le *DELG* et plusieurs fois confirmé chez Aristote ; cf. par exemple, *HA* 490 b 13, τευθίδες τε καὶ τεῦθοι καὶ σηπίοι « les petits calmars, les grands calmars et les seiches » (trad. P. Louis, CUF 1964) ; *ibid.* 523 b 29-30 : « Il est particulier aux seiches, aux petits calmars et aux grands calmars (αἵ τε σηπίαι καὶ αἱ τευθίδες καὶ οἱ τεῦθοι) d'avoir deux longs tentacules ». Mis à part les « grands calmars » de dimensions monstrueuses récemment reconnus dans les mers japonaises, mais, semble-t-il, tout à fait étrangers à la faune méditerranéenne, on voit mal quelle espèce Aristote désignerait ainsi, sinon des exemplaires particulièrement imposants du calmar fréquent sur nos côtes, dont il dit (524 a 25-27) : « parmi les calmars ceux qu'on nomme grands calmars (Τῶν δὲ τευθίδων οἱ τεῦθοι καλούμενοι) sont beaucoup plus grands : il y en a qui atteignent cinq coudées » [l'éditeur précise en note "plus de deux mètres"]. Théophraste n'entrant pas dans ces détails, nous pouvons traduire τευθίδες « des calmars », sans tenir compte du suffixe diminutif, comme le fait P. Louis dans cette dernière citation. Cette espèce comestible, en zoologie *Loligo* spp. Lamarck 1798, et dans notre langue courante « calmar » ou « encornet », est une ressource halieutique connue et appréciée des Grecs depuis l'antiquité. Contrairement à l'opinion de Hort, rapportée plus haut, il est assez naturel de passer des oiseaux, hôtes du ciel, aux habitants de la mer (τευθίδες... φωκὴ... οἱ πνεύμονες οἱ θαλάττιοι), autre élément étranger à la vie ordinaire de l'homme.

14. Bonne notice sur cet animal à l'adresse www.kimolos-island.com dont il suffit de reproduire ici l'essentiel : « Le Phoque moine méditerranéen, *Monachus monachus*, est un mammifère marin rare dont on trouve la majorité de la population en Grèce. Son nom vient de son apparence qui ressemble à la capuche des moines catholiques. [...] La plus large population de Phoque moine méditerranéen vit et se développe en Grèce. Comprenant 90% de la population européenne totale de l'espèce, 200-250 individus nagent dans les eaux [...] de la mer Égée et de la mer Ionienne. » Victime à l'époque moderne de la chasse et aujourd'hui de la pollution, le phoque y était certainement plus abondant dans l'antiquité. On connaît l'épisode (*Odyssée*, IV, 400-453) du séjour de Ménélas dans l'île égyptienne de Pharos où Protée, le Vieillard de la Mer, élevait un troupeau de phoques. À l'époque classique, Aristophane était encore sûr d'être compris de son public en évoquant (*Guêpes*, 1035 = *Paix*, 758) « la puanteur d'un phoque » (φώκης δ' ὀσμήν). Quant à Théophraste, on peut penser qu'il a été témoin, à Lesbos ou ailleurs en Méditerranée orientale, de la scène dans laquelle il note même l'espèce de grognement de satisfaction qu'émet l'animal en attrapant un poulpe. Ce souffle sonore n'est-il pas à l'origine de notre expression familière « souffler comme un phoque » ?

15. Derniers de cette série d'organismes marins, les « poumons de mer », encore aujourd'hui appelés ainsi dans notre langue courante sans

que la plupart des usagers aient conscience de traduire littéralement l'expression grecque οἱ πνεύμονες οἱ θαλάττιοι ; ces animaux ont été de tout temps identifiés avec de grosses méduses du nom scientifique de *Rhyzostoma pulmo* Macri 1778, dont la synonymie avec *R. octopus* L., espèce atlantique de plus petite taille, fait encore débat. D'après le site informatique DORIS (consulté le 02-08-2018) « le rhizostome est une grosse méduse, massive, dont l'ombrelle en forme de cloche est frangée de 80 à 100 lobes. Elle mesure en général de 30 à 60 cm de diamètre mais peut atteindre la taille de un mètre ! [...] Il n'y a pas de tentacules [...] et en dépit de sa taille impressionnante, elle est en principe inoffensive. » Elle se nourrit de plancton et, vivant en milieu côtier, dans les lagunes et les estuaires, elle prolifère certains étés à proximité des plages. Selon la même source, « les Grecs appelaient déjà ces méduses "pneumones", c'est-à-dire poumon de mer. Sans doute pas à cause de la texture, mais parce qu'elles palpitent en permanence, dans un mouvement qui fait penser à une respiration. » Même pour qui ne connaît que des exemplaires échoués sur la côte, l'image s'applique aussi à l'animal mort, en évoquant la structure spongieuse de l'ensemble de son corps. Notons enfin qu'Aristote, *PA* 681 a 18, désigne lui aussi les méduses par οἱ πνεύμονες, leçon des mss. d'après l'apparat critique de l'éd. Louis (CUF 1957), corrigée par l'éditeur en οἱ πλεύμονες. Vu les caractères physiques rappelés plus haut, la ressemblance à la texture du poumon s'imposait avec une telle évidence que même si l'étymologie justifie mieux la forme πλεύμων (cf. *DELG* s.v. πλεύμων avec cette remarque : « la forme πνεύμων généralement donnée par nos mss. résulte d'un rapprochement avec πνεῦμα ») et si les non-naturalistes étaient plus soucieux du bien-dire (ainsi Platon, *Phil.* 21 c : πλεύμονος « poumon marin » sans variante dans l'éd. Dies, CUF 1959), ce n'est pas une raison suffisante pour rejeter le texte πνεύμονες de Théophraste, donné par la tradition manuscrite en concurrence avec πλεύμονες et admis par les éditeurs jusqu'à Hort compris. Pline (XVIII, 359) écrit *Pulmones marini in pelago plurium dierum hiemem portendunt* « Les poumons marins flottant sur la mer présagent du mauvais temps pour plusieurs jours » (trad. Le Bonniec – Le Bœuffle, CUF 1972).

16. Aux prévisions tirées du comportement particulier des animaux qui peuplent le ciel et la mer s'ajoutent naturellement des informations du même ordre fournies par les animaux d'élevage et par ceux, sauvages ou domestiques, qui partagent la vie quotidienne de l'homme. — L'habitude des moutons de se serrer les uns contre les autres pour se protéger le plus possible des températures extrêmes, le froid ou la chaleur, peut s'observer en plein été sur notre Causse du Larzac, où les moutons se pressent pour profiter de l'ombre d'un arbre, qui devient ce qu'on appelle localement un "tchouradou" (un reposoir). Dans le même ordre d'idées, Aristote signale (*HA* 575 b 17-19) que lorsque les vaches

sont nombreuses à se prêter à un accouplement précoce « on y voit un signe très net d'un hiver mauvais et pluvieux » (trad. P. Louis).

17. Si l'omission dans le *Vaticanus* de la phrase Ἐν δὲ τῷ Πόντῳ — νέμεσθαι n'est pas accidentelle, peut-être est-elle due à une certaine prévention à l'égard de ce qui n'est pas grec. Théophraste, on le sait, a passé les années du préceptorat d'Aristote à Stagire, d'où il a complété son enquête naturaliste sur la Grèce du Nord. Le nom du Pont, notre mer Noire, apparaît dix fois dans l'*Historia plantarum*, dont la dernière (IX, 17, 4) concerne, comme ici, les moutons de cette région, qui deviendraient plus gras et plus beaux en broutant de l'absinthe — rapprochement d'autant plus remarquable qu'il s'agit dans les deux cas d'une information indirecte, introduite par φασί « on dit ». — La précision « face au nord » est intéressante : au débouché des plaines d'Europe centrale, la côte pontique reçoit de plein fouet l'air glacial des régions polaires qui stimule l'appétit des animaux, comme le fait aussi l'amertume de l'absinthe, abondante dans cette région steppique ; cf. Ovide (*Pontiques*, III, 1), en exil à Tomes, s'adressant à cette terre inhospitalière : « Tes champs stériles sont hérissés d'absinthe, moisson amère, et bien digne du sol qui la produit. »

18. L'espèce nommée ὀλολυγών pose un problème d'identification. Le *DELG* s.v. ὀλολύζω indique pour le dérivé ὀλολυγών le sens de « croassement de la grenouille », mais on a parfois rapproché le latin *ululare* « hurler », ce qui est ici incompatible avec le contexte ; il s'agit de termes formés sur une onomatopée qui évoque plus ou moins fidèlement le cri de l'animal. Après les avoir signalés, Chantraine conclut « il doit s'agir cependant d'une grenouille ». La description qu'en donne Aristote, *HA* 536 a 8-13, va dans ce sens : « la grenouille (ὁ βάτραχος) a la langue d'une forme spéciale [...], ce qui [lui] permet de pousser le cri qui la caractérise. Le croassement des grenouilles (τὴν ὀλολυγόνα) est le cri des mâles » (trad. P. Louis). Dans notre texte, le nom du cri a été étendu à l'animal. — Celui-ci est la rainette verte, *Hylea arborea* L. 1758, dont le qualificatif spécifique est dû à l'habitat. Elle est présente en Grèce comme dans la majeure partie de l'Europe continentale. Le nom de « rainette » permet d'éviter les confusions avec d'autres espèces du même genre zoologique.

19. Dans une perspective anthropocentrique progressivement rétrécie ont été étudiés les astres (soleil et lune) les plus accessibles à l'observation humaine, les oiseaux partageant leur vie entre ciel et terre, les animaux domestiques ou commensaux de l'homme ; viennent maintenant deux éléments indispensables à notre vie : le feu, nécessaire à la cuisson des aliments, et la lumière des lampes qui remédie à l'obscurité des longues nuits d'hiver.

20. Alors qu'une forte humidité atmosphérique, normale dans un pays dont aucune partie n'est éloignée de la mer, suffit à expliquer la difficulté d'allumer les lampes quand le vent du large souffle

violemment, l'association de la cendre à la neige paraît fondée sur une certaine ressemblance de texture plutôt que sur un phénomène atmosphérique réel. On peut remarquer également que le dernier mot du § 42, χιονικόν « neigeux », dit de la disposition des déchets de combustion « *en cercle* (κύκλῳ) autour de la lumière », évoque en même temps la forme généralement discoïde des flocons.

21. Une régularité parfaite de la combustion n'est possible que par temps absolument calme. S'agit-il de ce qu'on appelle, surtout au figuré, « le calme avant la tempête » ? — Le neutre adverbial ἡσυχαῖον étant bien attesté plus loin (§ 52 et 53 où ἡσυχαῖον ᾄδουσα est dit de la chouette et de la corneille), il fournit ici une correction de ἡσυχαῖος plus économique que celle de S.-B. , ἡσυχῇ.

22. Dans un souci, peut-être excessif, de ne laisser rien perdre du texte transmis, nous reproduisons entre parenthèses brisées une courte phrase reconstituée dans l'éd. S.-B. à la suite de Schneider (V, 170), d'après la traduction latine de Bartolomé de Messine : « Videtur igitur additum legisse : καὶ ἐὰν μέλαιναι φλόγες ἀπαΐσσωσι, vel simile verbum ». La forme verbale retenue par S.-B. est αἰθύσσωσι, de αἰθύσσω attesté chez Aratos dans son sens intransitif « vaciller, trembloter », qui convient ici au contexte.

23. Voir *supra* n. 36 au § 23 ; de même pour la Pléiade, n. 7 au § 2.

24. Alors que le Parnès et l'Hymette se définissent aisément comme les hautes collines qui bordent la cuvette d'Athènes, le Brilettos est moins connu, en tout cas sous ce nom : il s'agit en fait du Pentélique, dont le point culminant domine au nord-est la plaine attique. Βρίλητ-τος,–σσος appartient, comme de nombreux toponymes de la langue classique, à commencer par l'Hymette, Ὑμηττός (mais aussi, quoique plus rarement, –σσός), au groupe très fourni des termes préhelléniques fixés par l'usage pour désigner des éléments du paysage de tout temps familiers aux habitants du pays. Ainsi, relatant les débuts de la guerre du Péloponnèse, Thucydide, que l'on sait volontiers archaïsant, déclare (II, 23, 1) : les assaillants ravagèrent certains dèmes « situés entre les monts Parnès et Brilèssos » (μεταξὺ Πάρνηθος καὶ Βριλησσοῦ ὄρους), avec la n. 1 de J. de Romilly (CUF 1962) « C'est-à-dire le Pentélique ». Ce n'est pas sans raison que Théophraste parle ici du Brilettos, alors qu'il cite dans *Les pierres*, 6, « les célèbres carrières de pierres de Paros et du Pentélique » (διωνομασμέναι λιθοτομίαι Παρίων καὶ Πεντελικῶν) : Brilettos lui fournit un simple repère géographique, tandis que le marbre du Pentélique avait le prestige du matériau de grand luxe dans tout le monde antique. — En prenant l'initiative d'écrire dans le texte Βρίλλητον (cf. apparat critique), mais « Brilettos » dans la traduction, S.-B. proposent une incohérence inexplicable.

25. Sachant que des trois principales hauteurs citées ici, proches de la ville d'Athènes, la plus élevée est le Parnès (1413 m), qui est aussi le point culminant de l'Attique, la plus basse l'Hymette (1025 m), avec

pour intermédiaire le Brilettos ou Pentélique (1107 m), on peut proposer la traduction littérale suivante : « si (l'éclair) les illumine tous, il annonce une forte tempête (μέγαν χειμῶνα σημαίνει), moins forte <s'il s'agit> des deux <derniers> [soit le Brilettos/Pentélique et l'Hymette, les moins hauts et les plus proches de la ville] (ἐὰν δὲ τὰ δύο, ἐλάττω), et si c'est le Parnès seulement (ἐὰν δὲ Πάρνηθα μόνον), du beau temps. »

26. On remarquera que les montagnes mentionnées au début du § 43 sont celles de l'Attique, auxquelles viennent s'ajouter ici l'Olympe de Thessalie et l'Athos, que l'auteur a nécessairement vus de près sur sa route de Stagire à Athènes ; du Péloponnèse, il paraît avoir eu une connaissance directe limitée à la partie septentrionale, se fiant surtout aux renseignements recueillis par ses émissaires (cf. par ex. *HP* III, 12, 4, le compte rendu de la mission de Satyros en Arcadie).

27. L'idée qu'au cours d'une année s'établit un certain équilibre entre des facteurs climatiques opposés (le froid et le chaud, le sec et l'humide) est une constante de la pensée scientifique des Anciens. L'éd. S.-B. donne (p. 195) le texte sans traduction d'Hippocrate, *Airs, eaux, lieux*, 10, qui présente les répercussions sur la santé humaine des caractéristiques des saisons : « Si l'hiver est sec, avec du vent du nord, et que le printemps soit pluvieux, avec du vent du midi, il est inévitable (ἀνάγκη) que l'été soit favorable aux fièvres et qu'il provoque des troubles oculaires et des dérangements intestinaux. » Sans entrer dans des considérations médicales, Théophraste retient une sorte d'équilibre entre le déficit d'une saison et l'excès de la suivante. Il l'expose avec l'expression d'une éventualité et de sa conséquence logique dans un schéma de période conditionnelle qui est le trait stylistique le plus constant de cet opuscule (cf. Introduction, p. XVI-XVIII ; et *passim*).

28. Il est reconnu depuis longtemps que le texte transmis (σκωρία γίνηται ἐπιεικὴς) est altéré. Schneider le conserve dans son édition de 1818, mais se rend vite à l'évidence que σκωρία, bien attesté dans Aristote, *Météor.* 383 b 1, avec le sens de « scorie » dans le vocabulaire de la métallurgie, n'a rien à voir avec le sujet traité ici ; d'où la correction par Schneider lui-même (IV, 747 ; V, 58, 170) en ὀπώρα, eu égard au sens plutôt qu'à la forme (seules les lettres –ωρ– sont communes aux deux termes, hormis la désinence), admise au moins comme un palliatif par les éditeurs suivants. Ainsi Wimmer 1866 donne du texte remanié une traduction cohérente : *Si aestatis extremum bene habet, ovibus pabulum deficiet* « Si la fin de l'été a du beau temps, le pâturage manquera aux moutons ». Cette phrase est parfaitement intelligible pour qui connaît le climat grec : à une période torride et sèche qui s'étend de mai à la mi-août succède en général un temps orageux accompagné de précipitations souvent abondantes qui marquent l'entrée en végétation de toute la flore automnale et le reverdissement des terres livrées au pâturage.

29. Cf. début du § 49, avec davantage de détails. On ne peut évidemment pas savoir si de telles maladresses sont imputables à l'auteur ou aux copistes qui ont reproduit avec plus ou moins de rigueur le texte qui leur était confié.

30. D'Archiloque de Paros (2e moitié du VIIe s. *a.C.*) et de sa vie tumultueuse de fils de famille mêlé à de nombreuses luttes entre les cités insulaires ou riveraines de l'Égée, on sait peu de chose de précis (voir la Notice de l'éd. Lasserre – Bonnard, CUF 1958). Ce qui a été conservé de son œuvre poétique, dont le plus long fragment n'a que quelques vers, laisse deviner un caractère bien trempé qui ne s'embarrasse pas des convenances ; cf. notre éd. de Théophraste, *CP* I-II (CUF 2012), p. 200, pour les vers d'Archiloque sur les fruits du « figuier des rochers » dont ne pouvaient se contenter que de pauvres diables. La citation reproduite ici est, approximativement, celle du début du fr. 105 West, dont l'éd. S.-B. donne (p. 198) le texte complet en trois vers iambiques.

31. Le texte gravement altéré par les copistes dans ses versions les plus anciennes est devenu intelligible à partir de Furlanus (1605) sous la forme de ἐὰν νεφέλη ὁμόχρως ᾖ, reprise sans changement dans Schneider (1818). Actuellement, restent en concurrence pour la proposition conditionnelle le texte de Wimmer (1866), ἐὰν δ' ὁμόχρων ᾖ, et celui de S.-B., le plus récent, ἐὰν δ' ὁμόχρως ᾖ. Leur différence tient à l'existence de deux noms du nuage, νέφος,–ους (τὸ) et νεφέλη,–ης (ἡ), dont il est dit dans le *DELG* s.v. νεφέλη : « Les deux mots sont anciens et remontent à l'indo-européen. » Selon que le qualificatif est rapporté au premier ou au second de ces noms, on peut écrire avec Wimmer ὁμόχρων (neutre de ὁμόχρως,–ως, –ων) en accord avec νέφος,–ους, dernier mot de la citation d'Archiloque (et répété dans le groupe ἑστώτων νεφῶν de la phrase suivante), ou ὁμόχρως implicitement rapporté à νεφέλη tenu pour le terme le plus courant en prose attique. Le choix de la première solution peut s'appuyer notamment sur Aristote, *GA* 749 a 22 : μαλακόδερμον δὲ τὸ ᾠὸν καὶ ὁμόχρων ἐστίν « cet œuf a une enveloppe molle et une couleur uniforme » (trad. P. Louis). À vouloir que le genre de ὁμόχρως ne pose aucun problème, il fallait, avec Furlanus et Schneider, reprendre νέφος par νεφέλη ; mais si, pour plus de concision, on écrit ἐὰν δ' ὁμόχρων, l'accord est fait avec νέφος, dernier mot de la citation qui précède (ce qui n'impose évidemment pas de conserver la traduction « littéraire » de « nuée »). — Le terme anatomique ὑμήν,–ένος (ὁ) désigne au sens propre la membrane qui enveloppe certains organes ; s'agissant de végétaux, dans *HP* I, 11, 2, c'est le nom des glumes d'un grain de céréale ; on pense ici à un voile de nuages qui laisse filtrer de manière diffuse la lumière solaire.

32. Le verbe διαλάμπω se trouve déjà employé avec son sens rigoureusement littéral « briller à travers » dans le compte rendu de la

dissection d'un caméléon chez Aristote, *HA* 503 b 20 : « Si l'on enlève la peau qui enveloppe extérieurement les yeux, on voit *briller au travers* (διαλάμπον) une espèce de cercle… » Le vocabulaire technique est en train de se former avec les sciences d'observation.

33. Vulgarisé dans l'antiquité classique sous les noms d'Hermès en grec, de Mercure en latin, ce personnage est l'avatar mythologique d'une planète du système solaire déjà connue des Sumériens au IIIe millénaire avant notre ère. Moins experts que les Orientaux dans l'observation des astres, les Grecs, qui avaient toutefois remarqué la rapidité avec laquelle la planète correspondante se déplace dans le ciel, faisaient d'Hermès le messager des dieux, ingénieux et rusé par excellence, tel que le présente l'*Hymne homérique* qui lui est dédié. Théophraste n'en retient ici que les conclusions météorologiques tirées de la visibilité aléatoire de l'astre par de simples observateurs, probablement ruraux.

34. Même remarque, avec plus de détails, dans Arist. *HA* 627 b 10-14 : « Les abeilles prévoient le mauvais temps et la pluie : la preuve en est qu'elles ne volent pas loin de la ruche, mais s'y replient alors qu'il fait encore beau, ce qui indique aux apiculteurs qu'elles s'attendent à du mauvais temps » (trad. P. Louis, avec la n. 4 : « Cf. Théophraste, *Traité des signes du beau temps*, fragmt VI, 46 » et plusieurs références à Virgile, Pline, Elien ; sur l'attribution de ce traité à Théophraste, voir l'Introduction du présent volume, p. IX-X).

35. Notre *Roman de Renart* médiéval nous a familiarisés dès l'enfance avec Ysengrin, le loup peureux et peu rusé, et le malin Goupil, qui sort toujours vainqueur de leur compétition. Le loup était et reste encore assez fréquent dans les montagnes de la Grèce centrale et septentrionale pour que son caractère et ses mœurs y soient connus. L'auteur est certainement dans le vrai quand il évoque le loup s'attaquant à des animaux d'élevage en prévision d'une période de mauvais temps où les proies sauvages ne suffiront pas à le rassasier. — Si son sens général est clair, la structure du passage demande à être précisée sur plusieurs points de désaccord entre les principaux textes utilisés :

— Furlanus 1613 (p. 439) : λύκος ὠρυόμενος χειμῶνα σημαίνει· λύκος τριῶν ἡμέρων ὅταν πρὸς τὰ ἔργα ὁρμᾷ, ἢ εἴσω, χειμῶνα ὁρμᾷ, χειμῶνα σημαίνει εὐθύς. *Lupus ululatu suo tempestatem nuntiat. Lupus triduo postquam natus est, si petat culta loca, aut intret hiberno tempore, statim sequitura tempestas est*, c'est-à-dire « un loup, en hurlant, annonce la tempête. Si un loup, le troisième jour après qu'elle s'est formée, cherche à gagner des endroits cultivés, ou à y pénétrer par temps d'hiver, la tempête va suivre aussitôt. »

— Schneider 1818 : λύκος ὠρυόμενος χειμῶνα σημαίνει διὰ τριῶν ἡμερῶν. Λύκος ὅταν τὰ ἔργα ὁρμᾷ ἢ εἴσω χειμῶνος ὁρμᾷ, χειμῶνα σημαίνει εὐθύς. À signaler d'autres conjectures du même auteur dans son vol. V (1821), p. 171, dont aucune n'emporte la

conviction, comme le prévoyait Schneider lui-même dans une conclusion désabusée : « Videant acutiores ! »

— Sider – Brunschön 2007 : λύκος ὠρυόμενος χειμῶνα σημαίνει τριῶν ἡμερῶν. λύκος ὅταν πρὸς τὰ ἔργα ὁρμᾷ ἢ εἰσίῃ χειμῶνος ὥρᾳ χειμῶνα σημαίνει εὐθύς, avec la traduction suivante : *A howling wolf signals a storm within three days. When a wolf runs up to or enters cultivated lands during winter it signals an immediate storm.* De l'apparat critique correspondant, on retiendra surtout : l'abandon de la conjecture διὰ de Schneider, le délai étant normalement exprimé par le génitif seul ; les deux points suivants : ὁρμᾷ Furl. : ὥρα M *movetur* Bart. ‖ εἰσίῃ Schn. (V, 171) ex *intrat* Bart. P εἴσω M Bart. — L'absence de particule de liaison confirme qu'il s'agit ici de simples notes.

36. L'expression ὄρνιθες λευκοί « des oiseaux blancs » est par elle-même peu explicite, comme le remarque (p. 202) le commentaire de S.-B. qui rapporte sans profit la formule latine correspondante dans Pline, XVIII, 363, *hiemem et* albae aves *cum congregabuntur*. Il n'y a rien à tirer non plus d'un rapprochement avec notre texte, § 39, où sont mentionnés « un moineau blanc ou une hirondelle… » (στρουθὸς… λευκὸς ἢ χελιδὼν…) : notre note 11 *ad loc.* explique qu'il s'agit là d'une anomalie génétique individuelle, et non d'un caractère chromatique commun à l'ensemble d'une espèce. La traduction de Hort souligne (p. 419) un peu lourdement mais sans erreur cette interprétation (*a white sparrow or swallow… or a white specimen of any other bird which is not usually white…*) ; le même auteur propose ici (p. 425, n. 4) « presumably gulls, etc. » , qui peut effectivement rendre compte à la fois du pluriel, s'il s'agit d'individus d'une ou de plusieurs espèces très voisines, et de la couleur. On pense alors à la mouette et au goéland : ce dernier, qui (d'après www.futura-sciences.com) mesure environ 67 cm de long et pèse autour de 1kg, est trois fois plus massif qu'une mouette (environ 300 g pour une longueur de 30 cm). Les spécialistes notent que chez la mouette « en période de reproduction, mâles et femelles arborent un capuchon brun alors que le goéland a la tête blanche. » Mais ce sont là des précisions d'ornithologues. Le repli de ces oiseaux sur la terre ferme en cas de violente tempête n'a rien d'inconcevable : la mouette se nourrit de petits organismes marins (poissons, mollusques, crustacés), mais également sur terre d'insectes et de leurs larves, de lombrics et même, occasionnellement, de fruits et de graines (d'après www.oiseaux.net/oiseaux/mouette.rieuse.html). Très vorace, le goéland est un prédateur d'animaux marins, mais il ne dédaigne pas ordures et charognes dans les décharges.

37. La forteresse de Phylé, qui commande un étroit défilé sur la route d'Athènes à Thèbes, conserve de nos jours des vestiges importants de sa construction au IVe siècle av. J.-C. : une partie de son rempart et plusieurs tours. Elle est citée plusieurs fois dans le récit détaillé de

Xénophon, *Helléniques,* II, 4, 2 – 12, des circonstances de la victoire que Thrasybule et ses partisans y remportèrent en 403 sur les Trente, permettant ainsi le rétablissement de la démocratie athénienne. S'adressant à un public capable de situer Phylé, Théophraste en fait ici un repère pour indiquer le nord-ouest d'Athènes, avec plus de précision que la simple mention du zéphyr.

38. Pour cette idée d'une compensation thermique entre deux saisons successives, créant une sorte d'équilibre dans l'ensemble d'une année, voir *supra* n. 27.

39. Si étonnant que cela puisse paraître de la part de Théophraste, considéré avec raison comme le fondateur de la botanique, les plantes sont presque totalement absentes de cet ouvrage. On se l'explique mieux si on le tient, à d'autres égards, pour une œuvre de jeunesse, antérieure à la répartition entre Aristote et son disciple de la tâche immense consistant à décrire au mieux les trois règnes de la nature. Les végétaux ne sont représentés dans le *De signis* que par l'interprétation populaire donnée ici à l'abondance des glands du chêne, plus loin (§ 55) à la floraison étagée de la scille maritime. Celle-ci sera reprise et commentée dans *HP* VII, 13, 6 : « La floraison se fait en trois parties, dont la première passe pour préfigurer la première culture, la seconde, la culture intermédiaire, la troisième la dernière culture : à la manière dont s'effectuent ces floraisons correspond à peu près le résultat des cultures » (voir dans l'éd. illustrée, p. 286, fig. 95, une image de la répartition des fleurs sur la tige robuste qui les porte). — Du chêne dont il est question ici, on peut dire seulement qu'il s'agit d'une espèce sempervirente (πρῖνος), et non caducifoliée comme celles qui portaient le nom collectif de δρῦς ; sans autre indication, il faut s'en tenir à l'appellation vague de « chêne vert ».

40. Le nom de la taupe et la cécité attribuée à cet animal (cf. notre expression familière « y voir comme une taupe ») sont aujourd'hui connus de tous, de même que déjà dans l'antiquité. Aristote décrit en détail (*HA* 533 a 3-15) un spécimen de cette espèce, dont la dissection lui a permis de constater qu'« à l'endroit où devraient se trouver les organes externes de la vision, on trouve intérieurement les yeux atrophiés qui possèdent absolument les mêmes parties que les yeux véritables » (trad. P. Louis). Cette carence est considérée non comme une particularité anatomique, mais comme une adaptation régressive au milieu souterrain. Mammifère insectivore fouisseur, la taupe se nourrit essentiellement de vers de terre et de larves d'insectes, qu'elle chasse dans un réseau de galeries creusées avec ses pattes aux griffes très puissantes. Douée d'un excellent flair et d'une bonne ouïe, elle compense ainsi sa cécité dans son territoire de chasse. Sans doute était-ce pour recréer dans une certaine mesure son milieu naturel qu'on l'enfermait dans une jarre sur une couche de terre. Théophraste a mentionné plus haut (§ 22 ; cf. n. 33 *ad loc.*) le comportement des fourmis

transportant leurs œufs en lieu sûr quand elles prévoient une forte pluie, ainsi que la prévoyance du hérisson (§ 30) bouchant l'orifice de son terrier trop exposé au vent. Dans le cas de la taupe captive, c'étaient les sons qu'elle émettait qui devaient renseigner un observateur averti (ou peut-être un peu charlatan) sur le temps prévisible. — La nom grec de la taupe, comme de nombreux termes appartenant aux langues techniques ou au vocabulaire rural, se présente dans les textes sous une forme mal fixée, avec ou sans ἀ– prothétique, avec ou sans aspiration de la consonne initiale : ἀσπάλαξ / σπάλαξ, ἀσφάλαξ / σφάλαξ. Le *DELG* explique s.v. σπάλαξ que l'étymologie en est douteuse, ce qui ne surprend pas « pour un animal nuisible et un peu mystérieux comme la taupe ». Les variations de ce terme rare dans la tradition manuscrite (cf. apparat critique) étaient inévitables.

41. Le petit animal commensal de l'homme appelé μῦς est une des nombreuses espèces de souris, en particulier la souris grise des maisons, *Mus musculus*, qui devait pulluler dans l'antiquité classique en l'absence d'évacuation organisée des détritus et avant l'expansion en Europe du chat domestique. Il ne peut pas s'agir du rat, originaire de l'Asie moyenne et introduit en Europe à une époque indéterminée du XVIe ou du XVIIe siècle.

42. Le mot φορυτός, –οῦ (ὁ) est un terme désignant des « débris » de toute sorte, déchets organiques ou non, construit sur un radical φορυ– pour lequel aucune étymologie convaincante n'a été proposée (cf. *DELG* s.v. φορύνω). Comme son sens le fait entendre, il n'appartient pas à la langue distinguée, mais au vocabulaire de la vie quotidienne attesté dans les textes scientifiques et dans la comédie. On le trouve ainsi, par exemple, chez Aristophane, *Acharniens* (pièce représentée en 425 av. J.-C.), v. 927, dans la scène où Dicéopolis demande à son comparse « passe-moi de la paille » (δός μοι φορυτόν) pour emballer le sycophante dont il veut se débarrasser, après avoir évoqué (*ibid.* 72) le temps où il était lui-même en faction le long du rempart, « étendu dans la saleté » (ἐν φορυτῷ κατακείμενος). Hors du registre comique, φορυτός se rencontre aussi chez Aristote, *HA* 616 a 12, où l'auteur raconte (de même que Théophraste, *HP* IX, 5) qu'après avoir fait tomber à coup de flèches le nid de l'oiseau dit « cannelier », les indigènes y recueillent l'aromate « au milieu des débris » (ἐκ τοῦ φορυτοῦ).

Chapitre IV (§ 50-55) Les signes de beau temps

1. Dernier chapitre de l'exposé météorologique, celui-ci est le plus court, pour la simple raison que le beau temps est en Grèce beaucoup plus banal que les intempéries. Le plan en est largement semblable à celui des chapitres précédents (voir les notes 1 à I, 10 ; II, 26 ; III, 38) : viennent d'abord les signes fournis par le soleil et par la lune, puis ceux qu'on recueille en observant le comportement des oiseaux, etc.

2. Cf. n. 8 au § 12 où voisinent côte à côte (ἡ) σελήνη et ὁ μείς, qui se retrouvent avec la même proximité chez Platon, *Timée*, 39 c (cité et commenté *ibid.*).

3. Au sujet de la constellation du Cancer, encadrée par deux étoiles appelées les Ânes, et du nom de Crèche donné à leur « mangeoire », voir *supra*, n. 36 au § 23. Le pluriel Ὄνοι, sans variante dans cette première occurrence, cède la place à un singulier moins respectueux de la réalité astronomique à la fois au début du § 43 (ἡ τοῦ Ὄνου Φάτνη) et ici même. — La plupart des phénomènes que les Anciens observaient dans le ciel pour prévoir le temps à venir, sont à nouveau mentionnés ici sans autre commentaire que l'annonce du beau temps : le halo (cf. § 22, n. 35 ; § 31, n. 22), les nuages pommelés (§ 31, n. 24), l'aspect des principales montagnes de Grèce, l'Oympe et l'Athos (§ 34, n. 32).

4. Le vol des grues a été déjà décrit (§ 38 ; cf. n. 4 *ad loc.*) comme signe de tempête, avec mention du moment de la journée où il est observé et l'indication à en tirer pour prévoir l'arrivée de la perturbation, celle-ci étant également marquée par un changement de direction du vol ; la précision donnée ici confirme l'interprétation précédente.

5. L'identité de l'oiseau appelé « chouette de mer » fait difficulté en l'absence de critère décisif. On peut seulement déduire de sa place entre la chouette (γλαῦξ) et le corbeau (κόραξ) qu'il s'agit probablement d'un rapace. De θαλαττία... γλαῦξ, S. & B. se bornent à dire « Thompson 76 can say only "unexplained " » et à traduire littéralement « a sea-owl ».C'est aussi la traduction de Hort, p. 429, sans note explicative. Le *DELG* indique pour γλαῦξ l'identification classique avec *Athene noctua*, dénomination scientifique rappelant que les Athéniens avaient fait de cet oiseau le symbole de la divinité tutélaire de leur cité. Il n'y a rien à tirer de l'appellation française de « chouette de mer », donnée couramment à un crustacé, le crabe araignée. Peut-être plus fructueuse est l'indication du *DELG* s.v. ὕβρίς,–ιδος « nom d'un rapace nocturne, p.-ê. le grand-duc (Arist. *HA* 615 b) ». L'habitat dans des falaises au bord de la mer, qui justifierait le qualificatif θαλαττία inattendu chez un rapace, est courant pour le grand-duc ; cf. les précisions suivantes dans la notice très détaillée *Le Grand-duc d'Europe* (*Bubo bubo* L.) sur le site informatique *rapaces.lpo.fr/grand-duc/grand-duc-deurope* : parmi ses habitats, « falaises surplombant la Méditerranée » ; dans son régime alimentaire : poissons, grenouilles, crustacés ; son cri : « dès le début de l'hiver et jusqu'au printemps, le mâle fait entendre son chant, un *hou-ôh* grave, puissant et portant loin. La femelle répond de la même façon, mais de manière plus aiguë. » Si la proposition de Chantraine est valable, il pourrait s'agir de l'espèce qu'Aristote, *HA* 615 b 10-16, appelle *hybris* du nom de la « démesure » justifié par la violence décrite comme suit : « (l'*hybris*) ne se montre pas le jour, parce qu'elle ne voit pas clair, et elle chasse la nuit [...]. Elle livre des combats si violents à l'aigle, que souvent les bergers les prennent tous

deux vivants. Elle pond deux œufs et elle niche dans les rochers et les cavernes » (trad. P. Louis, qui précise en note « oiseau de nuit non identifié. Il s'agit en tout cas très certainement d'un oiseau de nuit »). Théophraste donne trop peu de détails pour permettre d'aller au-delà de cette hypothèse.

6. L'opposition systématique entre les deux membres de la phrase qui se répondent par μὲν… δὲ, en inversant l'ordre des mêmes termes : χειμῶνος… εὐδίαν / εὐδίας… χειμῶνα, pourrait passer pour un artifice rhétorique, si ce mode d'expression ne se rencontrait pas aussi chez le petit peuple enclin à s'exprimer sans nuance. Le même caractère se manifeste également dans la double répétition plus loin (l. 12-14) de « trois », le premier des nombres impairs, si fréquent, avec son dérivé « triple », dans notre élocution populaire ou familière.

7. Les deux termes voisins, μόνος et ἡσυχαῖον écartent la possibilité que ce chant soit à l'époque des amours l'appel d'un mâle à une femelle ; l'oiseau ne subit donc pas d'influence autre que celle de son environnement, ce qui rend crédible l'interprétation de son chant comme un signe météorologique. D'autre part, l'imagination populaire a dû jouer un rôle dans le décompte des cris entendus, réels ou supposés.

8. Cf. *supra* § 39, n . 8, pour l'annonce d'une tempête par « un roitelet qui fait mine de pénétrer et de s'enfoncer dans des trous ». Ici le comportement de l'oiseau est exactement l'inverse, l'idée de sortie étant fortement soulignée par la répétition de ἐκ (ἐξ ὀπῆς, ἐξ ἑρκίων, ἐξ οἰκίας ἔξωθεν), comme celle d'entrée au moyen de εἰσ– dans la citation précédente (εἰσιὼν καὶ εἰσδυόμενος).

9. De Schneider à Sider – Brunschön, les éditeurs écrivent βορεύοντος βορρᾶθεν, ce qui laisse supposer que la séquence – ρε– /–ρρ– n'était pas ressentie comme une gêne ; cela s'explique sans doute par le fait que le traitement avec géminée présenté dans le *DELG* s.v. Βορέας comme « exceptionnel en attique » n'était pas absolument unique (*ibid.* l'exemple de στερεός > στερρός) ; il s'agit d'autre part ici d'un terme d'étymologie inconnue, ce qui n'en facilite pas l'analyse.

10. Le nom ὄγκος« masse, volume » et l'adjectif dérivé ὀγκώδης « volumineux », d'où dans la langue médicale « gonflé, enflé » expriment, au propre et au figuré, l'idée d'un corps gros, épais et plus ou moins arrondi. C'est ainsi, de manière presque imagée, que l'auteur suggère que le ciel se dégage au nord, alors qu'il est encore encombré au sud par des nuages volumineux.

11. C'est la reprise inversée d'une information donnée *supra,* § 40, au sujet des moutons : « s'ils s'accouplent de bonne heure (ἐὰν *πρωῒ* ὀχεύηται), ils font prévoir un hiver précoce (*πρώϊον* χειμῶνα) » ; cf. Aristote, *HA* 575 b 17-19. Ici une corrélation moins littérale se fait entre *ὀψὲ* ὀχευόμενα et *εὐδιεινὸν*… τὸ σημεῖον.

12. Sans porter un jugement sur le bien-fondé de telles croyances, Théophraste les reproduit telles qu'ils les a recueillies. S'il était possible de remonter à leurs origines, peut-être en trouverait-on une explication, sinon logique, du moins cohérente. Sous toute réserve, on peut remarquer que depuis un passé immémorial, dans nos civilisations occidentales, le côté droit est tenu pour favorable, le côté gauche pour défavorable. Dans cette perspective, l'animal qui se couche sur son flanc gauche se rend inaccessible aux influences malignes venant de l'extérieur , auxquelles il oppose ainsi son flanc droit, plus apte à les repousser.

13. Le « chant » de la cigale apparaît dès le VIIIe s. avant notre ère chez Hésiode, *Trav.* 582-584, comme une caractéristique de la forte chaleur qui sévit en Grèce « quand la cigale bruyante (ἠχέτα τέττιξ), perchée sur un arbre, répand, au battement pressé de ses ailes (πυκνὸν ὑπὸ πτερύγων), sa sonore chanson, dans les jours pesants de l'été » (trad. Mazon, CUF 1947). La science moderne (cf. www.futura-sciences.com) précise l'origine de ce bruit particulier qui n'est pas un véritable « chant », n'étant pas issu de la bouche de l'animal. « La cigale cymbalise. Ce son [...] n'est pas produit par la bouche des cigales, mais par une sorte de membranes – appelées les cymbales – situées à la naissance des ailes. Des muscles permettent de la faire "claquer" jusqu'à 900 fois par seconde. [...] Si les cigales ne chantent que quand il fait chaud, c'est [...] parce que leurs cymbales ne deviennent suffisamment souples que lorsque les températures dépassent les 22°C. [...] Mais c'est aussi parce que pour la cigale, la chaleur est propice à la reproduction. Pour attirer plus efficacement les femelles, les mâles se mettent alors à chanter de plus en plus fort.[...] Aucune cigale ne survit à l'arrivée de l'hiver, une période qu'elles passent à l'état de larve sous la terre. » Si Théophraste voit dans leur prolifération « la marque d'une année malsaine », c'est probablement parce que l'hiver n'a pas été assez rigoureux pour tuer un grand nombre de larves, ce qui fait attendre un été « pourri », néfaste à la santé humaine et aux récoltes.

14. Sur la combustion de l'huile dans une lampe et les prévisions à en tirer, voir *supra*, § 14, n. 12 et 13 et § 42, n. 21 et 22.

15. La scille maritime (*Urginea maritima*) étant, avec un chêne vert d'espèce non précisée, le seul végétal dont Théophraste a signalé l'usage pour se faire une idée du temps météorologique à venir, elle a déjà longuement bénéficié d'une attention particulière (cf. n. 39 au § 49).

Appendice (§ 56 et 57) : autres indices significatifs

1. À la différence de certains ouvrages du même auteur qui, dans leur état actuel, se terminent par de simples notes sans rapport évident avec le sujet traité et même entre elles (par ex. *De odoribus*, 70 : « Il

y a en mer Rouge des pierres qui laissent apparaître, une fois concassées, de petits poissons... » ; 71 : « On dit qu'à Athènes tout vase de cuivre, qu'il soit rouge ou jaune, contient du fer... »), le *De signis* s'achève sur une conclusion soigneusement rattachée au développement précédent par l'annonce faite au début du § 56 : « Voici également des indices qui passent pour être significatifs... », et reprise dans les premiers mots du § 57 : « Sont également significatifs... » On doit aussi remarquer qu'en face de la grande diversité des signes mentionnés ou décrits dans cet ouvrage, y compris ceux qui se manifestent dans le comportement d'humbles créatures, telles que le hérisson ou les souris, c'est sur de véritables observations météorologiques (aspect du soleil, de la lune, des nuages, etc.) que s'ouvre chacune des grandes parties de l'exposé. Cela renforce la conviction d'avoir dans le *De signis* l'ouvrage très prometteur d'un Théophraste encore jeune, et non le plagiat anonyme de quelque imitateur d'Aristote ou d'autres naturalistes dont le nom serait tombé dans l'oubli.

2. Il est particulièrement clair ici grâce à la distinction explicite entre les années entières et leurs parties (ὅλων τε τῶν ἐνιαυτῶν ... καὶ τῶν μορίων) que l'auteur élargit à plusieurs années consécutives la perspective dans laquelle il se place. Même opposition entre le tout et la partie déjà dans l'*Odyssée* (A 16) : ὅτε... ἔτος ἦλθε περιπλομένων ἐνιαυτῶν... V. Bérard traduit « quand vint l'année du cycle révolu... ». Ce souci d'exactitude de la part de Théophraste se confirme plus loin (l. 16) dans la formule εἰς ἕβδομον μῆνα ἀμφοτέρων ἀριθμουμένων litt. « jusqu'au septième mois quand les deux sont comptés », c'est-à-dire le décompte étant fait au-delà de six mois révolus, soit au cours du septième mois de la période considérée.

3. Usuel d'Homère au grec tardif, quoique toujours assez rare, ζόφος désigne l'obscurité, l'atmosphère sombre des régions où le soleil se couche, par opposition à la luminosité du levant. Le *DELG* s.v. en note la parenté évidente avec ζέφυρος, le vent d'ouest, mais l'exégèse étymologique ne va pas plus loin.

4. Voir plus haut, n. 1.

5. La courbe externe correspond à une section du contour arrondi de l'astre, tandis que la partie de son tracé interne visible depuis la terre évolue au cours des phases successives, d'une forte concavité (on parle alors d'un « croissant » de lune) à la convexité qui caractérise la pleine lune. Ainsi se comprend le terme grec d'ἀμφίκυρτος, litt. « courbé des deux côtés ». Bien que ἀμφίκυρτος rappelle par sa structure et par son sens εὔκυκλος (§ 38), dit également de la lune, il est nécessaire de donner à ces termes de composition différente des traductions distinctes. On écartera le terme de « gibbosité », qui, évoquant une protubérance disgracieuse, généralement pathologique, n'est guère compatible avec le premier élément εὔ– de εὔκυκλον. On sait aujourd'hui que les parties sombres de l'astre, visibles depuis la terre, correspondent

à des reliefs élevés, ce qui n'empêche pas que, vu la distance, la lune nous paraisse parfaitement sphérique. Afin de respecter le sens propre de chaque terme, nous avons rendu (§ 38) εὔκυκλον par « décrivant un beau cercle » et ici ἀμφίκυρτος par « qui présente une double courbe ».

6. Au sujet des comètes, voir *supra* § 34 et n. 33 *ad loc.* Il peut paraître étrange que Théophraste se réfère aux Égyptiens, et non aux Chaldéens qui faisaient de son temps autorité en astronomie. Toutefois l'Égypte était passée dès le ve siècle *a.C.* sous la domination perse et il est probable qu'elle avait acquis de ses nouveaux maîtres une part des connaissances que Théophraste lui prête (pour cette influence orientale, voir p. XVII-XIX de l'Introduction et *supra* n. 33 au Chapitre III). — En grec même, il serait excessif de chercher pour κομήτης, litt. « l'astre chevelu », une origine autre que κόμη « chevelure », mais il est vrai que ce dernier terme est donné dans le *DELG* comme d'étymologie « obscure ».

7. L'opuscule se termine comme il a commencé (cf. son introduction, § 1-9) par la référence à l'aspect météorologique du sujet, abstraction faite des influences des astres, réelles ou prétendues, sur le comportement des êtres qui peuplent la terre.

COMMENTAIRE

LES VENTS

Chapitre I

1. De même que plus loin (§ 5) ἐν ἑτέροις fait référence à « l'autre » de deux ouvrages traitant de sujets voisins, c'est πρότερον, et non πρῶτον, qui est ici utilisé pour renvoyer à une étude précédente, en l'occurrence le *De signis* antérieur d'environ un quart de siècle (cf. notice, p. XII-XIV).

2. Loin d'être une négligence, la reprise à deux mots d'intervalle de παρακολουθοῦντα par ἀκολουθεῖ est plus vraisemblablement la marque d'une recherche stylistique réputée élégante dans la rhétorique de l'Antiquité. La répétition de διαφέρουσιν sous la forme de αἱ γὰρ διαφοραὶ au commencement de la phrase suivante confirme cette interprétation. De même la disposition en chiasme de περὶ ταῦτα καὶ ἐν τούτοις (l. 7-8) et de ἐν τούτοις καὶ περὶ ταῦτα (l. 14-15) qui se répondent comme la conclusion fait écho à l'introduction. Le paragraphe entier est construit sur un jeu de termes antithétiques, tels que la force et la faiblesse, le froid et le chaud, qui seront repris à la lettre au § 2. Pour être exhaustif, ce sommaire comprend même l'annonce de l'influence que le temps atmosphérique exerce sur les animaux et les végétaux, auxquels s'ajouteront en fait (§ 56-58) l'homme et divers objets inanimés.

3. La fréquence dans le vocabulaire scientifique des formes verbales composées ou surcomposées a été déjà signalée (n. 5 au § 2 du *De signis*) ; s'ajoute ici aux termes précédemment cités ἐμ–περι–λαμβάνεται, forme moyenne du verbe surcomposé qui signifie littéralement « prendre pour soi tout autour pour se l'intégrer » ; cf. Thphr. *CP* V, 3, 4 : certains végétaux (ἔνια) « au cours de leur croissance achèvent d'acquérir à peu près tout leur volume *en englobant certaines parties* (τὰ μὲν ἐμπεριλαμβάνοντα), tandis que les autres tombent, desséchées ». Cf. plusieurs exemples chez Aristote, en part. *PA* 644 a 12-13.

4. L'article féminin ἡ représente indistinctement les substantifs de même genre αἱ διαφοραὶ καὶ αἱ δυνάμεις que nous rendons par le terme de « caractère » pris dans son sens le plus large, pour respecter la structure générale de la phrase. Celle-ci a un sens clair, malgré la complexité de son dernier membre καὶ τῶν ἄλλων τῶν πλείστων qui associe un génitif adnominal (τῶν πλείστων) sur le même plan que les précédents (τοῦ μεγέθους κτλ.), et le partitif qui le complète τῶν ἄλλων.

5. Litt. « le borée et le notos ». Sauf dans le commentaire de la « rose des vents » (§ 37-54) où la cohésion de l'ensemble demande que chacun d'eux soit désigné par son nom grec, la traduction de ces termes par « vent du nord » et « vent du midi [ou "du sud"] » est plus immédiatement compréhensible. Elle prépare ici l'opposition exprimée plus loin (p. 29, l. 8) par la formule πρὸς ἄρκτον καὶ μεσημβρίαν « vers les régions septentrionales [litt. "l'Ourse", la Grande Ourse indiquant le nord] et méridionales » (μεσημβρία, terme d'étymologie difficile [cf. *DELG*] mais de sens clair, "midi" dans sa double acception, géographique et chronologique).

6. De part et d'autre de πλαγίων ὄντων se trouvent mentionnés deux par deux les vents principaux qui s'affrontent : sur l'axe nord-sud, le borée et le notos (l. 6 οἷον τῷ βορέᾳ καὶ τῷ νότῳ), sur la trajectoire est-ouest du soleil, les vents qui soufflent « depuis le levant jusqu'au couchant » (l. 9-10 ἀπ' ἀνατολῶν ἐπὶ δυσμάς). Ils ne sont pas exactement opposés, mais entrent en conflit « latéralement, de biais » (l. 9 πλαγίων ὄντων) et c'est la puissance du soleil qui l'emporte : l'air chargé de nuages par les vents de nord-sud subit de la part de son homologue est-ouest, favorisé par la trajectoire solaire, une compression maximale qui se manifeste par l'accroissement de la nébulosité.

7. La difficulté de cette courte phrase vient de sa concision et des incertitudes de la tradition manuscrite et / ou éditoriale quant à la présence ou à l'absence d'une négation dans la seconde des formules intentionnellement rapprochées : ἧττον ἀναπεπταμένον et <μὴ> ἀναπεπταμένη. Le cas évoqué est celui d'un vent formé par l'accumulation de masses d'air dans des espaces inégalement resserrés : le sont-ils moins, l'air en mouvement se disperse davantage et son flux a une violence modérée ; le sont-ils davantage, la constriction accroît sa densité et la pression qu'il exerce pour atteindre un espace libre. C'est ce qu'explicite la phrase suivante : τὸ δὲ διὰ στενοῦ — ἀνειμένον.

8. Faute d'informations précises sur les régions situées au sud de la Méditerranée, Théophraste s'étonne que le vent du sud puisse y être plus froid que celui du nord. Mais il ne tient compte que de la latitude, et néglige le facteur essentiel qu'est l'altitude (du moins ici, car on lit au § 5 « c'est une très grande influence que celle de l'altitude de la contrée » ... τὸ τῆς χώρας ὕψος), sans doute par manque de données sûres (cf. sa réserve « à en croire certains rapports »). Ainsi par

exemple en Algérie, on skie en hiver à Chréa (1927 m d'altitude), alors qu'à 18 km de là, en plaine, Blida jouit d'une température printanière. La proximité de la mer est également un facteur non négligeable de stabilité thermique. Dans son ensemble, la climatologie est une discipline trop complexe pour que les Anciens aient pu vraiment la maîtriser.

9. La conjecture ἀποδίδοται est commune à l'ensemble des éditions, sauf que celle de Schneider (1818) la fait précéder, entre crochets droits, du texte transmis : [ἀποδύνει ᾗ] ἀποδίδοται, précaution jugée superflue par ses successeurs qui adoptent tous la correction proposée.

10. Le texte de cette phrase dans Schneider 1818 est le suivant : οὐ μικρὰν... ἀλλὰ μεγίστην ῥοπὴν τὸ τῆς χώρας ὕψος ἔχει. Son sens est cohérent : « l'altitude de la région a non une petite mais très grande influence », mais il est obtenu à partir de témoins très minoritaires de la tradition (cf. apparat critique). Les éditeurs postérieurs, à commencer par Wimmer (1866), donnent le texte majoritaire sous la forme suivante (en gras les différences par rapport au précédent) : οὐ **μικρὰ** ... ἀλλὰ **μεγίστη ῥοπὴ** τὸ **τὰς** χώρας ὕψος **ἔχειν**, avec la traduction suivante : *non parvi... sed maximi momenti est, regionem montes editiores habere* (litt. « il n'est pas d'une petite, mais d'une très grande importance qu'une région ait des montagnes élevées »). C'est également le texte de Coutant – Eichenlaub. Il est certainement préférable, avec moins de retouches apportées à la tradition manuscrite, mais modifie la syntaxe de la phrase plus que son sens.

11. Référence évidente aux *Signes du temps* dont la première partie (§ 10-26) traite des signes de pluie, de la manière la plus explicite qui soit, entre l'annonce du sujet : « Les signes de pluie sont, semble-t-il, les suivants », et la conclusion : « Voilà donc ce qui passe pour des signes de pluie ».

12. Nouvelle correspondance avec le *De signis* (§ 29) : ὁ μὲν βορέας λήγων ἐλάττων, ὁ δὲ νότος ἀρχόμενος « le vent du nord est plus faible quand il cesse, le vent du sud, quand il se lève » ; leur force devient donc pour le premier décroissante, pour le second, croissante. Même affirmation ici, compte tenu du passage à une structure croisée des termes mis en rapport : (*De signis*) βορέας – νότος ↔ (*De ventis*) νότος – βορέας.

13. Le conseil aux navigateurs est reconstitué dans l'éd. Coutant – Eichenlaub (p. 68) en ces termes : *Sail when the south wind commences and the north wind is dying down.*

14. Cf. le commentaire de C.-E., p. 68-69 : « Cette affirmation n'est pas correcte. Les vents du nord dominent en Égypte et en Libye, sauf au voisinage immédiat de la côte. Théophraste semble adapter les faits aux théories. » On peut rappeler à sa décharge que de son temps Alexandrie n'était pas encore devenue le brillant centre intellectuel qu'elle fut à partir du IIIe s. av. J.-C., et que seuls des observateurs

compétents résidant en permanence dans ce pays auraient pu recueillir des données climatologiques aussi sûres que possible.

15. N'ayant pas du climat de l'Égypte une connaissance personnelle ni véritablement scientifique, Théophraste paraît avoir été influencé par l'idée que tout y est l'inverse de ce qui se produit en Grèce. On connaît le célèbre passage d'Hérodote, II, 35-36, où sont énumérés les actes de la vie quotidienne, y compris les plus humbles, cités pour démontrer que « les Égyptiens [...] ont adopté presque en toutes choses des mœurs et des coutumes à l'inverse des autres hommes ».

16. De τοῦτο δ' ἂν καὶ δόξειεν (p. 31, l. 9-10) à ἔξω δ' αἴθριος (p. 31, l. 12) se développe une phrase très altérée en cours de transmission. La texte proposé ici est celui de l'éd. Coutant – Eichenlaub, le plus satisfaisant pour la syntaxe et pour le sens. D'où la traduction littérale suivante : « Mais voici précisément (Τοῦτο δ<ὲ> ... καὶ — Bien que souvent anaphorique, « οὗτος est également employé pour annoncer *ce que l'on va dire*, quand ces paroles peuvent être considérées comme *une chose sur laquelle on attire l'attention* » [Humbert, *Synt.*, § 37]), ce qui peut paraître illogique (ἂν... δόξειεν ἄλογον εἶναι) : alors que le vent du midi (ὁ *μὲν* γὰρ νότος) [...], le vent du nord (ὁ *δὲ* βορέας) d'une part couvre de nuages son voisinage immédiat (ἐν *μὲν* τοῖς πλησίον συννεφής), d'autre part au delà est clair (ἔξω *δ'* αἴθριος) ». L'explication qui sera proposée pour ces faits apparemment illogiques est annoncée par « La cause en est que... » (Αἴτιον δ' ὅτι...) dès le début de la phrase suivante.

17. Tel que dans la tradition manuscrite, le membre de phrase παγέντα δὲ — ἐργαζομένη ne demande pas les nombreuses corrections des éditeurs successifs. On peut en donner la traduction littérale suivante : « et une fois gelés (παγέντα δὲ), les nuages restent à leur place (μένει τὰ νέφη) à cause de leur pesanteur (διὰ βάρος) ; mais le froid (ἡ δὲ ψυχρότης) se répand (διαδίδοται) à l'extérieur (εἰς τὰ ἔξω) et bien au-delà de leur étendue (πορρωτέρω τοῦ μεγέθους — construction usuelle de πόρρω ; cf. l'expression πορρωτέρω τοῦ δέοντος “bien plus qu'il ne faut”), et cela (καὶ τοῦτο — ajout d'une circonstance aggravante) en demeurant actif » (ἐργαζομένη, participe accordé avec ἡ ψυχρότης).

18. L'adjectif ὑδάτινος du texte transmis est corrigé en ὑδάτιος par Schneider, suivi sur ce point par Coutant – Eichenlaub, sans qu'apparaisse l'intérêt de cette substitution. On trouve en effet ὑδάτινοι dans le texte de Schneider au § 57 (ainsi que dans celui de C.-E. avec traduction par « rainy »). LSJ enregistre comme suit la forme en *–inos* correspondante : « *watery*, *wet* [...] Thphr. *Vent.* 57 (nisi leg. ὑδατεινός) ». Quant à Wimmer, il donne (§ 7) ὑδάτινος, et de même (§ 57) au sujet de vents accompagnés de pluie, litt. « pluvieux » ὅταν... ὑδάτινοι πνέωσι. — Sur la catégorie importante des dérivés en –ινος

qualifiant des matériaux divers (par ex. λίθινος « de pierre », πύρινος « de feu », etc.), voir Chantraine, *Formation des noms*, p. 291-292.

19. La séquence ἀρχῆς ἄρχεσθαι est trop intentionnelle pour ne pas être reproduite dans la traduction, même si l'esthétique littéraire des Anciens n'est pas nécessairement la nôtre.

20. Malgré sa proximité de sens et de forme avec ὕδωρ, le groupe de ὕω est spécialisé dans le sens de « pleuvoir » ; d'où ses dérivés ὑετός « pluie », ὑέτιος « pluvieux, qui cause la pluie », etc.

Chapitre II

21. À la formation des nuages sous l'influence des vents qui s'affrontent dans le ciel succède dans la seconde partie du traité la situation conflictuelle, perceptible depuis le sol, des vents orientés en sens inverse.

22. D'un point de vue scientifique moderne, qui ne pouvait évidemment pas être celui de Théophraste, Coutant et Eichenlaub remarquent (p. 69-70, n. 1) : « En réalité, les données anémologiques suggèrent exactement l'inverse. Les vents du sud sont plus fréquents, surtout en hiver, à Alexandrie, sur la côte. En Haute Égypte, les vents du nord dominent d'un bout à l'autre de l'année. Les vents du nord sont assez constants à partir du Caire vers le nord pour que des bateaux puissent voguer sous voile vers l'amont et flotter vers l'aval. »

23. L'ajout de τὴν devant εἰς / πρὸς θάλατταν (Schn., Wim.) ne donne pas à la phrase un sens satisfaisant ; d'où la correction de C.-E. <τὰ> πρὸς θάλατταν, ainsi dissocié du premier complément de lieu κατ' αὐτὴν τὴν Αἴγυπτον (« à travers l'Égypte proprement dite ») et formant avec la suite un ensemble cohérent : μὴ... <τὰ> πρὸς θάλατταν... ἀλλὰ τὰ ὑπὲρ Μέμφιδος litt. « non pour... <ce qui est> tourné vers la mer... mais pour ce qui est au-dessus de Memphis ». Cette construction de πνεῖν + accusatif d'extension spatiale plutôt que d'objet, usuelle en poésie (nombreux exemples dans LSJ), surprend moins chez Théophraste qui n'est pas un prosateur puriste.

24. Construction de ἀπέχω intransitif avec un accusatif d'extension spatiale et un génitif exprimant le laps nécessaire à la réalisation du procès : « ni à autant de distance qu'on en parcourt à la course (ὅσον... δρόμον) jour et nuit (ἡμέρας ... καὶ νυκτός) » ; cf. Humbert, *Synt.*, § 461. Exemple parallèle dans Xén., *Cyr.* I, 1, 3 : « Nous savons que Cyrus se voyait obéi de bon gré par des peuples qui habitaient à des jours de marche » (trad. Bizos, CUF 1971) (Κύρῳ... ἴσμεν ἐθελήσαντας πείθεσθαι *τοὺς... ἀπέχοντας παμπόλλων ἡμερῶν ὁδόν*).

25. Sens rare de λαμπρός « brillant », assez usuel toutefois pour être compris des spectateurs dans les *Cavaliers* d'Aristophane (424 *a. C.*) où l'un des protagonistes en menace un autre en ces termes (v. 430) : Ἔξειμι γάρ σοι *λαμπρὸς* ἤδη καὶ μέγας καθίεις « Je

m'élancerai et, violent désormais comme un grand vent, je fondrai sur toi » (trad. Van Daele).

26. Cf. dernière phrase du § 7.

27. De même que pour nous l'équateur sépare les deux hémisphères du globe terrestre, pour Théophraste, c'est la Méditerranée qui forme la limite entre deux mondes ; d'où l'appartenance des Grecs aux peuples du nord (παρ' ἡμῖν… καὶ ὅλως τοῖς ὑπὸ τὴν ἄρκτον οἰκοῦσιν).

28. Cf. § 2, 2e partie, définissant les caractères opposés des vents du nord et des vents du midi (ὑπάρχει… ἐναντία… οἷον τῷ βορέᾳ καὶ τῷ νότῳ).

29. Conformément à son étymologie, le dérivé ἐτήσιος de ἔτος « année » qualifie d' « annuel » un vent du nord (cf. § 11, où ἐτησίαι est un substantif attribut du sujet βορέαι) , le μελτέμι du grec moderne, qui souffle dans la partie orientale du bassin méditerranéen de mai à octobre, par périodes de deux à quatre jours, parfois pendant plusieurs semaines d'affilée. La notice « étésien » de Wikipédia en donne avec un schéma la définition suivante : « Le *meltémi* apparaît lorsqu'un anticyclone se forme au-dessus des Balkans et une dépression au-dessus de la Turquie. » Quelques précisions peuvent être ajoutées à partir du site informatique www.grecomania.net/Navigation/Vents.htm : « Ces vents soufflent par rafales intermittentes et mollissent rapidement après le coucher du soleil pour se lever à nouveau à l'aube. […] Dans le golfe Saronique et la mer située au sud de l'île d'Eubée, ils sont orientés nord-est. […] Les vents étésiens les plus forts apparaissent dans le sud de la mer Égée et plus particulièrement dans les Cyclades. […] En hiver, la mer Égée est balayée par des vents du nord pouvant atteindre force 8 à 9, notamment […] dans les Cyclades. »

30. Le coucher de la Pléiade (on dit plus couramment « des Pléiades », mais Théophraste emploie de préférence un singulier collectif) marquait dans le monde grec antique le commencement de l'hiver ; depuis Hésiode, c'était le temps des semailles, c'est-à-dire le tout début d'une nouvelle année dans le calendrier des travaux agricoles (pour plus de détails, voir Thphr. *CP* III, 23, 1 et n. 1).

31. Le goût de Théophraste pour la création de mots surcomposés, signalé dès la n. 3 du chapitre 1, est ici illustré par le terme ἀσυννεφεῖς ; ce néologisme, ignoré de Bailly, est enregistré dans LSJ avec le sens de *unclouded* et l'unique référence à notre passage, où son sens est clair : préfixe privatif ἀ–, 1er élément –συν– additif, radical de νέφος, –ους « nuage ».

32. La première partie du § 11 se termine dans la tradition manuscrite par une courte conclusion (Ἧδε τῶν ἐτησίων φύσις « Telle est la nature des vents étésiens »), conservée dans le texte de Schneider (I [1818], et finalement admise en IV, 686, sous une forme légèrement modifiée : ὅθεν ἡ τῶν κτλ.). Wimmer et C.-E. la placent entre crochets droits, le premier en la traduisant (*Haec etesiarum natura*], les seconds

sans la traduire. La fréquence de telles conclusions provisoires dans l'œuvre de Théophraste incite à la conserver.

33. La traduction proposée pour διὰ τί **λήγουσι** τῆς ἡμέρας **ληγούσης** « la raison pour laquelle ils [= les vents] finissent quand finit le jour » vise à reproduire la recherche stylistique déjà signalée au § 2.

34. Dans *CP* V, 1, 5, qui traite de la biologie complexe du figuier méditerranéen, le terme de πρόδρομοι, litt. « avant-coureurs » ou « précurseurs », désigne les bourgeons à fruit de première génération formés à partir d'un reliquat de sève du cycle végétatif précédent (cf. p. 133 dans notre éd. de *CP* t. III, CUF 2017). Ici, en contexte tout différent, les πρόδρομοι paraissent être les premiers souffles encore un peu variables qui précèdent les vents étésiens fermement établis.

35. Bien qu'il soit préférable de conserver en traduction l'ordre des groupes de mots dans le texte, αἴτιον (s.e. ἐστι) suit de trop loin l'infinitif substantivé τοῦ — μὴ πνεῖν pour permettre de respecter cette disposition (cf. C.–E. « the reason that… is that… »).

36. Ici commence un exposé « écologique » avant la lettre, remarquable pour une époque où l'on commençait à peine à se préoccuper des rapports entre la nature et son exploitation par l'homme. Le texte le mieux connu à cet égard est le passage du *Critias* (111 a-d) où Platon déplore la dégradation de l'Attique, une terre féconde bordée de montagnes boisées et arrosée par de nombreux cours d'eau devenue neuf mille ans plus tard « comme le squelette d'un corps décharné par la maladie ». Même en tenant compte de la fiction littéraire, incontestable quand l'auteur attribue cette évolution à un cataclysme imaginaire, on ne peut nier la prise de conscience, dès cette époque, d'un profond changement du milieu naturel sous l'influence humaine. Un demi-siècle plus tard (c'est en gros le laps de temps qui sépare du *Critias* [vers 358-356] le *De ventis* de Théophraste), de tels problèmes sont abordés de manière plus rigoureuse. Ainsi pour évaluer aussi exactement que possible l'ampleur des phénomènes climatiques que Théophraste rend responsables du dépeuplement des montagnes crétoises, Coutant et Eichenlaub font appel (p. XXIV-XXVII) à des acquis récents (tous postérieurs à 1960) de spécialistes dont ils citent les opinions concordantes qui les mettent en mesure d'affirmer (p. XXVII) : « Il paraît raisonnable de conclure que, bien que les vents dominants en Grèce en 300 av. J.-C. puissent ne pas avoir été exactement semblables à ceux d'aujourd'hui, il est peu probable qu'ait existé une différence perceptible. […] Un essai pour valider les observations de Théophraste semble pouvoir se justifier sur la base de données courantes. » — Pour estimer équitablement la valeur des informations antiques sur le déplacement de la population en Crète, il faut ne pas oublier qu'on n'avait alors aucun moyen de distinguer, sur le long temps, un phénomène accidentel d'une évolution durable. À titre de comparaison, rappelons la vague de froid d'origine sibérienne qui le 1er février 1956 a fait chuter, en

quelques heures, les températures de 20-25° dans le Midi de la France (voir détails et photographies sur le site informatique www.meteolanguedoc.com sous l'intitulé « La terrible vague de froid de 1956 »). On estime à 800 000 les oliviers qui ont gelé et ont dû être recépés ou replantés, avec pour conséquence le découragement de nombreux paysans, comparable à celui des Crétois dont Théophraste évoque l'abandon des terres devenues incapables d'assurer leur subsistance.

37. La plus connue de ces hautes plaines crétoises est celle de Nida (1370 m), d'où on peut gagner le sommet de l'île, le Psiloritis, à 2456 m d'altitude. La rareté de l'eau, aggravée depuis l'Antiquité par le déboisement, la rudesse d'un climat d'altitude qu'accentue la violence du vent, sans compter la difficulté d'accès, vouent actuellement ces vastes étendues planes à un élevage saisonnier . Pour de nombreux détails sur l'histoire du site depuis l'Antiquité et sur le pastoralisme seul pratiqué de nos jours, voir en ligne Richard Maire, « Les montagnes-refuges calcaires de Méditerranée orientale et du Moyen-Orient », *Karstologia* 15, 1990, p. 13-24, en part. p. 15.

38. De deux raisons à la reprise de εἰ δ' οὖν ἀληθὲς (l. 7, p. 34) par εἰ δ' ἔστιν ἀληθῆ ταῦτα (l. 17) que souligne καθάπερ λέγομεν (l. 18) , la première est stylistique : la longueur de la phrase évoquant l'état ancien de la Crète risquait de faire perdre de vue le rapport entre la protase introduite par εἰ et l'apodose (l. 18) ἀναγκαῖον [s.e. ἐστι] ; la seconde tient au souci de rapporter une explication des faits tout à fait cohérente, mais non fondée sur un état des lieux constaté *de visu* par l'auteur.

39. La fin de la longue phrase du § 13 (« il est nécessaire qu'en particulier les vents étésiens aient été plus importants ») sert de transition avec le § 14 qui illustre l'importance vitale de ces vents pour les plus sèches des petites îles composant l'archipel des Cyclades. Celle de Céos est la plus proche du continent (à 12 milles marins du cap Sounion). Presque en totalité montagneuse, elle ne pouvait nourrir qu'un nombre restreint d'habitants ; d'où l'étrange tradition du suicide collectif des vieillards, que Théophraste a évoquée en décrivant la préparation du breuvage fatal « qui assure, dit-il (*HP* IX, 16, 9) , une fin rapide et paisible ». (Voir t. V, p. 210-211 de notre édition des *Recherches sur les plantes,* CUF 2006, la documentation réunie sur ce sujet et en particulier la tradition transmise par Élien). C'est une autre version du mythe qui est ici évoquée succinctement, dans le contexte climatique du passage : privée des vents étésiens, cette île naturellement sèche serait devenue torride et inhabitable. Théophraste fait à ce sujet la part de la légende, en admettant la réduction temporaire d'une pluviosité faible mais suffisante pour rendre la chaleur moins sèche et plus supportable.

40. L'étude au § 13 du changement climatique en Crète a abouti à une conclusion vigoureuse : « si ces faits sont exacts, tels que nous

les rapportons, il est nécessaire que même les vents étésiens aient été plus puissants ». Le scepticisme de Théophraste à l'égard du rôle d'Aristée dans le retour des vents étésiens (§ 14) se manifeste par une objection de bon sens : un phénomène exceptionnel peut avoir une cause qui échappe à notre entendement, mais on a peine à admettre, sans recours à une intervention surnaturelle, que se renouvelle « chaque année » (κατὰ τὸ ἔτος) pareil dénouement d'une situation dramatique. Cette réticence est justifiée par la remarque finale : « en effet cet endroit-là est exceptionnellement torride ».

41. Une lacune, évaluée dans l'apparat critique de Coutant-Eichenlaub à 15 lettres, sépare dans la tradition manuscrite εἰς de μιση (sans accent). Les suggestions des éditeurs successifs pour la combler sont réunies dans l'apparat critique indiqué, tandis que le texte correspondant propose la restitution suivante : πλὴν <ὅτι οἱ μὲν ὑστερίζουσι> τῶν καρπῶν. Pour ces deux derniers mots, la correction en τῶν καρπῶν (génitif partitif) de τὸν καρπὸν, déjà effective dans les plus anciennes éditions (sauf celle de Schneider 1818 qui conserve le texte transmis), est reconnue nécessaire. Mais il paraît plus économique de voir dans μιση une déformation de ἥμισυ et d'écrire πλὴν εἰς <τὸ ἥμισυ> τῶν καρπῶν. Si on identifie ἥμισυ dans la leçon fautive des mss. et de l'Aldine, la distinction suivante porte sur *deux* catégories spécifiées dans la suite : οἱ δὲ (à corriger en οἱ μὲν ou en οἱ μὲν <γὰρ >) προτεροῦσι, οἱ δὲ ἀπαθεῖς εἰσι. — Du point de vue du sens, on ne voit pas d'obstacle à cette interprétation : des plantes qui profitent de l'humidité atmosphérique et des précipitations régulières ont des chances d'accomplir plus vite leur cycle végétatif et d'amener à maturité de meilleurs produits ; d'autres sont indifférentes à la sécheresse.

Chapitre III

42. Il est clair que ἀναθυμίασις est un emprunt au vocabulaire aristotélicien des *Météorologiques* dont l' Index dans la CUF recense une soixantaine d'occurrences. La notion correspondante y est définie comme suit (*Météor.* I, 4 = 341 b 6-12) : « Lorsque la terre est chauffée par le soleil, l'exhalaison qui se dégage (τὴν ἀναθυμίασιν) est nécessairement (ἀναγκαῖον) non pas simple, comme certains le croient [note de l'éditeur : “Allusion possible à Platon, *Timée*, 59 d ”], mais double : l'une se présente plutôt sous forme de vapeur, l'autre plutôt sous forme de souffle ; l'une vient de l'humidité qui est dans la terre et sur la terre (c'est la vapeur) , l'autre vient de la terre elle-même, qui est sèche (c'est une sorte de fumée). De ces deux exhalaisons, celle qui se présente sous forme de souffle s'élève parce qu'elle est chaude ; l'autre, qui est relativement humide, reste stationnaire en raison de son poids » (trad. P. Louis, CUF 1982). Aristote s'évertue plus loin (360 a 33-b 5) à justifier le principe qu'il établit, en se référant à l'expérience de tout observateur : « Les faits témoignent encore en faveur de ce que nous

venons de dire. Comme l'exhalaison se produit sans cesse [...], il y a toujours des nuages et du vent, suivant le rythme naturel des saisons. Mais comme, d'autre part, c'est tantôt l'exhalaison vaporeuse qui est la plus abondante, tantôt l'exhalaison sèche et fumeuse, les années sont les unes pluvieuses et humides, les autres venteuses et sèches. »

L'édition Coutant - Eichenlaub présente (p. XXXVII-XXXIX) une critique en règle de cette théorie où ces auteurs reconnaissent une réfutation de celle des Présocratiques, qui serait le but d'Aristote. Mais ils n'ont pas de peine à démontrer (p. XXXIX) que son hypothèse de la double exhalaison ne résiste pas elle-même à une objection majeure : « Si l'exhalaison chaude et sèche était le matériau des vents, comment des vents froids et humides auraient-ils existé ? Confronté à cette difficulté, Aristote était contraint à placer l' "exhalaison sèche" dans le rôle vague de moteur. » D'où (*ibid.*) cette conclusion sévère : « Contradictions et exceptions ont été disséminées à travers les *Météorologiques*, certaines passées sous silence, d'autres vaguement expliquées, sans qu'aucune ne semble détourner l'auteur des généralisations à l'occasion impérieuses sur lesquelles le traité est construit. »

Cette mise au point était sans doute nécessaire pour que Théophraste ne soit pas visé, sans examen, par les critiques adressées à son maître, à qui il emprunte la notion et le terme d' « exhalaison » (ἀναθυμίασις). Cependant chez lui le rôle du soleil dans l'évaporation est immédiatement précisé (οὗτος δ' ὡς συνεργῶν, litt. « mais lui à titre de collaborateur »), l'agent principal étant le vent.

43. Avec ἐξανήλωσε καὶ κατέπαυσεν ὁ ἥλιος commence une série de verbes à l'indicatif aoriste, d'un type traditionnellement appelé « aoriste d'expérience ». Humbert, *Synt.* § 247, le présente comme un véritable passé, généralement souligné comme tel par un adverbe de temps (ici ἐνιότε, 1er mot du § 16) ; cette référence effective au passé se distingue d'un fait considéré hors du temps, dans sa plus grande généralité, qu'exprime l'aoriste dit « gnomique ».

44. Il s'agit des effets de la lune, visés dès le début de la phrase par ταὐτὰ (= τὰ αὐτὰ « les mêmes » [s.e. effets que ceux du soleil]). À supposer une lacune après δεινότεραι /–τερα (si l'accord se fait avec ταὐτά), l'ajout de αἱ πνοαὶ par CE ne suffit pas à remplacer les quelque 17 lettres manquantes. La solution retenue dans notre texte, également indépendante de l'étendue de la lacune indiquée, est beaucoup plus économique, tout en respectant le sens.

45. Le sens de κατὰ σύμπτωμα n'est pas évident. La question que l'auteur préfère éluder paraît être celle d'un rapport possible (une « corrélation », σύμπτωμα ; cf. CE « in conjunction ») entre le régime des vents et la trajectoire des astres.

46. Ici commence une phrase très altérée dans la tradition manuscrite, ainsi que par les corrections des éditeurs et commentateurs successifs, dont il est exclu de reproduire ici toutes les suggestions (pour

le détail, voir CE, p. 18-19). Dans son édition de 1818, p. 764, Schneider marque deux lacunes, l'une après ὑπὸ τῶν (l. 15 de notre texte), l'autre entre τότε et μεσημβρίας (l. 16-17). Le nombre de lettres des mots manquants ne semble pas correspondre à l'étendue réelle de ces lacunes, et n'aide guère à restaurer par conjecture le texte original. Les additions proposées ici sont donc aussi limitées que possible vu le sens général de la phrase, dont une traduction littérale pourrait être la suivante :

« Il arrive en effet que l'air dans un tel état (τὸν ἀέρα τὸν τοιοῦτον) tantôt domine (ποτὲ μὲν κρατεῖν), tantôt soit dominé (ποτὲ δὲ κρατεῖσθαι) par les vents (ὑπὸ τῶν <πνευμάτων>), mais qu'il domine au milieu de la nuit (μέσων δὲ [δὲ ego ; μὲν codd.] νυκτῶν κρατεῖν), car le soleil est alors le plus éloigné, exactement comme (<ὥσπερ καὶ> ego) au milieu du jour (μεσημβρίας). »

Compte tenu du contexte, certaines précisions sont nécessaires :

1. Τὸν ἀέρα τὸν τοιοῦτον paraît rappeler (§ 16) l'air chargé d'humidité que le soleil soit dissipe, quand elle est peu importante, soit met en mouvement dans le cas contraire ; soleil et vent ont une sorte de complémentarité.
2. L'ajout de πνευμάτων respecte la syntaxe d'accord avec ὑπὸ τῶν qui précède et avec le sens : la concurrence du vent et du soleil se termine par la domination de l'un ou de l'autre.
3. Au milieu du jour, le soleil se trouve à la verticale de l'observateur, et non au-dessus de son horizon (oriental au lever de l'astre, occidental à son coucher).

47. Ce n'est pas par simple recherche du paradoxe, mais pour démontrer par l'expérience que nous avons tendance à nous contenter d'explications superficielles, que Théophraste prépare soigneusement l'exposé d'un fait banal qui n'est généralement pas correctement analysé. D'où sa condamnation d'opinions insuffisamment fondées : « ce qui paraît ainsi illogique est faux » ; « il n'est pas tout à fait vrai non plus que… » ; « c'est seulement s'il intervient d'une certaine manière ». Ainsi est annoncé l'exposé d'une vérité élémentaire dont sont présentés successivement le principe (fin § 19) et la confirmation par des faits à la portée de tous (début § 20).

48. Le § 20 est tout entier consacré à la description minutieuse des sensations ressenties quand on met à la bouche un objet froid et qu'on n'y laisse pas pénétrer l'air ambiant. Avec moins de détails, la même expérience figure dans les *Météorologiques* d' Aristote, 367 a 33 - b 4 : « Ce qui fait que les vents ne paraissent pas chauds, c'est que l'air qu'ils mettent en mouvement est imprégné d'une grande quantité de vapeur froide, comme l'haleine qui passe par notre bouche : celle-ci est chaude de près, comme lorsque nous exhalons un souffle, mais cette chaleur n'est pas vraiment sensible parce qu'elle est faible, et de loin l'haleine est froide pour la même raison que les vents » (trad. P. Louis). Certes, ce rapprochement n'a qu'une valeur limitée, vu la différence des

contextes, mais il est tout de même révélateur de la nature des problèmes débattus entre les deux collaborateurs dès les années 335-330, et de la fréquente proximité de leurs vues même sur de modestes problèmes de physiologie humaine.

49. La phrase analysée ici a été transmise dans un état si défectueux qu'il paraît nécessaire d'en reproduire au moins les plus récentes versions :

— Schneider (1818), I, 765 : Φανερὸν δ' ὅπου διὰ τὴν … ἐκπεπυρωμένον, οἷον τετύχηκεν· ἐὰν γὰρ ὅπου … πνεῦμα καὶ ὁ πόθος … θερμὸν εἴτε ψυχρὸν, ὅμως … διαφορὰ τοῦ ἀέρος … ἂν ᾖ, τοιοῦτος φαίνεται.

— Wimmer (1866), p. 380-381, même texte, sauf addition de ὁποῖος entre ἀέρος et ἂν, traduction latine suivante : *Manifestum id est ubi propter … exustum est. Si enim… ventus … calidus sive frigidus, tamen … differentia aeris … qualis sit, talis apparet.*

— Coutant – Eichenlaub (1975), texte et traduction anglaise : Φανερὸν δ' ὅπου διὰ τὴν <θερμότητα ὁ τόπος> ἐκπυρωμένον [à corriger en ἐκπεπυ–] ἀέρα τετύχηκεν. Ἐὰν γὰρ ὅπου <πνεῖ τὸ> πνεῦμα καὶ ὁ τόπος <ἔμπυρος ᾖ εἴτε> θερμὸν εἴτε ψυχρὸν, ὅμως … <ἡ> διαφορὰ τοῦ ἀέρος ὁποῖος ἂν ᾖ τοιοῦτος φαίνεται.
This is clear wherever the district has torrid air because of the heat. For if the district is superheated where the wind blows, be it hot or cold, yet … whatever the temperature of the air is revealed by the difference (in the winds).

Texte et traduction littérale proposés sous toute réserve, suivis de leurs justifications :

Φανερὸν δ' ὅπου (C'est d'autre part évident là où) διὰ τὴν <θερμότητα τοῦ ἀέρος> (à cause de la chaleur de l'air) ἐκπεπυρωμένον πᾶν τετύχηκεν (tout se trouve complètement calciné). Ἐὰν γὰρ ὅπου <πνεῖ τὸ> πνεῦμα (Si en effet là où souffle le vent) καὶ ὁ τόπος <ἔμπυρος ᾖ> (le lieu également est torride), <εἴτε> θερμὸν εἴτε ψυχρόν (que ce soit un vent chaud ou froid), <on ne s'en aperçoit pas >, ὅμως <δ' οὔσης> διαφορᾶς τοῦ ἀέρος (mais y a-t-il une différence de l'atmosphère), ὁποῖος ἂν ᾖ τοιοῦτος φαίνεται (il [*i.e.* ὁ τόπος] se montre tel qu'il est).

1. Ce paragraphe tend à justifier l'opinion exposée plus haut : un flux d'air formé dans la haute atmosphère conserve ses caractères thermiques en venant à notre contact, mais quand il est incorporé à l'air ambiant, ceux-ci ne sont pas directement ressentis.
2. La restitution de θερμότητα ne pose pas de problème, tant pour l'accord en genre avec l'article τὴν conservé, que pour le sens ; à la suite, le texte de CB <ὁ τόπος> ἐκπυρωμένον [*sic*] ἀέρα τετύχηκεν, en traduction anglaise *This is clear wherever the district has torrid air because of the heat* (« C'est clair partout où le lieu se trouve avoir une atmosphère torride à cause de la chaleur ») paraît

difficilement acceptable, la seule construction usuelle étant τυγχάνω + *génitif*. D'où la double correction proposée : 1) τοῦ ἀέρος (génitif normal pour le régime de τυγχάνω), 2) addition du monosyllabe πᾶν, en accord avec la syntaxe (sujet de τετύχηκεν ; ἐκπεπυρωμένον [orthographe de CE rectifiée], attribut de ce sujet), et compatible avec le sens.

3. La déformation de τόπος en πόθος (codd.) est une erreur de copie banale.

4. La structure générale de la phrase suivante consiste en une double protase, articulée par un adverbe adversatif, avec ellipse de la première apodose que le sens permet de sous-entendre facilement. Soit de manière schématique :

 1– a) protase au subjonctif éventuel : ἐὰν... ὁ τόπος ἔμπυρος ᾖ « si... le lieu est torride » ;

 a') ellipse de l'apodose reconstituée ici entre parenthèses brisées : < on ne s'en aperçoit pas > ;

 Pivot de la période conditionnelle : ὅμως δὲ « mais cependant » ;

 2– b) génitif absolu équivalant à une seconde protase éventuelle : οὔσης διαφορᾶς τοῦ ἀέρος = ἐὰν ᾖ διαφορὰ τοῦ ἀέρος « s'il y a une différence de l'atmosphère » ;

 b') apodose exprimée : τοιοῦτος φαίνεται... « il se montre tel... ».

 Cette construction se rencontre dans la meilleure prose classique ; cf. Carrière, *Stylistique*, p. 150, § 104, c) : « Dans l'expression d'une *alternative*, appuyée sur deux hypothèses contraires [...], on sous-entend parfois la première *apodose*, du sens de "c'est bien, soit, je l'admets " : Καὶ ἐὰν μὲν ἑκὼν πείθηται· εἰ δὲ μή, ... εὐθύνουσιν ἀπειλαῖς καὶ πληγαῖς (Plat., *Prot.* 325 d) « et s'il obéit de bon gré, (s.e. εὖ ἔχει, *tout est bien*) ; sinon, on le redresse à force de menaces et de coups ».

5. Dernière remarque sur ce paragraphe : dans le membre de phrase tel qu'il a été transmis : αὐτοῦ συνεργαζομένου τοῦ συνυπάρχοντος ἀέρος, le rapprochement des deux formes verbales à préverbe συν– paraît d'autant plus probablement intentionnel que nous avons déjà signalé dans le *De ventis* de telles reprises, à des fins stylistiques, d'un radical verbal (cf. n. 2 : παρακολουθοῦντα... ἀκολουθεῖ ; n. 19 : ἀρχῆς ἄρχεσθαι ; n. 33 : λήγουσι... ληγούσης) ; ici se confirme donc la prédilection également constatée (*supra* n. 3) pour les termes surcomposés (l. 13 συν–υπ–άρχοντος à la suite du composé συν–εργαζομένου).

50. Avec φέρεται τὴν φοράν, nouvel exemple de la figure étymologique signalée dans la note précédente, ici mise en relief par la disjonction entre ταύτην et τὴν φοράν.

51. Malgré leur ressemblance de fond et de forme (en particulier les emprunts au vocabulaire aristotélicien : l. 18 ἀτμιδώδης cf. *Météor.*

360 b 2-3 : ἀτμιδώδη ; § 23, l. 2 ἡ ἀναθυμίασις cf. *Météor.* 360 b 1 ἀναθυμίασιν, *et passim*), la conclusion du raisonnement de Théophraste est plus conforme à la réalité que la division aristotélicienne (*ibid.*) entre les deux exhalaisons, l'une « vaporeuse » (ἀναθυμίασιν... τὴν ἀτμιδώδη), l'autre « sèche et fumeuse » (τὴν ξηρὰν καὶ καπνώδη) ; voir p. XXVI de notre Introduction au *De signis* un extrait de la critique parfaitement fondée que Coutant et Eichenlaub adressent à la théorie d'Aristote. Sans jamais écarter catégoriquement les positions insoutenables de son maître, Théophraste marque son désaccord en présentant (ici fin § 22 – début § 23) une explication plus raisonnable : « en fait, c'est une sorte de mélange des deux composants [atmosphère du ciel et émanations de la terre], du fait qu'il [= l'air] ne maîtrise ni l'un ni l'autre. »

52. On doit à Wimmer la correction en ῥίγωσίν des leçons inintelligibles ῥᾶσιν /ῥῶσιν des manuscrits et des premiers commentateurs. Les dictionnaires sont de peu de secours, LSJ se bornant à indiquer en fin d'article ῥῖγ–ος,–εος, τό, *frost, cold* : –ωσις, –εως, ἡ, « *shivering*, prob. cj. for ῥάσιν in Thphr. *Vent.* 23 ». Mais on ne voit du côté de ῥάσιν rien d'acceptable pour la forme ni pour le sens ; il faut donc s'en tenir au groupe de ῥῖγος « froid vif », bien attesté dans les langues techniques, notamment chez les médecins (cf. Hp., Gal. ῥιγώδης « qui cause des frissons de fièvre ».) Si le substantif ῥίγωσις n'est pas mentionné dans le *DELG*, s.v. ῥῖγος, on peut déduire son existence de l'attestation du verbe correspondant ῥιγώ-ῶ dont l'emploi est assuré (*ibid.*) même chez les prosateurs classiques (cf. Plat., *Gorgias*, 517 d, au sujet de ce qui est nécessaire à notre organisme : ἐὰν δὲ διψῇ, ποτά, ἐὰν δὲ ῥιγῷ, ἱμάτια « s'il a soif, des boissons, s'il a froid, des vêtements »).

53. L'exposition au vent ou la situation à l'abri des flux d'air importants crée des différences de plusieurs degrés entre des lieux très proches. Cette constatation sera reprise au § 32 et illustrée par la position de Platées, au pied du Cithéron. — L'adjectif εὐσκεπής, quoique rare, est bien attesté dans *HP* IV, 1, 1, au sujet d'espèces végétales « qui se plaisent à l'abri et en plein soleil » (τοὺς εὐσκεπεῖς καὶ εὐηλίους) ; cf. aussi des expressions semblables ou très voisines dans *CP* I, 13, 11 et 12 . On le rencontre également dans Aristote, *HA* 628 a 11, où il est dit des reines des abeilles qu'elles s'installent « quand elles ont trouvé un endroit bien abrité ».

54. Le pluriel πνέουσι (l. 18) paraît être une reprise littérale de πνέουσιν (l. 14), par dessus le singulier τὴν... αὖραν (l. 15-16). C'est une preuve après bien d'autres des négligences d'un exposé oral non destiné à la publication.

55. Reprise terme à terme d'Hérodote, II, 27 : « Pour ce qui est des brises, et du fait qu'il n'en souffle point du Nil (Τῆς αὔρης δὲ πέρι, ὅτι οὐκ ἀποπνέει ἀπὸ τοῦ Νείλου), voici mon sentiment : il est naturel

que, de régions très chaudes, aucun souffle ne vienne ; c'est de ce qui est frais que soufflent ordinairement les brises. » En effet, Théophraste n'était pas le premier à s'interroger sur ce problème, puisqu' Hérodote dit (II, 19) avoir demandé sans succès aux Égyptiens de lui expliquer pourquoi « seul de tous les fleuves, le Nil ne donne pas naissance à des brises » ; sur les réponses des Grecs à cette question et l'opinion personnelle d'Hérodote, voir les commentaires de Ph.-E. Legrand (CUF 1930), p. 79-83. On sait que l'origine géographique du Nil n'a été élucidée qu'au milieu du XIXe siècle, ce qui légitime parfaitement la prudence de Théophraste.

56. Dans la référence à la chaleur torride de Babylone ou de Suse, et à ses effets sur des pratiques du monde rural, on peut voir une allusion à des « souvenirs de campagne » diffusés par les naturalistes d'Alexandre : voir par ex. *HP* VIII, 11, 7 : « on dit que dans la région de Babylone les grains d'orge et de froment sautent sur l'aire comme ceux que l'on grille », avec la n. 16 *ad loc.* qui réunit les informations concordantes de Strabon (XV, 3, 10) et de Plutarque (*Alex.* 35, 14) sur ce sujet.

57. Le sujet de φασί reste indéterminé, Théophraste se refusant à débattre d'un sujet qu'il est conscient de ne pas maîtriser ; la phrase introduite par τάχα formule une simple suggestion, et γοῦν marque la volonté de s'en tenir au vraisemblable.

Chapitre IV

58. L'*hapax* παλιμπνόη fait partie des nombreuses créations de Théophraste en matière de vocabulaire scientifique, destinées à faire d'un seul composé l'équivalent pour le sens d' une périphrase explicative. La formation du terme est limpide : adverbe πάλιν + πνοή attesté depuis l'*Iliade* au sens de « souffle de vent ». Dans ses plus nombreux emplois, πάλιν, adverbe ou premier élément d'un composé, indique un mouvement fait en sens contraire du précédent ; d'où le sens « en revenant en arrière ». Le *DELG* signale toutefois l'existence précoce d'une fonction simplement itérative, souvent en contexte négatif ; par ex. *Iliade*, B 276 : οὔ θήν μιν πάλιν αὖτις ἀνήσει θυμὸς... « son cœur ne le poussera certainement plus... ». Mais dans notre texte comme le plus souvent à l'époque classique, πάλιν a son sens adversatif, largement attesté dès Homère ; cf. par ex. *Iliade*, I 56 (Nestor s'adressant à Diomède) : « Nul ... ne critiquera ton langage, nul n'y contredira (οὐδὲ πάλιν ἐρέει) ». C'est évidemment ce dernier emploi qu'il faut reconnaître dans l'inversion du sens d'un vent.

59. Sans localisation géographique précise, ἐν τοῖς εὐρίποις a un sens plus général que celui du nom propre correspondant, l'Euripe, bras de mer séparant l'île d'Eubée de la Béotie qui lui fait face sur le continent (bonne photographie aérienne dans l'article « Euripe » de Wikipedia, consulté le 15-11-2018). La notoriété de ce site dans toute

l'antiquité grecque et bien au-delà permet de ne rappeler ici que sa mention dans la *Géographie* de Strabon (I, 3, 12 = 55 C *passim*) : « La question des flux et des reflux a été convenablement traitée par Posidonius et par Athénodore ; mais sur celle des détroits qui ont des courants alternatifs [...] il suffit de dire qu'il n'y a pas une seule manière dont les détroits sont parcourus par des courants [...] : le détroit de Sicile en change deux fois par jour [...], celui de la région de Chalcis sept fois, celui qui longe Byzance n'en change pas » (trad. personnelle). — Théophraste avait en outre une raison personnelle de bien connaître Chalcis : c'est là que mourut Aristote en 322 quand sa désapprobation de l'impérialisme d'Alexandre et de ses successeurs l'eut fait éloigner d'Athènes.

60. L'usage français (cf. notre expression usuelle « tôt ou tard ») incite à inverser dans la traduction l'ordre des mots grecs ὀψιαίτερον ἢ πρωϊαίτερον. Même remarque plus loin (fin § 29) au sujet de ἡ αὐτὴ καὶ μία τις... αἰτία traduit « une seule et même cause ».

61. Dans le nom de lieu transmis sous diverses formes fautives (Λιγγίας mss., avec les variantes Λυγκέας, Λυγγίας et même λυγκεστιδιὰ, chez les plus anciens éditeurs et/ou commentateurs), Schneider a reconnu le toponyme Αἰγειὰς, repris tel quel par Wimmer et Coutant-Eichenlaub. La localisation due à τῆς Μακεδονίας était nécessaire pour distinguer le lieu en question de ses nombreux homonymes ou quasi homonymes. Le *DELG* s.v. αἴξ admet que « les noms de lieux comme Αἰγαί, Αἰγαῖος, Αἴγινα, etc. peuvent être indigènes [...], mais ils doivent avoir été rattachés à αἴξ par étymologie populaire. »

62. Comme la remarque en a été faite au sujet de l'Olympe et de l'Athos dans le *De signis*, II, 34, n. 32, la Grèce centrale et septentrionale est la partie du territoire hellénique la mieux connue de Théophraste (cf. aussi III, 43 et n. 26 ; IV, 51, etc.).

63. Vient ici l'exemple le plus fameux de ce phénomène, celui de l'Euripe, nom propre donné depuis l'Antiquité au détroit qui sépare l'Eubée de l'Attique (cf. *supra*, n. 59). Son étrangeté justifie la présence dans la même phrase de deux composés spécifiques : ἐναντιοδρομεῖν litt. « courir en sens inverse » et παλιμβορέας « vent du nord à rebours ». Le premier est probablement une création de Théophraste, puisque sa seconde occurence connue se trouve au tournant de l'ère dans la célèbre description par Strabon des remparts de Babylone (XVI, 1, 5 = 738 C) : « le chemin de ronde permet, sur la muraille, à des quadriges de s'y croiser (ἐναντιοδρομεῖν) facilement ». Le second, introduit par οὓς δὴ καλοῦσι, fait du terme une dénomination locale qui n'était pas nécessairement compréhensible à distance.

64. C'est la compression plus ou moins forte qu'exerce sur un certain volume d'air la configuration des lieux.

65. À l'inverse du cas précédent, des lieux que leur position géographique paraît destiner à être exposés aux vents étésiens en sont protégés par des conditions locales.

66. Le texte transmis ἀπόπνως a été corrigé par Schneider sous forme conjecturale en ἀποπνεύματος, *hapax* auquel il n'est pas nécessaire de recourir, vu l'existence chez Théophraste même de l'adjectif ἀπνόος,–ους dit des lieux « à l'abri du vent » (*CP* II, 9, 1: ἐν τοῖς ἀπνόοις), usuel également chez Aristote (cf. par ex. *Météor*. 361 b 6, où il s'agit d' hivers « calmes et sans vents » νήνεμα καὶ ἄπνοα).

67. Sur l'importance dans l'œuvre de Théophraste de la documentation recueillie en Grèce du Nord (cf. ici [§ 30-32] « en Thessalie et en Macédoine » ; « du côté de la Macédoine » ; « l'Olympe et l'Ossa »), voir en particulier *supra*, n. 62 ; également dans *Les pierres* (CUF 2018), § 37, p.12, pour l'ivoire fossile (ἐλέφας ὁ ὀρυκτός) dont l'auteur a dû connaître l'existence dans cette région où les fossiles de Proboscidiens sont nombreux et assez spectaculaires pour avoir attiré l'attention dès l'Antiquité.

68. Encore donné par les premiers éditeurs modernes sous une forme inintelligible (Schn. I : ἣν μὴ ἑρμηνεύουσιν οἱ μέτριοι [παντελῶς om.] ; Wim. ἣν μὴ * ἑρμηνεύουσιν ἢ μέτριοι παντελῶς = *causa censenda est, nisi *prorsus mediocris*), ce texte est corrigé dans sa plus récente édition (Coutant-Eichenlaub, p. 30) de la manière suivante : ἣν μὴ ἠρεμαῖοι ὦσιν ἢ μέτριοι παντελῶς avec la traduction anglaise *if they are not becalmed or are quite moderate*, que nous rendons par « à moins qu'ils n'y soient légers ou tout à fait modérés ».

Chapitre V

69. Le site de la ville antique de Platées en Béotie se trouve à la base septentrionale du Cithéron (1408 m), montagne qui le sépare de la région du golfe de Corinthe au sud-ouest. Le vent du nord, au-delà des basses terres béotiennes où il n'a pas rencontré d'obstacle, n'aborde pas le Cithéron avec une violence particulière. C'est la différence de température entre l'eau du golfe et le sol de la montagne voisine qui crée un appel d'air « violent et hivernal ». Ainsi s'explique la rudesse du climat sur le versant sud de cette chaîne côtière, qu'Hésiode dénonce vigoureusement (*Travaux*, v. 640-641) en rappelant que son père « vint s'établir près de l'Hélicon, à Ascra, bourg maudit, méchant l'hiver, dur l'été, jamais agréable » (trad. Mazon, CUF 1947).

70. On appelle « vents alternatifs » (τροπαῖαι [s.e. πνόαι]) des vents qui soufflent le matin et au début de l'après-midi de la mer vers la terre (celle-ci se refroidissant la nuit plus vite que la mer), en soirée et la nuit de la terre (surchauffée par le soleil au milieu du jour) vers la mer. Cf. *CP* II, 3, 1 : pour la végétation « mieux vaut qu'ils soufflent du nord plutôt que du midi et de la haute mer plutôt que de la terre » (τὰ βόρεια τῶν νοτίων βελτίω καὶ τὰ πόντια τῶν ἀπογείων). — Il n'est pas surprenant que Carystos, à l'extrémité méridionale de l'Eubée, ait été particulièrement sensible au changement de sens du vent ; cf. Coutant – Eichenlaub, p. 79 : « Carystos en Eubée est située à

l'extrémité sud-est de l'île, protégée par des montagnes (1398 m) du côté du nord et de l'est. Sa situation est telle que de fortes brises de mer se trouvent à leur point de rencontre avec des brises de vallée. L'échauffement de pentes faisant face au midi, combiné à la différence de température entre la terre et la mer, contribuait à l'inversion du sens des vents étésiens dans ce secteur. »

71. À supposer correcte la restitution du nom de Phaistos à partir de l'élément φαι//// de la tradition manuscrite, il s'agirait ici d'un homonyme du Phaistos crétois bien connu pour les vestiges de son palais minoen. Quant à l'ancienne ville chypriote de Kourion, elle est mentionnée par Hérodote (V, 113) dans un épisode de la lutte des Grecs et des Perses pour la domination de l'Ionie : « Stésénor, tyran de Courion, qui avait avec lui un corps de troupes considérable, passa à l'ennemi (ces Couriens sont, dit-on, des colons des Argiens). La défection des Couriens fut suivie aussi par celle des chars de guerre de Salamine [...]. Grâce à ces défections, les Perses eurent l'avantage sur les Chypriotes » (trad. Legrand). De Kourion, il reste de nos jours un ensemble prestigieux de monuments antiques, mais peu de traces dans les textes. Du point de vue de la géographie physique, le commentaire de Coutant – Eichenlaub souligne (p. 79) le facteur déterminant de la disposition des lieux : « Phaestus se trouve sur le promontoire le plus méridional de Chypre appelé de nos jours Akrotiri. La vague, formée par le vent loin au large, a une puissance accrue par la configuration de la ligne de côte. »

72. La dernière partie de cette phrase a été corrigée, ponctuée et interprétée de plusieurs manières. Sans en reprendre toutes les versions, dont les plus anciennes s'apparentent à une glose plutôt qu'à la restauration hypothétique du texte primitif, on doit retenir au moins les suivantes :

— Schneider 1818 : ἀλλὰ καὶ τὰ πλοῖα προσορμίζονται τοῖς λειωτοῖς ἀλιμένων *** πλήσια καὶ [ἄλλα] τὰ συμβαίνοντα θεωρεῖν ἐστι.

— Schneider 1821, *Auctarium lectionum variarum*, p. 161 : « ἀλειμένων ὄντων τῶν τόπων καὶ οὐδέποτ' οὐδὲ τὰ πλοῖα προσορμίζοντα τοῖς λειωτοῖς ἀλειμενον [*sic*] A. solus, non C. nec D. unde accipio verba : ἀλιμένων ὄντων τῶν τόπων τῶν πλησίον. »

— Wimmer 1866 : ἀλλὰ καὶ τὰ πλοῖα προσορμίζονται τοῖς λειωτοῖς ἀλιμένων ὄντων τῶν τόπων τῶν πλησίον, καὶ τὰ συμβαίνοντα θεωρεῖν ἐστί, *sed navigia appelluntur* cum propinqua loca portubus careant, et quae consequuntur videre licet.*

— Coutant – Eichenlaub 1975 : ἀλλὰ καὶ τὰ πλοῖα προσορμίζονται τοῖς λειοτάτοις <τόποις> ἀλιμένων <ὄντων τῶν> πλησίον, καὶ τὰ συμβαίνοντα θεωρεῖν ἐστι, *However, ships make anchorage at the least rocky places, since the neighborhood has no harbors, and are able to watch the event,* soit en français « cependant les bateaux

s'ancrent aux endroits les moins rocheux, puisque le voisinage n'a pas de port, et sont en mesure d'observer les événements. »

Les difficultés inhérentes au sujet et à l'état du texte sont les suivantes :

1. Dans son emploi le plus courant, le verbe προσορμίζω est à la voix moyenne et se dit des bateaux comme dans Hdt. VI, 97 : Datis [général perse] « interdit aux vaisseaux de mouiller près de Délos » (... οὐκ ἔα τὰς νέας πρὸς τὴν Δῆλον προσορμίζεσθαι). Ici la correction de προσορμίζοντα (mss.) en –ορμίζονται (Schn.) est nécessaire, mais c'est le singulier –ορμίζεται que commanderait le neutre pluriel τὰ πλοῖα, à supposer la règle attique strictement observée.
2. La leçon λειωτοῖς des mss. conservée jusqu'en 1866 chez Wimmer ne correspond à aucun terme répertorié dans les dictionnaires ; d'où la correction de Coutant – Eichenlaub : λειοτάτοις <τόποις>. Il semble qu'on puisse s'en tenir, sans ambiguïté, à τοῖς λείοις ou λειοτάτοις, sans qu'il soit nécessaire d'ajouter ici τόποις. D'où le texte proposé : τοῖς λειοτάτοις ἀλιμένων <τόπων> « aux endroits les plus dégagés <de lieux> dépourvus de ports ».
3. De la phrase ainsi analysée, il reste à traduire les derniers mots (au-delà de la lacune signalée par ***) du texte de Schneider pris comme point de départ de notre commentaire : πλήσια καὶ [ἄλλα] τὰ συμβαίνοντα θεωρεῖν ἐστι. Abstraction faite de la conjecture ἄλλα, la délimitation et le sens de ce membre de phrase font difficulté, surtout si on rattache πλησίον à la phrase précédente, en le faisant suivre du point final. Il paraît plus judicieux de placer cette ponctuation avant πλησία (qu'il n'y a pas lieu de changer en πλησίον, comme le font la plupart des éditeurs) ; d'où, le texte suivant (qui est, malgré la coupe différente, celui de Schneider 1818) : πλησία καὶ τὰ συμβαίνοντα θεωρεῖν ἐστι, et la traduction proposée : « Restent à étudier également les phénomènes qui s'en rapprochent. » C'est une phrase de transition, entre des exemples concrets (Platées, Kourion) et l'exposé des conclusions théoriques à en tirer (fin du chapitre V).

73. Cette phrase n'a de sens que par l'opposition de πνεῦμα « masse d'air en mouvement, vent » et de ἀήρ (τὸν ἀέρα) « air » en son sens banal de gaz constituant l'atmosphère statique de la terre. Si le vent souffle à une hauteur suffisante pour ne pas se heurter aux couches inférieures de l'atmosphère, il n'a pas d'impact sur le temps météorologique en un point quelconque de notre planète ; il y est ressenti au cas où il rencontre un obstacle qu'il ne peut pas surmonter. — Maintes fois corrigée par les exégètes successifs (cf. apparat critique détaillé dans l'éd. Coutant–Eichenlaub), la phrase se termine par οὐχι περαίρω dans la principale tradition manuscrite, οὐχ ὑπεραίρων dans L et l'Aldine. D'où, au moins en partie, le texte de CE : προσκό<πτει γὰρ> οὐ'χ ὑπεραίρων, auquel on peut préférer celui de Schneider, IV, 697 :

προσκόπτων γὰρ οὐχ ὑπεραιρεῖ « s'il se heurte à l'obstacle, il n'a pas le dessus ».

74. Dans la traduction de ἐν τοῖς οἰκήμασι le pluriel impose le sens de « pièces » et le radical de οἴκημα celui d' « habitation ». — On a ici un bon exemple d'appel à l'expérience de la vie quotidienne pour rendre plus assimilable un principe abstrait — preuve, si besoin est, de la maîtrise pédagogique de l'auteur au soir de sa longue vie.

75. Il s'agit en effet de mouvements de l'air en sens inverse : celui du dehors serait attiré vers le vide d'un espace intérieur disponible, mais puisque le volume d'un éventuel contenant se trouve déjà rempli, ce dernier ne peut pas exercer d'attraction sur une masse d'air externe.

76. Cf. *supra*, § 32, l'exemple de Platées en Béotie, où, contre toute attente vu la position de la ville au pied du versant nord du Cithéron, les vents du nord sont d'ordinaire moins violents que celui du midi.

77. La présence de συμβαίνει (l. 8) « il arrive que... » rend immédiatement identifiable comme « aoriste d' habitude » l'emploi de ce temps dans κατέρρηξεν (l. 10) et ἐποίησεν (l. 13-14). On en trouve d'assez nombreux exemples dans les traités botaniques (cf. notamment *CP* III, 22, n. 7, [t. II, p. 161-162]).

78. En tant que terme du vocabulaire météorologique, le nom commun τυφώς « désigne la tourmente, la tempête [...] d'où le composé τυφωειδῶς "comme un ouragan" (Str.) » (*DELG* s.v. Τῡφωεύς, avec cette remarque : « l'origine du sens de "tempête, typhon" n'est pas claire »). Pour une définition plus précise, il faut se reporter à Aristote, *Météor*. 371 a 9-15 : « Le typhon (τυφών) se produit quand un ouragan (ἐκνεφίας) en formation est incapable de se dégager du nuage. Son existence est due au choc en retour du tourbillon (τῆς δίνης), quand la spirale (ἡ ἕλιξ) descend vers le sol en entraînant avec elle le nuage dont elle ne peut se défaire. Lorsque le typhon souffle en ligne droite, il ébranle par ses rafales ce qui se trouve sur cette trajectoire ; et par son mouvement circulaire il tord et fait tomber violemment les objets sur lesquels il s'abat » (trad. P. Louis).

Chapitre VI

79. Avec προ–αν–ιστά–μενα καὶ προ–εκ–πίπτ–οντα commence une série exceptionnellement longue de verbes composés ou surcomposés dont Théophraste affectionne l'emploi, signalé dans la note 5 au § 2 du *De signis*, à laquelle renvoie également dès son début (n. 3 au § 1) le commentaire du *De ventis* au sujet du surcomposé ἐμ–περι–λαμβάνεται. Ici, aux deux termes coordonnés indiqués ci-dessus s'ajoutent προωθεῖται... προωθεῖ... προέωσε (*bis*)... προωθούμενα προσέρχεται, soit au total 8 exemples en quelques lignes de texte. Cette fréquence ne peut être qu'un procédé de style, et non une maladresse d'expression : en évoquant la succession ininterrompue d'énormes rouleaux de vagues, l'auteur suggère l'aspect terrifiant d'une mer

démontée. — Le paragraphe se termine par l'association, qui ne saurait non plus être fortuite, de deux termes d'une longueur également remarquable : δυσ–κινη–τό–τατον καὶ δυσ–κατα–παυσ–τό–τερον.

80. Définition de ce terme météorologique dans le *TLF* s.v. : « PARHÉLIE, subst. fém. : plage plus brillante d'un halo solaire due à la réfraction des rayons du soleil sur les petits cristaux de glace qui peuvent se trouver en suspension dans l'atmosphère (dit aussi "*faux-soleil* ") ». Quoique aucun exemple d'usage comme nom *masculin* en français ne figure dans ce dictionnaire, la traduction des *Météorologiques* d'Aristote par P. Louis traite constamment ce mot comme *masculin.* Le féminin est également absent des références de Bailly s.v. : « ὁ π.Arstt. *Meteor.* 3, 2, 6, ou τὸ παρήλιον Arat. 881 » ; de même dans LSJ : « παρήλιος, ὁ, *parhelion, mock sun,* Arist. *Mete.* 372 a 16, Thphr. *Sign.* 22, etc. ; also παρήλιον,τό, Arat. 881 ». Dans ce cas de différence totale entre les deux langues, nous suivons naturellement l'usage français. *Contra* sur ce point, la version du passage qui définit et explique longuement dans l'éd. CUF de P. Louis, 377 b 15-27, le phénomène dit en grec **ὁ** παρήλιος : « **Le** parhélie se produit quand l'air est très homogène et également dense. Aussi apparaît-il blanc. [...] Puisque la couleur du Soleil est blanche, **le** parhélie apparaît blanc lui aussi. C'est ce qui fait que **le** parhélie est plus que les raies lumineuses un signe de pluie. » Παρήλιοι « parhélies » ou « faux-soleils » est le terme déjà rencontré dans *De signis*, 21 ; voir les n. 34 et 35 *ad loc.* pour un commentaire détaillé de ces emprunts au vocabulaire de la météorologie.

Chapitre VII

81. Avec le § 37, on aborde un aspect plus théorique du sujet : les positions respectives, sur ce qu'on appelle la « rose des vents », des principaux courants d'air atmosphériques qui se manifestent en Grèce. Ce n'était pas une véritable nouveauté : à ne retenir que les vents soufflant des quatre points cardinaux, on trouve un précédent au chant V de l'*Odyssée* (E 295-296) dans le récit de la tempête déchaînée par Poséidon : « ensemble s'abattaient l'Euros et le Notos, et le Zéphyr à la redoutable haleine, ainsi que le Borée » ; d'un point de vue scientifique, dès les années 330, Aristote faisait une large place (*Météorologiques,* 363 b 11 – 365 a 10) à l'énumération et à la description des vents observables dans le monde grec, à leurs caractères et à leurs effets. Il est probable que Théophraste s'est initié avec son maître à la connaissance approfondie d'un phénomène naturel que la situation géographique de la Grèce rendait particulièrement complexe (cf. *supra*, n. 39). L'exposé qui commence ici se distingue à la fois des *Météorologiques* — dont le but est de traiter le sujet aussi exhaustivement que le permettaient les connaissances scientifiques de l'époque — et de sa première approche par Théophraste lui-même, conservée dans les

§ 35-37 du *De signis*, qu'il n'y a aucune raison convaincante de tenir pour apocryphes. Ceux-ci s'intègrent bien en effet dans un contexte de prévision météorologique à la portée de tout observateur attentif, si peu érudit soit-il. Quand l'auteur revient sur ce sujet, après plusieurs décennies de réflexion et d'acquisition de connaissances nouvelles, il l'aborde nécessairement avec plus de hauteur de vues. La différence est sensible dès le début de son exposé : la priorité est donnée au vent le plus violent, le *kaikas* (absent sous ce nom du texte homérique ; cf. *infra*, n. 83) qui souffle du nord-est, et à son antagoniste, le *zéphyr* du sud-ouest, généralement doux. Viendra ensuite (§ 43-49) un autre couple antithétique, le *borée*, vent du nord, et le *notos*, vent du midi ou du sud. Soucieux d'élaguer un matériau touffu et encombré de variantes locales, Théophraste réduit à de simples mentions (§ 51) ce qu'il juge nécessaire de retenir au sujet des vents intermédiaires, de moindre importance : ceux-ci se placeraient dans les quatre angles droits du schéma cruciforme constitué par les couples *kaikas* – zéphyr [*grosso modo*, est – ouest] et borée – notos [nord –sud]. D'où le tout début du résumé sur lequel s'ouvre dans les *Géoponiques* (probablement du VIe s. de notre ère), le chapitre I, 11, 1-6, qui s'inspire visiblement de l'ouvrage de Théophraste : § 1 : « Des quatre points cardinaux soufflent les quatre principaux vents : l'*apéliote* et le zéphyr, le borée et le notos » ; suit leur définition, dont nous étudions ci-après la première, les autres étant d'usage courant.

82. *Ibid.* § 2 : Ὁ μὲν οὖν ἀπηλιότης ἀπὸ τοῦ ἀνατολικοῦ κέντρου φερόμενος, ἔχει παραπνέοντας καὶ μεσάζοντας αὐτὸν τὸν εὖρον καὶ τὸν καικίαν « eh bien donc, l'*apéliotes*, qui est apporté du secteur oriental, a l'*euros* et le *kaikias* qui soufflent à côté de lui et occupent le milieu ». De cette attestation à basse époque, il faut se garder de déduire que *apéliotes* est une appellation tardive. La preuve de son ancienneté est fournie par les exemples suivants : Hérodote, IV, 22, dit d'une région exposée au vent d'est πρὸς *ἀπηλιώτην* ἄνεμον ; de même (VII, 188) au sujet de la tempête qui surprit l'armée de Darius au sud-est de la péninsule de Magnésie : « sur eux fondit une violente tempête avec de fortes bourrasques de vent d'est (καὶ πολλὸς ἄνεμος *ἀπηλιώτης*) , que les habitants de ce pays appellent *hellespontiès* (vent de l'Hellespont) » (trad. Legrand, avec cette remarque sur *hellespontiès* : « Ainsi avait dû l'entendre appeler Hérodote au cours de sa visite et de l'enquête qu'il fit dans le pays. ») ; cf. § 62 et dernier du *De ventis* au nombre des désignations locales des vents étudiés τὸν ἀπηλιώτην δὲ *Ἑλλησποντίαν*. On lit également *ἀπηλιώτου* ἢ βορέου dans Thuc. III, 23, 5. — À noter encore pour l'établissement du texte que selon l'apparat critique de Coutant – Eichenlaub, καικίαν et (dans le vers cité) καικίας sont des corrections éditoriales (à partir de Vascosan, 1551) des leçons ἀπαρκτίαν… ἀπαρκτίας du texte transmis, mais dès le tout début du § 39, on lit αἴτιον δὲ τῷ μὲν καικίᾳ… sans variante,

ce qui légitime l'amendement proposé dès le XVIe siècle et adopté ultérieurement. La confusion paraît être due à une certaine ressemblance des noms, en fait limitée au préfixe : ἀπ–αρκτίας litt. (vent) « qui vient de l'Ourse » (c'est-à-dire du nord) et ἀπ–ηλιώτης « qui vient du Levant (la région où se lève le soleil) ». Aristote distingue soigneusement (364 a 14-15) l'Aparctias, classé « parmi les principaux vents du nord », de l'Apéliote (363 b 13) « qui vient [...] de l'orient équinoxial ». Théophraste ne s'embarrasse pas de distinctions aussi subtiles, dont la complexité suffit à expliquer les discordances de la tradition. En rendant καικίας par « east–north–east wind », Coutant et Eichenlaub prennent assurément le parti le plus sage. — Le dicton cité ici au sujet de ce vent devait avoir une notoriété remarquable : Théophraste n'hésite pas à l'emprunter aux *Météorologiques* d'Aristote, 364 b 13-14 (cf. éd. P. Louis, n. 3, pour des occurrences plus tardives dans les *Problèmes* pseudo-aristotéliciens, XXVI, 1 et 29, et chez Aulu-Gelle, II, 22, qui le cite en grec et fait référence à Aristote).

83. Pour les contemporains de Théophraste, ὁ ποιητής était évidemment Homère, et le qualificatif de δυσαής suffisait à leur remettre en mémoire la fin du vers 295 du chant V de l'*Odyssée* : Ζέφυρος τε δυσαὴς. Le souvenir de la terrible tempête qui y est décrite justifiait à lui seul l'affirmation de Théophraste inattendue au sujet du zéphyr : « il souffle parfois en vent d'hiver. »

84. Philoxène, litt. « qui aime ses hôtes », d'où « accueillant », est attesté dès Homère sous la forme de l'adjectif qualificatif φιλόξενος/ –ξεινος ; cf. *Odyssée*, VI (ζ), 121, etc. Le personnage désigné ici par cet anthroponyme banal n'est pas identifiable hors contexte. — Le sens à donner à ἰδίαν n'est pas évident : on peut comprendre « particulier » ou « changeant, imprévisible », comme le comportement de certaines personnes ; cette dernière acception correspond peut-être mieux au caractère de ce vent, doux et agréable mais susceptible de devenir violent comme s'il était sujet à des sautes d'humeur. La correction par Wimmer de la leçon des manuscrits ἰδίαν en ἡδεῖαν ne peut être retenue : ce n'est qu'une confirmation banale de μέτριος καὶ μαλακός.

85. L'addition de Καὶ τῶν καρπῶν due à Schneider (t. I, p. 772) est justifiée par la reprise développée de cette indication au § 43 : τοὺς καρποὺς τοὺς μὲν φθείρει, τοὺς δὲ τρέφει.

86. La conjecture de Schneider οὐ... ὑπομένει τὴν ὕλην « il ne se charge pas de la matière » est moins aléatoire que celle de Coutant–Eichenlaub οὐ... ὑπομένει τὴν εἵλην *it does not await the warmth*, tant pour le sens qu' à cause de la rareté de εἵλη dans la langue classique ; cf. LSJ s.v. avec une seule référence pour cette époque « Ar. *V.* 772 dub. » ; même le vocabulaire scientifique, où ὕλη « matière, matériau » est tout à fait banal, ignore εἵλη (absent, par exemple, du lexique des *Météorologiques* d'Aristote, éd. Louis, t. II, p. 95). D'où litt. « à la différence de ce qui se passe sur le sol, il ne se charge pas de la

matière », ce qui explique la mobilité de ce vent dont il est dit à la suite : « mais il doit son instabilité au fait de s'être fixé sur de l'humide » (par nature sujet à se dissiper).

87. Au début du § 41 se trouve, de οὐ γὰρ à ῥέων, un passage des plus gravement altérés dans la transmission du *De ventis*. Sans retenir toutes les suggestions faites depuis le XVIe siècle pour le rendre intelligible, nous reproduisons ci-dessous, à la suite des données textuelles fournies par l'apparat critique de Coutant – Eichenlaub, les conjectures des éditeurs à partir de Schneider (1818) :

1. AC Coutant –Eichenlaub, 1975, p. 40 (principaux mss., variantes entre parenthèses) : οὐ γὰρ lacuna 5-11 litt. βορίαν (–έαν) καὶ νότον πρὸς ἑσπέραν οὐκ (οὐχ) οὐδέ τις ἐστί lacuna 5-7 litt. περ (ὥσπερ) δι' αὐλοῦ ῥέων.
2. Schneider I (1818) : οὐ γὰρ δι' ὀρέων πνεῖ, οὐδὲ βίᾳ τηκομένου, ἀλλὰ ῥᾳδίως, ὥσπερ δι' αὐλοῦ ῥέων.
3. Wimmer (1866) : (οὐ γὰρ ἀπ' ὀρέων πνεῖ οὐδὲ βίᾳ τηκομένου ἀλλὰ ῥᾳδίως) ὥσπερ δι' αὐλοῦ ῥέων. *(non enim a montibus spirat neque nive per vim tabescente, sed facilis) tanquam per canalem fluit.*
4. Coutant – Eichenlaub (1975) : οὐ γὰρ < ἀπ' ὀρέων πνεῖ οὐδὲ βίᾳ τηκομένου, ἀλλὰ ῥᾳδίως> ὥσπερ δι' αὐλοῦ ῥέων. *For it does not blow from mountains nor from snow melted rapidly but flows gently as through a pipe.*

88. L'image d'un conduit s'applique, toute proportion gardée, au bras de mer qui s'étend de Corinthe à Patras. Vu son étroitesse, il est naturel qu'au nord le Cithéron ne soit pas hors d'atteinte du Notos (cf. V, 32 : « À Platées en Béotie, tournée vers le vent du nord [...] le vent du midi est violent et hivernal, malgré l'obstacle que lui fait le Cithéron ») et qu'en sens inverse le Borée franchisse le golfe et souffle jusque sur le Cyllène. Ce sont, certes, des faits à l'échelle de la Grèce, sans commune mesure entre le golfe de Corinthe et la Méditerranée dans sa plus grande extension jusqu'à l'océan Atlantique. Cette disproportion n'empêche pas l'existence du phénomène : le Midi de la France reçoit bien des nuages de sable saharien.

89. Il ne faut pas s'étonner de la référence à l'océan Atlantique de la part de Théophraste qui, semble-t-il, n'avait vu de ses propres yeux que le bassin oriental de la Méditerranée, limité à l'ouest par la Sicile. Mais on doit tenir compte des informations que les navigateurs partis de Grèce ou d'Asie Mineure rapportaient de leurs voyages au-delà de ce qui est pour nous le détroit de Gibraltar. Nous avons rappelé ailleurs (sous le titre « Le *tarandos* de Théophraste, un animal réel à l'origine d'une créature de fantaisie », *J. Savants* janv.-juin 2015, p. 3-24, en part. 15-18), l'ancienneté du commerce punique et grec avec les régions nordiques où les Méditerranéens se sont approvisionnés dès le IIe millénaire avant notre ère en étain de Cornouailles, nécessaire à la fabrication du

bronze, et en ambre de la Baltique, objet de parures raffinées mentionnées déjà dans l'*Odyssée*. Bien que, du moins à notre connaissance, Théophraste n'en dise rien, c'est un de ses contemporains, le très contesté Pythéas de Marseille, qui vers 325 av. J.-C., après avoir franchi le détroit de Gibraltar, réussit le contournement de l'Europe occidentale et de la Grande-Bretagne jusqu'aux régions polaires où il observa le soleil de minuit (voir F. Salviat, « Le périple de Pythéas », *Dossiers d'archéologie* 285 [2003], p. 10-27). Replacée à l'époque de Théophraste, contemporain du voyage d'exploration de Pythéas, la simple mention de l'océan Atlantique prend un relief particulier.

90. Référence au commencement du § 38 où il est dit du zéphyr : « il souffle parfois en vent d'hiver (πνεῖ... ἐνιαχοῦ...χειμέριος), d'où vient que le poète l'a dit "à la redoutable haleine" (ὅθεν ὁ ποιήτης δυσαῆ προσηγόρευσεν) », avant la justification de ces termes.

91. Dans l'usage courant χείμων est le nom de la saison intermédiaire entre l'automne (μετόπωρον) et le printemps (ἔαρ / ἦρ), donc l'hiver, simple repère chronologique. Du point de vue météorologique, c'est le mauvais temps, marqué par des perturbations normales en hiver, mais possibles en d'autres moments de l'année. L'équivalence avec « vent de Thrace » est significative, la Thrace étant alors connue de tous pour son exposition aux vents glacials qui soufflent des régions polaires à travers les plaines d'Europe centrale. Par extension, cette expression s'appliquait à tout vent présentant les mêmes caractères, quelle qu'en soit la provenance. L'exemple du zéphyr (vent de sud – sud-ouest) appelé « vent de Thrace » (au nord – nord-est de la Grèce) illustre l'illogisme d'une telle désignation prise à la lettre. D'où les explications que Théophraste, généralement peu prolixe, se voit dans l'obligation de fournir.

92. Formule usuelle pour couper court à un développement hors sujet ; cf. Plat., *Rép*. 598 d 8-9 : μετὰ τοῦτο ἐπισκεπτέον τήν... τραγῳδίαν « nous avons maintenant à considérer la tragédie » (trad. Chambry, CUF 1934).

93. Entre καὶ ἡδύς et Ὅτι δὲ (l. 6) s'insère dans certains manuscrits (en part. le *Neapolitanus gr*. III D 1 [sigle E dans CE]) la fin du § 42, de εἰ μὴ ἄρα à ἐπισκεπτέον. Les plus anciens éditeurs ou commentateurs ont proposé maintes variantes dont le détail est donné dans l'apparat critique de Coutant – Eichenlaub, p. 42. Mais ces éditeurs, de même que Schneider, n'en tiennent pas compte pour l'établissement du texte et les derniers d'entre eux (CE) se contentent d'insérer après la phrase qui se termine par ἡδύς cette mention entre crochets droits : [εἰ μὴ ἄρα... ἐπισκεπτέον] . Simple accident de transmission ou bévue de scribes incapables de dominer leur texte, cette reprise évidemment fautive peut être négligée.

94. Dans l'annonce au § 38 de l'influence favorable ou délétère des vents sur les fruits en cours de maturité, le texte grec commence par

l'addition de καὶ τῶν καρπῶν due à Schneider et reconnue par ses successeurs (cf. CE p. 38) indispensable au sens de la phrase. Théophraste revient ici sur ce sujet en illustrant son propos par une vérité d'expérience : chacun sait que le degré de maturité des fruits et leur qualité varient dans de grandes proportions selon les conditions météorologiques.

95. L'expression κατὰ τῶν ἄλλων est trop vague pour qu'on sache avec certitude à quoi elle s'applique : aux autres vents (CE : « as is the case with the other winds »), à toutes choses sans spécification (Wim. « quod de ceteris quoque omnibus »), aux autres produits agricoles dont la maturité est accélérée, ralentie ou compromise par les conditions atmosphériques ? À l'appui de cette dernière interprétation, on peut rappeler ce qui a été dit au § 14 de l'influence des vents sur la plus ou moins grande précocité des récoltes à Céos dans un endroit « exceptionnellement torride » : selon que les vents changent d'orientation plus ou moins tôt, « les unes sont plus précoces, les autres n'en sont pas affectées ».

96. Sur le contraste thermique entre vent de mer et vent de terre, voir *supra*, n. 70. L'adoucissement du climat par la présence d'une nappe d'eau est notée dans *CP* V, 14, 2.

97. Largement ouverte sur le golfe d'Argolide dont la ville même d'Argos n'est aujourd'hui encore séparée que par des terres marécageuses, en partie incultes, cette région reçoit de plein fouet le vent marin. Comme précédemment (§ 41), au Notos est diamétralement opposé le Borée, qui souffle du nord – nord-est et s'engouffre dans les zones côtières de la péninsule grecque, baignées par une mer plus chaude.

98. Cf. *supra* § 41 et n. 88-89.

99. L'existence de plusieurs contrées grecques appelées « la Locride » (ἡ Λοκρίς) rendait nécessaire, pour lever toute ambiguïté, la précision apportée ici par τῆς Ἰταλίας. À l'époque où Théophraste composait le *De ventis* (vers 310 av. J.-C.), la révolte de l'Ionie (- 499 – - 493), qui détermina l'installation en Sicile de Grecs d'Asie rescapés de la destruction de Milet par les Perses, était encore assez présente à toutes les mémoires pour qu'il n'y ait pas à la rappeler. On doit à Hérodote, VI, 22-23, les précisions suivantes : répondant à l'invitation des Zancléens [habitants de l'actuelle Messine], les Samiens, « en route pour la Sicile, étaient chez *les Locriens Épizéphyriens* » quand le tyran de Rhégion « en querelle avec les Zancléens, s'aboucha avec les Samiens et leur persuada qu'ils devaient [...] s'emparer de Zanclé, qui était vide de soldats. Les Samiens l'écoutèrent et occupèrent Zanclé » (trad. Legrand). Il semble que ce soit à la faveur de ces événements que des Locriens se trouvèrent installés aux abords du détroit de Sicile et devinrent les Locriens *Épizéphyriens*, litt. « du côté du zéphyr » (vent de sud-ouest), autrement dit « occidentaux ».

100. L'exemple de Gortyne en Crète illustre parfaitement la puissance du zéphyr dans une vallée largement ouverte (ἀναπεπταμένη) au vent du large. Le site de la ville antique se trouve actuellement à une vingtaine de kilomètres de l'embouchure du cours d'eau qui coule d'est en ouest, empêché de rejoindre directement la mer vers le sud par une ligne de collines (les *Asterousia Ori* des cartes modernes) dont le point culminant dépasse 1200 m d'altitude. D'où le contraste entre un vent de terre desséchant et un vent de mer porteur d'une humidité favorable à la végétation.

101. Aujourd'hui comme dans l'antiquité, on appelle Μαλιακὸς κόλπος le petit golfe peu ouvert qui fait face, du côté du large, à l'extrémité septentrionale de l' Eubée, et s'étend sur terre entre les Thermopyles au sud et la ville actuelle de Lamia au nord. Les récits antiques de la célèbre bataille des Thermopyles montrent que l' alluvionnement dû à l'érosion des hautes montagnes côtières fausse notre vision d'un paysage où n'existait dans l'antiquité classique qu'un étroit défilé entre la falaise abrupte et la mer. Cette disposition des lieux permet d'imaginer les ravages qu'en temps de crue pouvait y faire le Sperkheios (litt. « celui qui s'élance avec violence, se déchaîne ») au débouché de son étroite vallée.

102. Comprendre περὶ τὸν Πιέριον <κόλπον>, l'ellipse du substantif n'ayant rien d'exceptionnel après ἐν τῷ Μαλιακῷ κόλπῳ. Le mont Pieros (nommé plus loin τῷ Πιέρῳ) qui apparaît dans la littérature grecque comme séjour des Muses dès l'*Iliade* (Ξ 226) correspond à l'actuel massif des Ορί Πιέρια qui, culminant à plus de 2100 m, domine au nord-ouest la plaine thessalienne fermée au sud-est par l'Olympe ; le littoral légèrement incurvé qui lui fait face à l'est est désigné naturellement par l'expression elliptique dans notre texte περὶ τὸν Πιέριον < κόλπον>.

103. Pour ἀπὸ δυσμῆς ἰσημερινῆς, cf. la définition donnée par P. Louis, dans Aristote, *Météor.* 343 b 3 (CUF t. I, p.108, n. 6), pour la même formule (ἀπὸ δυσμῶν τῶν ἰσημερινῶν) traduite « du couchant d'équinoxe » : « Le couchant d'équinoxe indique la direction plein ouest. »

104. Même si Théophraste n'adhère pas à toutes les conjectures explicatives de son maître, il lui emprunte incontestablement dans ce passage une terminologie spécialisée : le terme technique ἀνακλάω–ῶ, litt. « briser en tirant en arrière » fournit au vocabulaire de l'optique l'équivalent de « réfléchir » en pareil contexte. — Au-delà de ἀνακλωμένην, le texte transmis présente une lacune d'une quinzaine de lettres que chaque éditeur s'est efforcé de combler de son mieux. En bref, leurs principales suggestions sont les suivantes :

— Schneider (1818) : <ἀποπέμπει> εὐθὺς... (d'après une conjecture de Furlanus [1605] : ἀνακλωμένην δὲ <ἀποπέμπει>).

— Wimmer (1866) : ἐξέτραπεν [sans parenthèses] εὐθὺς... *statim ... convertit.*

— Coutant – Eichenlaub (1975) : ἀνακλωμένην <δὲ> κατὰ τὴν <γῆν καθῆκε> εὐθὺς… avec apparat critique : κατὰ τὴν <γῆν καθεῖκε>, et traduction anglaise : *and deflecting it earthwards, launches it straight into…*

La solution la plus simple est celle de Furlanus – Schneider.

105. Bonne illustration de la tendance du grec à faire prévaloir le concret sur l'abstrait : à la traduction littérale de παρὰ τοῖς ἄλλοις οἷς τι τοιοῦτον… συμβαῖνόν ἐστι « chez les autres à qui il arrive quelque chose de tel », on préfèrera en français « dans les autres régions où il se trouve que se produit un phénomène semblable ».

106. Pour mettre à la portée de tous les esprits des faits constatés par de simples observateurs depuis la nuit des temps, Théophraste a volontiers recours aux proverbes issus de la sagesse populaire. Deux exemples se succèdent ici : l. 15-16 « le Notos est froid, aussi froid que le Borée *selon le proverbe* (κατὰ τὴν παροιμίαν) » ; l. 18-19 « le Borée (…) dont le proverbe dit encore… (ὁ δὲ Βορέας… ὅν φησι πάλιν *ἡ παροιμία…*) ».

107. Le commentaire de Coutant-Eichenlaub (p. 83) indique que « le proverbe est donné en deux hexamètres [non cités] dans *Prob.* 26, 46. » — exemple avec bien d'autres du replâtrage souvent maladroit, transmis sous le nom de *Problèmes*, opéré tardivement sur le corpus aristotélicien englobant des travaux authentiques de Théophraste. Voir l'Introduction du présent volume, p. XI.

108. Cf. la suite de ce commentaire, *ibid.* : « Le raisonnement est ici inversé. Théophraste soutient que l'humidité qui se dégage des rivières, sous la forme de brumes et de brouillards, résulte d'un refroidissement de l'air, alors que le refroidissement de l'air a pour résultat la manifestation de l'humidité. » Pour une discussion de ce sujet, voir *supra*, § 23-24, la position de Théophraste qui soutient en particulier que « les émanations des eaux courantes ou stagnantes sont toutes froides à cause de l'humidité de l'air : il se refroidit en effet par manque d'ensoleillement joint à l'épaississement de la vapeur, encore plus prononcés en cas de proximité immédiate. »

Chapitre VIII

109. La forme verbale συγκαταλείπει est une correction de Schneider que légitiment à la fois la fréquence des surcomposés dans ce texte (cf. *supra*, n. 5 au § 2 du *De signis* ; n. 3, n. 79, etc. du *De ventis*) et le caractère problématique de la variante proposée par Wimmer et adoptée par Coutant – Eichenlaub : οὖν καταλείπει. Le choix de Schneider peut s'appuyer sur l'attestation de ce verbe dans Thuc. V, 75, 6 : ἐν τούτῳ ξυνκαταλιπόντες… τῷ τειχίσματι φρουρὰν… « ils s'associèrent pour laisser une garnison dans cet ouvrage » (trad. J. de Romilly).

110. Le voisinage au § 47 de τὰ ζεφύρια (l. 6-7) et de ζεφύρους (l. 9) (de ζέφυρος,–ου) amène à se demander si le choix de termes

différents traduit une nuance de sens ou le seul souci d'éviter une répétition.

— Le cas le plus banal est celui que représente dans *HP* VIII, 7, 7 l'association de trois adjectifs substantivés pour désigner trois des principaux vents du monde grec, le Zéphyr, le Borée et le Notos : « chaque terroir a son bon vent : ici le vent d'ouest (ταῖς μὲν… τὰ ζεφυρικά), là celui du nord (ταῖς δὲ τὰ βόρεια), là celui du midi (ταῖς δὲ τὰ νότια) ». Le vent d'ouest y est représenté par le dérivé en –ικός du substantif ζεφυρός. De même chez Aristote (par ex. *Météor*. 364 a 20 : τὰ μὲν ζεφυρικὰ…) dont on sait pourtant qu'il n'est pas volontiers créateur de termes scientifiques.

— Théophraste use également dans un contexte plus diversifié de l'adjectif en –ιος, représenté ici par τὰ ζεφύρια, neutre substantivé de ζεφύριος,–ον ; cf. *CP* II, 3, 1 : βελτίω δὲ καὶ τὰ ζεφύρια καὶ αἱ τροπαὶ καὶ ὅλως αἱ αὖραι « Mieux vaut aussi que soufflent les zéphyrs, les vents alternatifs et en général les brises » (cf. n. 4 *ad loc.* , au sujet du terme à suffixe –ιον : dérivé banal de ζέφυρος, sans valeur diminutive).

On peut voir là un exemple significatif des hésitations d'un vocabulaire scientifique qui s'élabore non sans ambiguïtés.

111. Litt. « à ceux qui habitent dans l'hémisphère d'en bas », texte CE : τοῖς ἐν τῷ κάτω [Schn. I [κάτω] / Wim. (κάτω)] ἡμισφαιρίῳ κατοικοῦσιν. Compte tenu de la suite immédiate de ce texte : <ἑωθινὸν> πνεῦμα γίνεται, dont le premier mot est présenté comme une addition dans toutes les éditions depuis Schneider, on dispose des données suivantes : κάτω est une conjecture remontant aux XVe et XVIe siècles, ἑωθινὸν le terme accepté depuis Schneider I (p. 776) pour combler une lacune d'environ 13 lettres entre κατοικοῦσι et πνεῦμα. Dans l'éd. la plus récente (Coutant – Eichenlaub, 1975), les termes restitués sont traduits comme suit : « for those who live in the *western* hemisphere (…) when the sun sinks in the *western* hemisphere… » ; ils font partie d'une phrase difficile dont la traduction anglaise peut être ainsi rendue en français : « Tout matériau que le soleil transporte avec lui devient le vent du matin (*the morning wind*) pour ceux qui vivent dans l'hémisphère occidental (*in the western hemisphere*) ; réciproquement, quand le soleil se couche dans l'hémisphère occidental, il produit là des vents d'ouest, tandis que pour nous ici il produit un vent du matin à partir de l'air qui l'accompagne (*when the sun sinks in the western hemisphere, it produces west winds there, while for us here it produces a morning wind from the air which accompanies it*) ». Nous préférons proposer pour le membre de phrase καὶ ὅσον — ἀέρος αὐτῷ le mot-à-mot suivant : « et tout ce que <le soleil> [repris de l. 5 ὁ ἥλιος] aura amené à ceux qui habitent dans l'hémisphère occidental [le grec dit “du bas”, en considérant la Méditerranée comme la ligne de partage entre deux mondes, celui du haut et celui du bas ; cf. *supra*, n. 89] devient

un vent du levant ; mais au contraire, quand il se couche dans la partie occidentale, il engendrera d'une part des zéphyrs [vents de sud – sud-ouest] pour les gens de là- bas, d'autre part pour ceux d'ici un vent du levant [est], à partir de l'air qui l'accompagne. » D'où, en respectant mieux les habitudes de notre langue : « et tout ce que <le soleil> aura amené dans l'hémisphère occidental devient un vent du levant ; au contraire, quand <le soleil> se couche dans la partie occidentale, il engendrera là-bas du zéphyr, ici un vent du levant, à partir de l'air qui l'accompagne. » — On remarquera aussi que ἡμισφαιρίῳ (l. 7-8) est la seule occurrence du terme ἡμισφαίριον dans le *De ventis*. De même l'Index des *Météorologiques* d'Aristote (éd. Louis, p. 104) indique seulement deux références à ce mot (375 b 29, 24) et la note 2 au passage correspondant (p. 20) renvoie à « un commentaire de ce chapitre 5, [je souligne] *dont plusieurs passages sont controversés* ». Texte et traduction proposés ici le sont donc sous toute réserve.

112. Le flou de l'expression ἄλλα πνεύματα traduit la connaissance incertaine que Théophraste paraît avoir eue des faits propres au bassin occidental de la Méditerranée et à l'océan Atlantique. Il ne les passe pas totalement sous silence (cf. dans *HP* IV, 6, 4 et IV, 7, 1, les mentions de la flore marine de « la mer Extérieure qui baigne les Colonnes d'Héraclès »), mais à en juger par son œuvre conservée, il ne s'y intéresse pas vraiment (voir aussi *supra*, n. 89, son silence au sujet du voyage de Pythéas de Marseille qui explora les côtes de la Grande-Bretagne jusqu'à la Baltique vers 325 *a.C.*, donc du vivant de Théophraste qui évoque cependant les propriétés électromagnétiques de l'ambre [cf. *HP* IX, 18, 2 τὸ ἤλεκτρον] nécessairement importée de ces régions).

113. Telle qu'elle se présente dans les éditions de référence, de Schneider 1818 à Coutant – Eichenlaub 1975, la phrase ταῦτα μὲν οὖν — παρ' ἑκατέροις, **ἧ τε** <ἐν> τοῖς ἄκροις nous paraît difficilement compréhensible, et la traduction des plus récents éditeurs *(« This happens in each case by parallelism, and the breeze takes place at the extreme times in each hemisphere »)* ne nous éclaire pas. Moyennant une légère retouche du texte (**ἧ δ'**) au lieu de **ἧ** τε avec un emploi de τε non usuel en prose classique), nous proposons le mot-à-mot suivant : « Voilà donc les faits qui se produisent (Ταῦτα μὲν οὖν [ellipse banale de ἐστι] d'après [παρά + accusatif] leur similitude chez [παρά + datif] les uns et les autres, alors que sur les sommets [ἧ δ' <ἐν> τοῖς ἄκροις] de chaque région leur souffle se manifeste [πνόη γίνεται] à la manière des pluies (...), au hasard ».

114. Bien que le texte demeure difficile, il semble que τὰ κάτω, qui désignait plus haut (l. 7 et 9) l'occident (la partie du monde où le soleil décline et disparaît), corresponde ici à des zones « basses » (= de faible altitude) où règne une chaleur étouffante en l'absence de vent.

115. La traduction assez libre de la seconde partie de l'hexamètre vise à en reproduire le rythme plutôt que les termes mêmes ; le mot-à-mot serait : (jamais Borée nocturne) « … n'a atteint la troisième lumière du jour ».

116. Le découpage du texte est différent de l'une à l'autre des éditions les plus récentes : dans Schneider 1818, le § 50 commence à Ἀεὶ δ' ὥς ἐπίπαν, chez Wimmer et CE à Τάχα δὲ κἀκεῖνο ; cette dernière division paraît plus conforme à la répartition de la matière constatée dans l'ensemble du traité, mais un argument de pure forme est d'autant moins décisif que le sens même de la phrase litigieuse n'est pas évident. De Τάχα δὲ à τὸ μέγεθος, voici le texte, et éventuellement la traduction, des éditions consultées :

1. Schneider 1818 : Τάχα δὲ κἀκεῖνο τοῦ βορέου [αἴτιον,] ὅτι ἀθρόως ἡ ἔκχυσις ὥσπερ τῶν ἐκνεφίων· ταχεῖα δ' ἡ παῦλα τῶν ἀθρόων· ἀσθενοῦς [δὲ] ἀρχῆς τὸ μέγεθος.
2. Wimmer 1866 : même texte de Τάχα à τῶν ἀθρόων ; à la suite, avec en gras les différences par rapport à Schneider : **ἀπ'** ἀσθενοῦς **γὰρ** ἀρχῆς **οὐδὲν** μέγεθος. Soit dans la traduction de Wimmer *: Idque fortassis etiam in aquilone usu venit, quod se confertim rapideque profundit, ut procellae e nube : qui conferti veniunt autem, cito desinunt: nam a parvo principio non magnus exit motus* , et pour nous : « ou encore ce qui revient à dire en pratique "par vent du nord", parce qu'il se propulse massivement et rapidement, comme des tornades à partir d'un nuage ; mais ce qui arrive en masse finit vite, car d'une petite origine ne part pas un grand mouvement ».
3. Coutant –Eichenlaub 1975 : τάχα δ' [*sic*] κἀκεῖνο τοῦ βορέου <αἴτιον> ὅτι ἀθρόως ἡ ἔκχυσις, ὥσπερ τῶν ἐκνεφίων· ταχεῖα δ' ἡ παῦλα τῶν ἀθρόων. <ἀπ'> ἀσθενοῦς <δ'> ἀρχῆς <οὐ πολὺ> τὸ μέγεθος, soit en traduction anglaise *Perhaps this too is a reason for the north wind's behavior, that it breaks forth in concentration like a hurricane. The cessation of concentrated winds is rapid ; out of a weak source no great force emerges*, et en français : « Peut-être y a-t-il aussi une explication pour le comportement du vent du nord dans le fait qu'il se résout en une accumulation pareille à une tornade. La désagrégation de vents accumulés est rapide ; à partir d'une source faible ne se constitue pas une grande force ».

De ces propositions on retiendra l'essentiel, à savoir

— l'addition par tous les éditeurs de αἴτιον, nécessaire à la fois à la structure syntaxique de la phrase et à son sens ;

— l'indication de la provenance au moyen de ἀπό + génitif (ἀσθένους … ἀρχῆς), adoptée par Coutant – Eichenlaub.

Notons enfin, après ces éditeurs (p. 85), que tout en s'efforçant de donner une explication « scientifique » des phénomènes décrits, Théophraste s'appuie volontiers sur des savoirs populaires, exprimés sous forme de proverbes (παροιμίαι) faciles à retenir et à transmettre ; des

exemples en ont été donnés et commentés plus haut (§ 46, n. 106) ; cf. ici (p. 51, l. 18-19) « ce qui est massif cesse rapidement » (ταχεῖα δ' ἡ παῦλα τῶν ἀθρόων), suivi presque immédiatement (p. 51, l. 21-22) d'un dicton connu du temps de l'auteur : « d'où le proverbe : *vent du midi fait toujours suite au gel* » (ὅθεν καὶ ἡ παροιμία· *φιλεῖ δὲ νότος μετὰ πάχνην*). Bien que le *De ventis* se situe à un niveau de réflexion plus élevé que le *De signis*, l'appel (signalé dès Introduction du présent volume, p. XI-XII) à l'expérience personnelle de l'auditeur ou du lecteur procède du même principe pédagogique : s'assurer que ce qui a été avancé est compris, et si possible retenu, avant d'aborder un autre aspect du sujet.

117. L'image de l'épuration (ἀπο– idée de "séparer" , καθαίρειν "purifier", d'où le sens technique du composé "traiter par séparation et élimination des impuretés") rappelle le vocabulaire platonicien du *Timée* (72 c-d) où il est dit que « lorsque des impuretés se produisent (ὅταν τινὲς *ἀκαθαρσίαι* γίγνωνται), la porosité de la rate les purifie en les recevant toutes (πάντα ἡ σπληνὸς *καθαίρουσα* αὐτὰ δέχεται μανότης). (...) Quand elle se remplit de ces impuretés (πληρούμενος τῶν *ἀποκαθαιρομένων*), elle devient volumineuse » (trad. Rivaud). En pratique, la décantation était l'ultime phase du processus destiné à transformer en drogue le suc extrait d'une plante médicinale (cf. Thphr., *HP* IX, 8, 3).

Chapitre IX

118. La difficulté de cette première phrase tient au laconisme de l'auteur qui ne permet pas de savoir avec certitude si ἑκάστοις désigne « chacun » des vents (ce qui est possible, vu la présence de τὰ πνεύματα à la fin du chapitre précédent) ou doit être pris au sens très général de « tout un chacun » (des lecteurs ou auditeurs de Théophraste). La même tendance stylistique se confirme dans l'association à αἰθρίαι (plur. de αἰθρία,–ας « ciel pur, serein ») de ἐπινεφῆ (s.e. πνεύματα « <des vents> porteurs de nuages » ; sens indiqué par Bailly avec référence à « TH. *Vent.* 4 » où il s'agit du vent « qui amène les nuages et la pluie » (ἐπινεφὴς καὶ ὑέτιος).

119. Ici commence un long exposé (§ 51-55) des caractères et particularités des vents qui soufflent en Grèce et, par extension, sur la partie orientale du bassin méditerranéen. L'auteur avait abordé cette question déjà dans le *De signis* (voir le commentaire des § 35-37, où nous avons signalé la reprise textuelle de certaines formules aristotéliciennes). Mais si la convergence des sujets implique des similitudes inévitables, elle ne nuit pas à l'originalité de plusieurs approches différentes de phénomènes complexes. Ainsi, dans l'ensemble de ses ouvrages parvenus jusqu'à nous, Théophraste se borne à esquisser une « rose des vents » assortie pour chacun d'eux des informations nécessaires, tandis qu'Aristote dans les *Météorologiques* (363 a 21– 364 b

12) expose les positions géométriques de ces vents et leurs particularités respectives avec une hauteur de vues perceptible à la seule lecture. Il est évident que le but de Théophraste n'est pas de rivaliser avec Aristote, mais de dégager d'autres aspects du sujet, plus pratiques et peu développés par son prédécesseur. — L'Argeste et le Lips ont été rapidement décrits à travers leurs effets sur le temps météorologique dans le *De signis*, ch. IV, § 35-37, surtout dans la partie qui a pour sous-titre "Les signes du vent". Il suffit de rappeler ici que l'Argeste (dérivé de ἀργός « d'un blanc brillant ») est « celui qui purifie le ciel » et que le Lips, litt. « celui qui fait tomber des gouttes », tire son nom du radical de λείβω (cf. fr. « libation »). Un rapport avec Aristote, *Meteor.* 364 b 17 – 365 a 6, est indéniable, mais il apparaît à la simple lecture que les deux auteurs abordent le même sujet dans des perspectives en grande partie différentes. — Les faits cités sont confirmés par l'expérience directe dans la partie du littoral méditerranéen qui borde le golfe du Lion : le vent d'est — sud-est qui y apporte la forte pluie d'automne et de fin d'hiver se nomme localement l'*aïal* (cf. latin *aqualis* / *aquaticus*), le vent du nord — nord-ouest, qui se manifeste surtout au début du printemps par une alternance de violentes bourrasques accompagnées de fortes averses et d'éclaircies où l'on voit le soleil, est notre *albigeois*, litt. le « vent d'Albi », donc de l'ouest — nord-ouest par rapport à la plaine languedocienne.

120. La majeure partie du § 52 (à partir de Τάχα δὲ) et le début du § 53 (jusqu'à τῆς μεταβολῆς) se signalent par la monotonie d'un vocabulaire qui pallie tant bien que mal sa pauvreté dans l'expression de notions abstraites par le jeu des préverbes porteurs de l'essentiel du sens. Ainsi dans les groupes formés autour des sens suivants :

— « changer, passer d'un état à l'autre » : μεταβάλλει (p. 52, l. 20), μεταβολήν (p. 53, l. 3) et τῆς μεταβολῆς (l. 25) , μετάβασις (p. 53, l. 1), composés auxquels l'identité du préverbe permet de rattacher μεταλλαγῆς (p. 52, l. 21).

— « circonstances, état, situation » : περίστασις (p. 52, l. 19), περιϊσταμένων (p. 52, l. 21), περίστασιν (l. 22).

— « exhaler un souffle » ; « cesser de souffler, se calmer » (dit d'un vent) : ἐκπνευσάντων (p. 52, l. 21-22) et ἐκπεπνευκόσι (p. 53, l. 20).

121. Le jeu des préverbes signalé dans la note précédente procède d'une recherche savante, confirmée dans la même phrase par la construction symétrique sous la forme du parallélisme antithétique suivant :

(p. 52, l. 22 — p. 52-53, l. 22, l. 1) ἡ **μὲν** κατὰ τὴν **περίστασιν** … εἰς τοὺς **ἐφεξῆς**

(p. 53, l. 3-4) ἡ **δὲ** κατὰ τὴν **μεταβολὴν** εἰς τοὺς **ἐναντίους.**

On ne peut pas non plus attribuer au hasard des rapprochements assortis d'assonances tels que s'il s'en présente dans la phrase suivante p. 53, l. 4-5 : **ἐπὶ** πάντων καὶ **ἐπὶ** τούτων ἡ **ἀντ**απόδοσις καὶ οἷον ἡ **ἀντί**ρροια.

122. La localisation en Pamphylie du fleuve nommé Idyros est le seul élément utile pour identifier sinon le cours d'eau lui-même, aujourd'hui méconnaissable sous son appellation turque, du moins la région d'Asie Mineure méridionale ici visée. La recherche de « Idyros » par voie informatique nous apprend l'existence actuelle d'hôtels ainsi nommés à Kemer, sur la côte occidentale du golfe d'Antalya. La configuration géographique des lieux est tout à fait favorable à cette identification, bien qu'aucun site antique homonyme n'ait été à ce jour identifié ; cf. la notice informatique de Wikipedia : « Idyros (latin : Idyrus) était une antique cité grecque de Lycie. Son emplacement exact est incertain [...]. Le *Barrington Atlas of the Greek and Roman World* indique deux localisations possibles de cette cité : une à l'emplacement de la moderne Kemer [...], sur la côte, l'autre à un endroit incertain davantage vers l'intérieur des terres » [suivent les références bibliographiques sur lesquelles s'appuie cette note]. — À la suite de Schneider et de Wimmer, nous conservons le texte transmis **Δύρις** καλούμενος ἀπὸ τοῦ ποταμοῦ τοῦ **Ἰδύρου**, en admettant l'apocope qui a pu se produire dans un nom propre transmis par voie orale et populaire.

123. Le grec dispose d'un vocabulaire exceptionnellement riche pour désigner les manifestations optiques et acoustiques d'une activité orageuse. On constate dans le terme de πρηστήρ (dont le *DELG* s.v. πίμπρημι reconnaît l'étymologie « douteuse ») une évolution remarquable du sens à partir des plus anciens textes où l'idée de « faire jaillir » s'exprime sans ambiguïté (par ex. *Iliade* Π (XVI) , 349 : « il fait jaillir le sang [πρῆσε] par la bouche et le nez »), mais très tôt se spécialise dans le jaillissement de la flamme ; d'où l'entrée de ce mot dans le vocabulaire des phénomènes célestes. Pour les *Météorologiques* d'Aristote, P. Louis indique quatre occurrences de πρήστηρ, avec (t. I, p. 105) la note explicative suivante : « Le mot πρήστηρ, auquel Héraclite (*frgt* 22) donnait le sens d' "air igné", est défini de la manière suivante dans le traité apocryphe *Du Monde* : "Quand l'éclair est incandescent et arrive avec un choc violent jusqu'au niveau de la terre, le phénomène s'appelle foudre (κεραυνός) ; s'il n'est incandescent qu'à demi mais puissant par ailleurs et concentré (ἀθρόον), il s'appelle brûleur (πρήστηρ)" (trad. Ch. Mugler [*Dictionnaire historique de la terminologie optique des Grecs*, Paris, 1964, p. 195.]). Aristote, au livre III, I, 371 a 15-16, explique qu'il s'agit d'air qui s'embrase et distingue ce phénomène de la foudre. » En utilisant ici ce terme, Théophraste ne se place pas dans la même perspective de spécialiste ; nous nous en tenons donc à la traduction plus générale de « tornade ».

124. Comme il a été déjà dit plusieurs fois dans le commentaire de ses ouvrages botaniques, Théophraste emploie volontiers l'aoriste « d'habitude » dans l'expression d'un fait reconnu de notoriété publique ; cf. ici même la série d'aoristes atemporels du § 54 *in fine*.

125. On lit dans les éditions Schneider et Wimmer la phrase suivante : οὐ μὴν ἀλλά γε τὸ πλεῖον **διέπηξεν** ἢ εἰς ὕδωρ διέλυσεν, soit, dans la traduction latine de Wimmer : *sed saepius congelando durat quam in humorem solvit*, litt. [le grand froid du vent du nord] « persiste en congelant plus souvent qu' il ne résout en liquide. » Plus récemment, Coutant et Eichenlaub écrivent **διέτηξεν**, sans que leur traduction (*Certainly it freezes more than it melts*) diffère radicalement de celle de leur prédécesseur ; l'apparat critique n'indique pas de variante. Si ce n'est pas un simple *lapsus calami*, il s'agit d'une confusion entre διαπήγνυμι « faire figer, congeler » (avec référence à notre texte dans Bailly) et διατήκω qui au contraire signifie « faire fondre » ; cf. LSJ s.v. διατήκω *melt, often by heat*. Ainsi dans Xén. *Anabase*, IV, 5, 6 : « Aux endroits où le feu brûlait, la neige fondant (διατεκομένης τῆς χιόνος), de grands trous se creusèrent jusqu'au sol » (trad. Masqueray, CUF).

126. Sur le personnage mythologique d' Orion, chasseur céleste accompagné de son chien dont les noms antiques, gr. κύων / lat. *canis*, se retrouvent dans notre appellation Canicule de la période la plus chaude de l'été, voir *supra* note 8 au *De signis*, § 2. — Les précisions données ici sur les époques de son lever et de son coucher peuvent paraître superflues pour un repère astronomique certainement connu de nombreux contemporains de l'auteur, surtout dans un milieu où les travaux agricoles et bien d'autres entreprises se réglaient sur l'observation des astres. Il est vrai que les indications chronologiques fournies par les documents parvenus jusqu'à nous sont assez variables : la partie de l'Introduction au *De causis plantarum* de Théophraste (Loeb, 1976) qui traite de cette question («The Calendar of Theophrastus », p. XLVI-LIX), en particulier d'après les données empruntées à deux contemporains de l'auteur, Eudoxe et Callippe, aboutit à cette conclusion (p. LIX) que l'automne débutait le 8 août pour s'achever le 7 novembre ; la note (p. 88) de l'éd. Coutant –Eichenlaub situe un mois plus tôt le lever d'Orion : « Orion se lève au début juillet (*in early July*) et se couche à la mi-novembre ». Si l'indication donnée ici même pour la fin de cette période (δύνει δὲ ἐν ἀρχῇ χειμῶνος) s'accorde bien avec les éléments réunis ci-dessus, le moment assigné à son début, à savoir l'automne (ἀνατέλλει μὲν ἐν ἀρχῇ ὀπώρας), est nettement plus tardif qu'il n'est dit dans C.-E. Mais la difficulté disparaît si l'on retient la date du 8 août en tant que début de la « saison des fruits », sens propre de ὀπώρα défini comme suit dans le *DELG* : « fin de l'été, de fin juillet à fin septembre […], d'où après Homère fruits de cette saison, raisins, figues, etc. » — Il est intéressant d'observer que dans le même texte coexistent, d'une part Orion et la Canicule (cf. début de la présente note), d'autre part ὀπώρα (unique attestation dans ce traité) et μετόπωρον / μετοπωρινός (§ 10, 38, 40, 42). On dispose depuis peu (2018) d'une étude exhaustive de ces derniers termes, à partir des textes homériques et avec

une attention particulière pour les occurrences recensées chez Hésiode et dans le Corpus hippocratique : c'est la contribution de J. Jouanna intitulée "Subir et penser le climat" au Colloque *Vie et climat d'Hésiode à Montesquieu* (voir bibliographie), p. 1-28, en part. p. 11-17, qui présente une analyse minutieuse à l'intérieur de la *Collection hippocratique* de « la manière dont l'automne est désigné dans le système des quatre saisons » . Sont successivement étudiés « le terme le plus ancien ὀπώρη pour désigner la saison de l'automne en continuité avec l'emploi chez Homère et chez Alcman » ; la situation, reconstituable à partir d'Hésiode, où « la régression du mot ὀπώρη a entraîné son remplacement par le composé qui dérive de lui, μετόπωρον » ; la substitution aux termes précédents du « substantif composé φθινόπωρον » et de l'adjectif correspondant φθινοπωρινός, « innovations dont nous n'avons aucune trace ni chez Homère ni chez Hésiode ». Qu'en est-il dans notre texte de Théophraste, largement postérieur aux traités hippocratiques ? Il ne paraît pas exclu de voir un archaïsme fixé par l'usage là où il est dit d'Orion en deux membres de phrase rigoureusement symétriques qui font penser à un dicton : ἀνατέλλει μὲν ἐν ἀρχῇ ὀπώρας, δύνει δὲ ἐν ἀρχῇ χειμῶνος. Le terme suranné ὀπώρα y a naturellement sa place.

Chapitre X

127. Transition explicite entre les faits météorologiques et certaines de leurs manifestations dans la vie quotidienne, ces dernières exprimées dans un membre de phrase lacunaire et reproduit comme tel dans les éd. Schneider et Wimmer : τὰ δὲ… εἰς κτλ. Celle de Coutant- Eichenlaub propose pour combler le vide <ἀναχθήσεται>, reprenant ainsi la suggestion ancienne (1593) de F. Bonaventura, qui a le double avantage d'une longueur proportionnée à l'étendue de la lacune (10-20 lettres, selon C.-E.) et d'un sens compatible avec le contexte : ἀνάγειν « ramener, rapporter » ; d'où la possibilité de comprendre avec un verbe au futur qu'on pourrait dire « de probabilité » : « tandis que les autres "peuvent (ou : doivent, ou : sont de nature à…) être rapportés à / être en rapport avec" nos dispositions ».

128. De Schneider à Coutant – Eichenlaub inclus, les éditeurs ont introduit dans leur texte, entre γίνεται et καὶ ἀντὶ la conjecture de Bonaventura διατηκόμενον διὰ τὴν ἀλέαν, qui précise l'origine de l'humidité « produite par une fonte totale due à la tiédeur ».

129. De ταῦτα δὲ à κωλύει (l. 3-5), le texte adopté ici est celui de Bonaventura repris à la lettre par les éditeurs suivants (Schn., Wim., C.-E.) pour rendre cohérente l'explication comprise entre ταῦτα δὲ et κωλύει. On ne voit pas de solution plus économique à proposer.

130. Cf. Platon, *Euthydème*, 288 d : Socrate raconte son entretien avec deux sophistes dont il feint de solliciter la pitié qu'ils doivent éprouver « en compatissant à ma contention (οἰκτίραντε συντεταμέ-

νον) » (trad. Méridier, CUF). Dans notre texte, le terme désigne la faculté de contrôler parfaitement ses mouvements dans la mesure où ils dépendent du jeu des articulations.

131. Sur l'importance de la notion de συμμετρία « juste mesure, bon équilibre » appliquée chez Théophraste tant aux phénomènes naturels qu'aux pratiques culturales bien conçues, voir par exemple *CP* IV, 16, 3 ; VI, 16, 8 ; etc.

132. Les qualificatifs θερμοὶ... καὶ ὑγροὶ ὄντες (l. 9-10) sont en contradiction apparente avec ξηροὶ καὶ μὴ ὑδατώδεις (l. 7) : ainsi s'opposent aux caractères *naturels* de ces masses d'air ceux, tout à fait différents et même contraires, qu'elles empruntent à d'autres au cours de leurs déplacements dans l'atmosphère ; cf. § 54 : « c'est comme si l'un des deux avait fourni du matériau à l'autre » ; de même au tout début du § 55, ἀντικόψεις litt. « échanges de coups », d'où dans ce contexte « interférences ».

133. Ce paragraphe illustre bien l'attitude modeste de Théophraste, seule raisonnable en son temps, devant la complexité des phénomènes météorologiques dont l'explication fine lui échappait évidemment. Chacun de nous sait par expérience que le temps prévu de nos jours par des spécialistes, pourtant nantis de connaissances, d'instruments de mesure et de moyens de calcul dont les Anciens ne se faisaient pas la moindre idée, ne correspond pas toujours à celui que le simple observateur constate au quotidien. On voit, à la simple lecture des *Météorologiques*, combien Aristote s'est parfois fourvoyé dans son interprétation de faits bien étudiés, mais dont l'explication était inaccessible même aux meilleurs esprits du IVe siècle avant notre ère. — Du point de vue de la forme, notons que le dernier mot du § 57 est écrit αἰτίαι dans les éd. Schneider et Wimmer (construction différente avec l'accusatif αἰτίαν chez Coutant – Eichenlaub) ; or M. Bizos, *Cours de thème grec*[4], 1954, enseigne (p. 6) que « quelques mots en -ιᾱ remontent l'accent sur l'antépénultième aux nominatif et vocatif pluriels », avec précisément l'exemple de αἰτίᾱ, nom. plur. αἴτιαι. Tel est l'usage que nous suivons.

134. L'attention portée à la maturation plus ou moins parfaite des fruits suivant le climat local rappelle l'intérêt de Théophraste pour les produits de la terre ; cf. *supra*, § 13, au sujet des montagnes crétoises, qui jadis « portaient des récoltes, tant céréalières que fruitières » ; plus particulièrement § 43 et n. 94 pour l'influence des conditions météorologiques sur la maturité des fruits. — Certains détails de la vie courante rapprochent les deux textes réunis dans le présent volume ; par exemple, l'influence du temps météorologique sur la santé et le bien-être physique de l'homme : ici (§ 56) βαρύτερον ἐν τοῖς νοτίοις ἔχουσιν οἱ ἄνθρωποι καὶ ἀδυνατώτερον, κτλ. « par vent du midi les hommes se sentent plus de lourdeur et moins de dynamisme, etc. » cf. *De signis*, 30, ἐὰν δὲ πόδες οἰδῶσι... « si les pieds transpirent, ... » (ils

annoncent un ouragan comme le fait aussi) « une démangeaison <du pied> droit » … ὀδαξῶν τὸν δεξιόν. À l'expérience quotidienne se rapporte également la mention des « grincements des objets collés » (§ 58) οἱ ψόφοι τῶν κεκολλημένων, cf. *De signis,* 30 : ἐὰν… ψοφῇ <τι> τῶν κεκολλημένων.

135. Sans autre précision, ἀνάλογον est ambigu : il ne faut pas comprendre ici « analogue », au sens courant de « très proche, semblable », mais voir un contraste entre l'origine unique (ἀπὸ μιᾶς ἀρχῆς) et deux réactions différentes d'un même matériau selon les conditions atmosphériques dans lesquelles il est mis à l'épreuve. Dur dans un air sec, il l'est moins et devient plus malléable dans un milieu chargé de vapeur d'eau.

136. La question embarrassante que l'auteur soulève ici est celle de la permanence, et même de la simple constance, des caractères décrits. Il a signalé plus haut des lieux où le vent du midi, en général doux, souffle avec une violence pareille à celle d'un vent du nord déchaîné : c'est l'exception qui confirme la règle, mais la simple rigueur scientifique exige qu'il en soit tenu compte. Théophraste n'y manque pas : cf. par ex. § 32, où est posée la question suivante : « pourquoi parmi les lieux élevés, les uns, exposés au vent, se trouvent-ils être tous non ventés, alors que les autres, bien abrités, sont ventés, et non modérément, mais fortement ? » Suivent plusieurs exemples de cette situation paradoxale, mais nullement illogique, comme il ressort des exemples cités à la suite, dont le premier est celui des abords du Cithéron, probablement connu de nombreux Athéniens : « à Platées en Béotie, tournée vers le vent du nord, le vent du nord est tempéré, celui du midi violent et hivernal, malgré l'obstacle que lui fait le Cithéron » (pour plus de détails et d'autres cas semblables dans des régions plus lointaines, voir aussi le § 33 et les notes 69 à 72).

137. On remarque dans ce passage l'insistance de l'auteur sur la simple et saine logique à laquelle tout un chacun fait appel spontanément ; trois composés de λόγος se succèdent dans ce paragraphe : ἀνάλογον (l. 7), παράλογον et εὔλογον (l. 11-12). Il est possible que Théophraste doive à ses origines modestes cette confiance en la justesse d'un raisonnement à la portée de tous, sans ingérence sophistique dans le fonctionnement naturel de la pensée.

138. La citation en 2 hexamètres dactyliques (μή ποτ'… πόντου et χειμῶνος… μελαίνης) n'est pas explicitement identifiée, mais reprend à la lettre au moins une formule de l'*Odyssée*, à la fin du vers ξ (= XIV) 97 : ἠπείροιο μελαίνης (V. Bérard traduit « ce continent, dont la côte noircit »). — Contrairement à ce qu'indique l'apparat critique de l'éd. Coutant – Eichenlaub (p. 60) : « ἀπ' ἠπείρου mss. ἠπείροιο ego », la leçon correcte ἠπείροιο μελαίνης qu'exige le schéma métrique – – | –⏑⏑ | – – pour le 5e pied n'est pas due à l'initiative de ces

éditeurs ; tel est le texte de Schneider (1818) repris par Wimmer (1866), et même bien plus tôt celui de l'éd. Heinsius (1613), p. 415.

139. La différence de température entre la mer et la terre, particulièrement importante en plein été, a été commentée plus haut (n. 70) à propos des vents dits « alternatifs ». Elle est répétée ici (§ 60) par deux fois sous la forme d'une opposition radicale : « L'hiver la mer est la plus chaude des deux [...] ; l'été la mer est froide [...], alors que la terre est chaude ».

140. Hypothèse fondée sur le raisonnement logique, mais démentie par les faits ; d'où sa formulation à l'irréel du passé : διελύθη... ἄν, εἰ ἀσθενὲς ἦν.

141. Après avoir justifié à sa manière le contenu de la citation précédente, l'auteur donne à son exposé un tour nettement polémique (cf. § 61 : « c'est une erreur ») quand il aborde la question des vents qui soufflent en Égypte. Sans connaître, semble-t-il, ce pays *de visu*, il a disposé des informations rapportées de leur expédition par les naturalistes d'Alexandre, mais on peut douter de leur exactitude et de leur précision ; les observations des Grecs depuis longtemps établis dans le Delta et en amont étaient probablement plus fiables ; au total, nous devons admettre que ces sources restent pour nous très floues. Théophraste lui-même rapporte ce qu'il sait par ouï-dire, soit brièvement (cf. § 5 « les pays voisins de l'Égypte et de ces contrées-là ont [...] le vent du sud fort quand il se lève » ; § 25 « Du Nil seul, semble-t-il, ne souffle pas de brise [...] tant du côté d'où il vient que de celui vers lesquel il coule »), soit de manière plus détaillée (§ 8 en entier). — Signalons que d'un point de vue scientifique le traitement des questions techniques relatives aux vents occupe une grande partie de l'Introduction de l'éd. Coutant – Eichenlaub : II. – *The Observations of Theophrastus Regarding Winds* (p. XVIII – XXXV) ; III.– *The Anemology of Theophrastus* (p. XXXVI – XLVII).

142. Le § 62 pose plusieurs problèmes. Placées à la fin de l'ouvrage auquel aucune transition explicite ne les rattache (même δὲ est une addition éditoriale), ces précisions lexicales peuvent avoir été ajoutées au cours de la transmission de l'ouvrage. Rien toutefois n'empêche de les attribuer à Théophraste pour les raisons suivantes : 1) on sait que les manuscrits antiques se présentaient jusqu'au IVe siècle de notre ère sous la forme de rouleaux ; ce conditionnement explique les citations approximatives même chez les meilleurs écrivains de l'Antiquité (on citait de mémoire, malgré le risque d'inexactitude, plutôt que de dévider un rouleau jusqu'au passage recherché) ; 2) cette pratique permettait de noter *a posteriori* un fait intéressant qui serait venu à l'esprit de l'auteur, ou lui aurait été signalé, trop tard pour être intégré à son texte. Un cas exceptionnellement favorable est celui qui se rencontre dans l'œuvre botanique de Théophraste, où la même plante (*Aristolochia rotunda* L.)

est décrite deux fois (*HP* IX, 13, 3 et *HP* IX, 20, 4, la seconde occurrence correspondant en fait à la première rédaction, la moins soignée) ; cf. dans notre éd. (CUF 2006), p.174 (tableau comparatif), p. 173, et p. 175-176 (commentaire). Cet exemple montre que Théophraste est parfois revenu sur un texte déjà écrit pour le compléter ou le modifier. Il lui est arrivé aussi d'ajouter à la fin d'un ouvrage rédigé des détails dont il n'avait pas eu plus tôt connaissance ; ainsi dans *HP* IX, 20, 5, à la suite de l'emploi de la fougère mâle comme ténifuge, la longue énumération des peuples sujets à être parasités par le ténia ; encore plus remarquables, dans le traité des *Odeurs*, également de Théophraste, les dernières phrases sans rapport avec l'olfaction : § 70 : « Il y a en Mer Rouge des pierres qui laissent apparaître, une fois concassées, de petits poissons, des crustacés et d'autres petits animaux [...] » ; § 71 : « On dit qu'à Athènes tout vase de cuivre, qu'il soit rouge ou jaune, contient du fer. Il y a quelque rapport avec l'étain : on ne fait pas cet alliage pour les dimensions, mais pour la solidité » (trad. B. Duval-Nicolas, thèse Paris IV, 2008). Au vu de ces parallèles, l'authenticité du dernier paragraphe du *De ventis*, est, sinon assurée, du moins tout à fait possible.

143. Ce qui permet ici de résoudre au mieux le problème, c'est le contenu de ce dernier paragraphe : les régions du monde grec où l'auteur a pu s'enquérir du nom local des vents mentionnés sont celles où Théophraste lui-même a vécu. Il est nécessaire d'insister sur ce point pour étudier la tradition, mentionnée par Schneider dans son *Auctarium lectionum variarum* (t. V, 1821, p. 163), qui la rapproche de la version donnée par Alexandre d' Aphrodise (philosophe péripatéticien du IIe siècle de notre ère) dans son commentaire aux *Météorologiques* d'Aristote, p.105. Il n'y aurait guère de profit à reproduire ici cette citation très désordonnée dont le seul mérite serait d'avoir conservé pour le Sciron un synonyme inconnu par ailleurs ; cf. Schneider, p. 163 : « Patet in libro Alexandri fuisse scriptum σκείρωνα καλοῦσιν, **οἱ δ' ἰάπυγα**. » Des éditeurs qui ont précédé ou suivi Schneider, seul (selon l'apparat critique de C.-E.) Bonaventura avait accueilli ἰάπυγα (de ἰάπυξ,–υγος « Iapyge », c'est-à-dire « de chez les Iapyges ») pour désigner le vent du nord — nord–ouest en Italie. Il y a d'autant moins de raisons de le suivre qu' Aristote ignore ce terme dans ses *Météorologiques* ; les références de nos dictionnaires ne concernent que des fragments et le *De mundo* réputé apocryphe.

On remarquera plus utilement qu'abstraction faite de l'Apèliote et de l'Argeste définis ou mentionnés ailleurs (l'Argeste ici même § 51 et 61, *De signis*, § 35-37 ; l'Apèliote, *De signis*, § 35), les localisations indiquées dans le § 62 sont en premier lieu la Sicile (2 fois), dont Théophraste a eu, directement ou par personne interposée, une connaissance précise signalée plus haut (10 occurrences de Σικελία dans *HP*) ; viennent ensuite la Grèce du Nord (avec l'Olympias, vent de l'Olympe ;

cf. *HP* IV, 14, 11 ; *CP* V, 12, 4), la partie occidentale de l'Asie Mineure et la région pontique (où l' Hellespontin évoque naturellement les détroits entre Europe et Asie). S'y ajoute le Bérécyntien défini comme suit dans Coutant – Eichenlaub, p. 89-90 (d'après R. Böker, art. “Winde” in Pauly – Wissowa, *RE* VIII A 2 [1958], col. 2309-2310) : « le Bérécyntien était un vent qui soufflait de la chaîne de montagnes Berecyntus en Phrygie, donc un vent du nord-est ; nom transmis à Sinope sur le Pont, quand une colonie y fut fondée, Böker 2291. » D'après la même source, (p. 2305), on appelait Kaikias / Caecias « un vent de nord-ouest qui descendait la vallée du Caicus en Mysie à partir de Pergame ». Restent le Sciron (Σκίρων), bien connu des Athéniens sous ce nom qui leur rappelait la légende du brigand tué par Thésée sur la côte escarpée entre Athènes et Corinthe, et le Kirkias / Circias, difficile à localiser, vu la fréquence des toponymes évoquant le souvenir de la magicienne Circé — ou susceptibles d'une tout autre interprétation ; cf. Böker, 2306-2307 *in* C.-E., p. 89 : « le Circias souffle du mt. Circeius sur la côte du Latium, mais le nom a été étendu aux vents du nord-ouest le long de la côte tyrrhénienne tout entière, de Marseille à la Sicile ». « L' Hellespontias, d'après Coutant – Eichenlaub qui s'appuient sur Böker, 2298-2299, souffle avec une violence particulière pendant plusieurs semaines en été, en traversant le Bosphore et les Dardanelles, qui ont un lit étroit et des rives escarpées, jusqu'au cap Sigée. » — Dans la dernière phrase figurent le Bérécyntien (traité ci-dessus en premier lieu) et le Carbas. Le commentaire de Coutant – Eichenlaub donne au sujet de ce dernier les précisions suivantes (p. 89-90, n. 5) : « Le Carbas est peut-être identifiable avec un vent qui souffle de Carpasia, à Chypre ; c'était de toute façon un vent d'est [Böker, 2305] ». Notre texte attribue ce nom aux Phéniciens ; la proximité de Chypre et de la côte asiatique qui s'étend jusqu'en Phénicie, est favorable à cette localisation. — Au total, l'étude de ces appellations locales confirme la large prédominance des informations recueillies dans la partie orientale du bassin méditerranéen, ce qui ne peut que conforter l'attribution de ce dernier paragraphe à Théophraste, dont nous avons souligné maintes fois dans ce commentaire les liens avec la Méditerranée orientale d'où il était originaire et où il avait acquis l'essentiel de ses connaissances naturalistes.

INDEX

Avertissement

La présence dans ce volume de certains noms propres peu connus et surtout de nombreux noms communs rares dans la langue courante a rendu nécessaire un appendice comprenant plusieurs index de termes assortis d'une brève explication. Ce sont les suivants :

I. *Les signes du temps* : Index des noms de lieux ; des noms de personnes réelles ou mythologiques ; des noms d'astres, constellations et phénomènes météorologiques ; des noms d'animaux (noms grec, français et, s'il y a lieu, binôme scientifique) : 1) oiseaux, 2) animaux sauvages terrestres ou marins, 3) animaux domestiques ou commensaux de l'homme.

II. *Les vents* : Index des noms de lieux ; des noms de personnes réelles ou mythologiques ; des noms des vents : 1) les vents étésiens, 2) les autres vents ; noms des astres, constellations et phénomènes météorologiques.

Afin de ne pas donner à ces index un développement excessif, en ont été exclus des termes présumés connus de tous, par exemple, pour ce qui est du temps, chronologique ou météorologique, le jour, la nuit, les moments de la journée, les noms usuels des saisons, les principaux astres (soleil, lune) ou états ordinaires de l'atmosphère (nuage, pluie, vent). Ne sont retenus dans ce domaine que des termes plus particuliers dont le sens peut ne pas être présent à l'esprit du lecteur.

Les deux traités publiés ici ayant le même système de signalisation (numéro du paragraphe en caractères gras dans le texte grec et dans sa traduction française), c'est ce numéro précédé de S pour les *Signes du temps*, de V pour les *Vents* que porte l'entrée correspondante dans les index.

I. — Les signes du temps

Noms de lieux

Noms de personnes ou de personnages mythologiques

Noms d'astres, de constellations et de phénomènes météorologiques

S 2 ; 6 ; 7 (ter) ; 43 – **Πλειάς** (ἡ), la Pléiade, constellation (pluriel plus usuel).

S 2 – **Ὠρίων, –**ωνος (ὁ), Orion, constellation.

S 2 ; 23 – **Κύων**, Κυνός (ὁ), le Chien [d'Orion] = Sirius = la Canicule.

S 4 ; 7 (quater) ; etc. – **τροπαί** (αἱ), solstices.

S 5 – **σύνοδος** (ἡ), 1) réunion ; 2) [terme d'astronomie] conjonction d'astres.

S 5 – **ἔκλειψις** (ἡ), éclipse (d'un astre).

S 7 (quater) – **ἰσημερία** (ἡ), équinoxe.

S 8 (bis) – **νουμενία** (ἡ), nouvelle lune.

S 11 – **ῥάβδοι** (αἱ), raies lumineuses (avec une explication).

S 11(bis) ; 13 ; 14 ; 26 – **ἀκτίς,** –ῖνος (ἡ), plur. ἀκτῖνες : rayons du soleil, rayon(s) lumineux.

S 11 – **καυματίας,** ου (adj.) : brûlant (dit du soleil).

S 13 – **ἀστέρες... διᾴττοντες**, étoiles filantes.

S 13 ; 22 (bis) – **ἶρις,** ἴριδος (ἡ), arc-en- ciel ; rayons qui sortent des nuages.

S 21 (ter) ; 32 (bis) – **ἀστραπή** (**ἡ**), éclair ; 33 – **ἀστράπτει,** il fait des éclairs.

S 22 ; 29 – **παρήλιος** (ὁ), faux-soleil (phénomène optique qui dédouble ou multiplie l'image du soleil).

S 22 (bis) – **ἅλως, –**ω (ἡ) halo solaire, cerne lumineux formé autour du soleil dont il reproduit l'image, d'où l'appellation courante de faux-soleil ; S 31 ; 51 – halo lunaire ; le temps qu'il fait prévoir.

S 23 ; 51 – **Καρκίνος,** constellation du Cancer, composée de deux étoiles, dites les Ânes (**Ὄνοι**), séparées par une nébuleuse (νεφέλιον) appelée la Crèche (**Φάτνη**) ; claire et brillante, la Crèche de l'Âne annonce le beau temps.

S 24 ; 34 ; 40 – **χιών**, χιόνος (ἡ), neige, chute de neige.

S 25 ; 56 – **χάλαζα**,–ης (ἡ), 1) grêle ; 2) grain dur dans une substance homogène (jeu de mots : la présence d'un grain dur annonce une chute de grêle) ; S 36 – **χαλαζώδης**, qui apporte la grêle.

S 29 (bis) – **ἄμπωτις** (ἡ), marée descendante, marée basse, reflux.

S 29 (bis) – **πλημμύρα** (ἡ), marée montante, marée haute, flux.

S 30 ; 36 ; 37 – **ἐκνεφίας,–**ου (ὁ), vent d'orage, tornade, ouragan ; son impact sur la santé humaine.

S 31– **κηλάς**,–άδος, donné dans le *DELG* comme nom féminin d'un type de nuage, en fait adj. qualificatif dans le texte de Thphr. αἱ κηλάδες νεφέλαι, où le sens usuel « tacheté » s'appliquerait bien à des nuages « pommelés ».

S 34 – **ἐτησίαι** : adj. substantivé désignant des vents du nord qui soufflent chaque année (cf. ἔτος), en été, sur la péninsule balkanique.

S 34 – **κομῆται** qualifie de « chevelus » les matériaux cosmiques qui traversent l'espace en laissant derrière eux une traînée lumineuse qui fait penser à une chevelure (κόμη).

Les paragraphes 35-37 tranchent sur le reste de l'ouvrage par leur sujet (une rose des vents) et par leur style (voir commentaire détaillé *ad loc.*). Il suffit donc ici d'énumérer les vents concernés dans l'ordre de l'exposé, avec une définition sommaire de chacun d'eux :

Aparctias, litt. « venant de l'Ourse », *i.e.* du plein nord ;

Thracias, « de Thrace », *i-e.* du nord — nord–ouest ;

Argeste, du sud ou du nord-ouest selon les sources consultées ;

Notos, du sud ; souvent opposé au Borée, comme le sud au nord ;

Euros, voisin du Notos (manque ici un Euronotos, du sud — sud-est) ;

Apéliote, litt. « venant du soleil », donc du levant, de l'est ;

Caecias / Kaikias (étymologie incertaine), du sud-est ;

Lips, du sud-ouest ;

Mésès, litt. « du milieu » (entre Caecias et Aparctias) ;

Borée , du nord ;
Zéphyr, de l'ouest.
Au-delà de cette énumération, on retrouve le fond et la forme du texte précédent.

Noms d'animaux

1) Oiseaux

S 15 – **ὄρνιθες λουόμενοι** : « des oiseaux qui se baignent » : mention collective, indéterminable au niveau spécifique.

S 15 – **χελιδόνες**, hirondelles ; annoncent la pluie en volant au ras de l'eau.

S 16 – **κορώνη,** 1) cormoran (*Phalacrocorax carbo*) ; son attitude annonce la pluie ; 2) S 39 (bis), et en part. dans l'énumération κορώνη καὶ κόραξ καὶ κολοιός concerne une autre espèce (cf. n. 10 *ad loc.*).

S 16 (ter), 39 ; 40 – **κόραξ**, corneille noire (*Corvus corone*), dite « corbeau » ; *idem.*

S 16 ; 18 ; 39 ; 40 – **κολοιός**, geai (*Garrulus glandarius*), éventuellement préférable à choucas (*Coloeus monedula)*, après discussion ; *idem.*

S 16-17 – **ἱέραξ**, faucon (*Falco peregrinus*), et verbe dérivé **ἱερακίζω** , « imiter un faucon » ; particularités de son comportement.

S 18 ; 28 – **ἐρωδιός,** héron cendré (*Ardea cinerea*), son cri matinal annonce pluie ou vent, mais surtout du vent.

S 28 – **αἴθυια**, puffin de Méditerranée (*Puffinus yelkouan*), annonce de la pluie ou du vent selon son comportement.

S 28 – **κέπφος,** foulque macroule (*Fulica atra*), plutôt que gallinule poule-d'eau (*Gallinula chloropus*) ; cf. n. *ad loc*.

S 38 ; 52 – **γέρανοι**, grues (*Grus grus*), la disposition des vols et les cris des oiseaux sont significatifs ; annonce de beau temps s'ils volent sans se retourner.

S 39 – Ici se placent trois passereaux, **στρουθός,** le moineau domestique (*Passer domesticus*) familier au point d'être envahissant ; **ὄρχιλος** (cf. aussi S 53) le roitelet (*Regulus regulus*) l'un des plus petits oiseaux d'Europe malgré son nom flatteur (il ne pèse que 5 grammes !) ; **ἐριθεύς,** le rouge-gorge familier, connu de tous, même des habitants des villes où il cherche sa nourriture en hiver.

S 39 – Un moineau ou une hirondelle de couleur blanche annonce une tempête violente.

S 39 (bis) ; 40 ; 52 – **κορώνη,** corneille (*Corvus corone*) (≠ S 16 oiseau de mer, cormoran) ; annonce une tempête en chantant le soir. Mal distinguée d'autres corvidés noirs, le corbeau (κόραξ) et le choucas (κολοιός).

S 40 – **σπίνος,** pinson des arbres (*Fringilla coelebs*), passereau très commun depuis l'Antiquité et peu farouche ; présent au voisinage d'une maison habitée.

S 47 – **ὄρνιθες λευκοί** : « oiseaux blancs » indéterminés.

S 52 – **γλαῦξ,** γλαυκός (ἡ), chouette, *Athene noctua*, symbole de la déesse Athéna ; la « chouette de mer » qui lui associée n'est pas identifiée.

S 52 ; 53 – Pour les Corvidés appelés **κόραξ** et **κορώνη,** voir *supra* § 39 et suivants.

S 53 – Pour le roitelet, cf. *supra* § 39 et suivants.

2) Animaux sauvages terrestres ou marins

S 15 – **φρύνη** : nom du crapaud, sans distinction d'espèces, dont la plus commune dans toute l'Europe, Grèce comprise, est *Bufo bufo*.

S 15 – **βάτραχοι,** grenouilles, sans distinction d'espèces dans le genre *Rana* ; la « grenouille verte (χλωρὸς βάτραχος) qui chante sur un arbre » est identifiable avec notre rainette verte ou rainette arboricole, *Hyla arborea*.

S 15 – **σαλαμάνδρα,** salamandre, *Salamandra salamandra* L. (nom d'une remarquable fixité) ; n'est plus pour les biologistes un lézard (ἡ σαύρα), en raison de ses couleurs vives, de son manque d'agilité et de la neurotoxine qu'elle peut sécréter.

S 19 – **ἴουλος**, mille-pattes, appartient au sous-embranchement des Myriopodes, trop complexe pour permettre une identification au niveau spécifique.

S 19 – **δελφίς**, dauphin, appellation commune à de très nombreuses espèces de Cétacés dont les représentants méditerranéens sont connus, observés et représentés depuis l' Antiquité.

S 30 – **ἐχῖνος ὁ χερσαῖος**, litt. « l'animal terrestre à piquants », désignation imagée du hérisson, *Erinaceus europaeus* ; se fait un terrier à deux issues dont il bouche la plus exposée au vent.

S 40 – **τευθίς,** –ίδος (ἡ), calmar (du genre *Loligo*), animal marin associé à une tempête.

S 40 – **φωκή**, phoque moine, *Monachus monachus* ; présent en Méditerranée orientale, jusque dans les ports en cas de tempête.

S 40 – **πνεύμονες οἱ θαλάττιοι,** « poumons marins », grosses méduses du genre *Rhyzostoma pulmo* (distingué de *R. octopus*) ; nombreux au large en cas de tempête.

S 42 – **ὀλολυγών,** identification incertaine avec une grenouille d'après son cri (?).

S 42 – **γῆς ἔντερα**, vers de terre, non identifiables sans autres précisions.

S 46 – **λυκός,** loup ; une tempête annoncée par ses hurlements, par sa présence dans la zone des cultures.

S 49 – **σπάλαξ**, –ακος (ἡ), taupe, *Talpa europaea*, petit mammifère souterrain qui compense sa cécité par le développement exceptionnel de son ouïe et de son odorat.

S 54 – **τέττιξ, –ιγος (ὁ**), cigale commune, *Lyristes plebejus* (anciennement genre *Cicada*, famille des Cicadidae), insecte des régions méditerranéennes surtout

S 39 – **χήν**, χηνός (ὁ), oie (de basse-cour) ; son agressivité est signe de tempête.

S 41 – Un âne (**ὄνος**) annonce une tempête en entrechoquant ses oreilles, des souris (**μῦες**) en couinant et en dansant.

S 46 – **μέλιτται**, abeilles ; annoncent une tempête en ne s'éloignant pas de leur ruche.

II. — Les vents

Noms de lieux

V 5 – Τοῖς... περὶ **Αἴγυπτον**, Les pays voisins de l'Égypte.

V 8 – κατ' αὐτὴν τὴν **Αἴγυπτον**, à travers l' Égypte proprement dite.

V 8 – τὰ ὑπὲρ **Μέμφιδος**, la région au-dessus de Memphis.

V 8 – κοίλη τὰ κάτω ἡ **Αἴγυπτος**, l' Égypte est encaissée dans sa partie basse.

V 13 – οἱ περὶ **Κρήτην,** les connaisseurs de la Crète.

V 13 – ἐν τοῖς **Ἴδης ὄρεσιν,** dans les montagnes de l'Ida.

V 14 – θύσας...τὰς ἐν **Κέῳ** θυσίας, ayant offert... les sacrifices qui sont offerts à Céos.

V 25 – Ἀπὸ μόνου... **τοῦ Νείλου**, Du Nil seul (ne souffle pas de brise)...

V 25 – ... οὐδ' ἀπὸ τῶν ἐν **Λιβύῃ** ποταμῶν, ... ni venant des cours d'eau de Libye,

V 25 – ... οὐδ' ἀπὸ τῶν περὶ **Βαβυλῶνα** καὶ **Σοῦσα**, ni de la région de Babylone et de Suse.

V 27 – περὶ **Αἰγειὰς τῆς Μακεδονίας** aux environs d'Aigai en Macédoine.

V 27 – τῶν ὀρῶν ὄντων ὑψηλῶν τῶν τε περὶ **τὸν Ὄλυμπον** καὶ **τὴν Ὄσσαν**, ... les montagnes étant élevées (c'est le massif de l'Olympe et celui de l'Ossa)...

V 28 – περὶ τὸν πόρον **τὸν ἐκ Χαλκίδος εἰς Ὠρωπόν**, aux abords du détroit qui va de Chalcis à Orôpos.

V 51– Le Lips est un vent fort, surtout aux alentours de Cnide et de Rhodes (μάλιστα περὶ **Κνίδον καὶ Ῥόδον**). [Suivent au § 51 les définitions de l'Argeste et du Lips]

V 53 – (περὶ **τὸν Παμφυλικὸν κόλπον**) souffle le vent appelé Dyris d'après le fleuve Idyros, **Δυρὶς** καλούμενος **ἀπὸ τοῦ ποταμοῦ τοῦ Ἰδύρου**.

V 54 – Du côté du Pont et de l'Hellespont (περὶ **τὸν Πόντον καὶ τὸν Ἑλλήσποντον**) le Notos passe pour responsable des chutes de neige.

V 62 – En Sicile (Ἐν **Σικελίᾳ**) on ne parle pas de Caecias, mais d'Apéliote.

V 62 – Quant à l'Argeste, les uns l'appellent **Ὀλυμπίας** [= vent de l'Olympe] et en Sicile (περὶ **Σικελίαν**), c'est le Circias.

V 62 – L'Apéliote est l'Hellespontin (**Ἑλλησποντίαν**), que les Phéniciens (**Φοίνικες**) appellent Carbas, et qui est le Bérécynthien (**Βερεκυντίαν**) au Pont (ἐν **τῷ Πόντῳ**).

Noms de personnes ou de personnages mythologiques

V 14 – **Ἀρισταῖος,** Aristée ; la mythologie grecque le donnait pour un fils d'Apollon et de la nymphe Cyrène (cf. Apollonios de Rhodes, II, 500-504) ; élevé par les Nymphes qui lui apprirent à cailler le lait, à cultiver les oliviers et à élever les abeilles, c'était une divinité rustique, vénérée des bergers. Inconsolable après la mort de son fils Actéon dévoré par ses chiens, il se retira à Céos où il fit cesser divers fléaux (peste, sécheresse catastrophique) par les sacrifices qu'il offrit à Zeus (θύσας τὰς ἐν Κέῳ θυσίας **τῷ Διΐ**).

V 38 – Au sujet du zéphyr qui « souffle parfois en vent d'hiver », la seule mention du « poète » suffisait au public de Théophraste pour identifier Homère et lui remettre en mémoire le qualificatif δυσαής accolé à Ζέφυρος dans l'*Odyssée*, V (ε), 295.

V 38 – **Φιλόξενος**, Philoxène, litt. « qui aime ses hôtes », d'où « accueillant », devait être connu de Théophraste et de ses élèves sans qu'il soit nécessaire d'en préciser l'identité ; on ne peut rien en dire.

Noms des vents

(autres que les plus banals, borée, notos, zéphyr, etc.)

1) Vents étésiens

V 4 – **οἱ ἐτησίαι**, les vents étésiens apportent la pluie dans certaines régions.

V 10 – Ce qui a été repoussé (…) en été par les vents étésiens (ὑπὸ **τῶν ἐτησίων**) est au printemps restitué.

V 11 – La raison pour laquelle les vents du nord (βορέαι) sont des vents annuels / étésiens [au double sens du qualificatif **ἐτησίαι**; cf. ἐτήσιος,–ος ou –α,–ον litt. « annuel », qualificatif de vents qui soufflent à un moment déterminé de chaque année], alors que les vents du midi n'en sont pas.

V 11 – Les vents du midi printaniers sont des sortes de vents étésiens, καθάπερ **ἐτησίαι τινές** (au double sens du terme).

V 11 – Ἧδε **τῶν ἐτησίων** φύσις. Telle est la nature des vents étésiens.

V 11 – Quand le soleil a commencé à dissiper la gelée, se lèvent (…) les vents étésiens (**οἱ ἐτησίαι**).

V 13 – Pour expliquer l'ancienne prospérité de la Crète, il est nécessaire que les vents étésiens aient été plus nombreux, ἀναγκαῖον καὶ **ἐτησίας** εἶναι πλείους.

V 28 – ὑπ' αὐτοὺς **τοὺς ἐτησίας**, sous l'influence des vents étésiens eux-mêmes.

V 30 – … comme il arrive en Thessalie et en Macédoine en ce qui concerne les vents étésiens, κατὰ **τοὺς ἐτησίας**.

V 31 – Il arrive (…) que les vents étésiens (**τοὺς ἐτησίας**) soufflent en changeant de sens …

V 31 – … et que les vents étésiens (**τοὺς ἐτησίας**) eux aussi se lèvent de nouveau.

V 31 – Il ne faut pas regarder la rupture due à l'Olympe et à l'Ossa comme la cause des vents étésiens, **τῶν ἐτησίων.**

V 32 – ὑπὸ **τοὺς ἐτησίας**, sous le régime des vents étésiens.

V 48 – Nombreux sont les vents qui souffleraient s'ils n'en étaient pas empêchés par les vents étésiens, μὴ κωλυόμενοι **τοῖς ἐτησίαις**.

2) Autres vents plus exceptionnels

V 11– Les vents du midi printaniers sont des sortes de vents étésiens que l'on appelle « vents du midi blancs », οὓς καλοῦσι **λευκονότους**.

V 11 – Quand le soleil a commencé à dissiper la gelée, <se lèvent> les « précurseurs » (**οἱ πρόδρομοι**), et ensuite, les vents étésiens.

V 28 – Dans le détroit entre Chalcis et Orôpos soufflent ceux que l'on appelle les « vents du nord à rebours », οὓς δὴ καλοῦσι **παλιμβορέας**.

V 32 – Sous le régime des vents étésiens, des vents alternatifs (**τροπαῖαι**) parcourent les zones basses de l'Eubée.

V 34 – Γίνονται δὲ καὶ **αἱ καταιγίδες** ἐν τοῖς τοιούτοις, les ouragans se forment aussi dans de telles conditions.

V 34 – Leur agrégation et leur cohésion les rendent violents, comme dans le cas des typhons (ὥσπερ καὶ **ἐπὶ τῶν τυφώνων**).

V 36 – … **παρηλίων** φάσις καὶ ἀπομάρανσις … qu'il s'agisse de l'apparition ou de l'évanouissement des parhélies [cf. *supra,* Index S 22 et 29, παρήλιος].

V 50 – Les apports pluvieux des vents du nord se déversent massivement, comme ceux des vents d'orage (ὥσπερ **τῶν ἐκνεφίων**) ; cf. pour le verbe correspondant, V 7, dit d'un vent qui se transforme en nuage de pluie, **ἐκνεφοῦται**.

V 53 – De nombreuses tornades s'abattent, **πρηστῆρες** πολλοὶ πίπτουσι.

Noms des astres ou constellations
pris comme repères chronologiques ou géographiques

V 10 – περὶ **Πλειάδος** δύσιν, vers le coucher de la Pléiade.

V 12 – ἅμα **τῇ καταφορᾷ** τοῦ ἡλίου, au déclin du soleil.

V 45 – πνέων ἀπὸ **δυσμῆς ἰσημερινῆς**, soufflant du couchant d'équinoxe.

V 48 – Εἴωθε... **ἐπὶ τῷ Κυνὶ** ὁ νότος πνεῖν, le vent du sud souffle d'ordinaire pendant la Canicule.

V 55 – Les sautes de vent se produisent au lever et au coucher d'Orion, Αἱ δ' **ἐπ' Ὠρίωνος ἀνατολῇ καὶ δύσει** τῶν πνευμάτων ἀκρισίαι συμβαίνουσιν.

V 55 – Orion fait son lever au début de l'automne, son coucher au début de l'hiver, **Ὁ** δ' **Ὠρίων** ἀνατέλλει μὲν... δύνει δὲ...

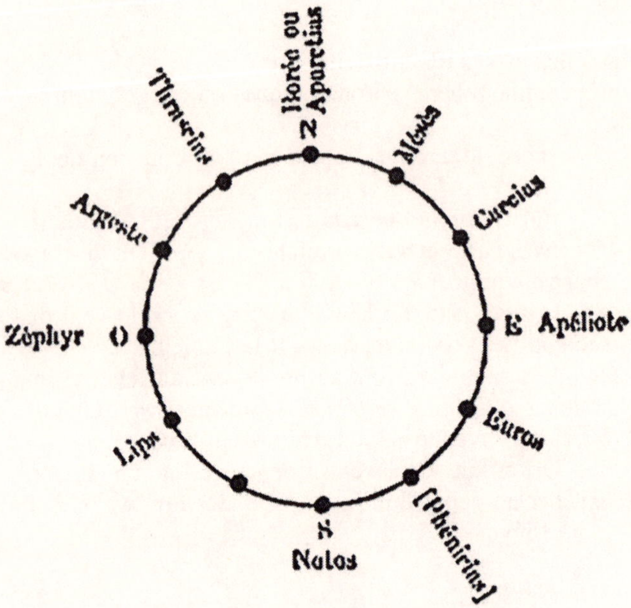

1–a) – D'après A. HORT, *Theophrastus. Enquiry into plants*,
Cambrige (Mass.) – London, vol. II , 1977,
"Concerning Weather Signs", p. 414.

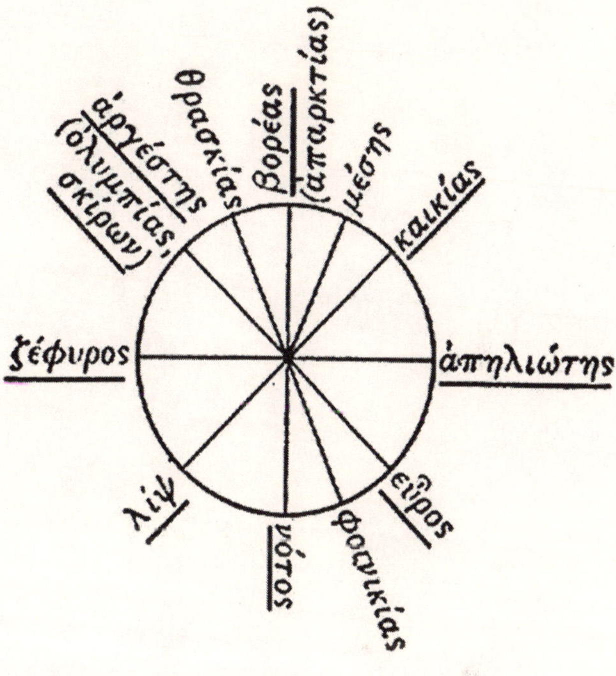

1-b) – D'après P. LOUIS, *Aristote. Météorologiques*, Paris (Les Belles Lettres), vol. II, 2002 [1982], p. 119.

TABLE DES MATIÈRES

Ce volume,
le cinq cent quarante-septième
de la série grecque
de la Collection des Universités de France,
publié aux Éditions Les Belles Lettres,
a été achevé d'imprimer
a été achevé d'imprimer
en juin 2023
par La Manufacture Imprimeur
52205 Langres Cedex, France

N° d'éditeur : 10608
N° d'imprimeur : 230452
Dépôt légal : juin 2023